河南师范大学学术出版基金资助

QINGDAI SHIGUAN YU QINGDAI ZHENGZHI

清代史馆与清代政治

王记录 著

人民出版社

序

周少川

陈垣先生主张，学术论著在写成之后，要"多置时日"，不必急于发表。这是为了留待时间的考验，既可回头审视，完善已有的学术观点，又可不断补充新的材料。王记录教授的《清代史馆与清代政治》一书，在博士学位论文的基础上，经过三年多的沉淀和修订，终于要付梓出版了，我作为他攻读博士学位时的指导教师，在由衷祝贺的同时，也分享着这份收获的快乐。

清代的史学是中国古代史学发展的最后一个阶段。经过两千多年的演进，思想与文献的积累，到此时，古代史学业已积淀厚重，内容丰富。于是，清代史学在前代史学成就的基础上，推波助澜，演绎出集大成的宏伟气象。其官方史学秉承满族统治者入关后崇儒重道、振兴文教的文化政策，在顺治皇帝"凡一代之兴，必垂一代之史"思想的指导下①，积极进行史馆建设，建构特开、常开、例开及阅时而开等各种类型的史馆，编纂了 209 部 22788 卷史籍②。清代的私家史学更是名家辈出，清前期与后期重大的社会变动，激发了史家历史批判精神和经世致用思想的发展，涌现出了前期的黄宗羲、王夫之、顾炎武，中期的王鸣盛、赵翼、钱大昕、崔述、章学诚，后期的龚自珍、魏源、黄遵宪乃至梁启超等大家，他们熠熠生辉的思想与博大精深的著作，推动了中国古代史学走向高峰，孕育了近代史学的发展。有的学者称魏晋南北朝、两宋之后，"清代的史学是中国史学史上第三次高潮"③。我以为清代史学又要比以往更为发达，以前有些学者为清代其他学术的繁荣所蔽，未能看到清代史学的地位，甚至有贬低清代史学的倾向，这恐怕是值得商榷的。

记录君历来重视对清代史学的研究，他在攻读博士学位之前，便已撰有《中

---

① 《清世祖实录》卷42，顺治六年正月丁卯，中华书局1986年版。
② 详见本书所附《清代史馆所修史籍表》，这只是一个很保守的统计数目。
③ 刘节：《中国史学史稿》，中州书画社1982年版，第4、351页。

国史学思想通史·清代卷》一书，对清代丰富的史学思想做出精辟独到的分析。入学后，他对学位论文的选题是颇费一些功夫的，几经遴选，最终还是将目光聚焦在清代史学上。把研究对象确定为清代史馆，主要出自两方面的思考。一是由于清代史学的重要地位，并照顾到记录君已有对清代史学研究的基础和积累。二是考虑到他以往对清代史学的研究更多地关注于私家史学，关注于史家史学思想的阐发；对于记录君来说，只有进一步地爬梳、研究清代官方史学的成就，庶几可言对于清代史学的面貌有全面的把握。系统考察清代史馆的建构、修史制度、编纂成果及相关问题，自然是研究清代官方史学的最佳途径。20世纪以来关于清代史馆的研究虽已取得一定的成就，然个案的、部分的研究为多，全面系统考察清代史馆的论著仍未得见，留下了较大的研究空间。

清代史馆的建置规模与修史成就，超越了历代史馆，从学术含量来讲，这是一个具有丰富学术开采价值的研究对象。然而，关于选题的论证并未就此止步，思考还在继续。我们在讨论中意识到，仅对史馆建置、制度的研究，容易流于程式和琐碎，以往某些关于史馆研究的论著已有这方面的教训。钱穆先生说："研究制度，不该专从制度本身看，而该会通着与此制度相关之一切史实来研究。"①只有将清代史馆研究置于清代社会政治的架构中作整体探究，方具有深度的理论意义，方能把握清代史馆修史制度下清代官方史学的本质。于是，"清代史馆与清代政治"研究的选题终于浮出水面了。

"清代史馆与清代政治"的研究是个大题目，如果是别的研究生，我恐怕不敢贸然同意作此大题。然而以记录君的学术积累和能力，本着"因材施教"的原则，我认为他有把握完成这样一个大题大作的任务。事实证明，他成功地完成了这一选题，在学位论文答辩会上，与会专家给予了高度的评价。

《清代史馆与清代政治》一书，以清代史馆研究为枢纽，对有清一代史馆修史的发展、成就及其与诸方面之联系，尤其是与一代政治风云相起伏、相影响的历史进行系统梳理和考察，视野开阔，剖析深刻，将清代史学的研究推进到一个新的高度。全书的学术创新价值，我想至少有三点是值得称道的。一是首次系统阐明了清代史馆的机制及运作方式，书中利用大量档案资料，对一些重要史馆的设立过程，史馆与内阁、翰林院的关系，史馆的管理制度、史料的征集途径等问题做出详细分析，总结了清代史馆制度的特点。二是深入考察了史馆中史官的活

---

① 钱穆：《中国历史研究法》，三联书店2001年版，第33页。

动与官僚体制的关系，并对史馆修史、幕府修史与私家修史三种不同修史形式的关系进行讨论，说明它们之间既存在矛盾又互相补益的事实。从一个角度展现了清代史学整体的、动态的发展。三是探讨了清代史馆与政治的互动。白寿彝先生认为：历史主要是写政治，政治是历史的脊梁。经济虽是基础，但受政治的制约，文化更要受政治的制约，文化不能作为历史的中心①。本书正是在这一精神指导下，通过具体的史料和事例，深刻揭示了史馆修史与清廷政治斗争、帝王文治、民族问题、边疆问题的关系，展示了专制政治下官方史学的政治化特征。

　　将史馆修史置于清代政治、学术、文化的历史总相中进行分析；由具体的史实上升到抽象的理论高度，思考史馆修史与政治运作、史学的学术化与政治化等问题，从而得出具有普遍理论意义的认识，这是本书最为突出的特点，也充分体现了记录君扎实雄厚的学术功力和理论素养。本书结语中高屋建瓴的理论归纳，以及书中具体的钩稽阐释，便留待读者品评，不须在此赘述了。

　　我与记录君相识十几年。他尊我为师，我视他为友，是亦师亦友的关系。他在博士研究生的三年期间，一边要学习，一边还负责着工作单位的一些教学、行政任务，其艰辛程度是可想而知的。然而他却以加倍的勤奋，圆满完成了学业。他的刻苦精神和优良学风，不仅为本专业点的研究生作出表率，对我也是极好的鞭策和鼓舞。韩愈《师说》曰："弟子不必不如师，师不必贤于弟子。闻道有先后，术业有专攻，如是而已。"诚哉斯言。《清代史馆与清代政治》一书是记录君学术生涯的一个阶段性成果，由此而引发的学术思考和后续研究仍在进行。据我所知，本书的副产品《〈清实录〉史馆修史资料编年》一书已在修订中，很快亦将面世。相信在不远的将来，记录君会在清代史学和其他领域的研究中，取得更为丰硕的成就。

　　岁末年初，杂事纷扰，恕不能一一表阐精要。略作条陈，聊以为序。

戊子年末于北京师大励耘九号楼

---

　　①　引自龚书铎《政治是历史的脊梁》，北京师范大学史学所编《历史科学与理论建设——祝贺白寿彝教授九十华诞》，北京师范大学出版社1999年版，第13页。

目　录

绪　　论

一、史馆释义

　　史馆，官署名，官修史书的机构①。中国的史馆制度是从史官制度演变而来的。在传统史学发展中，史书编纂一般有两条途径，一为官修，一为私撰。早在先秦时期，我国就有了较为完备的史官制度②，自殷商到西周，史官在政治生活和学术生活中均扮演了重要角色。当时史官的执掌比较复杂，举凡占筮、记事、赐命、册命、典藏、预言、历法、祭祀、礼事以及临时差遣，等等，无不参与③。而记载时事，编纂典册，一直是先秦史官重要的任务之一，为后人留下了可供考稽的著述。春秋战国之世，礼崩乐坏，学术下移，孔子首开私人撰史之风，编纂《春秋》，对后世影响巨大。及至西汉，司马迁撰作《史记》，更把私人修史推到一个高峰。但是，官修史书并没有因此而萎缩，相反，东汉以后，政府对于修史愈来愈重视，官修史书也不断走向繁荣。中经魏晋南北朝的发展，到唐初，便形成了组织严密的史馆，从而开启了后世史馆修史的先河。

　　史馆的源头，一般都要追溯到汉代的兰台和东观，而实际上，汉代的兰台和东观与后世史馆的职掌有很大不同。兰台为"掌图籍秘书"之所④，而东观则是

---

　　①　《辞源》（商务印书馆1988年版）、《辞海》（上海辞书出版社1999年版）、《中国历史大辞典·史学史卷》（上海辞书出版社1983年版）等辞书均有大致相同的解释。

　　②　关于先秦史官制度，唐代史家刘知几在其所著《史通》一书中已有论述，并讨论了先秦至唐初史官的建置。20世纪前半期，探讨先秦史官制度的主要有章太炎、刘师培、王国维、梁启超、朱希祖、郑鹤声、金毓黻、刘节、卫聚贤、魏应麒、方壮猷、曹聚仁、黄云眉、劳干、柳诒徵、吕思勉、陈梦家、董作宾，等等，他们或在自己的著作中、或专门撰文讨论这一问题。20世纪下半叶，特别是20世纪80年代以来，又出现了大量这方面的研究之作。目前有两部系统研究这一问题的著作可参看，一为席涵静著《周代史官研究》，台北福记文化图书有限公司1983年版；一为许兆昌著《周代史官文化——前轴心期核心文化形态研究》，吉林大学出版社2001年版。

　　③　参阅席涵静著《周代史官研究》第四章《周代史官之职掌》，台北福记文化图书有限公司1983年版。

　　④　《汉书》卷19《百官公卿表》。

藏书之地，并非专供修史。但当时政府的一些修史活动却常常在此举行，如东汉先在兰台、后在东观征调官员组织修撰本朝国史《东观汉记》①。之所以这样做，主要是因为此地藏书丰富，便于修纂②。三国两晋时期，主要实行著作官制度，即通过政府置官将撰修国史变成一项官方经常的固定的政治文化活动，专官专职，统一组织，并形成了专门的著作机构——著作局（或省），由著作郎、佐著作郎等组成著作官系统，负责国史等史书的修撰③。而且，在北魏太武帝拓跋焘时期，还出现了监修国史，大臣崔浩就曾"监秘书事"，"综理史务"④。北齐修撰国史，也设有大臣监修，名曰"监国史"⑤。这些，都使两汉时期较为松散的官方修史活动变得日益严密，并向史馆制度迈进了一大步。

　　"史馆"一词，最早出现在《魏书》之中，《北齐书》、《周书》、《北史》也

---

　　① 对于东汉兰台、东观的执掌及变化，参见牛润珍著《汉至唐初史官制度的演变》，河北教育出版社1999年版，第48—56页。
　　② 张荣芳：《唐代的史馆与史官》，台北私立东吴大学中国学术著作奖助委员会1984年版，第17—20页。
　　③ 关于三国两晋著作官制的设立情况，参见牛润珍著《汉至唐初史官制度的演变》。
　　④ 魏收：《魏书》卷35《崔浩传》。
　　⑤ 《北齐书》中关于"监国史"的记载共有8处：卷18《高隆之传》记载高隆之"以本官录尚书事，领大宗正卿，监国史"；卷37《魏收传》记载魏收"（天保）八年夏，除太子少傅，监国史"；卷38《赵彦深传》记载赵彦深"河清元年，进爵安乐公，累迁尚书左仆射，齐州大中正，监国史"；卷39《崔季舒传》记载崔季舒"除胶州刺史，迁侍中、开府，食新安、河阴二郡干。加左光禄大夫，待诏文林馆。监撰《御览》。加特进、监国史"；卷39《祖珽传》记载祖珽"拜尚书左仆射，监国史"；卷42《崔劼传》记载崔劼"转五兵尚书，监国史"；卷42《阳休之传》记载阳休之"天统初，征为光禄卿，监国史"；卷44《儒林传·张雕传》记载何洪珍"奏（张）雕监国史"。可见，大臣监修国史在北齐已经成为一种制度。

多次提到"史阁"和"史馆"①，北齐时邢劭还有《酬魏收冬夜直史馆》一诗②，说明至迟在北魏、北齐时人们已开始用"史馆"来称呼作为官方修史机构的著作局。另外，还有称"史局"和"史曹"者，说明此时著作局已纯为修史，具备类似唐代史馆的性质，只是尚未独立③，直至唐贞观年间，史馆才真正成为独立修史机构，并对后世史馆制度产生重大影响。

唐武德年间，修史制度依然沿袭前代旧制，"因旧制，史官隶秘书省著作局，置郎二人，佐郎四人"④。贞观三年（629），唐太宗始将史馆独立出来，置于禁中，"贞观三年闰十二月，始移史馆于禁中，在门下省北，宰相监修国史，自是著作郎始罢史职"⑤。从此，史馆才由原来人们对著作局（或省）的称呼变成一个实体，并从秘书省中分离出来，取代了著作局的修史之职，成为独立修史机构。

唐代史馆有严密的组织形式，例有宰相监修，一般由史官与勤杂人员组成，

---

①　如《魏书》卷47《卢玄传》记卢元明云："涉历群书，兼有文义，风采闲润，进退可观……天平中，监吏部郎中，副李谐使萧衍，南人称之。还，拜尚书右丞，转散骑常侍，监起居。积年在史馆，了不措意，又兼黄门郎、本州大中正。"《魏书》卷48《高允传》言："初，（高）允所引刘模者，长乐信都人也。少时窃游河表，遂至河南，寻复潜归。颇涉经籍，微有注疏之用。允领秘书，典著作，选为校书郎。允修撰《国记》，与俱辑著。常令模持管籥，每日同入史阁，接膝对筵，属述时事。"《北齐书》卷44《刁柔传》言："柔在史馆未久，逢勒成之际，志存偏党。"《周书》卷38《柳虬传》言："诸史官记事者，请皆当朝显言其状，然后付之史阁，庶令是非明著，得失无隐。"另外，《魏书》卷104《自序》及《北齐书》卷37《魏收传》均记载魏收"专在史阁"，这两篇文字原缺，系后人据《北史》卷56《魏收传》补入。《北齐书》卷8《后主纪》也提到"史阁"，此亦系据《北史》卷8《齐本纪·后主》补入。其他像《北史》卷26《刁雍传附刁柔传》、卷30《卢玄传》均提到"史馆"，《北史》卷64《柳虬传》均提到"史阁"。由于《北史》系李延寿在北朝诸史的基础上删节、补充而成，故而在史源上应以《魏书》、《北齐书》、《周书》的记载为最早。那些《魏书》、《北齐书》据《北史》补入的篇章，最初可能就是出自《魏书》、《北齐书》。

②　徐坚：《初学记》卷3《岁时部·冬第四》。

③　《唐六典》卷9《史馆》云："至魏明帝太和中，始置著作郎及佐郎，隶中书省，专掌国史。至晋惠帝元康二年，改隶秘书省，历宋、齐、梁、陈、后魏并置著作，隶秘书省，北齐因之，代亦谓之史馆。"北齐之后，"后周有著作上士、中士，掌国史，隶春官府。隋氏曰著作曹，掌国史，隶秘书省。"由此可见，北齐时期被人提到的史阁、史馆等，实际上就是负有修史之责的秘书省的下属机构著作局。牛润珍在《北齐史馆考》中认为北齐史馆是一独立修史机构（《南开学报》1995年第4期），岳纯之已辨其误，见岳纯之著《唐代官方史学研究》第二章，天津人民出版社2003年版。另外，刘知几在《史通》中提到"史曹"，也是对著作局的称呼，见《史通·史官建置》。

④　《册府元龟》卷554《国史部·总序》。

⑤　《旧唐书》卷43《职官志二》。另，此次移馆时间，《唐会要》卷65《秘书省》作"贞观二十三年"，误。赵冈《唐代史馆考》论之甚详，见《文化先锋》8卷4期，1948年5月。

在史官选任、史料收集等方面均有一套行之有效的运作方式①。自此以后，尽管官方修史制度发生了很大变化，但唐代史馆的影响一直存在。

宋代，史馆制度有了更大的发展，规模扩大。分置有史馆、国史院、实录院、起居院、时政记房、日历所、玉牒所、会要所等常设性和临时性修史机构。各种修史机构的设置、隶属、演变，极为复杂，且相互间关系密切，反映了宋代统治者对修史的重视②。同时，辽、金也仿效汉制，设国史院、记注院等修史机构，纂修本朝历史③。元初，即置国史院，随后改置翰林兼国史院，并定国史院官制，设修撰、编修、检讨等多人。明代，因元之旧，其史馆隶属于翰林院，并分十馆，其人事管理虽较松散，但政治干预加强，应时修史，书毕馆撤，改变了唐宋以前相对独立的馆阁形式，出现了武臣监修的情况④。到了清代，史馆制度更加完善，修史之馆种类极多，几乎覆盖了整个史学领域。有常开之馆，如国史馆、起居注馆等；有例开之馆，如实录、玉牒馆等；有特开之馆，如明史馆、三通馆、明纪纲目馆、通鉴辑览馆等；有阅时而开之馆，如会典馆、功臣馆等。其隶属关系也变得相当复杂⑤。

以上，我们对史馆的发展做了简单的回顾。从这种回顾当中我们可以对史馆有一个较为全面地认识。

其一，史馆是由政府组织的修史机构，由皇帝信任的大臣担任兼修或总裁，由政府统一选任史官，参与修撰事宜，有一套与封建官僚体系相适应的运作方式。史馆是政治、制度、社会、学术、史学与文献的交汇点。在中国史学发展史上，史馆修史扮演了重要的角色，既完成了许多私人修史无法完成的宏大修史任

---

①　对于唐代史馆的运作方式，张荣芳著《唐代的史馆与史官》（台北私立东吴大学中国学术著作奖助委员会 1984 年版）以及岳纯之著《唐代官方史学研究》第二章《唐代官方修史机构——史馆》均有论述。

②　关于宋代史馆的设立、演变、执掌以及修史的各种情况，以下论著可以参看：金毓黻《唐宋时代设馆修史制度考》，《说文月刊》3 卷 8 期，1942 年 9 月；许沛藻《宋代修史制度及其对史学的影响》，《上海师范大学学报》1989 年第 1 期；蔡崇榜著《宋代修史制度研究》，台北文津出版社 1991 年版；宋立民著《宋代史官制度研究》，吉林人民出版社 1999 年版。

③　关于辽、金修史制度的状况，可参见朱子方《辽朝史官考》，《史学史研究》1990 年第 4 期；何宛英《金代修史制度与史官特点》，《史学史研究》1996 年第 3 期。

④　关于明代史馆的详情，可参见商慧明《明代史馆考述》，《江淮论坛》1991 年第 1 期；谢贵安《明代史馆探微》，《史学史研究》2000 年第 2 期。

⑤　对于清代史馆的类型，有常开、例开、特开"三种类型"说和常开、例开、特开、阅时而开"四种类型"说。今从乔治忠的"四种类型"说，见乔治忠著《清朝官方史学研究》，台北文津出版社 1994 年版，第 5—6 页。

务，又在控制修史、体现官方政治意志等方面发挥着不可替代的作用。

　　其二，史馆在发展演化的过程中，随着时代和政治的需要，不断发生变革，但总的趋向是规模不断扩大，机制更加灵活，覆盖面越来越广，对政治生活和文化生活的渗透越来越深。同时政府对史馆的控制也愈来愈严，史馆的政治化倾向愈来愈明显。

　　其三，从史馆确立的唐代开始，史馆和史官就有两大体系，一为修前代史体系，例以专职史官或他官充任，由宰相监修，史臣率皆各有本官，史毕馆撤，是一种临时性质的修史组织，唐前五代史就是这样修成的。二为列入政府常制机关的修史机构，即贞观三年自秘书省中移出之史馆，修撰国史、实录，为经常举行之事，是常制而富有弹性的修史组织，亦有宰相监修①。唐以后，更形成了以国史馆、实录馆这些常设修史机构为基础，以其他各种临时性史馆相配合的修史体制，这是史学史发展的实际。尽管在不同的时代，史馆的概念有所不同，其内涵和外延也会有所变化，但常设与临时这两种形式却是一直存在的。

　　其四，中国史学有着悠久的历史，体裁多样，内容丰富，而且从未中断过。一个重要的原因，就是由国家任命史官、设立史馆、编纂史书、记述史事，使史学的延续与发展有了可靠的保障。可以说，设馆修史为后世之人留下了最基本的历史资料。

二、本课题的研究范围及意义

　　有清一代，史馆修史兴旺发达，编纂活动持续不断，官修史籍种类繁多、部帙巨大，所取得的成就是以前任何王朝都难以与之比肩的。有鉴于此，本课题将清代史馆作为主要研究对象，并以此为枢纽，尽力考察清代史馆的演变，史馆的机制与运作，史馆与史官，史馆修史与幕府修书、私人撰史的关系，史馆与清代

---

　　①　关于这一点，可参看雷家骥《唐前期国史官修体制的演变》，载《唐代研究论集》（第二辑），台北新文丰出版公司1992年版。另，赵俊通过考辨，指出治史学史者通常认为唐前五代史为唐初史馆所修，实际是错误的。唐前五代史为秘书内省所修，史馆的任务是纂修国史和实录。这两种修史机构的区别在于，前者是临时性修史机构，后者是常设机构。其共同点是，都是官方修史，都有宰相监修。见《唐初修史机构辨》，《求索》1984年第6期。雷、赵二人结论大致相同，说明我国史馆制度从一开始就形成了常设与临时相结合的运作体制。

政治、学术文化之间的相互联系与影响，等等，以此为关节点，揭示史学、政治、学术、社会之间的深层次的交互作用，并试图由此得出一些具有普遍理论意义的认识。

清代的史馆制度在前代基础上多所发展，表现出与前代极不同的特点。一是在史馆组建上呈现多元化。各修史之馆的隶属不同，有名义上属于内阁的，如实录馆；有属于军机处的，如方略馆；也有很多史馆并无严格所属。很多史馆是因政治、思想文化等形势的需要而临时设立的。二是史馆地位的多样化，各馆在政府中的地位有很大差别。三是史馆种类繁多，按其开馆的连续性来讲，就有常开之馆、例开之馆、特开之馆和阅时而开之馆等。各馆例有总裁、副总裁等职，形成了一套既灵活又严密的组织形式。四是史无专官，流动性大。但在史官任用上又有多种方法和途径。凡此种种，都使我们在研究清代史馆与清代政治这一问题时，不能不对研究对象划定一个范围，也就是首先对史馆有一个正确理解。从中国古代史馆发展史来看，史馆实际上有狭义和广义之分，狭义的史馆是指专门修撰国史、实录的机构，如唐代的史馆、宋代的史院①、清代的国史馆等。广义的史馆则包括修撰起居注、玉牒、会典等，以及各种由政府统一组织、随时修撰史书的机构。它们在名义上虽各有所称，但所修均为史书或史料汇编，且与史馆一样，在修史组织、管理上有着大致相仿的模式。鉴于以上所列清代史馆制度的特性，笔者认为，对清代史馆，不能做狭义理解，不能自我局限于"史馆"一词之上，更不能将史馆仅仅理解为"国史馆"。仅仅研究狭义的史馆，不仅无法揭示清代官方史学的真实面目，而且不能发掘史馆制度因时而异的运作方式，更无法从根本上揭示史馆修史在王朝文治武功中所发挥的重要作用。因此，笔者在研究清代史馆与清代政治这一课题时，使用的是广义的史馆概念。当然，那些非纯为修史而设的编纂机构，如"四库馆"、"古今图书集成馆"等，不在我们的研究之列。

选择这样的课题进行研究，主要有以下几点考虑：

其一，设馆修史是中国古代史学的一个传统，是专制制度渗透至史学领域的重要表现，自唐以降，一直在史籍编纂中发挥着重要作用。由于史馆本身被纳入到整个官僚体系的运作之中，而史学在中国古代社会又备受统治者和史学家重

---

① 宋代的史馆与史院制度相当复杂，其中变换更改，可参看蔡崇榜著《宋代修史制度研究》，台北文津出版社 1991 年版；宋立民著《宋代史官制度研究》，吉林人民出版社 1999 年版。

视，因此，史馆就成了当时社会的一个缩影，一个政治、文化相结合的基点。而且，史馆在发展变化中，每一时代均呈现出不同的面貌，有继承，有发展，都与当时的政治形势、学术思潮、史学状况密切相关。抓住史馆这一问题进行深入研究，不仅可以更深入地认识史馆修史的利弊，而且可以更准确地认识传统史学的本质与精神。

其二，清代是中国古代专制社会的最后一个时代，由于各种历史因素的作用，又是一个由传统社会向近代社会跨越的时代。其在史学上，则表现出总结和嬗变的特点①。其史馆修史，更是古代史馆发展的最后一个环节，无论是在史馆设立和官方史学的运作方式上，还是在官修史书编纂的内容以及史学与社会政治的结合上，都有不同于前代的特点。深入研究清代史馆的方方面面，不仅可以很清晰地揭示古代史馆修史的发展趋向，以及清代史馆在史学与政治之间所起的作用，而且还可由此考察传统史学向近代史学转变中史馆所扮演的角色，从而总结出一些带有规律性的认识。

其三，清代史学发达②，尤其是官修史籍成就卓著。研究清代史馆，探讨清代史馆修史与幕府修书、私人撰史之间的相互影响以及史学思想的相互渗透或排斥，揭示史馆修史在整个清代史学发展中所起的作用，可以使我们对清代史学的整体面貌有一个更加全面的认识，同时对于认识自唐以来中国史学的政治化趋向以及民间史学的抗争，也会有所裨益。

其四，探讨清代史馆与清代政治这一问题，可以突破长期以来史学史研究中在史学与政治关系问题上泛泛而论的局面，深化人们对史学社会作用的认识。史馆是史学与政治结合的直接枢纽，仅就史官选任这一点而言，就可以看到现实政治对修史的作用，如党派斗争、民族矛盾等，导致史官结构的差异。至于帝王对史馆修史的干预以及适时开馆以配合现实需要，表现就更为明显。以往谈论史学与政治的关系，仅仅停留在理论认识的层面上，至于史学在现实政治生活中到底起了什么作用，政治又怎样使史学研究发生扭曲，史学与政治之间又保持了怎样

---

①　参见瞿林东《中国史学史纲》第八章，北京出版社 1999 年版。

②　对于清代史学的地位，陈寅恪先生认为"远不逮宋人"，"清代经学发展过甚，所以转致史学之不振"，史学"为文儒老病销愁送日之具"。见《陈垣〈元西域人华化考〉序》，载《金明馆丛稿二编》，上海古籍出版社 1978 年版。对此，杜维运进行过申辩，力主清代史学发达说，见《清代史学与史家》，中华书局 1988 年版。笔者同意杜氏观点，并在《中国史学思想通史·清代卷》（黄山书社 2002 年版）中作了进一步申说。

的张力，使之能够既相互牵制，又相对独立，不断维系下来，等等，尚无深入论说。本课题将将史馆置于清代政治、社会、文化架构之中，通过深入剖析，试图真正将现实政治斗争和历史编纂问题结合起来，从而得出一些具有普遍意义的认识。

其五，本课题选取史馆这一研究对象，还考虑到以史馆为基点，尝试做一种跨学科的研究，通过这样的研究，试图进一步打破学科专史的局限，拓展史学史研究的领域。

三、清代史馆研究的历史与现状

（一）20 世纪前半期的研究状况

20 世纪前半期，鲜有专门探讨清代史馆的论著，只是在研究其他问题时涉及史馆编修的一些情况。这主要表现在对清实录、清三通、起居注、清会典的研究上。著名明清史专家孟森在 20 世纪 30 年代对清实录进行了研究，先后撰写了《读清实录商榷》[①]、《清康熙重修太祖实录跋》[②]、《清世祖实录初纂本跋》[③] 等，对清实录编纂的时间、过程以及实录的篡改都有涉及。方甦生亦撰写《清太祖实录纂修考》[④]、《清实录修改问题》[⑤]。前文对清太祖实录的纂修和重修进行考证，并利用旧本《太祖实录》和改本《太祖实录》进行校勘，指出改本在内容上有诸多与旧本不同的内容，认为"旧本不失为清开国期比较质实的史料，虽有小疵，易于补正。改本却是瑜不掩瑕，无甚可取"。后文对孟森在《读清实录商榷》中提出的"改《实录》为清世日用饮食之恒事"的说法提出质疑，认为实录的篡改不像人们所说的那样严重，"清实录非随时修改之书……乾隆以后，固未有重修实录事也"。王锺翰《清三通之研究》对清三通的编纂、体裁、取材、得失进行了研究，涉及三通馆的设立及三通编纂的情况，为进一步研究三通馆的

---

① 此文收入《明清史论著集刊》，中华书局 1959 年版。
② 《图书季刊》新 2 卷第 1 期，1940 年 3 月。
③ 《图书季刊》新 2 卷第 1 期，1940 年 3 月。
④ 《辅仁学志》第 7 卷第 1、2 期合刊，1938 年 12 月。
⑤ 《辅仁学志》第 8 卷第 2 期，1939 年 12 月。

运作情况提供了极有价值的帮助①。单士元《清代起居注》对清代起居注馆的设立及起居注的编纂进行了研究，指出"清代正式设立起居注馆始于康熙九年（1670），最早的一本起居注为康熙十年九月，记注官为折库纳"②。柳诒徵《记光绪会典馆之组织》对光绪朝会典馆的设立、人员配置、编纂过程等进行了深入研究，资料丰富，为进一步认识清代会典编纂提供了帮助③。另外，李晋华《〈明史〉纂修考》涉及明史馆设立及运作的情况④。

（二）20 世纪后半期的研究状况

20 世纪后半期，关于清代史馆的研究，取得了一定成绩，除在官修史籍的研究中继续涉及史馆修史的情况外，还出现了专门探讨清代史馆的论著。

1. 对清代史馆类型及修史制度进行了介绍和初步分析

杨玉良《武英殿修书处及内府修书各馆》⑤、沈原《清代宫廷的修书机构》⑥介绍了清廷的修书各馆的类型。杨文介绍了清内府编刊书籍的过程，对武英殿修书处的机构、职掌、匠役情况及章程进行了研究，特别指出内府修书各馆大体分为常开、例开、特开三种。常开之馆有国史馆、方略馆等，例开之馆有实录馆、圣训馆、玉牒馆、律例馆、则例馆等，特开之馆有会典馆、三通馆、三礼馆、一统志馆、图书集成馆及四库全书馆等。认为武英殿修书处与修书各馆的关系是："前者是刊刷、装潢书籍的出版发行机构；后者是书籍的编纂、修订单位，彼此关系密切。"沈文则将修书馆分为内廷和外朝两类，内廷常设的修书机构有书房、文馆、内三院、内翻书房、南书房、尚书房、方略馆、武英殿修书处等，外朝常设的修书机构有起居注馆、国史馆以及各种临时书馆。这里要特别提到乔治忠的研究，他在所著《清朝官方史学研究》一书的第一章《清朝的修史制度及其特点》中从较为宏观的角度对清朝官方修史活动的组织方式、清朝修史制度的特点进行了分析，指出清朝在史馆组建、人才任用方面，形成了比较健全的体制，其

①　《史学年报》第 2 卷第 5 期，1938 年 12 月。
②　此文收入作者文集《我在故宫七十年》，北京师范大学出版社 1997 年版。
③　原载《学原》第 1 卷第 9 期，1947 年，现收入柳曾符、柳定生选编《柳诒徵史学论文集》，上海古籍出版社 1991 年版。
④　李晋华：《〈明史〉纂修考》，哈佛燕京学社 1933 年排印本。
⑤　清代宫史研究会编：《清代宫史探微》，紫禁城出版社 1991 年版。
⑥　中国第一历史档案馆编：《明清档案与历史研究论文选》（上），国际文化出版公司 1995 年版。

修史制度具有皇帝干预加强、史料征用渠道通畅、满人参与修史以及较严格的督察处分制度等四个方面的特点①。该书对前人较少涉猎的问题进行了有益的探索，值得重视。王记录《清代史馆的人员设置与管理机制》指出清代史馆在人员设置上可分管理人员、纂修人员、佐修人员和勤杂人员四类，四类人员各司其职，保证了史书修纂的顺利进行。在管理上，史馆制定馆规，按章办事，有严格的考勤考绩制度和奖惩制度，但同时也存在不少管理上的缺陷②。另外，鞠德源《清代的编年体档册与官修史书》对清代档案形成的特点以及清朝政府大量编纂编年体档册和官修史书的情况作了分析研究，指出清代文书档案可分官文书、官文书汇抄（或称编年体档册）、各类编年体记事档册三类，清廷利用这些档册编纂了大量的本朝国史和各项专书，所修史书超过了以往各代③。

2. 对清代部分史馆进行了具体研究

李鹏年《国史馆及其档案》④、王锺翰《清国史馆与〈清史列传〉》⑤、乔治忠《清代国史馆考述》⑥、邹爱莲《清代的国史馆及其修史制度》⑦ 均对清代国史馆进行了研究。李文对国史馆的机构职掌、修史内容进行了分析，指出康熙二十九年（1690）为编修天命、天聪、顺治三朝国史，正式设立国史馆，书成馆撤，之后又多次开闭，直到乾隆三十年（1765）复开国史馆，遂为常设机构。现存的国史馆档案保存有国史馆修纂过的大清一统志、长编总档、本纪、大臣传、画一传、忠义传、儒林传、文苑传、循吏传、孝友传、节烈传、土司传、四裔传、宗室王公表传、蒙古王公表传、文武职大臣年表、贰臣传、逆臣传、十四志、皇清奏议等，史料价值极高；王文着重考察了国史馆的设置年代，指出国史馆第一次开馆在康熙二十九年，但终康熙一朝，并未编纂成书，雍正时又下诏重纂，乾隆初年继续排纂。第二次开馆在乾隆三十年，成为常设机构。《清史列传》则几乎全部直接或间接来源于国史馆纂修的大臣列传；乔文系统地考察了国史馆的建置沿革、官员组成及内部机构、承办的纂修任务以及国史馆的地位，指出国

① 乔治忠：《清朝官方史学研究》，台北文津出版社 1994 年版。
② 《史学史研究》2005 年第 4 期。
③ 《故宫博物院院刊》1979 年第 2 期。
④ 《故宫博物院院刊》1981 年第 3 期。
⑤ 《社会科学辑刊》1982 年第 3 期。
⑥ 《文史》第 39 辑。
⑦ 《清史研究》2002 年第 4 期。

史馆设置的官员有总裁、副总裁、提调、总纂、纂修、协修、清文总校、收掌、校对、翻译、誊录、供事、笔削员等。国史馆有规章制度对史官进行考核，其承办的纂修任务除国史的本纪、志、表、列传外，还有宗室王公功绩表传、蒙古回部王公表传、长编总档、皇清奏议、缮写实录、大清一统志等，在清代各个史馆中，国史馆有着重要的地位，其组织机构和管理方法，堪称修书各馆的典范；邹文则从国史馆的机构设置及职掌、修史制度与方法、人员管理制度与方法三个方面探讨了国史馆的内部情况，指出国史馆所形成的严格规范的编纂原则、严谨认真的治史精神、考勤考绩相结合的管理制度对我们今天的修史活动都具有借鉴意义。

秦国经、胡启松《清代的实录》考察了清实录的纂修、版本、典藏、内容、存佚和出版的情况，分析了清实录的纂修机构和官员，指出实录馆为不常设机构，书成即撤，设有监修总裁、满汉总裁、副总裁等，在实录馆内还设有满文馆、汉文馆和蒙文馆，各馆设有提调、总纂、纂修、协修、校对、收掌、翻译、誊录、供事等官员，分别办理满、汉、蒙文实录的纂修、校对、缮录等事宜①。王清政《清代实录馆考述》较为系统地考察了实录馆的设置、人员组成、管理制度等，指出顺治九年纂修《太宗实录》，始设实录馆，终清一代，共开馆12次，纂成实录12部，加上《宣统政纪》，共计13部。实录馆在官员设置上有监修总裁、总裁、副总裁、总纂、提调、清文总校、总校、校对、纂修、协修、效力纂修、收掌、誊录、供事等，实录馆有着健全的人事制度、供给制度、考勤考绩制度和奖惩制度，制度虽然完善，但执行得很差②。乔治忠、侯德仁《〈清世祖实录〉的纂修及康熙初期的政治斗争》分析了围绕《清世祖实录》的编纂所展开的康熙和鳌拜集团之间的政治争斗③，对研究清朝官方史学与政治的联系具有启示意义。另外，日本人松村润《顺治初纂清太宗实録について》④、今西春秋《对校清太祖实录》⑤也涉及实录馆及各实录的编纂问题。

屈春海《清代方略馆利用档案编纂方略》指出方略馆是为纂修"方略"而设立的专门机构，同时负责保管军机处的全部档案，隶属于军机处，康熙二十一

---

① 《历史档案》1989年第4期。
② 《江汉论坛》1999年第2期。
③ 《清史研究》2000年第4期。
④ 日本大学人文科学研究所研究纪要（创立七十周年纪念论文集），1973年3月。
⑤ 国书刊行会发行，1973年。

年（1682）为修纂《平定三逆方略》而始设，乾隆十四年（1749）修纂《平定金川方略》时成为常设机构。方略馆设总裁一人，由军机大臣兼任，另有提调、收掌、纂修等①。夏宏图《清代方略馆设立时间举证》否定了有些著述认为方略馆初设于康熙二十六年的说法，指出方略馆的设立应在康熙二十一年②。而姚继荣《清代方略馆设置年代记载小议》则认为乾隆十四年为方略馆正式定址建制之始③。姚继荣还在《清代方略馆与官修方略》一文中考察了方略馆的设置、清代官修方略的成就及方略的史学价值，认为方略的编纂始于康熙时，而方略馆的设置则始于乾隆时，方略馆设总裁一人，下设提调、收掌、总纂、纂修、协修、译汉、总校、校对、详校、承发、供事各员，自康熙迄光绪，清代官修方略 25 部，反映了清朝历次重大军事活动④。

陈捷先《清代起居注馆建置略考》对清代起居注馆的设立经过进行了考证，指出清代起居注馆正式设立于康熙九年，记注官满汉均有，此外还有满汉主事及笔帖式多人。起居注的记载有一定顺序，每天的记事以皇帝的起居为第一要项，其次是皇帝的谕旨，臣工的题奏，最后是官员引见等。起居注的编纂除康熙一朝每月一册外，其余帝王都是每月两册，大致先由记注官做成草本，由总纂记注官逐条查覆增改，再送掌院学士阅定，书年月及当值官姓名，用翰林院印钤缝⑤。日本人加藤直人《清代起居注研究》探讨了清代起居注的情况，涉及起居注的设置以及康熙、雍正、乾隆朝起居注的情况，对起居注馆设立的时间进行了考证，指出康熙九年设立起居注馆的说法是错误的，起居注馆的设立应该是在康熙十年⑥。朱金甫《紫禁城内的清代起居注馆》在起居注馆设立的时间上也主张康熙十年说，同时考察了起居注馆的官员设置，指出起居注馆应办的事宜主要有：派起居注官在皇帝左右轮流值班，抄录档册存馆备查，接受和处理有关衙门抄送的公文副本，以供记注时查考⑦。王政尧《康熙八年起居注事辨误》根据《清圣祖实录》等资料，纠正了光绪《大清会典事例》记载康熙八年给事中魏象枢奏请

---

① 《中国档案》1991 年第 12 期。
② 《历史档案》1997 年第 2 期。
③ 《北京师范大学学报》2002 年第 1 期。
④ 《山西师大学报》2002 年第 2 期。
⑤ 陈捷先：《清史杂笔》，台北学海出版社 1977 年版。
⑥ 该文最早发表在《东方学》第 57 辑，1979 年 1 月，后由任道斌译出，刊登在《中国史研究动态》1979 年第 11 期。
⑦ 《紫禁城》1985 年第 3 期。

设立起居注馆的错误说法，指出康熙八年魏象枢没有在朝中任职，康熙八年疏言起居注事的是兵科给事中刘如汉①。乔治忠《康熙起居注馆和康熙起居注》对康熙起居注馆的设立始末、康熙起居注的特点和史料价值进行了分析，进一步论证康熙十年为起居注衙门设立之始，并认为康熙晚年废除起居注官，反映出史学与专职皇权之间的矛盾，《康熙起居注》是研究康熙及康熙朝历史的珍贵的资料②。夏宏图《清代起居注的纂修》分析了清代起居注的纂修机构和人员、纂修体例和纂修特点③。

屈六生《清代玉牒》考察了清代玉牒的纂修及规则、玉牒的种类、特点及价值，指出清代玉牒每十年纂修一次，但其中也有变化，有清一代共修玉牒 28 次。玉牒有直格玉牒和横格玉牒两大类，对研究人口问题具有重要价值④。陆可平、程大琨《清代玉牒探析》考察了纂修玉牒的具体方法，指出清代玉牒有两大特点，一是内容上有宗室、觉罗之分，二是文字上有满汉文之分⑤。

另外，郭松义《清朝的会典和则例》⑥、朱金甫《略论〈大清会典〉的纂修》⑦ 等关于《大清会典》研究的论文都涉及会典编修的情况。黄云眉《〈明史〉编纂考略》⑧、黄爱平《〈明史〉纂修与清初史学》⑨、何冠彪《〈明史〉编纂杂考》⑩、《顺治朝〈明史〉编纂考》⑪、乔治忠《论清顺治朝与康熙朝初期对〈明史〉的纂修》⑫ 等论文都涉及明史馆的一些情况。这些文章同样成为人们进一步研究清朝史馆修史状况的基础。

从以上综述我们可以看出，20 世纪关于清代史馆的研究取得了一定成就。第一，清代史馆的类型基本厘清。第二，部分史馆的建置沿革、内部管理、修史成就等情况得以揭示。特别是对清代国史馆、起居注馆等的研究，成绩很大。第

① 《清史研究通讯》1986 年第 1 期。
② 《清朝官方史学研究》，台北文津出版社 1994 年版。
③ 《档案学研究》1996 年第 3 期。
④ 《历史档案》1984 年第 1 期。
⑤ 《满族研究》1993 年第 2 期。
⑥ 《清史研究通讯》1985 年第 4 期。
⑦ 《故宫博物院院刊》1995 年第 1 期。
⑧ 黄云眉：《史学杂稿订存》，齐鲁书社 1980 年版。
⑨ 《清史研究》1994 年第 2 期。
⑩ 《明代史研究》第 27 号，1999 年。
⑪ 《大陆杂志》1999 年第 2 期。
⑫ 《河北学刊》2003 年第 3 期。

三，微观考辨值得注意。特别是对部分史馆的设置年代的考证，为进一步深入研究打下了基础。同时我们也应看到，百余年来的研究也存在明显不足，其一，个案研究所涉及的史馆依然很有限，差不多全集中在国史馆等极少数史馆的研究上，而对另外一些例开、特开之馆缺乏必要的探讨，更谈不上深入而系统地研究。其二，专门研究史馆制度的论文极少，多数文章是在研究其他问题时涉及史馆，而且角度单一，缺乏创新。史馆制度的研究涉及社会史、史学史等多个学科，因此论究史馆不能囿于史学层面，也不能囿于制度层面，要兼顾到各个层面的相互影响，把握其真正的内涵。从上面的综述可以看出，人们往往把一个时代的史馆看成是一成不变的制度，抹煞了它的活泼与弹性，忽视了制度因时因人而异的运作与转变。因此，选取一个可以充分说明问题的角度，做深入而有效地研究，实属必要。其三，没有将清代史馆置于清代政治、社会、史学以及文献的架构之中进行整体探讨，就事论事者多，故而研究结论缺乏普遍性，更谈不上得出具有理论意义的认识，无法把握史馆修史在清代政治、文化生活中的作用和意义，也看不到史馆修史下清代史学的精神本质。

有鉴于此，以前人的研究为基础，充分利用丰富的文献，跳出以往研究的窠臼，放宽史馆研究的视野，以史馆为纽结，以史馆修史和社会政治的关系为突破口，进行社会、政治、学术文化、史学、文献的综合研究，实属必要。

四、本课题的研究目的、
方法及所要解决的重点和难点问题

钱穆先生曾说："研究制度，不该专从制度本身看，而该会通着与此制度相关之一切史实来研究。这有两点原因，一因制度必针对当时实际政治而设立而运用。单研究制度本身而不贯通之于当时之史事，便看不出该项制度在当时之实际影响。一因每一制度自其开始到其终了，在其过程中也不断有变动，有修改。历史上记载制度，往往只举此一制度之标准的一段落来作主，其实每一制度永远在变动中，不配合当时的史事，便易于将每一制度之变动性忽略了，而误认为每一制度常是凝滞僵化，一成不变地存在。"[1] 这是极富启发的论断，也是本课题研

---

① 钱穆:《中国历史研究法》，三联书店 2001 年版，第 33 页。

究中要遵循的。本课题就是要在前人研究的基础上，以史馆为切入点，从清代史馆与清代政治这一侧面入手，较为深入地考察史学与政治的交互作用。本课题将紧紧抓住清代史馆本身的运作及清代史馆与政治的关系这两个核心问题，旨在这两个方面深入开掘，以取得突破。

第一，研究清代史馆与史官的基本面貌和发展变化。解决清代史馆纵向、横向以及内部的各种问题。厘清以往人们在这些问题上的模糊认识。纵向上，研究清代政治背景下史馆的兴盛衰亡，重在分析史馆建置与政治、学术变化间的关系。横向上，考察史馆修史与清代盛行的幕府修书、私人撰史之间的相互联系、冲突与影响。在史馆内部，择要剖析清代史馆的类型与管理机制、史馆的史料征集、修史制度与修史成就、史官的人员构成、学术修养、政治情怀以及史官在馆外的修纂活动等。重在考察史馆内部的运作机制以及其与政治运作的关系，剖析清代史无专官，以他官兼领、以民间选任过程中的政治因素和学术因素。

第二，考察清代史馆与清代政治的相互影响、相互制约，分析清代史馆和政治变动下的清代学术文化之间的关系。在清代，设馆修史总是蕴含着很深的政治意义，史学成了统治者进行某些政治活动的依托。为使所论问题更加深入，本部分将选取一些具有代表性的专题，认真爬梳史料，深入考察，以求揭示政治背景下清代史馆修史的状况以及以修史为依托的清代文治的运作方式；揭示清代学术文化的特点及不同时期政治变动、文化政策在史馆修史中的反响，避免在史学与政治问题上的泛泛而论。

清代史馆修史成就最大的时期是在嘉庆以前，官方史学与政治发生密切关系也是在这一时期。到了晚清，史馆修史明显出现了萎缩，除了常开和例开的国史馆、起居注馆、实录馆、方略馆尚能循例而开之外，适应政治变化需要而特开的史馆几乎没有，很多修史项目都被私家占领，感奋于时局艰危，私家修史极其活跃。官方史学的萎缩与僵化已经无法为清廷的政治运作提供有价值的帮助，故而我们在探讨史馆修史与政治的关系时，以嘉庆以前的史馆修史情况为主，兼及道光到清朝灭亡的情况。

史馆研究，涉及面广。对笔者来讲，从事这样的研究是一个很大的挑战。对此，采取有效的方法是很必要的。首先，将唯物史观寓于研究之中。清代史馆的产生和发展不是孤立的，有一定的社会条件、政治条件和学术条件，我们必须要从具体的历史的矛盾运动中去考察它，用联系的、变化的观点看问题。在考察各种史馆的情况时，既要看到各史馆之间横向的联系，又要看到各史馆内部的组织，还要看到纵向的演变。在考察史馆与政治、社会的相互作用时，同样要注意到这些方面。其次，努力打破学科界限，将清代史馆置于清代政治、社会架构之中进行研究。清代史馆是清代政治、制度、社会、文献与史学的交汇点。研究史学史的人，囿于史馆修史无甚可取的偏见，往往很容易忽视对史馆的研究，即便有一些研究，也多是从史学史的角度看问题。而研究制度史和政治史的人，又往往很忽视史馆在政治生活中的作用，对史馆和史官鲜少涉猎。因此，本课题拟采用综合研究的方法，将政治问题、史学问题、学术文化问题放在一起研究，以增加研究的深度和广度。同时，在资料采获上，打破学科畛域，将各种文献等资料融于一起，不断变换解读文献的视角，以充分发掘文本之价值与史料之意义，将研究向前推进。第三，比较研究。将清代史馆与政治的关系问题放到整个历史发展的过程中去认识，不断与唐、宋、元、明等时期的史馆修史进行比较，以确立有清一代这一问题的合理地位。第四，兼顾点、面，抓住几个重要问题，深入开掘，同时又从更高的层面上全面把握史馆修史的状况。抓住点，是为了抓住有代表性的问题，细致深入地研究，以见事物之本质。抓住面，是为了系统全面，避免支离破碎，以见发展演化之大势。第五，历史与逻辑相统一。不以思想逻辑扭曲历史真实，而是从历史实际出发，贯穿资料，求得对历史的符合实际的解释。

本课题主要要解决以下几个重要问题：

其一，系统梳理清代史馆的建置沿革、阶段性发展，考察这种演变发展背后的政治因素。和中国历史上的其他王朝一样，清代历史的发展经历了一个由初创、发展、鼎盛、衰落的过程。与不同历史阶段相适应，整个朝廷的典章制度、政治格局也随时损益变化，与之密切相连的史馆也就出现不同的状况。纵向来看，清王朝自1644年定鼎北京，到1911年清帝逊位，这期间常开、例开、特开的修史之馆有几十个，其间迁转挪移，极为复杂。而每次大的变化，都与社会、政治形势息息相关。考察清代史馆纵向的演化过程，理清清代史馆的发展脉络，揭示不同阶段史馆的不同特点，是本课题首先要注意的。

其二，全面研究清代各史馆之间的关系以及史馆的机制与运作。这主要考察两个方面的问题：其一，史馆间的关系及政治、史学、官僚机制因素。清代史馆在组织机制上呈现多元化，不同史馆的地位也呈现多样化。那么，这些史馆之间有什么样的关系，它们以一种什么样的方式存在，又产生怎样的相互影响，这样的格局受怎样的政治因素影响，在史学发展史上有什么意义，要予以正确说明；其二，史馆内部的管理、运作等问题。这些问题与专制官僚体制一脉相承，但又打上了学术文化的烙印，吸收前代经验，适应清代社会特点而存在。需要认真研究。

其三，剖析清代史馆与清代政治之间的关系，考察史学与政治的互动。这是本课题最难解决的一个问题。和前代不同的是，清代很多政治问题，在史馆修史中都有明显的反映，诸如清廷内部斗争、帝王文治、民族问题、边疆问题等，清统治者总是在修史中体现自己对这些问题的看法，并以修史的方式引导人们对重大历史问题的认识。本课题以个案研究为基础，上升到宏观理论高度来说明史馆修史的社会政治意义。在中国古代，官方修史总是会带有很明显的政治意图，而史官撰史总要秉承直书实录的精神，其间的冲突，也要进行研究。

其四，研究史馆修史对清代学术文化发展的影响。史馆是修史人才的集结地，清代重要史馆总是集结一批对当时学术文化深有影响的人物，他们的学术归属、治学方法可能会有很大的差异。这样，以史馆为纽结，在修史中就会出现不同学术派别的论争。由于官修史书的钦定性质，贯彻着统治者的意志，在思想上自然也就会对当时的学术走向产生影响。清代学术发展一波三折，不同时期有不同时期的特点，深入探讨史馆与满汉政治格局下学术文化的关系，也是本课题的重要内容。

最难克服的问题主要有两个：

第一，在史馆研究中贯通当时之史事，将社会史、政治史、制度史、学术史、史学史、文献学结合在一起来深入探讨史馆修史在当时社会中所起到的实际作用。分析处于政治中心、甚至身临政治事件的帝王、史官在政治与学术间的运作方式，深入揭示史馆修史背后的思想和理论，是本课题的难点之一。

第二，从较为抽象的高度思考史馆修史与政治运作、史学的学术化与政治化的问题，得出具有普遍理论意义的认识，丰富我国的史学思想，是本课题的难点之二。

第一章　清代政治的演变与史馆的建置

作为修史机构，清代史馆与清代政治、文化的演化发展关系密切。在清代政治演化发展的历程中，史馆受政治影响而又影响到政治，表现为阶段性发展的特征。论述清代史馆制度的变化发展，首先必须考察政治变化影响下史馆制度的形成、发展、衰落的过程，对清代史馆制度的发展大势有一个基本的了解。

一、入关前的制度建设与官方修史的状况

史馆作为官僚机构的一部分，是与专制政治下整个朝廷的典章制度的变化紧密相连的。就入关前的后金政权来讲，其文化发展和典章制度建设先是经历了一个不长的探索时期，然后确立"参汉酌金"，"渐就中国之制"[①] 的方针，向汉文化靠拢，仿汉制而又不照搬汉制，一方面学习汉族的先进文化，另一方面根据后金的实际情况进行"通变"，试图创造出适合后金历史状况的"金典"[②]。在这个过程中，官方修史制度亦不断完善。

清人在入关以前，官方虽有史书的修纂，但并没有设立专门的史馆，当时的史书修纂任务先是由文馆，后是由内三院之内国史院负责完成的。

清太祖努尔哈赤于明万历十一年（1583）五月，以遗甲十三副起兵于东北，历经 30 余年的武装征伐，统一了满洲各部。在这一过程中，他不断创立和逐步完善各级行政机构和制度，诸如五大臣听讼、十扎尔固齐佐理国政以及议政会议，等等。在这些制度建设的过程中，努尔哈赤建立了重要的文化机构——书房。书房内设秀才若干名，助其读书，兼管文墨之事[③]。努尔哈赤时代，书房及其文臣的主要职能在政治与文化两个方面；政治上，起草诏书、奉旨出使、率师

---

① 罗振玉：《天聪朝臣工奏议·宁完我请变通〈大明会典〉设六部通事奏》，载潘喆等编《清入关前史料选辑》（二），中国人民大学出版社 1989 年版，第 82 页。
② 同上。
③ 孟昭信：《康熙大帝全传》，吉林文史出版社 1987 年版，第 55 页。

出征、主持典礼等①；文化上，则有创制文字、记注政事、翻译汉文经史等。万历二十七年（1599），努尔哈赤命书房文臣额尔德尼和噶盖等人创制文字，是为老满文，或称无圈点满文，"满洲有文字自此始"②。皇太极天聪六年（1632），皇太极又命巴克什达海改进老满文。满洲文字的创立，对本民族文化事业的发展，起了极大的推动作用，人们可以用本民族的文字书写公文、记载政事、编写历史、传播知识、翻译汉籍，是"有功于创业者"的重要事件③。书房记注政事，《满文老档》有明确记述，云："聪睿恭敬汗（即努尔哈赤）所立一切之善政，俱有额尔德尼巴克什录编成。"可见，当时书房文臣就有将帝王重大举措记录下来，编纂成书的先例。随着满文的创立，汉文典籍亦相继被翻译成满文，史载清太祖命书房文臣达海"译《明会典》及《素书》、《三略》"，并译"《通鉴》、《六韬》、《孟子》、《三国志》、《大乘经》"④ 等。努尔哈赤肇起东土，虽戎马倥偬，未遑大兴文教，但其建立书房，命儒臣记注政事、译书，对后来清代官方建署修书有很大影响。

清太宗皇太极天聪三年（1629）四月，改书房为文馆。所谓"天聪三年，设文馆于盛京"⑤。又云："天聪三年，上命儒臣分直文馆。"⑥ 皇太极这次改书房为文馆，对于清代官署修书有重要意义。相对于书房集政治活动与文化事业于一身，职掌繁多、职责不清、人员芜杂的情况，文馆的职责相对明晰，即主要有两个方面的职责：一是翻译书籍，二是记注政事。所谓"（天聪三年）夏四月丙戌朔，上命儒臣分为两值。巴克什达海同笔帖式刚林、苏开、顾尔马浑、托布戚等四人，翻译汉文书籍；巴克什库尔缠同笔帖式吴巴什、查素喀、胡球、詹霸等四人，记注本朝政事，以昭信史"⑦。皇太极以文馆译书、记事，是因为他"乐观古来典籍，故分命满汉儒臣翻译、记注，欲以历代帝王得失为鉴，并以记己躬之得失焉"⑧，即想通过文馆这样的机构，总结历代帝王治国安邦的经验教训，记载当代帝王的得失成败。显然，文馆的文化职责已比书房明确，其在记注政事、

---

① 邸永君：《清代翰林院制度》，社会科学文献出版社 2002 年版，第 39—40 页。
② 《清史稿》卷 228《额尔德尼传》。
③ 《清史稿》卷 228《论曰》。
④ 《清史稿》卷 228《达海传》。
⑤ 光绪《大清会典事例》卷 11，内阁。
⑥ 光绪《大清会典事例》卷 1048，翰林院。
⑦ 《清太宗实录》卷 5，天聪三年夏四月丙戌。
⑧ 《清太宗实录》卷 5，天聪三年夏四月丙戌。

借鉴得失、留存信史方面的意识更加强烈。由于皇太极一生喜欢学史、讲史和用史①，故而他对文馆记注史事、翻译史书非常关心。天聪五年（1631）正月己亥，皇太极"入巴克什库尔缠直房，问所修何书，对曰：'记注上所行事。'上曰：'此史臣之事，朕不宜观'。"② 皇太极对修史不横加干预，并按规定回避，对编写当代历史给予了很大的关心和支持，说明史臣的工作已开始向正规化、制度化发展。但同时，皇太极从维护本民族的根本利益出发，对于如何总结历史经验，总结哪些历史经验，都有自己的看法。天聪九年五月二十日，皇太极训谕文馆大臣云："朕观汉文史书，殊多饰辞，虽全览无益也。今宜于辽、宋、金、元四史内择其勤于求治而国祚昌隆，或所行悖逆而统绪废坠，与夫用兵行师方略，以及佐理之忠良、乱国之奸佞，有关治要者，汇纂翻译成书，用备观览。至汉人正史之外，野史所载，如交战几合、逞施法术之语，皆系妄诞，此等书籍，传之国中，恐无知之人信以为真，当停其翻译。"③ 可以看出，皇太极重视正史，特别是辽、金、元的历史，这和满清是后起的少数民族王朝有关。相对汉族王朝而言，辽、金、元这些先他而建立的少数民族政权的兴亡，对他有更直接的借鉴意义。政治家对待历史经验总是有非常明确的功利目的，皇太极亦不能例外。

皇太极对汉族文化有着浓厚的兴趣，天聪五年，谕令贝勒大臣子弟八岁以上、十五岁以下者必须攻读儒书，学习儒家文化，"使之习于学问，讲明义理，忠君亲上"④。由于对汉族文化的喜爱，再加上本民族文化的落后，皇太极在设立文馆译书、记事时，特别注意吸纳归顺后金的汉族知识分子入值文馆，史载"天聪三年，太宗闻（宁）完我通文史，召令值文馆。完我入对，荐所知者与之同升，鲍承先其一也"⑤，"蒋赫德，初名元恒，遵化人。天聪三年，太宗伐明，克遵化，选儒生俊秀者入文馆，元恒与焉，赐名赫德"⑥，"（李）栖凤、（马）鸣佩皆以诸生来归，事太宗，并值文馆"⑦，"天聪三年，太宗伐明，下遵化，（沈）文奎降，从贝勒豪格以归，命值文馆"⑧，"马国柱，辽阳人，天聪间，以

① 孙文良、李治亭：《清太宗全传》，吉林人民出版社1983年版，第406—414页。
② 《清太宗实录》卷8，天聪五年正月己亥。
③ 《清太宗实录》卷23，天聪九年五月己巳。
④ 《清太宗实录》卷10，天聪五年闰十一月庚子。
⑤ 《清史稿》卷232《宁完我传》。
⑥ 《清史稿》卷238《蒋赫德传》。
⑦ 《清史稿》卷239《李栖凤传》。
⑧ 《清史稿》卷239《沈文奎传》。

诸生值文馆"①。这些"通文史"的汉族知识分子被选入文馆，翻译汉文书籍，记注本朝政事，势必把汉族的修史传统带入到刚刚起步的满族史学之中，并带动较为落后的满族史学的发展。由于皇太极喜爱汉文化，文馆中的汉族士人还极力提倡将汉文史籍译成满文，宁完我就曾向皇太极提出必须翻译三种书籍，即修身治国的四书、攻城略地的兵书和鉴往知来的史书，如果统治者能从这些史籍中学到本领，将对治国安邦大有益处，"如要知正心、修身、齐家、治国的道理，则有《孝经》、《学》、《庸》、《论》、《孟》等书，如要聪明智识，选练战攻的机权，则有《三略》、《六韬》、孙、吴《素书》等书。如要知古来兴废的事迹，则有《通鉴》一书。此等书实为最紧要大有益之书。汗与贝勒及国中大人所当习闻明知，身体而力行者也"②。可以说，皇太极热衷于接受汉族文化和制度，在文馆建设中任用汉族知识分子，并利用文馆翻译汉文史籍，说明清代史馆制度在它刚刚萌芽时就是满汉文化结合的产物，这一点对入关后史馆制度建设产生了重要的影响。

天聪十年（1636）三月，皇太极又改文馆为内三院，"一名内国史院，一名内秘书院，一名内弘文院，分任职掌。内国史院职掌：记注皇上起居诏令，收藏御制文字。凡皇上用兵行政事宜，编纂史书，撰拟郊庙祝文及陛殿宣读庆贺表文，纂修历代祖宗实录，撰拟矿志文，编纂一切机密文移及各官章奏，掌记官员陛降文册，撰拟功臣母妻诰命印文，追赠诸贝勒册文，凡六部所办事宜，可入史册者，选择记载，一应邻国远方往来书札，俱编为史册。内秘书院职掌：撰与外国往来书札，掌录各衙门奏疏及辩冤词状，皇上敕谕文武各官敕书并告祭文庙谕祭文武各官文。内弘文院职掌：注释历代行事善恶，进讲御前，侍讲皇子，并教诸亲王，颁行制度"③。这次改制，使内三院成为规模较大、职能广泛、地位较高的文官衙门。从内三院各自的职掌看，内国史院即负责实录等史书的编纂。可以看出，内三院在修史的分工上比文馆更加明确。显然，这又向官署修书迈进了一步。

清入关以前，虽然清太祖努尔哈赤和清太宗皇太极有着修史以传世的史学意识，并不断在制度建设中体现出来，但官方修史制度本身并不完备，这与后金整

---

① 《清史稿》卷239《马国柱传》。

② 罗振玉：《天聪朝臣工奏议·宁完我请译四书武经通鉴奏》，载潘喆等编《清入关前史料选辑》（二），第71页。

③ 《清太宗实录》卷28，天聪十年三月辛亥。

个民族的文化程度较低以及当时更注重民族统一是紧密联系的。正因为这种情况，入关前清廷官修书的成就不高。努尔哈赤时期，即出现用本民族文字记录的档册，《满文老档》就是当时最重要的编年体档册，这些档册以编年记事的方式，记载了最高统治者的军政活动及言论，从而成为清代最早的官方史籍的雏形。到皇太极时期，除了在内国史院继续编纂满文档册以外①，由于由书房到文馆再到内三院的逐步建制，记注本朝政事以昭信史的观念亦日益加强，实录、国史编纂成为这一时期的官方史学活动的新内容。天聪六年（1632）十一月，文馆秀才杨方兴上疏请修国史，认为"从古及今，换了多少朝廷，身虽往而名尚在，以其有实录故也。书之当代，谓之实录，传之后世，谓之国史，此最紧要之事"，如果史书修成，"千万世后，知先汗创业之艰难，皇上续统之劳苦，凡仁心善政，一开卷朗然，谁敢埋没也"②。这一点恰好符合皇太极重视历史，以史传世，从历史中吸取经验教训的心态。天聪七年十月，皇太极在向文馆儒臣的谕旨中称："朕嗣大位，凡皇考太祖行政用兵之道，若不一一备载，垂之史册，则后世子孙无由而知，岂朕所以尽孝乎？"③ 就是在这样的背景下，开始了《太祖武皇帝实录》的编纂。这是清人关前第一次正式的官方修史活动。天聪九年八月，用满、蒙、汉三种文字绘写并附图的《太祖实录图》告成，崇德元年（1636）十一月，《太祖武皇帝实录》亦修成，举行了隆重的进书典礼，并于内国史院宴请修纂官，赏赐总纂官希福、刚林等人良马、银两不等。④ 应当说明的是，当时的实录修纂并没有设立专门的实录馆之类的史馆，其实录的修纂乃是先由文馆，后由内国史院来完成的，也没有严格的组织方式。而且《太祖武皇帝实录》在编纂形式上也与后来的实录不同，比较粗糙。这些都表明，清人关前的官方修史活动，无论是制度管理还是修纂内容，都比较粗疏、原始。但不管怎样，它们毕竟是清代史馆修史的前奏，为入关后的官修史书提供了借鉴。

---

① 对于清入关前满文档册的编纂情况，可参见乔治忠著《清朝官方史学研究》，台北文津出版社1994年版，第85—113页。

② 罗振玉：《天聪朝臣工奏议·杨方兴条陈时政奏》，载潘喆等编《清入关前史料选辑》（二），第41—43页。

③ 《清太宗实录》卷16，天聪七年十月己巳。

④ 《清太宗实录》卷32，崇德元年十一月乙卯。

二、顺康时期：清初文化政策的
确立与史馆格局的基本形成

清入关以后，面对凋敝的经济、混乱的政局、剧烈的民族矛盾以及尚不完善的中央统治形式，顺治、康熙帝在安定社会、划一制度、统一国家、发展生产、学习汉文化等方面，极尽努力，成效明显，使清初社会由乱而治，并逐步走向鼎盛。就政治、经济、军事、外交等情况来看，顺治、康熙二帝所面临的问题有不小的差异，顺治统治时期，民族矛盾异常尖锐，南明反抗势力不容忽视，明末农民军残部尚存，平息各地抗清力量成了顺治朝的主要任务。康熙时期，情况有所变化，康熙帝励精图治，首先铲除鳌拜，加强了中央集权；接着平定三藩，统一台湾，消除了分裂因素；平定噶尔丹之乱，巩固了蒙藏地区。这些，都有效地巩固了大一统国家。康熙帝还六巡江淮，修治黄河，蠲免租赋，发展经济，简拔人才，改良政治，缓和民族矛盾，正确处理边疆问题，等等，使清初政局逐渐稳固，凋敝的经济逐渐恢复。尽管每位帝王所面临的实际社会情况有所不同，在处理方式上也存在一定差异，但可以很清楚地看到，顺、康两代帝王所努力的方向是一致的，那就是加强中央集权、缓和民族矛盾、稳定社会局势、消除分裂因素、发展社会生产，也正是因为如此，才有了所谓的"康乾盛世"。在这一过程中，清廷的文化政策也得以确立下来。我们知道，满汉之间的所谓民族矛盾，实际上是一种文化的冲突，满汉之间在社会形态、生活方式、价值观念、意识形态上都存在很大不同，构成了清初社会最明显的特点。如何对待汉文化，怎样在这种冲突中做出选择，确立清王朝在深明《春秋》大义的汉族知识分子和汉族民众中的地位，显然是清初统治者必须思考的问题。顺治、康熙时期，随着一系列政治措施的实施，一以贯之的文化政策也确立了下来，而这种政策，对这一时期史馆修史又产生了明显的影响。

清初帝王在文化上基本采取了钳制和建设这两手。所谓钳制，就是大兴文字狱，从思想深处打击汉族士人的不满，企图以高压消弭文化隔阂。顺治十六年（1659）十一月，清廷以"畔道驳经"为口实，下令将民间流传的《四书辨》、

《大全辨》等书焚毁，严饬各省学臣，"校士务遵经传，不得崇尚异说"①。开清代焚书先例。康熙初年，制造了名闻遐迩的庄廷鑨"《明史》案"，康熙晚年，又有戴名世"南山集案"等等。这种严酷的文化专制政策，钳制了思想，摧残了文化的发展。所谓建设，就是在压制汉人言论的同时，自觉学习汉文化，引导文化发展。作为入主中原的清王朝统治者，深知要想保持在中原地区的稳固统治，必须在满汉文化冲突中进行更好的抉择和有效的文化建设。因此，一方面他们运用强权，压制汉人，另一方面则选择了"崇儒重教"、"振兴文教"的基本治国方略，逐步确立了经筵、日讲、起居注制度，学习儒学，确立儒家学说的统治地位。同时，开科取士，恢复各级各类学校，并辅以"博学鸿儒"特科，笼络天下士子。清世祖顺治亲政以后，南中国虽干戈不息，但文化建设已被提到议事日程上来。顺治十年（1653）四月甲寅，谕礼部，指出"国家崇儒重道"②，将"崇儒重道"作为一项基本国策提出。顺治十二年，又谕礼部，言："帝王敷治，文教是先，臣子致君，经术为本。自明季扰乱，日寻干戈，学问之道，阙焉未讲，今天下渐定，朕将兴文教，崇经术，以开太平。……仍传谕内外大小各官，政事之暇，亦须留心学问，俾德业日修，识见益广，佐朕右文之治。"③ 显然，顺治帝已力图调整文化政策，在"崇儒重道"、"振兴文教"方面有一番作为。史载："世祖笃好儒术，手不释卷。"④ 并采纳给事中张文光的建议，仍明嘉靖九年封号，称孔子为"至圣先师"⑤。同时开科取士，经筵日讲，为崇儒重道打下基础。

康熙时期，"崇儒重道"的基本国策更具体化，康熙皇帝对学习汉族文化抱有强烈的欲望和浓厚的兴趣。康熙八年（1669）四月，玄烨亲率百官、诸王祀孔，并至彝伦堂，听满汉祭酒、司业以次讲《易》、《书》，并训制云："圣人之道，如日中天，讲究服膺，用资治理。"⑥ 次日，又敕谕国子监祭酒、司业等官，指出："圣人之道，高明广大，昭垂万世，所以兴道致治，敦伦善俗，莫能外也。"⑦ 充分肯定孔子学说的政治地位，具有深远的政治意义。康熙九年

---

① 《清世祖实录》卷130，顺治十六年十一月甲戌。

② 《清世祖实录》卷74，顺治十年四月甲寅。

③ 《清世祖实录》卷90，顺治十二年三月壬子。

④ 《养吉斋余录》卷3，见吴振棫《养吉斋丛录》，浙江古籍出版社1985年版，第309页。

⑤ 余金：《熙朝新语》卷1，上海古籍书店1983年影印本，第13页。

⑥ 《清圣祖实录》卷28，康熙八年四月丁丑。

⑦ 《清圣祖实录》卷28，康熙八年四月戊寅。

（1670），玄烨更将顺治时期提出的"崇儒重道"的国策向前推进一步，提出了著名的"圣谕十六条"，云："朕维至治之世，不以法令为亟，而以教化为先……盖法令禁于一时，而教化维于可久，若徒恃法令而教化不先，是舍本而务末也……朕今欲法古帝王尚德缓刑，化民成俗，举凡敦孝弟以重人伦，笃宗族以昭雍睦，和乡党以息争讼，重农桑以足衣食，尚节俭以惜财用，隆学校以端士习，黜异端以崇正学，讲法律以儆愚顽，明礼让以厚风俗，务本业以定民志，训子弟以禁非伪，息诬告以全良善，戒窝逃以免株连，完钱粮以省催科，联保甲以弭盗贼，解仇忿以重身命。"① 从"圣谕十六条"可以看出，清廷已充分意识到只实行严刑峻法是不能很好解决统治问题的，必须"法令"、"教化"并用。十一月，礼部题请，将"十六条"颁行全国，"通行晓谕八旗，并直隶各省府州县乡村人等，切实遵行"②。由此，"崇儒重道"、"振兴文教"的文化政策在全国推开。

　　为了进一步使人们认识到崇儒重道在国家治理中的作用，康熙帝还于十六年（1677）十二月亲制《日讲四书解义序》，进一步抬高孔孟的地位，将道统与治统完全统一起来，云："朕惟天生圣贤，作君作师，万世道统之传，即万世治统之所系也……道统在是，治统亦在是矣。历代贤哲之君，创业守成，莫不尊崇表章，讲明斯道。"③ 由于将道统与治统合一，康熙重视经筵日讲、科举取士。康熙十七年，开"博学鸿儒"科，谕吏部言："自古一代之兴，必有博学鸿儒，振起文运，阐发经史，润色词章，以备顾问著作之选……我朝定鼎以来，崇儒重道，培养人材，四海之广，岂无奇才硕彦，学问渊通，文藻瑰丽，可以追踪前哲者。"要求内外各官，极力推荐人才，"以副朕求贤右文之意"。④ 康熙十八年，试博学鸿儒于体仁阁，取一等20人，二等30人，俱入翰林院供职，充明史馆纂修，一时名儒硕彦，汇集于此。"博学鸿儒"科的成功，说明清廷崇奖儒学格局已定，标志着汉族士人与满清合作的实现，满汉文化冲突由对抗变为融合，为以后学术文化的发展开辟了道路。

　　总之，清初文化政策有很明显的特点，那就是经历了一个由满汉文化冲突向选择儒家文化，进而满汉融合，并"崇儒重道"的发展过程。在这一过程中，除了以上所言之外，开史馆，修史书，亦成为一项极为重要的内容。

---

　　① 《清圣祖实录》卷34，康熙九年十月癸巳。
　　② 《清圣祖实录》卷34，康熙九年十月己卯。
　　③ 鄂尔泰等：《国朝宫史》（下册），北京古籍出版社1987年版，第572页。
　　④ 《清圣祖实录》卷71，康熙十七年正月乙未。

对于史书修纂在国家治理、兴盛文教中的作用，顺治帝、康熙帝都有自己的看法。顺治认为"帝王抚宇膺图，绥猷建极，凡一代之兴，必垂一代之史，以觐扬于后世，诚要务也"①。他对《资治通鉴》有很高的评价，认为"纪一朝之得失，爰有史书，考百代之是非，厥惟《通鉴》"②。把史书修撰看作是记得失、考是非、垂后世的重要工具。康熙皇帝对史书重要作用的认识更加深刻，他曾说："朕惟治天下之道莫详于经，治天下之事莫详于史，人主总揽万几，考证得失，则经以明道，史以征事，二者相为表里，而后郅隆可期。"③ 并说："自古帝王御事，大经大法莫备于史。"④ 在众多史书中，他也极为看重《资治通鉴》，指出"《通鉴》一书事关前代得失，甚有裨于治道"⑤。可见，清初帝王重视史书，皆在于寻求治天下之道，并进而治天下之事这一目的。正是由于看到史书修纂在文化建设中的重要作用，故而清自入关以后直到雍正朝，积极进行史馆建设，控制修史大权。史馆建置的格局也就在这样的背景下基本确定下来，史书修纂也取得了重要成绩。

清初是清代史馆格局得以确立的时期，以国史馆、实录馆、方略馆、会典馆为史馆核心骨架的史馆制度基本形成，史馆制度的多元化特征有所显现，史籍纂修也取得了一定成绩。

其一，各类史馆都已出现，并具有了相对稳定的组织形态。

如前所述，清入关以前，并没有专门史馆的开设，修史工作均由文馆以及后来的内三院中的内国史院负责。入关以后，顺治皇帝在基本保持内三院建置的基础上，于顺治十五年（1658）改内三院为内阁，又另设翰林院⑥，向仿从明制的道路上又迈进了一步。其后，经过康熙、雍正朝的进一步发展，各项制度臻于完善。在这一过程中，原来属于内三院之内国史院所承担的修书任务，亦逐步被专设的史馆所取代，诸如纂修实录、圣训、《明史》、玉牒、方略、起居注、当代国史，等等，开始专设史馆。尽管这些史馆与内阁和翰林院会发生这样那样的关系，但史馆的相对独立性已经显现，特开、常开、例开以及阅时而开的史馆都已

---

① 《清世祖实录》卷42，顺治六年正月丁卯。
② 《清世祖实录》卷97，顺治十三年正月癸未。
③ 清高宗：《御制文初集》卷19《文献通考序》。
④ 《清圣祖实录》卷150，康熙三十年三月戊子。
⑤ 光绪《大清会典事例》卷1047《翰林院·典礼》。
⑥ 张德泽：《清代国家机关考略》，学苑出版社2001年版，第4、153页。

出现，史馆基本格局形成。特别是常开的国史馆、方略馆、起居注馆，例开的实录馆以及阅时而开的会典馆等，构成了有清一代史馆修史的骨架，而这一骨架，就是在顺康时期形成的。

国史馆、方略馆、起居注馆为常开修史机构，对清代修史影响很大。国史馆设立于康熙二十九年（1690），是年三月，山东道御史徐树谷上疏请修太祖、太宗、世祖"三朝国史"，经礼部等议准，康熙指示"依议即行编纂"①。四月，国史馆设立，以大学士王熙为监修总裁官，大学士伊桑阿、阿兰泰、梁清标、徐元文为总裁，另有副总裁13人②。国史馆的主要任务是纂修纪传体国史，同时也兼办特旨交与的其他修史任务。方略馆初设于康熙二十一年，是年八月，大学士明珠奏请将平定三藩之乱之事迹"勒成一书，以垂永久"，得到康熙帝认可。十月，组成了以大学士勒德洪、明珠等6人为总裁官，内阁学士阿兰泰等4人为副总裁官的写作班子③。方略馆的主要任务是记述清政府的重大军事活动和重要政事。起居注馆设立于康熙十年，史载康熙十年八月，"设立起居注，命日讲官兼摄"④，由此有了记载皇帝的起居言行及朝政要事的专门机构。需要说明的是，虽然康熙时期已经有了常开的国史馆、方略馆和起居注馆，但是尚未形成定制，其形成定制，则主要在雍乾时期。

实录馆、圣训馆、玉牒馆为清代例开之馆。实录馆始设于顺治六年（1649），以大学士范文程、刚林、祁充格等七人为总裁官，"择于顺治六年正月初八日开馆"⑤，设馆编修《太宗文皇帝实录》。因顺治与多尔衮的矛盾，顺治九年，又以大学士希福、范文程等5人为总裁官，重开《太宗文皇帝实录》馆⑥。终清一代，实录馆共开馆十二次，纂成实录十二部，加上《宣统政纪》，共计十三部。圣训馆始设于顺治十二年，是年四月，因《太宗文皇帝实录》修成，顺治决定仿

---

① 《清圣祖实录》卷145，康熙二十九年三月乙未。
② 《清圣祖实录》卷145，康熙二十九年四月乙丑。
③ 《清圣祖实录》卷105，康熙二十一年十月辛卯。此时的方略馆为特开，乾隆十四年才固定下来，成为常设的修史机构。
④ 《清圣祖实录》卷36，康熙十年八月甲午。关于清代起居注馆的设立时间，有两种说法：一为《大清会典则例》、《清朝通典》、《清宫述闻》等，记为康熙九年，当代学者多有取这一说法者，如单士元、陈捷先等；另一种就是康熙十年八月说，《清实录》、《皇朝词林典故》记为该年，加藤直人、朱金甫、乔治忠等学者均持此说法，并进行了论证。康熙十年说较为可信。
⑤ 《清世祖实录》卷42，顺治六年正月丁卯。
⑥ 《清世祖实录》卷62，顺治九年正月辛丑。

《贞观政要》、《洪武宝训》等书，编纂《太祖圣训》、《太宗圣训》，于五月开馆①。清代因圣训与实录的编纂，基本上同时进行，甚至同设一馆，故内部机构与官员数量、调取均同实录馆。玉牒馆亦始设于顺治十二年②，所记为清代皇族族谱，后每十年修纂一次③，有清一代，共修玉牒二十八次。

清初设立的阅时而开的史馆主要有会典馆、一统志馆等。会典馆初设于康熙二十三年（1684）④，有清一代，共开馆五次，除这次外，其他四次分别开馆于雍正二年（1724）五月、乾隆十二年（1747）正月、嘉庆六年（1801）九月、光绪十二年（1886）九月。一统志馆始设于康熙二十五年三月，是年"命纂修《一统志》"，以大学士勒德洪等为总裁官，徐元文等为副总裁官，彭孙遹等20人为纂修官⑤。此次修《一统志》，乾隆八年告成。此外，乾隆四十七年（1782）再次开馆，到四十九年修成清代第二部一统志；嘉庆十六年（1811）又开馆重修，未成；道光十六年（1836）续修，二十二年告竣，是为清代第三部一统志。

特开之馆，也是这一时期出现的。清代最早出现的特开史馆是《明史》馆。顺治二年（1645）四月，御史赵继鼎奏请纂修《明史》⑥，五月，清廷组成《明史》纂修班子，由内三院大学士冯铨等6人为总裁⑦，《明史》馆正式组成。但顺治一朝，《明史》修纂迄无成效，《明史》馆也名存实亡。康熙四年（1665），复开《明史》馆，但很快又关闭。直到康熙十八年五月，再开《明史》馆，《明史》才进入实质性纂修阶段。可到康熙晚年，《明史》馆又废弛。雍正元年（1723）七月，又重组《明史》馆。《明史》馆经过多次组建，最后终于将《明史》修成。

其二，史馆内部人员组成及机构基本形成。

随着清初各类史馆的开设，史馆内部的人员组成及机构也基本定型。从这一

---

① 《清世祖实录》卷91，顺治十二年四月癸未。

② 《清世祖实录》卷94，顺治十二年十月乙亥。

③ 实际情况是：顺治、康熙、雍正三朝因计算方法不同，将上届纂修之年计算在内，所以每次纂修递减一年，实际只隔九年，乾隆朝才改为不计算上届纂修年份。另有两次例外情况：一是乾隆七年重修后，应十七年再修，但事隔五年，即乾隆十二年又提前重修一次。再一次是清朝被推翻后，溥仪小朝廷于1921年最后修了一次玉牒。见屈六生《清代玉牒》，历史档案1984年第1期。

④ 《清圣祖实录》卷11，康熙二十三年五月己巳。

⑤ 《清圣祖实录》卷125，康熙二十五年三月己未。

⑥ 《清世祖实录》卷15，顺治二年四月癸亥。

⑦ 《清世祖实录》卷16，顺治二年五月癸未。

时期设立的实录馆、圣训馆、玉牒馆、国史馆、方略馆等来看，在组织上都有总裁官、副总裁官、纂修官、誊录官、收掌官等，按其分工，各司其职，保证史书顺利修成。在常设的国史馆、起居注馆、方略馆等史馆中，还规定了满人职官的名额，保证满人参与修史，就是非常设的史馆，满人也必须有一定的数量，构成了清代史馆的一大特色。这一时期的史馆在人事、供给、考勤、奖惩等方面也建立了一系列的规章，使史馆修史逐步制度化。当然，史馆的人员组成及机构有一个逐步充实和发展的过程，一直到乾、嘉时期才趋于完善，但其最主要的职衔都是在这一时期形成的。

其三，史馆修史也初见成效。

清初各种类型的史馆都已开设，说明清代统治者对控制修史大权的重视。与此同时，这些史馆在史书编纂方面也取得了一定成就。当时编纂而成的实录类的史书有太宗、世祖两朝《实录》，圣训有太祖、太宗、世祖三朝《圣训》，会典有第一部《大清会典》，方略则有《平定三逆方略》、《平定罗刹方略》、《平定朔漠方略》等，另外还编纂有《御制人臣儆心录》、《资政要览》、《鉴古辑览》、《皇舆表》、《历代记事年表》、《政治典训》、《省方盛典》、《幸鲁盛典》、《万寿盛典》、《御批通鉴纲目》、《功臣传》、《明史》等①。从这一时期史馆所修史籍来看，在内容上主要修纂的是当代史事，在编纂体例上则有编年、纪传、纪事本末、典制、传记等多种形式。关注当代史事、涵盖军国大政、编纂形式多种多样，是这一时期史馆修史的特点。

总之，顺治、康熙时期，在"崇儒重道"治国方略的引导下，在"以史资治"思想的驱动下，在清初满汉文化冲突的背景下，史馆制度得以初步确立，以常开、例开史馆为主干，以阅时而开、特开史馆为辅助的史馆格局基本形成，史馆内部也有了相对稳定的组织形态，所修史书，多为当代史事，有着极为明确的政治目的。这些，都为乾隆时期史馆制度的完善打下了良好的基础。

---

① 对于这一时期史馆所修史书，《国朝宫史》卷22—36有记载。

三、雍乾时期：清廷政治导向与史馆制度的完善

雍乾时代是清朝的鼎盛时期。清王朝经过康熙朝的经营，到雍乾时期，国力已相当强盛。雍正、乾隆都是雄才大略的皇帝，他们在康熙治政的基础上，励精图治，进一步巩固、扩大和加强清王朝的政治统治基础。他们既承继康熙祖制，又根据历史经验和现实政治进行了一定的更革，使清王朝又向兴盛的顶点迈进了一步。就中央集权来讲，雍乾二帝采取各种措施，纠正前朝一些不利于巩固和扩大统治基础的政策，打击朋党权臣，强化专制皇权，乾纲独断，惩治贪官污吏，大力整肃吏治，改善治政。建立军机处，加强皇帝对军国大政的处理，铲除统治者内部的离心力量。他们还继承康熙的未竟之业，稳定西北边疆，先后平定罗卜藏丹津、噶尔丹策零的叛乱以及准噶尔部、天山南路大小和卓木的割据，击败了廓尔喀军队对西藏的两次入侵。在西南地区推广改土归流，促进西南地区政治、经济的发展，等等。他们还积极开发边疆经济，使边疆局势更加稳固，保证了对边疆少数民族地区的有效管辖，奠定了统一的多民族国家的广阔版图。在经济上，进一步调整经济关系，推行摊丁入亩、耗羡归公以及开豁贱籍、重农务本、奖励垦荒、大兴屯田、蠲免赋税、兴修水利、修缮海塘等。使农业、手工业迅速发展，商品经济日益繁荣。总之，雍乾时期，清朝的统治进入全盛阶段，政权稳固，社会安定，经济发展，为大规模的文化建设创造了良好的社会环境，提供了雄厚的物质基础。

随着这种政治、经济形势的变化，清廷的文化政策也发生了相应的变化。雍正、乾隆皇帝除继续推行"崇儒重道"的政策外，对思想文化领域的控制比康熙时期更为加强，文字狱更加严苛、频繁，使学术文化能够按照统治者的意志确定自己的发展方向。从政治导向来看，雍正、乾隆特别重视扶植纲常、宣扬忠节，强调"中外一家"的多民族国家统一的思想。乾隆尤其留心通过学术活动来达到自身的统治目的，故而常以"稽古右文"之君自命，终其一生，都在编纂各种大型书籍，有意引导学术文化向有利于自身统治的方向发展，在讲求文治、控制思想方面花费了相当的精力，收到了明显的成效。

雍正、乾隆皇帝重视历史书籍的编纂，有着非常明确的政治目的。在论述史学的重要作用时，有浓重的帝王立场，其政治指向非常明显，所谓"夫祖宗立纲

陈纪，垂之典则者若此；朕之防微杜渐，谨其操柄者又若此。不有成书，奚以行远"①？道明了以史籍辅助政治的明确目的。他们把史籍编纂变成政治活动的一部分，开馆修史成为推行某种政治策略的手段。比如他们为了砥砺臣节，崇奖忠君，下令纂辑《胜朝殉节诸臣录》和《贰臣传》，借历史而说现实，"为万世臣子植纲常"②，等等。可以说，雍正、乾隆皇帝在以史学方式进行政治理论、文化政策建设方面进行了深入的探索。

另外，自清初以来，统治者以崇尚儒学相标榜，大力开科取士，培养士子，储备了众多学有所长的文化人才，顺康时期史馆格局的形成，使统治者在史馆的组织、史书的编纂等方面也积累了经验。

总之，雍乾时期，安定、富庶的社会局面，为官方修史和史馆制度的发展准备了外部条件，修史人才的充足和史馆修史经验的积累，为史馆制度的发展准备了内部条件，而雍正、乾隆对史学的高度重视，又成了史馆修史繁荣的直接动因。以上诸种因素，促成了清代史馆制度的完善以及官方修史的繁荣。

雍正、乾隆时期史馆制度的完善主要表现在以下几个方面：

其一，作为清代史馆核心的常开之馆，虽产生于顺治、康熙时期，但其制度稳定、完善则是在雍正、乾隆时期。

如前所述，国史馆、方略馆、起居注馆等常开史馆均设立于顺康时期，但由于种种原因，其建制尚不稳定，时开时闭，到雍乾时期才纳入正轨，完善起来。比如国史馆，康熙二十九（1690）年设立以后，由于缺乏成熟的修史义例，纂修工作成效不大，终康熙一世，也仅纂写了一些清初功臣的传记初稿。康熙本人步入晚年后，已不像早年那样提倡读史、写史，甚至出现了历史虚无主义的思想，认为"二十一史，朕皆曾披阅，悉属笔底描摹，无足征信。所以读书行事，截然两样"③，对历史经验极度忽视，结果导致国史馆组织也萎缩不存。雍正元年（1723），清世宗就指出康熙时纂修三朝国史之开国功臣列传，只有草稿，"尚未编辑"④，并于同年十一月又开国史馆⑤。这次重开，于乾隆十四年（1749）十二

---

① 《国朝宫史》卷首《圣谕》。
② 《清高宗实录》卷1002，乾隆四十一年十二月庚子。
③ 中国第一历史档案馆：《康熙起居注》（第三册），康熙五十六年十月三十日庚戌，中华书局1984年版，第2453页。
④ 《清世宗实录》卷12，雍正元年九月丙午。
⑤ 《清世宗实录》卷13，雍正元年十一月戊子。

月，修成天命、天聪、顺治、康熙、雍正"五朝国史"①，乾隆二十一年（1756）
史馆又停。直到乾隆三十年，重开国史馆，清高宗确定了"稽之诸史体例，折衷
斟酌，定为凡例，按次编纂，以备一代信史"的原则②，将国史编纂纳入到清王
朝编纂一代正史的轨道。这样，国史馆才成为常设机构，各种规章制度逐步健
全，一直到清亡，国史馆的修史工作再也没有停止。方略馆也存在类似情况，史
载"清代开馆编纂方略，自康熙二十一年（1682）谕纂《平定三逆方略》始。
而馆址之定，则在乾隆十四年纂修《平定金川方略》时也"③。虽然康熙二十一
年为清代编纂方略之始，但当时的方略馆实为例开之馆，书成馆撤，且隶属于内
阁，《清宫述闻》即云方略"起初似即由内阁纂修"④。直到乾隆十四年（1749），
经大学士张廷玉、来保等人奏请，为纂修《平定金川方略》又开史馆，方略馆才
有了固定的馆址，书成后亦未撤馆，遂成为常开之馆，并隶属于军机处。所谓
"自雍正朝设立军机处，乾隆十四年纂《平定金川方略》，乃于隆宗门外、咸安
宫左设方略馆，总裁由军机大臣兼领，军机章京皆兼纂修"⑤。起居注馆的设立
在康熙朝也遭遇到关闭的命运，康熙五十七年（1718），清圣祖以记注官记载不
实为由，认为"此衙门甚属无益"，⑥遂"将起居衙门裁去"。⑦直到雍正元年
（1723）复置，才成为常开的修史机构，到乾隆时期，起居注馆的各项制度才趋
于完善。可以说，常开之馆始设于顺康，而重振、完善于雍乾。

　　其二，充分利用常开史馆的优势，打开史馆修史新局面。

　　国史馆是清代常开之馆中最重要的修史机构之一，组织规模很大，在清代史
馆中占有举足轻重的地位。但是，康熙时期，国史馆的优势并没有发挥出来，修
史成就不大。乾隆时期，国史馆的作用才真正发挥出来，乾隆皇帝为配合自己的
现行政策，特旨交与国史馆一些纂修任务。如为了颂扬开国勋业，激励满洲贵族
及其子孙后世的政治热情，于乾隆三十八年（1773）敕国史馆编纂《开国方
略》⑧。为了宣扬纲常原则，砥砺臣节，达到彰善瘅恶的目的，于乾隆四十一年

① 《清高宗实录》卷335，乾隆十四年十二月壬辰。

② 《清高宗实录》卷744，乾隆三十年九月戊子。

③ 章乃炜、王蔼人：《清宫述闻》（初、续编合编本），紫禁城出版社1990年版，第344页。

④ 《清宫述闻》（初、续编合编本），第345页。

⑤ 《清宫述闻》（初、续编合编本），第345页。

⑥ 《康熙起居注》（第三册），康熙五十七年三月初三日壬子，第2497页。

⑦ 《清圣祖实录》卷278，康熙五十七年三月壬子。

⑧ 《四库全书总目》卷47《皇清开国方略》条。

十二月敕国史中增设《贰臣传》，后又将《贰臣传》分甲、乙两编，并设《逆臣传》，丰富了国史编纂的内容。方略馆也是如此，康熙时期，朝廷每有重大军事行动，事后即纂修有关方略之书，纂修工作比较单一。但在乾隆时期，方略馆奉旨承担其他史籍的数量明显增加，如《西域图志》、《大清一统志》、《热河志》、《清凉山志》、《满洲源流考》以及改纂《明纪纲目》、《明史本纪》、《盛京通志》，等等。像国史馆、方略馆这样的常设史馆，修史人才充裕，组织形式稳定，资料储藏丰富，常开不闭，在修纂史书方面比其他史馆都有优势，乾隆君臣能够利用这种优势，寓特开之馆的形式于常开之馆之中，拓展官修史书的项目，扩充官修史书的种类，编纂大量史书，反映历史面貌，体现统治者意志，真正打开了史馆修史的新局面。

其三，大力增设特开史馆，促进史馆修史兴旺发达。

在清代各类史馆中，特开之馆最具机动性和灵活性。因为它可以根据需要，随时设馆，书成馆撤，最适宜于配合现实政治而随时举办。有清一代，乾隆朝是设立特开史馆最多的时期。乾隆皇帝总是能够利用特开史馆的灵活性，服务于现行政治。如他为了制度建设，期于"立纲陈纪、斟酌古今"①，开"三通"馆，修"续三通"和"清三通"。再如，为了体现官方系统历史思想，统一人们对历史的看法和对现实政权的进一步认同，树立"史法大公至当之理"②，开通鉴辑览馆，修纂《御批通鉴辑览》。又如，为了体现满族文化特色，开八旗通志馆，修纂《八旗通志》等。就是在纂辑《四库全书》时，亦有意利用四库馆修纂一些史籍，如《历代职官表》等书③。乾隆时期，举办的特开史馆在种类、数量、规模等方面都超过了前代，使官方史学焕发出旺盛的生命力。可以这样讲，乾隆不仅继承发展了清初所设立的常开、例开的史馆，更重要的是他增开特开史馆以为补充，真正形成了清代史馆长期延续而又灵活多样的特点。乾隆时期，史馆修史的持续与灵活使史学在社会政治生活中发挥了更加广泛的作用。

其四，史馆修史成就甚大。

在乾隆朝的六十年时间里，清廷充分利用常开、例开、阅时而开、特开四类史馆，大举兴办官方修史事业，所成史书种类繁多，内容丰富，远远超过康熙

---

① 《御制文初集》卷11《重刻通典序》。
② 《御批历代通鉴辑览》卷99，至正二十八年元顺帝北去，元亡事批语。
③ 《清高宗实录》卷1115，乾隆四十五年九月壬辰。

朝。根据对《国朝宫史》、《国朝宫史续编》等书记载的初步统计，康熙朝官修书籍有 70 余种，其中史籍约 23 种，没有超过总数的三分之一。而乾隆朝所修书籍达到 120 多种，其中史书超过 60 种，占到全部修书数量的二分之一，总卷数达六千余卷，其中部帙在一百卷以上的近 20 种。这尚不包括《御览经史讲义》、《春秋直解》等包含历史内容的书籍、各衙门大量的"则例"之书和订正、改纂之书①。这样兴盛的官方修史局面不仅居清代各朝之首，而且在整个古代社会各朝都是名列前茅的。

雍乾时期，不仅史馆修史数量大、质量高，而且还开辟了新的修史领域，那就是史地学著述的开拓性修纂，诸如《西域图志》、《日下旧闻考》、《热河志》、《河源纪略》、《满洲源流考》，等等，并由此带动清代史地学研究的发展，使史地学研究蔚然成风。

可以说，顺、康时期，虽然各类史馆都设立了，史馆修史的骨架也建立起来，并取得了一些修史成就，但史馆修史的灵活性还没有充分显现出来。雍乾时期，除充分发展、完善和利用常开、例开这些较为固定的史馆修纂史书外，更重要的是发挥了特开史馆机动灵活的特点，根据现实需要以及所修史书的性质、规模，采用不同的组织方式，随时开办，不仅获得了令人瞩目的修史成就，而且使各类史馆相互配合，伸缩自如，在政治生活中发挥了重要作用。这是中国古代历朝都没有过的政治文化现象。

四、嘉庆至清亡：清代政局的
变化与史馆修史的逐步衰落

自乾隆中后期，清王朝的种种弊端开始暴露，盛世下的危机已经出现。嘉道以降，清王朝已完全从盛世的顶峰跌落下来，进入"衰世"和"乱世"。当时，吏治极其败坏，贪残欺民，整个封建统治犹如一台老掉牙的机器，"关窍不灵，运动皆滞"。与此同时，土地兼并恶性发展，王室、贵族、官僚的穷奢极欲全部转移到对民众的残酷榨取上，老百姓失去田产屋室，转徙流浪，社会矛盾日益严重，农民起义不断爆发。白莲教、天理教、太平天国、义和团等农民起义此起彼伏，沉重打击了清廷的统治。

---

① 乔治忠：《清朝官方史学研究》，第 69 页。

就在清王朝内部岌岌可危之时，西方资本主义国家正处于自由资本主义的飞速发展时期，对外殖民掠夺极其猖狂。他们一直觊觎地大物博、市场广阔的中国。嘉道时期清王朝的腐败自然就给西方列强的掠夺以可乘之机，帝国主义的大炮开始轰击古老中国的大门，清政府对外屡战屡败，割地赔款，丧失主权。清王朝内部腐败透顶，农民起义不断，外部帝国主义步步进逼，内忧外患，使强盛一时的清帝国正一步步由原来的大一统封建国家向半殖民地半封建国家沦落。总之，嘉道以后，清王朝内外交困，一种旷古未有的历史变局正在形成。

在这种内外交困的社会背景之下，清廷经济窘迫，史馆修史已无法维持乾隆时期兴旺的修书局面。再加上官方修史活动受传统思想体系的束缚很大，在运作方式、指导思想、编纂方法等方面还基本保持古代传统史学的特征，对鸦片战争以后出现的新的社会状况，缺乏足够的应变能力，无法为统治者提供足以解决现实问题的历史经验。这样，无论是从清王朝的外部客观环境，还是从官方史学内部的运作机制来看，史馆修史已明显落伍于时代的变化，走向衰落。

首先，作为清代史馆支柱的常开、例开之馆的编纂活动尚能继续，但已没有任何创新。

就国史馆而言，它主要承办国史的本纪、志、表、列传等项内容的纂修，就"志"来讲，乾隆初至乾隆十四年（1749），曾修成"十四志"初稿①，但乾隆三十年再开国史馆后，乃"续纂大臣列传，大臣年表，继于四十年纂《贰臣传》甲、乙编，四十四年纂《蒙古王公表传》，五十九年纂《忠义传》，其间兼办《开国方略》及《宗室王公表传》"②，未遑续修十四志。嘉庆十二年（1807）七月，湖广道监察御史徐国楠提出续纂十四志及循吏传、土司传和外国传③，得到国史馆庆桂支持。道光四年（1824）二月，国史馆奏准以十四志作为馆内常行功课，与列传一样每季进呈一次，每次四卷④。就"表"而言，清代大臣年表的纂修，自嘉庆朝始形成每隔十年或五年奏请续纂一次的定例⑤，其中的《武职大臣

① 所谓"十四志"，即天文、时宪、地理、河渠、食货、礼、乐、兵、刑法、艺文、舆服、仪卫、职官、选举十四项内容。
② 《清国史馆奏稿》（第2册），全国图书馆文献缩微复制中心2004年版，第975页。
③ 《清国史馆奏稿》（第2册），第971—974页。
④ 《国史馆档案·编纂类》，案卷号422，进呈《礼志》摺。
⑤ 《国史馆档案·庶务类》，案卷号1068，嘉庆十九年"事宜单"；《国史馆档案·编纂类》，案卷号1，宣统元年三月国史馆奏稿。

年表》至嘉庆二十五年（1820）始着手纂辑，至道光十五年（1835）修成清初至嘉庆十五年《武职大臣年表》①，后历有续修。就"列传"来讲，嘉庆以降，列传的修纂一直都在进行，皇帝还不断纠正列传修纂中存在的问题，诸如事迹记载错误②，文字书写及句读错误③等。为统一体例，还曾进行了五次"画一列传"的工作④。在国史编纂程序上，依然坚持"先办长编，后纂列传"⑤的原则。不仅如此，嘉庆时，还将《大清一统志》的纂修任务交付国史馆。凡此，均说明国史馆的纂修工作一直持续不断，未曾中辍。和国史馆一样，方略馆纂修"方略"的工作也一直在持续，嘉庆间纂修《平苗纪略》、《剿平三省邪匪方略》、《平定教匪方略》，道光间纂修《平定回疆剿擒逆裔方略》，同治间纂修《剿平粤匪方略》、《剿平捻匪方略》，光绪间纂修《平定陕甘新疆回匪方略》、《平定云南回匪方略》、《平定贵州苗匪方略》，等等，反映的多是当时清廷镇压各地农民起义的重大历史事件。另外如实录馆，嘉庆以后曾六次开馆，分别修成清高宗、仁宗、宣宗、文宗、穆宗、德宗六朝实录，会典馆也曾于嘉庆、光绪年间两次开馆，修成嘉庆《大清会典》和光绪《大清会典》。所有这些都说明，即便是在嘉庆以后内忧外患交迫的情况下，常开、例开的史馆在既定史书的编纂上一直是坚持不懈的。需要说明的是，尽管这些循例纂辑之书没有间断，但除极少书籍有所创新以外⑥，绝大多数拘泥程式，体例僵化，堆砌资料，敷衍成篇，在编纂旨意、史学思想和史学方法上均没有什么新意。清末民初胡思敬曾这样评价这一时期的史馆修史情况："史官失职，起居注徒戴空名。历朝纂修实录，馆阁诸臣罕载笔能言之士，但据军机档册草率成书。凡一切内廷机密要闻，当时无人记述，后世传闻异辞，遂失是非褒贬之公。"⑦胡思敬可能有贬低官方修史的倾向，但他所指出的这些现象，在嘉庆以降的史馆修史中，确实是存在的。

其次，特开史馆明显萎缩，修史项目不断减少。

乾隆时期，开拓了大量新的修史项目，特开史馆特别活跃，但嘉庆以后，史

---

① 《国史馆档案·编纂类》，案卷号376，贾桢等进呈《大臣年表》奏稿。
② 《清国史馆奏稿》（第2册），第897页。
③ 《清国史馆奏稿》（第2册），第899页。
④ 乔治忠：《清代国史馆考述》，《文史》第39辑。
⑤ 《清国史馆奏稿》（第2册），第961页。
⑥ 比如嘉庆朝纂修《大清会典》，首次将图式别立一书，在体例上有所创新。
⑦ 胡思敬：《国闻备乘》卷首《自序》，南昌退庐1924年刊本。

馆经费日趋紧张，光绪十四年（1888），会典馆纂修会典，吏部无款可筹，催湖北交款，勉强措解二千两白银，第二年因汇集档案资料，需要款项，刑部催各省交清旧欠饭食银两，结果湖北一分未交①。经费不足，特开史馆数量急剧减少，所修史籍的数量已远不及乾隆时期，就是和康熙时期相比，其数量也明显减少。据光绪朝《大清会典事例》、《清史稿·艺文志》、《清朝续文献通考》等书的统计，自嘉庆到清末，官修史书总共约有 40 余种②，而其中的绝大多数是循例纂辑的方略、实录、圣训、典制以及国史传记等。乾隆朝开拓的诸多修史项目，已不能继续延续。

当然，我们说嘉庆以后官修史籍明显萎缩，只是从整体而言，并不是说统治者没有一点作为。如嘉庆十八年（1813）仿范祖禹《唐鉴》体例开馆编纂《明鉴》，就是一个新的修史项目，意在"取鉴前代，其善政则因以为法，其秕政则用以为戒"③。由于该书在记载万历、天启年间史事时，论及清代开国之事，被嘉庆皇帝认为"体例殊为背谬"，着令另行纂辑④，说明帝王在修史活动中依然有无上的权威。又如，咸丰初年由实录馆附带纂辑了新的资料性史籍《筹办夷务始末》，该书所载，"凡内阁、军机大臣所奉谕旨、内外臣工折奏，下至外国夷书、义民信札，凡有关于夷务者，编年纪月，以次备书，非徒详往事之是非，实以资异时之考证"⑤，汇集清廷与西方各国交涉的有关谕旨、奏议等资料，反映了晚清历史的新情况，其后的同治、光绪两朝，在编纂前朝实录时，也如法纂辑该类史籍。这类史书为研究晚清史，特别是晚清外交史提供了系统而重要的资料。再如同治年间，慈禧命开馆纂辑《治平宝鉴》，"将历代帝王善政，及前史垂帘事迹，择其可为法戒者"⑥，直接为垂帘听政寻求历史根据和经验借鉴。还有，光绪二十八年（1902），开馆纂修《各国政艺通考》，宣统元年（1909）告成。该书以当时国内已有译著为依据，将世界主要国家政治、制度、技艺等分类汇纂，有不少内容涉及各国历史简况⑦。该书适应了清廷迫切了解世界的要求，虽然编纂时间较晚，但毕竟把史馆修

---

① 《光绪朝硃批奏摺》（第 104 辑），光绪十五年四月湖北巡抚奎斌片，中华书局 1995 年版，第 387 页。
② 不包括各部院、衙门的则例、条例等书。
③ 奕赓：《佳梦轩丛著》，北京古籍出版社 1994 年版，第 154—155 页。
④ 奕赓：《佳梦轩丛著》，第 154—155 页。
⑤ 《筹办夷务始末（道光朝）》凡例，中华书局 1964 年版。
⑥ 吴庆坻：《蕉廊脞录》卷 1《治平宝鉴》条，中华书局 1990 年版，第 4—5 页。
⑦ 刘锦藻：《清朝续文献通考》卷 265《经籍考九》。

史的眼光放开来，在坚持原来记史对象的同时，适当予以转移，突破了史馆修史封闭的状况。尽管如此，我们也不能不承认，类似于这样有创新的修史情况，在晚清实在太少了，不足以挽救史馆修史每况愈下的颓风。

第三，私家史籍编纂活动日趋活跃，种类增多。

同光以后，出现了大量由私人编纂的纪略、典制之类的史籍。譬如方略类史籍，晚清除方略馆例行纂辑此类书籍外，私人纂辑者也比比皆是，如蓝鼎元纂辑《平台纪略》、姚莹纂辑《东槎纪略》、杜文澜纂辑《平定粤匪方略》、尹耕云纂辑《豫军纪略》，等等，据粗略统计，有清一代，官、私方略类史籍总数有 70 余种，晚清由私人所纂该类史籍就达 30 余种①。从种类上远远超过这一时期官方所修方略。晚清私修方略的纂修者，一般都是参与或经历了某次军事行动或重要历史事件的当事人，以及与这些当事人有关的人员。自康熙朝设馆纂修方略以来，方略之书概有官方组织纂辑，鲜有私人纂辑者。晚清出现大量私人纂辑方略之书，反映了清廷对修史大权的控制已处于不力状态，史馆修史在逐渐废弛。除方略类史籍外，典制类史籍也出现了类似的情况，宣统年间，刘锦藻以一人之力修成《清朝续文献通考》，奏进后受到清廷嘉奖。② 乾隆时期，"续三通"、"清三通"这类史籍本为史馆所修，可是到了晚清，反而由私家修纂，其间所反映的官方史馆修史衰落的境况，是不言而喻的。

第四，私家史学批判现实、倡言变法的思想锋芒日渐显露，与官方史学赞颂朝廷、因循保守的史学思想及治史观念形成强烈反差。

雍乾时期，由于专制集权的强大，私家修史极少有敢问津本朝史事并提出批评者，即使有一二胆识超人之人，其所修当代史著在思想观念和基本宗旨上与官修史书也不相悖。因为他们的独立意识一旦同占支配地位的意识形态和当权者的史学观念发生严重的冲突，他们就会深陷"文字狱"，著作被查禁，本人及其家族甚至相关联者都会有性命之忧，要付出生命代价。道咸以降，情况发生了很大变化，大清盛世已是明日黄花，专制统治岌岌可危，统治者对思想的掌控能力愈来愈弱，私家治史者面对国家危亡，可以借修史表达自己的忧患意识、变法观念、批判精神和救亡思想，他们"诵史鉴，考掌故，慷慨论天下事"③，在鸦片

---

①　据《光绪会典事例》卷 1049—1051，孙殿起《贩书偶记》、《贩书偶记续编》，《清史稿艺文志》及其《补编》统计。

②　《清朝续文献通考》卷 101《学校八》。

③　张维屏语，转引自《龚自珍全集》前言，中华书局 1959 年版。

战争史、边疆史地、域外史地的研究方面成就卓著。官方史学在史学发展中的支配地位受到了前所未有的冲击。在私家救亡图存史学业已蓬勃开展之时，官方史学仍然以宣扬祖宗"圣德"、皇朝武功和作为治世龟鉴为目的。同治七年（1868），太平军余部被平定，受到重创的清皇朝依然吹嘘自己"整军经武之有方"①，故而编纂《钦定剿平粤匪方略》，要封疆大吏"惩后惩前，益深兢惕"。光绪年间，各地农民起义此起彼伏，局面几乎无法收拾，外国侵略者逼迫清政府割地赔款，山河破碎，但《清德宗实录》仍然宣扬当时乃"继先朝未竟之功，成四海永清之治"，"梯航集乎万邦，琛赍来乎四裔"②。当先进的史学家根据时代的需要，学习西方经验，对史著体裁和内容进行各种探索革新的时候，官修史书却每每以"悉遵祖制"自诩，体例缺乏变化。

可以说，嘉道以降，史馆修史处于萎缩状态，尽管在某些修史项目上有所开拓，但成就并不显著，和时代的变迁也不合拍。除了常开、例开的史馆尚能循例纂修以外，乾隆时期史馆修史的勃勃生机已不复存在。随着专制政权的削弱和政治形势的变化，史馆修史已经不能为政治运作提供有效的帮助，很多修史项目只能让位于私家修史，从而开始了史馆修史逐步被私家治史取代的历史过程，并最终向近代史学发展。

总之，史馆修史的兴盛衰亡与清王朝的兴盛衰亡是密切联系在一起的。政治、经济、文化等都是影响史馆修史发展的重要因素。顺康时期是史馆格局基本形成时期，这一时期，政治上尚不稳定，经济上也还没有发展到最盛，满汉文化还在不断磨合，与之相应，虽然各类史馆已经设立，但修书的成就尚不是很大。到雍乾时期，政治稳定、经济繁荣、社会富庶，再加上乾隆皇帝稽古右文，能够为史馆修史提供各方面的支持，故而史馆建置较全，修史成就明显超过前代。嘉庆以后，清廷统治出现危机，经济衰弊，内忧外患，社会发生前所未有的变局，虽然统治者有强烈的修史的要求，但世移时异，史馆修史逐步萎缩，总结历史经验、关注现实变动的任务，不得不逐渐让位于私家治史。作为官方控制的史馆，其盛衰也从一个方面折射了清王朝的盛衰。

---

① 《钦定剿平粤匪方略》卷首，上表文。
② 《清德宗实录》序。

第二章　清代史馆的机制和运作（上）

中国是一个重视修史的国家，无论是政府还是个人，都在记述历史方面卓有成就。就政府所组织的官方修史活动来看，其起源要早于私家治史。传说"黄帝之世，始立史官，沮诵、仓颉居其职"①，此说未必可信，但至迟到殷商时期史官制度已经粗具规模，西周时期，史官分职更加细密，职掌也较复杂②，然记录时事、掌管图籍是其主要职掌之一。史官是政府机构中的成员，他们的活动和史学观念受政府意志影响很大，与君王行为息息相关。春秋时期，孔子修《春秋》，才开私家治史之先河，从此形成中国古代史学官修和私撰并行发展的局面，其间的相互影响和争斗，亦越来越复杂。可见，中国古代官修史书的传统渊源甚早。在官方史学发展史上，史馆的设立具有划时代意义，它标志着官方史学组织的严密和思想控制的加强，从而也使官方修史在古代社会政治生活当中发挥更大的作用。中国古代设置独立的修史机构——史馆，是在唐代贞观年间，尽管在此之前的北魏、北齐就已经有了"史馆"的称呼，但尚不是独立的修史机构，所指乃是负有修史之责的秘书省下属机构著作省，故有"史馆"、"史阁"、"史曹"、"史局"等不同的称呼。史载："至魏明帝太和中，始置著作郎及佐郎，隶中书省，专掌国史。至晋惠帝元康二年（292），改隶秘书省，历宋、齐、梁、陈、后魏，并置著作，隶秘书省，北齐因之，代亦谓之史阁，亦谓之史馆。……后周有著作上士、中士，掌国史，隶春官府。隋氏曰著作曹，掌国史，隶秘书省。"③ 唐初武德年间，国家正值草创，无暇顾及制度建设，故多因隋旧，所谓"随时置署，务从省便"④，修史机构亦因袭旧制，"史官隶秘书省著作局，置郎二人，佐郎四人"⑤。可见，从北魏到唐初的长时间内，国史修撰都是由秘书省著作局（或省）负责的，并没有专门的史馆设置。至唐太宗贞观三年（629），始将史馆从秘书省

---

① 《世本·作篇》宋衷注，见《初学记》卷21。
② 席涵静：《周代史官研究》，台北福记文化图书有限公司1983年版。
③ 《唐六典》卷9《史馆》。
④ 《旧唐书》卷42《职官志一·总序》。
⑤ 《册府元龟》卷554《国史部总序》。

分出，成为独立修史机构，专门修撰国史和实录。这一点我们在前面已经说明。唐代史馆的设立对后世官方设馆修史的影响是巨大的，后代对唐代史馆的继承也是非常明显的。到了宋代，修史机构日趋完备，出现了起居院、时政记房、日历所、会要所等一系列新机构，官方修史制度完备，规模宏大，所修史书种类甚多，刘节认为，宋代史官制度、史馆组织具有"划时代的进步"①，可见宋代设馆修史又跃上一个新台阶。对于宋代修史制度，金毓黻也有评价，他这样说："宋代修史制度，视唐代为进步，亦为元明以下所不及。"② 金氏所言宋代修史制度视唐代为进步，没有问题；但认为乃元明以下所不及，就不全面了。实际上，和宋代相比，清代的修史制度、史馆组织更加完备，史馆设置灵活而不繁杂，各类型史馆相互衔接配合，体系更加完整，史馆修史与政治的关系更加密切，对私家治史的影响更加明显，所修史书的数量更加繁富。另外，清朝是少数民族建立的王朝，而且是中国古代最后一个王朝，其史馆制度处在传统史学向近代史学转化的关节点上，因而在古代官方史学发展史上更具有自身特点，对它进行研究，更具有典型意义。

一、清代史馆的类型及其关系

由于帝王对修史事业的重视，有清一代开设的修史之馆甚多，所修史书，按传统目录学的分类，几乎覆盖了整个史学领域，举凡正史、编年、纪事本末、别史、诏令奏议、传记、时令、地理、职官、政书、目录、金石、史评等，均有史书撰述。由于所修史书的种类和性质有别，故而在史馆的开设上也有不同的类型，以满足不同史书修纂的需要。更为重要的是，这些史馆不是彼此孤立的，而是主次分明，相互借鉴，在政治活动中是相互配合的。

（一）清代史馆的类型及重要史馆的设立

清代史馆的类型主要有以下四种：常开之馆、例开之馆、阅时而开之馆和特开之馆。

---

① 刘节：《中国史学史稿》，中州古籍出版社 1982 年版，第 7 页。
② 金毓黻：《唐宋时代设馆修史制度考》，《国史馆馆刊》第 1 卷第 2 号，1948 年 3 月。

1. 常开之馆

常开之馆是指那些持续开设，常开不闭，一直进行修史活动的史馆。这部分史馆继承了自唐以来设馆修史的传统，是清代各类史馆中最核心的部分，其持续不断的修史活动保证了官方史学的连续性和政府对修史大权自始至终的控制。清代常开的史馆有国史馆、起居注馆、方略馆三种。

（1）国史馆

国史馆是为纂修清朝纪传体国史而设立的常设修史机构。康熙二十九年（1690）正式设立，宣统三年（1911）被北洋政府接管，共存在 221 年。所修纂各朝纪、志、传、表及其他各种史籍数量可观，有的学者统计约有 27 种①。由于国史馆历朝纂修的国史材料因朝代更迭、社会变乱、人为破坏等，不少档案遭受损失，所以国史馆纂修史书数目远不止这些。

清代国史馆的前身是清入关前所设内三院之内国史院，有的学者认为内国史院并非国史馆的前身，理由主要是内国史院不单是修史机构，还具有拟议某些官方文件的职责，其修史活动在于保存和汇编档案史料、记注史事和编修实录，尚未修纂纪传体国史，内三院裁革多年以后才设立国史馆，其间并无因革替代关系②。这一说法值得商榷。制度建设，前疏后密，前泛后专，乃自然规律，不能僵死地看问题。天聪十年（1636）三月，改文馆为内三院，即内国史院、内秘书院、内弘文院，分任职掌，各有不同③。根据《清实录》、《清通典》、《清通志》、《大清会典》以及《词林典故》的记载，内国史院的职掌主要有记注皇帝起居、诏令，收藏御制文字，凡用兵行政六部所办事宜、外国来书，俱编为史册，纂修各朝实录，撰拟各种祝文、表文、圹志文、诰命、册文等。内秘书院的职掌主要有撰拟外国往来书状及敕谕、祭文等，并录各衙门奏疏及词状。内弘文院的职掌主要有注释古今政事得失，为皇帝进讲，为皇子侍讲，并教诸亲王与颁行制度等④。虽然内三院在职掌上存在交叉，具有处理国务政事的中枢机构的性质，但主要职掌确有非常明显的不同，内国史院主要职掌修史已是铁定事实。有

---

① 李鹏年：《国史馆及其档案》，《故宫博物院院刊》1981 年第 3 期。
② 乔治忠：《清朝官方史学研究》，第 27 页。
③ 《清太宗实录》卷 28，天聪十年三月辛亥。
④ 《清太宗实录》卷 28，天聪十年三月辛亥；《清朝通志》卷 64《职官略》；《清朝通典》卷 23《职官典》；光绪《大清会典事例》卷 11。

的学者认为"内国史院等于修史馆，内秘书院等于内阁，内弘文院等于翰林院"①，用发展的眼光来看，确实如此。

清入关以后，顺治十五年（1658）七月，效法明制，改内三院为内阁②。顺治十八年（1661）正月，福临驾崩，二月，玄烨即位，六月，以"率循祖制，咸复旧章，以副先帝遗命"③的名义，撤销内阁，恢复内三院旧制，实则是因为以鳌拜为首的"四辅臣"弄权所致。康熙八年（1669），智擒鳌拜，辅臣权倾。九年八月，康熙帝复将内三院改为内阁④，另成立翰林院，以后不断完善，遂成定制。内三院向内阁的反复更改，反映了清初制度建设中的激烈矛盾，同时也说明清初制度建设尚处在探索阶段。在这一过程中，内国史院一直承担修史任务，并开始为修纂纪传体国史做准备，《清世祖实录》载，顺治六年（1649）二月，"内院大学士刚林等奏言：臣民章奏，天语批答，应分曹编辑，以垂法戒、备章程，为纂修国史之用。令六科每月录送史馆，付翰林官分任编辑。请以梁清宽、陈爌、朱之锡、黄志遴、法若真、王无咎、张庞俊、李昌垣、李中白、庄同生、孙自式、章云鹭等为编纂官。报可"⑤。显然，此时的内国史院已经有意识在为国史修纂汇编资料。内三院裁革之后，史书的编纂并没有停止，内阁和翰林院依然承担了内国史院职掌中史书的修纂，康熙二十九年（1690）设立国史馆，无论是资料还是经验，都从内国史院继承了许多。

国史馆设立之初，并非常开，中间停开多次，直到乾隆三十年（1765）再开，才成为常设机构，直到1911年被北洋军阀接管。1914年，赵尔巽即以此为基础领修清史，改名清史馆。

康熙二十九年（1690）三月，山东道御史徐树谷疏请纂修天命、天聪（崇德）、顺治"三朝国史"，经礼部议准，康熙帝颁旨："依议，即行编纂，昭示奕祀。应行事宜，著内阁翰林院会同详议具奏。"⑥四月，即开国史馆，修纂三朝国史，"以大学士王熙为三朝国史监修总裁官，大学士伊桑阿、阿兰泰、梁清标、徐元文为总裁官。尚书张玉书、张英，左都御史陈廷敬，侍郎李振裕、库勒纳，

---

① 凌林煌：《清代内阁制度》，台湾商务印书馆1977年版，第10页。
② 《清世祖实录》卷119，顺治十五年七月戊午。
③ 《清圣祖实录》卷3，顺治十八年六月丁酉。
④ 《清圣祖实录》卷33，康熙九年八月乙未。
⑤ 《清世祖实录》卷42，顺治六年二月丁酉。
⑥ 《清圣祖实录》卷145，康熙二十九年三月乙未。

内阁学士朱都纳、星安、博际、布彦图、郭世隆、彭孙遹，副都御史王士正，詹事尹泰为副总裁官"①。其他有满汉纂修官各12名，提调官2名，收掌官6名，誊录、翻译等24名，供事、伙房、门官共18名，纸匠9名②。国史馆规模初具。

康熙朝国史馆并没有完成"三朝国史"的修纂任务，只修纂了部分功臣列传。康熙五十六年（1717），清圣祖还就修纂开国功臣列传之事指示国史馆诸臣，认为为开国功臣立传，应该以事迹先后而不应该以事迹大小来定次第，子孙事迹附载本人传下，作传完毕，可录出一份给其子孙，令藏于家③。昭梿记载此事亦云："康熙中，仁皇帝钦定功臣传一百六十余人，名曰《三朝功臣传》，藏于内府。"④ 可见当时的国史馆只修纂了三朝列传，至于本纪、表、志等的修纂，未见记载。

雍正元年（1723）九月，清世宗谕内阁，指出清圣祖"纂修《三朝国史》，用扬列圣之鸿谟，并及诸臣之劳绩，迄今尚未编辑"，说明康熙时期三朝国史并没有修成。为了不至于使前人事迹"或致阙略"，雍正皇帝指示内阁收集资料，准备再次修纂国史⑤。同年十一月，内阁大学士等遵旨议奏："国史记载，传信万世，应将太祖、太宗、世祖、圣祖四朝有功任事之臣，博采见闻，查核一切档册，陆续作传。"并提出"满汉监修、副总裁等官恭候钦定"，雍正指示："著修《圣祖仁皇帝实录》之大臣等监修，翰林纂修官著另派。"⑥ 雍正元年这次修纂国史，以《清圣祖实录》大臣兼摄，重新任命总裁及派遣纂修官，实际上是再次开馆，说明康熙朝国史馆已不复存在，书未成而馆撤。雍正此次再开国史馆，目的是为了修纂天命、天聪、顺治、康熙"四朝国史"。雍正十一年（1733），"命大学士鄂尔泰为四朝国史、八旗志书馆总裁官"⑦，试图加快修史步伐，而事实上修史成效依然不大。

乾隆元年（1736）三月，清高宗议准礼部左侍郎徐元梦续修国史的奏请，下令"将雍正十三年间诸王文武群臣谱牒、行述、家乘、碑志、奏疏、文集，在京

---

① 《清圣祖实录》卷145，康熙二十九年四月乙丑。
② 《清三朝国史馆题稿档》，《文献丛编》第2辑，1937年。
③ 《清圣祖实录》卷225，康熙四十五年六月丁亥。
④ 昭梿：《啸亭杂录》之《啸亭续录》卷1《国史馆》，见《啸亭杂录》，中华书局1980年版，第399—400页。
⑤ 《清世宗实录》卷11，雍正元年九月丙午。
⑥ 《清世宗实录》卷13，雍正元年十一月戊子。
⑦ 《清世宗实录》卷136，雍正十一年十月甲寅。

文臣五品以上，武臣三品以上，外官司道总兵以上，身后具述历官治行事迹，敕八旗直省，查明申送史馆，以备采录传述。国初以来诸臣勋绩，有遗漏者，亦应汇萃成书，嗣后诸臣章奏，有奉旨及部院议准者，亦应录送，以为志传副本"，提出"纂修官不敷，于翰林内充补"①。从这段史料可以看出，雍正朝再开的国史馆没有关闭，乾隆只是续接、扩大史馆修史的范围，并补充纂修官而已，并没有重开史馆之举。实际情况是，雍正时期国史馆纂修"四朝国史"的工作一直没有停歇，乾隆继位后依然继续修纂，并增加世宗本纪，是为"五朝国史"。乾隆十一年（1746）十一月，国史馆总裁官讷亲、监修总裁官张廷玉等上奏乾隆，"所有太祖、太宗、世祖、圣祖四朝本纪于乾隆元、二、三、八、九、十等年陆续进呈。讫惟世宗皇帝本纪，自乾隆十年六月修起，至今年六月进呈过雍正三年以前四卷"②，由此也可见修纂工作一直进行。经过努力修纂，到乾隆十四年（1749），天命、天聪、顺治、康熙、雍正"五朝国史告成"③。虽然五朝国史修竣，但史馆并未立即裁撤，从乾隆十五年（1750）到乾隆二十一年（1756），一直开馆。其间史馆所作的工作主要有三项：一是校阅已经修成的五朝国史的书稿，并提出校理国史的七条原则，凡增改删削之处，均粘签进呈；二是继续搜集没有载入五朝国史的宗室王公、满汉大臣的事迹，"行文各该旗省，查取事实"，并按各旗省送到之王公大臣的事实，"详加查核，酌量分晰，择其可以叙次成篇者，现行编纂"；三是将校改后的本纪、列传缮写清汉正本，计有清《太祖本纪》清汉各 2 卷、《太宗本纪》清汉各 4 卷、《世祖本纪》清汉各 8 卷、《圣祖本纪》清汉各 24 卷、《世宗本纪》清汉各 8 卷、《宗室列传》清汉各 5 卷、《功臣列传》清汉各 19 卷，交皇史宬尊藏④。乾隆二十一年，史官议叙，国史馆才真正关门。

有学者认为康熙朝开设的国史馆是"书成馆撤"，乾隆元年（1736）"再开国史馆"⑤，完全是没有细检材料而得出的错误结论。有学者认为乾隆十四年五朝国史修成后，国史馆"随即关闭"⑥，显然也是错误的。有学者甚至认为康熙

---

① 《清高宗实录》卷 15，乾隆元年三月癸丑。
② 《清国史馆奏稿》（第 1 册），全国图书馆文献缩微复制中心 2004 年版，第 2 页。
③ 《清高宗实录》卷 335，乾隆十四年十二月壬辰。
④ 均见《清国史馆奏稿》（第 1 册），第 43—80 页。
⑤ 邹爱莲：《清代的国史馆及其修史制度》，《史学集刊》2002 年第 4 期。
⑥ 乔治忠：《清朝官方史学研究》，第 31 页。

二十九（1690）年设立国史馆以后，"此馆便成为常设的修史专门机构"①，就更加荒谬了。另外，李鹏年等著《清代中央国家机关概述》云"乾隆九年（1736年）三月'命续修国史'，开国史馆"②，查《乾隆起居注》、《清高宗实录》，乾隆九年均无修纂国史、开国史馆之记载，稽诸括号内的 1736 年，乾隆九年当为乾隆元年之误，然这一错误却被一些人袭用③，不查资料，以讹传讹，贻害无穷，以至于此！

乾隆三十年（1765）六月，清高宗发下谕旨，阐述史书修纂的重要性，指出国史馆"停办年久，自应开馆重事辑修"④，重开国史馆。七月，以傅恒、尹继善、刘统勋为总裁官，陈宏谋、于敏中、託恩多、舒赫德为副总裁官，董司其事⑤。同年九月，又发下谕旨，要求史臣拟定凡例，秉公修史⑥，并指出"列传体例，以人不以官"⑦。自此以后，国史馆成为常设机构，终清一朝，再也没有关闭过。

国史馆馆址，康熙朝初设时在午门内熙和门西南，乾隆时移置东华门内⑧。此处还曾为修实录及会典处。宣统元年（1909）在此开实录馆，修《德宗实录》。民国初，实录馆移出，此为纂修清史之处，为清史馆所在地。

（2）起居注馆

起居注馆是为修纂帝王起居注而设立的专门修史机构。起居注是中国古代记述帝王言行和朝政要事的一种专书，属编年体官修记注性史籍。清代于康熙十年（1671）八月设立起居注馆以后，直到清朝覆亡，200 多年时间里，除康熙五十七年（1718）至六十一年（1722）该馆一度被裁撤外，其他时间，始终记注未停。所记注的起居注册，起于康熙十年（1671）九月，迄于宣统二年（1910）

---

① 杨玉良：《武英殿修书处及内府修书各馆》，见清代宫史研究会编《清代宫史探微》，紫禁城出版社 1991 年版。

② 李鹏年：《清代中央国家机关概述》，紫禁城出版社 1989 年第 2 版，第 217 页。

③ 沈原：《清代宫廷的修书机构》，中国第一历史档案馆编《明清档案与历史研究论文选》（上），国际文化出版公司 1995 年版；白寿彝总主编，周远廉、孙文良主编：《中国通史·清时期》（上），上海人民出版社 1996 年版，第 840 页。

④ 《清高宗实录》卷 739，乾隆三十年六月丁卯。

⑤ 《清国史馆奏稿》（第 1 册），第 89 页。

⑥ 《清高宗实录》卷 744，乾隆三十年九月戊子。

⑦ 《清国史馆奏稿》（第 1 册），第 95 页。

⑧ 章乃炜、王蔼人：《清宫述闻》（初、续编合编本），第 312—316 页。

十二月，中间略有缺佚，共12000余册①，保存了大量有关清代帝王言行的第一手资料。

清朝在入关以前，设立文馆、内三院之内国史院来记注历史，其中就涉及帝王起居诏令。但那时的记述内容庞杂，并不限于记注帝王起居，其重心在于编纂史书、撰拟表文、纂修历朝实录等，亦未正式确立起居注官的名称。

清入关以后，屡有大臣奏请设立起居注官，顺治十年（1653），工科给事中刘显绩奏言："自古帝王，左史记言，右史记动，期昭示当时，垂法后世。我皇上种种美政，史不胜书，乞仿前代设立记注官。凡有诏谕及诸臣启奏，皇上一言一行，随事直书，存贮内院，以为圣子神孙万世法则。"② 顺治十二年（1655），詹事府詹事梁清宽亦奏言："前代设起居注，专记人主嘉言善行，垂法后世……祈复设专官各修厥职，以备一代大典。"③ 不仅汉族官员提出设立起居注官。受汉文化影响较深的满族官员也屡次上疏，提请设立起居注官，顺治十二年，和硕郑亲王济尔哈朗奏言："皇上统一中原，事事以尧舜为法，但起居注官尚未设立。古之圣帝明王，进君子，退小人，顺天心，合民志，措天下于太平，垂鸿名于万世，良于史臣有赖。今宜仿古制，特设记注官置诸左右，凡皇上嘉言善行，一一记载，于以垂宪万世，传之无穷，亦治道之一助也。"④ 对此，顺治帝只表示"知道了"、"嘉其言"，未见行动。终顺治一朝，起居注馆也没有设立。

顺治时期虽然没有设立起居注馆，但类似于起居注的记事形式已经出现。当时多尔衮摄政，形同帝王，权倾朝野，有史臣载笔记事，每日记录多尔衮摄政事，后署记注人之衔名，此乃《多尔衮摄政日记》，为清代起居注之早期形式。有专家推断多尔衮摄政期间就曾设立过起居注馆⑤，可备一说。

康熙七年（1668），内秘书院侍读学士熊赐履又疏言"设起居注官"⑥，第二年，兵科给事中刘如汉又上奏请设立日讲起居注官⑦。但由于康熙帝即位后，鳌拜等四辅臣专权，一切制度均恢复满洲旧制，康熙尽管热爱汉文化，无奈势单力

① 《康熙起居注》（第一册）说明，中华书局1984年版。
② 《清世祖实录》卷71，顺治十年正月庚辰。
③ 《清世祖实录》卷88，顺治十二年正月甲寅。
④ 《清世祖实录》卷89，顺治十二年二月壬戌。
⑤ 王锺翰：《清史杂考》，辽宁大学出版社2004年版，第272页。
⑥ 《清圣祖实录》卷27，康熙七年九月壬子。
⑦ 《清圣祖实录》卷28，康熙八年四月辛巳。

薄，不能完全按照自己的意志行事，对于大臣的提议无法做出积极反应。康熙八年五月鳌拜倒台以后，国家政权完全掌握在康熙手中。九年，康熙就锐意仿从汉族政治、文化制度，调整政策，裁革满洲旧制。在这样的政治文化背景下，顺治以来呼声甚高的起居注馆终于设立了。

康熙十年（1671）八月，康熙"设立起居注，命日讲官兼摄"①，起居注馆正式设立。关于清代起居注馆的设置时间，官方记载有两种说法，一为康熙九年说，一为康熙十年八月说。这两种说法主要来自两个资料系统，《清朝通典》、《大清会典事例》等多种典制体史籍均记载为康熙九年，《清圣祖实录》、《皇朝词林典故》等均记载为康熙十年八月。揆诸北京和台湾所存康熙起居注册，无论是汉文本还是满文本，记事均始于康熙十年九月②，可否推断当年八月设馆，九月即以完整月份记注帝王言行③？另外，王士禛《池北偶谈》说："康熙十年二月，讲筵初开，工部尚书王熙、翰林院学士兼礼部侍郎熊赐履进讲《大学》'康诰曰克明德'章，及《尚书》'人心惟危、道心惟微'二句。三月，礼科给事中吴国龙疏请复设起居注，得旨报可。"④ 又说："康熙十年复设起居注馆，在午门内之西，与实录馆相对。"⑤ 王士禛是康熙时期著名大臣，以诗文兼优被康熙赏识，授翰林院侍讲学士，入直南书房，并充明史纂修官、三朝国史副总裁、国子监祭酒等职，对史馆修史极为了解，所记当可信。再者，就官书而言，相对于《清通典》和《清会典》，《实录》是更为原始的资料，可信程度当更高。当然，康熙九年设立起居注馆这一说法也绝非空穴来风，可否这样理解：康熙九年，康熙皇帝即批准设立起居注馆，但实际设立并开始工作则是在康熙十年。

清代起居注馆，时称"起居注公署"或"起居注直房"，康熙称之为"起居注衙门"，位于宫中太和门西廊。清代的起居注官与明代有很大不同，明代起居注官不负责起居注册的编纂，虽然当时在皇宫内也设有编纂起居注的处所，但它只是史馆的一部分，即不独立，也非起居注官办事衙署。只有到了清代，起居注

① 《清圣祖实录》卷36，康熙十年八月甲午。

② 参见《康熙起居注》（第一册）说明；庄吉发：《故宫档案述要》第五章第二节，台湾故宫博物院1983年版。

③ 乔治忠推断"似以起居注馆设立于康熙十年八月中的记载为是"，见《清朝官方史学研究》，第161页。

④ 王士禛：《池北偶谈》卷1《谈故一·起居注》，中华书局1982年版，第4页。

⑤ 王士禛：《池北偶谈》卷2《谈故二·起居注》，第31页。

官才有了起居注馆这样的办事机构。清代起居注官主要来源于翰林院、詹事府等部门，"其官则自掌院学士、詹事以下，史官以上，皆得充之"①。记注官初由日讲官兼摄，后停止日讲，不再由日讲官兼摄。记注官的数量并非固定不变，而是时有增减。康熙十年起居注衙门成立之初，"定设满洲记注官四员，汉记注官八员，清文主事一员，清汉文主事二员，汉军主事一员，清文笔帖式四员，汉文笔帖式四员，汉军笔帖式四员"②，其后又屡有增减。清代起居注馆的主要职掌是记注帝王言行并据此编纂起居注册，其日常事务主要是在皇帝左右轮值，抄录档册存档备查，接受和处理有关衙门抄送的公文副本，以供记注时查考等。

起居注馆设立以后，因记载君王一言一行，善恶俱载，难免引起帝王不满。康熙五十六年（1717），又发生了记注官陈璋抄档事件，使清圣祖大为光火，遂有裁撤起居注衙门的想法。原来，康熙五十五年，清圣祖曾有蠲免江南旧欠钱粮之谕，转年又未行蠲免。记注官陈璋将此谕旨从起居注册中抄出，康熙帝认为这是"意欲将朕前后互异之处指出书写耳"，由此加罪于起居注制度，说："起居注衙门记注谕旨，原为敬慎起见。然自古未有久行设立者，亦有旋立旋止者，皆有所记不实故耳……其起居注所记，难于凭信也。"③康熙五十七年三月，清圣祖正式提出裁撤起居注馆，云："自古以来，设立起居注，立数月而废者有之，立一二年而废者有之，未有如朕设立久者。今观记注官内，年少微员甚多，皆非经历事体之人。伊等自顾不暇，岂能详悉记朕之言？或有关系大臣之事央求于彼，即行任意粉饰，将朕之旨愈致错误，不能详记者甚多。记注之事关系甚重，一言失实，即起后世之疑。即如赵熊诏，亦曾私自抄录。若朕设立起居注，阅一二年即行裁革，或疑朕畏他人议论是非。朕御极已五十七年，与自古在位未久者不同，是非无烦伊等记注。此衙门甚属无益。"④经大学士、九卿会议，"应将起居注衙门裁去"⑤，同月起居注馆被裁撤，归入内阁。

雍正元年（1723）四月，也就是起居注馆裁革不到五年的时间，清世宗决定恢复起居注馆，"今御门听政之初，益当寅畏小心，综理庶事，咸期举措允宜，簪笔侍臣，何可阙欤？当酌复旧章，于朕视朝临御、郊祀坛庙之时，令满汉讲官

① 王士禛：《池北偶谈》卷2《谈故二·起居注》，第31页。
② 光绪《大清会典事例》卷1055《起居注》。
③ 《康熙起居注》（第三册），康熙五十六年三月十六日辛未，第2370—2371页。
④ 《康熙起居注》（第三册），康熙五十七年三月初三日壬子，第2498页。
⑤ 《清圣祖实录》卷278，康熙五十七年三月壬子。

各二人侍班，不独记载谕旨政务，或朕有一言之过，一事之失，皆必据实书诸简策，朕用以自儆，冀寡尤悔"①，"仍复日讲起居注官，如康熙五十六年以前故事"②，起居注馆又重新于太和门西廊开馆。从此以后，再也没有关闭过，直到清末。

（3）方略馆

方略馆是为修纂"方略"、"纪略"类史书而设立的修史机构，隶属于军机处。有清一代，每遇有重大军事行动或重要军政事务，均以纪事本末体的形式记录下来，称为某某"方略"或"纪略"。这些史书的编纂都是由方略馆来完成的。光绪《大清会典》云："每次军功告成及遇有政事之大者，奉旨纂辑成书，记起始末，或曰方略，或曰纪略。"③《枢垣纪略》云："每次军功告藏及遇有政事之大者，皆奏奉谕旨纪其始末，纂辑成书，或曰方略，或曰纪略，随时奏请钦定。亦有他书奉旨交辑者，均率在馆人员承办。"④ 可见方略乃记载军功大政的专书。

清代方略馆的设置，经历了一个由特开之馆向常开之馆发展的过程。起初，它并非常设的编纂机构，而是每次军政活动以后，由皇帝颁下谕旨，临时组成修书班子，书成馆撤。直到乾隆十四年（1749）编纂《平定金川方略》时，才使这一修史机构固定下来，成为常设史馆。清代官方编纂的第一部方略是康熙二十一年（1682）始修的《平定三逆方略》。该年八月，三藩之乱平定不久，福建道御史戴王缙上奏，提请将平乱过程编辑成书，以垂不朽。经朝臣商论，大学士明珠等奏："今宜如台臣所请，勒成一书，昭示圣子神孙，以垂永久。"康熙帝曰："众议如此，可着编成一书。"⑤ 同年十月，"以大学士勒德洪、明珠、李霨、王熙、黄机、吴正治为总裁官，内阁学士阿兰泰、达岱、张玉书，翰林院掌院学士牛纽为副总裁官"⑥，成立修史班子，编纂《平定三逆方略》。这也是清代设立的第一个特开的方略馆。由此开始，每有重大军事行动后需要编纂方略，就临时设馆编辑，书成馆撤。如康熙三十六年（1697），以大学士伊桑阿、阿兰泰、王熙、

① 光绪《大清会典事例》卷1055《起居注》。
② 《清世宗实录》卷6，雍正元年四月乙丑。
③ 光绪《大清会典》卷3。
④ 梁章钜、朱智：《枢垣纪略》卷14《规制二》，中华书局1984年版，第155页。
⑤ 《康熙起居注》（第二册），康熙二十一年八月十三日戊子，第880—881页。
⑥ 《清圣祖实录》卷105，康熙二十一年十月辛卯。

张玉书、李天馥，尚书熊赐履、张英为总裁官，内阁学士觉罗三宝、罗察、喀拜、韩菼、顾藻，礼部侍郎翰林院掌院学士阿山，刑部右侍郎管詹事府事尹泰为副总裁官，成立史馆，修纂《平定朔漠方略》①。凡此，在康熙朝有过多次。

需要说明的是，在军机处设立之前，编纂方略的纂修官均由内阁和翰林院派充，这是遵循了清代修纂实录、圣训、国史、会典等例有内阁大学士充监修总裁官、总裁官，学士充副总裁官，侍读学士充纂修官②，以及翰林院掌院学士充副总裁官，侍读、侍讲等充纂修官的规定③。雍正八年（1730）设立军机处之后，才以军机大臣兼充总裁官，纂修、提调等由军机章京内派充。

乾隆十四年（1749），大学士张廷玉奏请编纂《平定金川方略》，拟定十五条编纂原则，其中一条云："此次军兴事宜，悉由臣等承办，若另派员，恐未能深悉，应即令军机行走官员分任提调、纂修等事，臣等总其大纲，每成一卷，先进副本，恭候钦定，再缮正本，告竣日恭请御制序文冠首。"④ 这是在方略编纂中第一次提出由军机处办理。张廷玉还说："其纂修等官，臣等谨就现在军机处行走满汉官分别职掌，刊名进呈，所有总裁官谨将臣张廷玉等开列，恭候钦定。至大学士公傅恒前经奉旨，总裁内虽未便列名，而军务机宜皆所亲历，编纂诸事及一切调度办理，应请令其裁酌。"⑤ 军机处有一重要职掌就是参与军事谋略，对各种用兵事宜特别熟悉，由军机处官员参与方略修纂，显然再合适不过了。于是乾隆帝依议，"张廷玉、来保着充正总裁官，陈大受、舒赫德、汪由敦、纳廷泰着充副总裁官"⑥，诏准于隆宗门外、武英殿后、咸安宫左设方略馆，与军机处仅一墙之隔，隶属于军机处，并拨房屋三间，以为馆舍。从此以后，方略馆成为常设史馆，直到宣统三年（1911），责任内阁取代旧内阁和军机处，方略馆才被裁撤，不复存在了。

2. 例开之馆

每过一定时间必须开办的史馆，也就是定期开设的史馆，称为例开之馆。这些史馆届时而开，书成馆闭。清代的例开史馆主要有实录馆、圣训馆、玉牒馆，

---

① 《清圣祖实录》卷184，康熙三十六年六月丁丑。

② 康熙《大清会典》卷2；雍正《大清会典》卷2；《清史稿》卷114《职官志》。

③ 光绪《大清会典事例》卷1049。

④ 《清高宗实录》卷338，乾隆十四年四月甲申。

⑤ 《乾隆帝起居注》（八），广西师范大学出版社2002年版，第107—108页。

⑥ 《乾隆帝起居注》（八），第108页。

其他如律例馆、则例馆，也定期修纂各部衙门的律例、则例，每三至五年开馆一小修，每十年开馆一大修，亦为例开之馆。

（1）实录馆

实录是以编年体形式记载某一帝王统治时期的大事记。清制，每届嗣君即位之初，即降敕纂修前朝皇帝实录。每朝实录的编修，照例设有实录馆，专门负责实录纂修事宜，书成馆撤。实录馆的馆址，历有变更，《太祖实录》修纂时，馆址曾设于东华门内桥东迤北，后改为国史馆馆址。至嘉庆四年（1799）修纂《清高宗实录》时，又在紫禁城内咸安宫后殿辟出房间，作为实录馆办公场所。道光三十年（1850）三月，又勘修东华门内三座门迤北东西两所房间作为实录馆办公之地。

清在入关以前，就开始实录的修纂，天聪六年（1632）十一月①，杨方兴上《条陈时政奏》，提出修纂实录，认为"书之当今谓之实录，传之后世谓之国史，此最要之事"②，天聪七年十月，清太宗谕文馆诸臣，要求他们在纂修《太祖实录》时"将所载之书宜详加订正，若有舛讹之处即酌改之"③。是为清修实录之始。崇德元年（1636）十一月，《清太祖实录》告成，举行了隆重的进呈仪式④。只是当时没有设立实录馆，修纂任务是由文馆来承担的。

清入关以后，顺治六年（1649）议定纂修《太宗实录》，以大学士范文程、刚林、祁充格等七人为总裁官，学士王铎等八人为副总裁官，"择于顺治六年正月初八日开馆"⑤，设馆编修。这是清廷第一次设置实录馆。由于顺治与多尔衮的矛盾，多尔衮于顺治七年死去以后，被议为僭逆大罪，刚林、祁充格被定为多尔衮逆党，范文程也受到牵连。故顺治九年，又以大学士希福等五人为总裁官，继续修纂《太宗实录》⑥。自此以后，康熙六年（1667）开馆修《世祖实录》，十

---

① 清入关前实录的纂修，光绪《大清会典事例》卷1049记为"天聪元年，命恭纂《太祖高皇帝实录》"，很多学者信从这一说法。经乔治忠、王鸿雁考辨，这一记载是错误的。见《清代官修史书与〈大清会典事例〉》，《史学史研究》1997年第3期。

② 罗振玉：《天聪朝臣工奏议·杨方兴条陈时政奏》，载潘喆等编《清入关前史料选辑》（二），中国人民大学出版社1989年版，第41—43页。

③ 《清太宗实录》卷16，天聪七年十月己巳。

④ 《清太宗实录》卷32，崇德元年十一月乙卯。

⑤ 《清世祖实录》卷42，顺治六年正月丁卯。

⑥ 《清世祖实录》卷62，顺治九年正月辛丑。光绪《大清会典事例》卷1049只记载顺治九年修纂《太宗实录》的情况，漏掉了顺治六年开设实录馆的史实，误导了不少学者。

二年开馆重修《太宗实录》，二十一年开馆重修《太祖实录》，三次开馆，修成三部实录。

康熙六十一年（1722）十二月，大学士马齐等奏请纂修《圣祖实录》，同时以马齐为监修总裁官，隆科多等为总裁官，张廷玉等为副总裁官，雍正元年（1723）正月开馆纂修①。这是清代首次于皇帝嗣位之初即开馆纂修前朝实录。以前的皇太极、顺治、康熙，编纂前朝实录均非在嗣位之初，而是要迟滞若干年。此次定制，终清一代，遵行不替。

及至嘉庆四年（1799）二月，以协办大学士庆桂为监修总裁官，大学士王杰等人为总裁官，尚书布彦达赉、纪昀等六人为副总裁官，修纂《高宗实录》②，开馆纂辑。三月，因前此例开实录馆，居无定所，嘉庆帝谕内阁："现在恭纂高宗纯皇帝实录，宜择洁净处所，敬谨纂办，且在事承办大小各员，人数众多，更须地方宽敞。因思清字经馆，朕在藩邸时曾至其地，颇为整齐静肃。所有翻译经典，现已竣事。著将该处作为实录馆，并将清字经馆后屋四十余间一并归入，俾纂办之地益得宽展。"③ 这也是清代实录馆设置中的一件大事，从此以后，实录馆有了固定馆址，每次纂修，均在此办理。史载："清代实录之修，始于太祖实录，而馆址之定，则在嘉庆四年修《高宗实录》时也。"④ 说的就是这件事情。

宣统元年（1909），清廷开馆纂修《德宗实录》，这是清朝最后一次开设实录馆，结果实录尚未修成，清王朝就灭亡了。然而以监修总裁世续为首的实录馆并没有停止工作，至1918年，《德宗实录》终于脱稿。1921年，小朝廷举行了简单的告成仪式。这次，实录馆没有书成馆撤，而是以原班人马纂修宣统一至三年实录。1924年11月5日，小朝廷被冯玉祥赶出故宫，清代最后一届实录馆的工作才告结束。所修之书未敢再称实录，而名之曰《宣统政纪》。

（2）圣训馆

圣训乃清代帝王言论之汇辑，由史臣分类编纂而成。圣训馆就是为编纂圣训而设立的修书机构。

圣训馆最早设立于顺治十二年（1655），清世祖谕内三院："《实录》业已告成，朕欲仿《贞观政要》、《洪武宝训》等书，分别义类，详加采辑，汇成一编，

---

① 《清世宗实录》卷2，康熙六十一年十二月庚午、乙亥；卷3，雍正元年正月戊子。

② 《清仁宗实录》卷39，嘉庆四年二月丁酉。

③ 《清仁宗实录》卷40，嘉庆四年三月壬申。

④ 章乃炜、王霭人：《清宫述闻》（初、续编合编本），第385页。

朕得朝夕仪型，子孙臣民，咸恪遵无斁，称为《太祖圣训》、《太宗圣训》，即于五月开馆。"以冯铨、车克、成克巩等五人为总裁官，麻勒吉、铿特等七人为副总裁官，王无咎、方拱乾、吴伟业等满汉官十六人为纂修官，另有满汉官各四人为誊录官，满汉典籍四人为收掌官，组成清代第一个圣训馆，编纂太祖、太宗两朝圣训①。但是，终顺治一朝，两朝圣训也未最后裁定颁布。康熙十年（1671），清圣祖又开圣训馆，继续编纂太祖、太宗两朝圣训，"世祖章皇帝时，曾命儒臣纂修太祖、太宗圣训，虽具稿进呈，未经裁定颁布。兹特命图海、李霨为总裁官，折尔肯、折库纳、熊赐履为副总裁官，达哈塔、杨正中等十员为纂修官，满汉誊录各四员，满汉收掌官四员，悉以前式，分别义类，重加考订，勒臣全书"②。康熙二十一年八月，福建道御史戴王缙奏请编纂太祖、太宗、世祖三朝圣训，其中太祖、太宗圣训为重修，世祖圣训为新纂。十月，开三朝圣训馆，以大学士勒德洪等六人为总裁官，着手编纂③。因为当时应勒德洪之请，正重修《太祖实录》④，总裁官也是勒德洪等六人，只是副总裁官不同而已，实际上出现圣训馆与实录馆合二为一的倾向。康熙二十二年二月，清圣祖对修史馆局进行调整，把纂修《太祖圣训》的工作归并于《太祖实录》馆⑤。二十五年，《太祖实录》及《圣训》一并告成进呈⑥。自此以后，凡编纂实录，均同时纂修圣训，如雍正时编纂《圣祖圣训》，"命恭纂实录诸臣并辑"⑦，乾隆时编纂《世宗圣训》，"既命大学士等详慎纂辑，恭成《世宗宪皇帝实录》一百五十九卷，复于编年系日之中分类备录，恭成《圣训》三十六卷"⑧。嘉庆时编纂《高宗圣训》，也是"命恭纂实录诸臣并辑"⑨，等等。由此可见，圣训馆在最初设立之时，类似于特开之馆，并且独立开设。康熙二十二年以后，圣训馆就与实录馆合并，在编纂实录时同时编纂圣训，成为循例开设的修史机构。本来，皇帝的言论政事，载在实录，但实录藏于秘府，臣民不得而知，于是在编纂实录时摘录出有利于治国安邦

---

① 《清世祖实录》卷91，顺治十二年四月癸未。
② 《清圣祖实录》卷35，康熙十年四月乙酉。
③ 《清圣祖实录》卷105，康熙二十一年四月辛卯。
④ 《康熙朝议修实录、圣训等题稿档》（一），见《文献丛编》第5辑，1937年。
⑤ 《清圣祖实录》卷107，康熙二十二年二月丙子。
⑥ 《清圣祖实录》卷124，康熙二十五年二月甲辰。
⑦ 《国朝宫史》，北京古籍出版社1987年版，第505页。
⑧ 《国朝宫史》，第509页。
⑨ 《国朝宫史续编》，北京古籍出版社1994年版，第708页。

的帝王言论，辑成圣训，颁示天下，教训臣民，"以实录为经，以圣训为纬，于编年见因时之宜，于分类见随事之要。一敷施而有所循也，一话言而有所法也"①，一套班子编纂两种史籍，不仅有积极的社会效果，而且提高了修书效率。

（3）玉牒馆

玉牒乃清代皇族的族谱。清代玉牒是古代唯一完整系统保存至今的皇族族谱，对于研究清代典章制度、宫廷历史、皇族户籍以及人口学、谱牒学都具有重要价值。

清廷玉牒每十年开馆纂修一次，故玉牒馆为例开之史馆。其首开玉牒馆是顺治十二年（1655）十月，当时即规定玉牒每十年一修②。顺治十八年，第一部玉牒告成。此后依例每十年即开玉牒馆，但实际情况并非如此，康熙、雍正两朝因计算方法不同，将上届纂修之年计算在内，所以每次纂修递减一年，实际只隔九年。比如，康熙九年（1670）三月开玉牒馆，距上次修纂而成的顺治十八年（1661）为九年，康熙十八年四月、二十七年二月、三十六年二月、四十五年二月、五十三年十一月、雍正二年（1624）四月、十一年二月均开馆修纂玉牒，其间隔都是九年③。直到乾隆朝时才改为不计算上届纂修年份。但乾隆时也有一次例外，即乾隆七年（1742）开馆重修玉牒后，应在十七年再修，可时隔五年，乾隆十二年提前开馆修纂一次。另外，清朝被推翻后，1921 年溥仪小朝廷最后开馆修了一次玉牒。从顺治十八年第一部玉牒修成开始，有清一代共开馆修纂玉牒28 次④。

清代玉牒馆隶属于宗人府，每次纂修，均有宗人府题请，由宗人府、内阁、礼部、翰林院等各衙门组成纂修班子，皇帝钦命总裁官。玉牒修纂，"存者朱书，殁者墨书"，即每次修玉牒，用红笔书写新出生者，用墨笔将上次修玉牒后死亡者的红笔改成黑色。每次玉牒修成，都要举行隆重的恭贮仪式，顺治十三年（1656）题准，将玉牒缮写三部，皇史宬、宗人府、礼部各藏一份。乾隆二十五年（1760）改为缮写两部，分别存于皇史宬和盛京。顺治、康熙两朝，玉牒只有

① 《圣祖仁皇帝圣训》，世宗宪皇帝御制序。

② 《清世祖实录》卷94，顺治十二年十月乙亥。

③ 分别见《清圣祖实录》卷32—261，康熙九年三月庚申、十八年四月丁卯、二十七年二月丁卯、三十六年二月丁亥、四十五年二月癸巳、五十三年十一月丙辰；《清世宗实录》卷18—128，雍正二年四月庚申、十一年二月己卯。

④ 屈六生：《清代玉牒》，《历史档案》1984 年第 3 期。

满文本，之后才有了汉文本。

3. 阅时而开之馆

阅时而开之馆是指根据具体情况开办，修纂具有明显接续性系列史籍的史馆。这种史馆兼具例开史馆和特开史馆的特点，但又与之不同。阅时而开的史馆所修纂的史籍，有一定的接续性，必需接续开馆修纂，这一点与例开之馆类似。但它没有定例，什么时间开办，视具体情况而定，所以又与特开之馆相仿，但所修史籍又可参稽前次开办之书。这样的史馆在清代有会典馆、一统志馆等。

（1）会典馆

清会典所记述的是清朝的典章制度，既具有行政法典的性质，又是典制体的史书①。有清一代，曾五次开设会典馆，修纂《大清会典》五部。

康熙二十三年（1684），清廷第一次开馆修纂《大清会典》。在此之前，顺治十四年（1657），兵科给事中金汉鼎就奏请编纂《大清会典》②，十五年，福建道监察御史余司仁也上疏请修《大清会典》③，康熙九年（1670），礼部议从江南道御史张所志疏请修纂《大清会典》，得到康熙首肯④。但以上都没有付诸实施。康熙二十三年，以大学士勒德洪、明珠等五人为总裁官，内阁学士麻尔图等五人为副总裁官，组成会典馆，开始修纂会典⑤。其后又陆续增补徐乾学、顾汧、徐廷玺、尹泰为副总裁官。康熙二十九年（1690），第一部清代会典——康熙《大清会典》修成。

雍正二年（1724）闰四月，第二次开馆修纂会典，“允礼臣蒋廷锡所请，命阁臣开馆续修自康熙二十六年（1687）至雍正五年（1727）所定各衙门礼仪条例，悉行检阅，照衙门分类编辑”⑥。雍正十一年（1733）书成，是为雍正《大清会典》，与《康熙会典》一样，仍是典例合一。

乾隆十二年（1747）正月，清廷第三次开会典馆，“命续修《大清会典》”，并定议“朝章宜考本原；书籍宜备参稽；卷案宜详察；纂修官务在得人；考定更

---

①　关于《清会典》是官修史书还是行政法典，学界一直有争议。见吕丽、刘扬《是官修史书，还是行政法典——〈清会典〉性质论》，《法制与社会发展》1998 年第 2 期。

②　《清世祖实录》卷 106，顺治十四年正月戊辰。

③　《清世祖实录》卷 121，顺治十五年十一月丁酉。

④　《清圣祖实录》卷 33，康熙九年五月丙子。

⑤　《清圣祖实录》卷 115，康熙二十三年五月己巳。

⑥　雍正《大清会典》，御制序。

正之条宜随时请旨；在馆办事宜有成规"六条修书原则①。同年二月初五日，任命大学士讷亲、张廷玉等为总裁官，侍郎蒋溥、傅恒等为副总裁，开始编纂②。乾隆十三年（1748）五月，总裁官张廷玉提出将"会典"与"则例"分为二书，得到乾隆赞许，依议实行③。该会典乾隆二十九年（1764）告竣④，汇编了雍正六年（1728）至乾隆二十三年（1758）间的典章制度，首次典例分开。

嘉庆六年（1801），清廷第四次开会典馆，军机大臣托钧奉旨编纂，"以大学士王杰、庆桂、刘墉、董诰为会典馆总裁官，吏部尚书刘权之、户部尚书朱珪、礼部尚书纪昀、兵部尚书丰绅济伦、刑部尚书禄康、工部尚书彭元瑞为副总裁官"⑤，主持编修，二十三年成书，此为嘉庆《大清会典》。此次所修会典，内容起自乾隆二十三年，迄于嘉庆十七年（1812），展至二十三年。该会典计有《大清会典》80 卷，《大清会典事例》920 卷，《大清会典图》132 卷，有典、有例、有图，体例实属创新，开清代会典之典、例、图结合之先河。

光绪九年（1883）八月，延煦等奏请开馆纂修会典，光绪帝因各衙门则例尚未修辑完备，未能应允⑥。光绪十二年，清廷第五次，也是最后一次开设会典馆，以额勒和布等为总裁官，锡珍、翁同龢等为副总裁⑦，历时十五年，光绪二十五年书成，是为光绪《大清会典》。该会典计有《大清会典》100 卷，《大清会典事例》1220 卷，《大清会典图》270 卷，集清代所有会典之大成。

会典馆的馆址设在紫禁城内，例由内务府临时拨给，书成后仍退给内务府。例如康熙时会典馆设在东华门内长街养鹰狗处⑧，书成馆舍收回。乾隆会典修竣后，其馆舍即由内务府拨交国史馆使用。嘉庆时修会典，馆址在文华殿东桥北三座门内⑨，光绪十二年仍在此纂修会典。

---

　①　《清高宗实录》卷 282，乾隆十二年正月丙申。

　②　《乾隆帝起居注》（六），乾隆十二年二月初五日，第 26 页。

　③　乾隆《大清会典则例》卷首，张廷玉奏议。

　④　关于乾隆《大清会典》的成书，冯尔康先生认为成于乾隆三十一年（见冯著《清史史料学》第 68 页，沈阳出版社 2004 年版），这是把刊刻之年当作成书之年。《清高宗实录》乾隆三十一年十二月辛酉明确记载"刊刻《大清会典》告成"。

　⑤　《清仁宗实录》卷 90，嘉庆六年十一月上辛巳。

　⑥　朱寿朋：《光绪朝东华录》（二），光绪九年八月庚戌，中华书局 1958 年版，总第 1580 页。

　⑦　朱寿朋：《光绪朝东华录》（二），光绪十二年冬十月辛酉，总第 2173 页。

　⑧　《清宫述闻》（初、续编合编本），第 307 页。

　⑨　《清宫述闻》（初、续编合编本），第 307 页。

（2）一统志馆

清代对地方志乘的修纂非常重视，就官方来讲，设馆修纂《大清一统志》，成为一项"以昭大一统之盛"①的重要任务。

整个清代，共修纂一统志三部，分别是康熙《一统志》、乾隆《一统志》和嘉庆《一统志》。其设馆过程颇为曲折，三部一统志，共开馆四次，两次独立设馆修纂，一次交付方略馆修纂，一次交付国史馆修纂。

早在康熙十一年（1672）七月，保和殿大学士卫周祚就曾上疏，请求康熙帝敕令各地修志，然后汇集京师，编纂《一统志》②。可是不久"三藩之乱"爆发，纂修《一统志》之事暂被搁置。"三藩之乱"平定后，康熙二十二年四月，大学士明珠再次提出"《一统志》关系典制，自应催令速修"，康熙云："各省所修通志作何察催及应修《一统志》事宜，着礼部确议具奏"③，把《一统志》的纂修工作交与礼部。二十四年（1685）十二月，"礼部纂修《一统志》，请给桌饭银两。其纂修处，应交与内阁"，康熙帝却认为修纂《一统志》"不过誊录，并非撰文"④，没有理会礼部的想法。可知此时就已开馆纂修《大清一统志》了，只是隶属于礼部罢了。二十五年正月，江南道御史严鲁榘疏言："近礼部奉命开馆纂修《一统志》书，适台湾、金门、厦门等处已属内地，设立郡县文武官员，请敕礼部，增入通志之内。又广东添设花山县治，通志所未载，亦请照例增修。"⑤于是，康熙二十五年三月，清廷设立一统志馆，纂修《一统志》，以大学士勒德洪、明珠、陈廷敬等人为总裁官，徐元文、徐乾学等人为副总裁官，彭孙遹、姜宸英、万言等20人为纂修官，并命陈廷敬、徐乾学专理馆务⑥。这次开馆，实际上是把《一统志》的纂修从礼部拿出，独立设馆修纂，故而人们常常把康熙二十五年三月当作设馆纂修《大清一统志》的开始。

康熙二十八年十一月，徐乾学因事被劾，乞假归里，因《一统志》"考究略有端绪"⑦，请携史局归里编纂，得到康熙允准，于是徐乾学奏请姜宸英、黄虞

① 《国朝宫史》，第595页。

② 《清史列传》卷79《贰臣传乙·卫周祚》。

③ 《康熙起居注》，康熙二十二年四月十二日甲申，第988页。

④ 《康熙起居注》，康熙二十四年十二月初四日庚寅，第1048页。

⑤ 《清圣祖实录》卷124，康熙二十五年正月甲申。

⑥ 《清圣祖实录》卷125，康熙二十五年三月己未。

⑦ 《憺园文集》卷10《乞归第三疏》。

稷随同襄助，并延请胡渭、阎若璩、黄仪、顾祖禹等参与其事，设书局于洞庭东山，继续修纂《一统志》①。这是清代重要史馆被个人带出京城在外地继续编纂的唯一一次。五年后，徐乾学去世，朝廷命韩菼在徐乾学所呈志稿的基础上继续修纂，康熙四十三年，韩菼去世，纂修之事暂停。

雍正三年（1725），重开一统志馆，"以《一统志》历久未成，特简重臣敦就功役"②，继续编纂康熙朝未成之《一统志》。直至乾隆五年（1740）十一月，康熙《一统志》才正式告竣，历时54年。乾隆八年刊刻。

乾隆二十九年（1764），清廷第二次纂修《一统志》，乾隆皇帝上谕云："第念《一统志》，自纂修竣事以来，迄今又二十余载。不独郡邑增汰沿革，随时宜理，一一汇订，且其中记载、体例、征引详略，亦多未协……若其他考稽失实，与凡挂漏冗复者，谅均在所不免，亟应重加纂辑，以成全书。"③ 此次修志，没有单独设立史馆，而是由方略馆承办，共历时20年，于乾隆四十九年（1784）成书。

清廷第三次修纂《一统志》始于嘉庆十六年（1811），此次重修的理由主要是为国史馆修《地理志》提供依据。因为乾隆《一统志》"至（乾隆）五十年以后，有一切必应载入之处，未臻齐备"，"编辑未全"，所以"自乾隆五十年以后，至嘉庆十五年以前，凡应行补载者，一并依类敬谨列入，并将全书通行详校，以免疏漏脱误"④。此次修志，依然没有单独设馆，而是经方略馆提议，由国史馆承办，历时31年，道光二十二年（1842）成书。《嘉庆重修一统志》是三次修志中公认质量最高的一部。

4. 特开之馆

所谓特开之馆，是指为了修纂某部史书而专门开设的史馆，书成馆闭，不再重开。特开史馆是清代最具有灵活性的修史机构，最能配合现实政治活动，同时也是清代数量最多的史馆，基本上是每修一书，必开一馆。诸如《明史》馆、《八旗通志》馆、"三通"馆、《明史纲目》馆、《明鉴》馆、《历代职官表》馆、《通鉴辑览》馆、《西域图志》馆、《治平宝鉴》馆，等等，不一而足。下面我们就介绍比较重要的《明史》馆和"三通馆"。

---

① 《清史列传》卷68《儒林传下·胡渭传、阎若璩传》。
② 雍正《畿辅通志》卷首，唐执玉序。
③ 乾隆《大清一统志》卷首《上谕》。
④ 《嘉庆道光两朝上谕档》嘉庆十六年，广西师范大学出版社2000年版，第38页。

（1）《明史》馆

《明史》馆是清代所有史馆中开设最早、开馆时间最长的一个，围绕《明史》修纂而产生的政治上的争斗，也是最为激烈的。

顺治二年（1645）四月，御史赵继鼎奏请纂修《明史》，五月，以内三院大学士冯铨等六人为总裁官，詹霸等十一人为副总裁官，图海等九人为纂修官，并有收掌官七人、满字誊录官十人、汉字誊录官三十六人，开设了《明史》馆①，自此，长达 95 年的《明史》修纂正式开始。

然而，顺治一朝《明史》编纂成就甚微，大致只做了资料收集的工作。到顺治后期，《明史》馆也处于若存若亡之间，如顺治十六年，陕西道御史姜图南疏言："《明史》一书，虽事属前代，而纂修之典，则在本朝，请发金匮藏书，敕内阁翰林诸臣，开馆编摹，广搜会订，以成信史"②，竟似不知有纂修《明史》之事。而五月礼部的议复也请敕各直省地方官，广为搜罗明代资料，"速行汇送翰林院，以便题请纂修"③，似乎《明史》馆已经废弛。

康熙四年（1665），继续纂修《明史》，重点依然是收集资料，严厉要求内外各衙门按时查送资料，凡"因循了事，不行详查，被旁人出首，定行治罪"④。此次收集资料效果明显，明天启、崇祯朝书籍、案卷、奏议、簿册等数量可观⑤，但实质性的修纂还是没有进行。很快，《明史》馆的工作又被搁置。

康熙十八年五月，"命内阁学士徐元文为《明史》监修总裁官，掌院学士叶方蔼、右庶子张玉书为总裁官"⑥，重开《明史》馆，并以五十博学鸿儒入馆修纂，《明史》进入到实质性修纂阶段。然而，康熙末年，《明史》馆工作又一次废弛。康熙四十八年，《明史》馆总裁王鸿绪因故以原官解任，竟私自将明史列传稿携带回家修纂⑦，直至康熙五十三年方才"进所撰《明史列传》二百八十卷，命交《明史》馆"⑧。

雍正元年（1723）七月，又开《明史》馆，雍正十三年（1735）十二月，

---

① 《清世祖实录》卷 16，顺治二年五月癸未。
② 《清世祖实录》卷 125，顺治十六年闰三月壬午。
③ 《清世祖实录》卷 126，顺治十六年五月己卯。
④ 《清圣祖实录》卷 16，康熙四年八月己巳。
⑤ 《各衙门交收天启、崇祯事迹清单》，《国学季刊》第 2 卷第 2 号，1929 年 12 月。
⑥ 《清圣祖实录》卷 81，康熙十八年五月己未。
⑦ 《横云山人文集》卷 24《己丑正月二十三日蒙圣恩衿全以户部尚书解任归里漫赋》。
⑧ 《清圣祖实录》卷 258，康熙五十三年三月丁巳。

《明史》告成。乾隆元年（1736），经过校阅，四年刊刻。因总裁张廷玉《进明史表》之日期也署乾隆四年（1739）全书刻成之时，故人们皆以《明史》为乾隆四年告成。

（2）"三通"馆

杜佑的《通典》、郑樵的《通志》、马端临的《文献通考》合称"三通"。乾隆时期，清高宗稽古右文，重视修史事业，钦定编纂了大量史书，其中很重要的就是设立"三通"馆，修成了继"三通"以后的六部巨著，即《续文献通考》、《清文献通考》、《续通典》、《清通典》、《续通志》、《清通志》，在清代史学与文化事业上占有相当重要的地位。

"三通"馆的设立，要从《续文献通考》馆说起。乾隆十二年（1747）六月，清高宗谕修《续文献通考》，接续马端临《文献通考》，下迄乾隆十年史事。由"大学士张廷玉、尚书梁诗正、汪由敦经理其事"①，设《续文献通考》馆，编纂《续文献通考》。馆址设在宣武门内，地处西偏②。本来，乾隆帝要求编纂的《续文献通考》包括清代典制，但在编纂过程中发现体例无法划一。即叙述前朝旧事，一律都用平书，及到清代，凡遇有国号、年号、庙号、诏谕等，都要出格跳行。然前代帝王不用，独尊清帝，于理不顺，统尊前代，又不显本朝之崇高神圣。"体例迥殊，难于画一"，于是在乾隆二十六年，"命自开国以后，别自为书"③，将《清文献通考》从《续文献通考》中分出，单作一书。

乾隆三十二年，全书告成，总裁奏请停止馆务，乾隆帝没有允准，而是要求仍行开馆，继续编纂《续通典》、《清通典》、《续通志》、《清通志》，并继续补辑《清文献通考》。清高宗云："前开馆续纂《文献通考》一书，并添辑本朝一切典制，分门进呈。朕亲加披览，随时裁定。全书现在告竣，经该总裁等奏请，将馆务停止。因思马端临《通考》原踵杜佑《通典》、郑樵《通志》而作，三书实相辅而行，不可偏废……今《续通考》因王圻旧本，改订增修，惟《通典》、《通志》，向未议及补辑，士林未免抱阙如之憾。著仍行开馆，一体编辑。所有开馆事宜，著大学士详悉定议具奏……至现辑《续通考》一书，从前所进各门，仅载至乾隆二十五年以前，而陆续呈进者，并纂入三十一年之事，先后体制，尚未

①　《清高宗实录》卷292，乾隆十二年六月甲戌。
②　《清高宗实录》卷778，乾隆三十二年二月丙申。
③　《四库全书总目》卷81《钦定皇朝文献通考》条。《总目》该条著录《清文献通考》为266卷，而商务印书馆"十通"本为300卷。《总目》著录有误。

画一，著交新开书馆，将所纂二十四考，概行增辑，编载事实，悉以本年为准。增添各卷，即速缮呈览，以便刊版颁行。其《通典》、《通志》二书，亦以三十一年为限，以期画一。"① 自此，《续文献通考》馆改称"三通"馆。

较之《续通考》馆，"三通"馆增加了总裁人数，《续通考》馆设总裁三人，"三通"馆设正副总裁各三人。"三通"馆组建之时，任命傅恒、尹继善、刘统勋为正总裁，陈宏谋、陆宗楷、舒赫德为副总裁。馆址也由原来的宣武门内移至午门内迤西旧给国史馆的房屋内②，后又移至西华门内、武英殿北皇子居。经过若干年的编纂，乾隆五十年（1785）左右，各书陆续修成③，时任总裁为大学士兼翰林院掌院学士嵇璜、吏部尚书刘墉等。

以上主要介绍了清代史馆的类型，并对一些主要史馆设立的情况进行了讨论，下面我们分析一下这些史馆之间的关系。

（二）清代各类史馆之间的关系

有清一代，史馆众多，史馆与史馆之间既有差别，诸如史馆的地位、规模以及在统治者心目中的分量等，都存在很大不同，但同时又有密切联系，其设置又明显体现出制度建设中的相关性。

1. 史馆之间地位不同，但又主次分明，协调一致

有清一代设立史馆，逐渐形成了以常开、例开之史馆为主干，以阅时而开和特开之史馆为辅助的修史的格局，这种格局体现了突出帝王、拱卫皇室的设馆修史的思想。我们看到，清代各种史馆之间的地位差异是比较大的，这反映在清廷对各种史馆的重视程度是不相同的。对于国史馆、起居注馆、方略馆、实录馆、玉牒馆等常开与例开之馆，清廷给以高度重视。就国史馆而言，国史馆总裁、副总裁都是从大学士、尚书等重要官员中特简，不仅官衔、品级极高，而且往往又是皇帝最信任、最得力的满汉大臣，其重要性不言而喻。就起居注馆来讲，由于其所记起居注为帝王言行起居，材料来源最为直接，故与一般史书不同，具有档案史料的性质，属于内廷秘籍，不仅非有关官员不得阅看，甚至在名义上，连皇帝本人都不得索阅。就因为这样，帝王对起居注所记内容特别关注，对起居注馆

① 《清高宗实录》卷778，乾隆三十二年二月丙申。
② 《清高宗实录》卷778，乾隆三十二年二月丙申。
③ 王锺翰：《清三通之研究》，《史学年报》第2卷第5期，1938年12月。

官员的行为特别予以重视。康熙帝就曾说："记注起居事迹，将以垂之史册，所关甚要……且每日止该直官二员记注，或因与己相善，特美其辞；与己不相善，故抑其辞，皆为可知。起居注官能必其尽君子乎？"① 康熙对起居注官的品德不放心，正从一个侧面反映出起居注在帝王心中所具有的非同一般的分量，也可见起居注馆一直是帝王瞩目的焦点。就实录馆来看，其议叙奖励较它馆为优，这一方面是因为实录馆的在馆人员不享有公费，还因为实录馆的地位特殊，和起居注馆一样，事关帝王事迹。嘉庆八年（1803），因为实录馆议叙过优，御史秦淮岳上奏认为有碍铨法，请旨交部照例议叙，清仁宗认为"向来开馆纂辑实录，阐绎前谟，原与他馆修书有别，其议叙定例，亦较他馆为优"②，回绝了秦淮岳的请求。光绪年间，欧阳云上奏，也对实录馆纂修《穆宗实录》给于优叙提出批评③，足见实录馆在帝王心中的地位是非常重要的。玉牒馆所修为皇家族谱，清廷对它的重视更胜一筹，这从玉牒的进书仪式可以看得出来。每次玉牒修成后，都要举行盛大的进呈和恭贮仪式。进呈以前，先由钦天监选择吉日，进呈之日，"设卤簿大驾于太和殿前，王公满汉文武大臣官员朝服齐集，宗人府官于玉牒馆捧玉牒安彩亭内，总裁王大臣及纂修各官朝服行礼后随行，导以黄盖御仗，由大清门进天安门，其齐集之王公文武大臣官员分翼跪迎。彩亭至太和殿丹墀，纂修各官捧玉牒进中和殿，陈黄案上，总裁王大臣及纂修各官行礼，上礼服御中和殿恭览玉牒，御太和殿陞座，乐作，总裁王大臣及纂修各官行礼，上还宫，总裁王大臣率纂修各官捧玉牒至乾清门，交内监捧进，礼部官陈彩亭于乾清门前，俟玉牒由内捧出，接安彩亭内，由太和门、协和门、东华门出，送至皇史宬尊藏"④。如果玉牒送贮盛京，除了送行时仍用隆重礼节外，还要求所经地方设彩棚奉安。出山海关后，盛京将军派官员率满洲兵丁护送，地方文武官员，俱穿朝服出郭跪迎跪送，至崇政殿陈设后，再送往敬典阁恭贮。这样的规格在清代所有修书馆中都是没有的。只是到了光绪三十三年（1907）十一月，经邮传部商议，改由火车运送玉牒至盛京，由正阳门外东火车站出发，典礼极简，所谓"变通恭送，系属创举"⑤，实则国势衰微，无可奈何。

---

① 《康熙起居注》（第二册），康熙二十二年二月初一日癸酉，第949—950页。
② 《清仁宗实录》卷107，嘉庆八年正月庚寅；《清仁宗实录馆奏折档》，《文献丛编》第36辑。
③ 《光绪朝东华录》（一），光绪三年十一月壬申，总第505页。
④ 《清高宗实录》卷230，乾隆九年十二月丁未。
⑤ 见《清礼部玉牒事宜堂片稿簿》，国家图书馆分馆藏。

和这些常开、例开的史馆相比，特开史馆具有很大的灵活性。在清代帝王的心目中，特开史馆并非不重要，在某一阶段，皇帝对某种特开史馆的重视程度可能还要超过常开的史馆，比如乾隆帝对于《明史纲目》馆，嘉庆帝对于《明鉴》馆，等等，都是极为重视的。但由于这些史馆是临时性开馆，只适宜于配合一时的政治行为或学术潮流，故而在整个清代史馆格局中处于次要的地位，它们作为常开、例开和阅时而开的史馆的补充，随时举办，灵活多样，主次分明，协调一致。这是唐以来史馆建置中所没有的。

另外，从清代史馆所在的地理位置也可以看出其以常开、例开史馆为中心、以特开史馆为辅助而拱卫皇室的情况。陈寅恪在研究唐代中央"政治革命"的成败关键时，曾从玄武门禁军屯卫所处的位置来分析问题[1]，对研究清代史馆很有启发。我们考察清代史馆的地理位置，发现常开、例开的史馆，多在紫禁城东华门、西华门和午门之内，而那些不被认为非常重要的史馆，所处位置就不在紫禁城，有些设在翰林院内，比如功臣馆[2]。有些设在其他地方，比如乾隆朝三通馆，起初在宣武门内，后移至午门内，后又移至西华门内。咸丰时修纂《宣宗实录》，在紫禁城内择地开馆，当时会典馆在宫内，于是将会典馆的房间装修后作为实录馆，而会典馆则移至棉花胡同官房内[3]。由此可见各史馆地位的不同。史馆设在禁中，靠近政治核心，可以说在朝廷"稽古右文"、以史辅政的活动中具有较高的政治地位，同时也维系了史馆修史的秘密性。此乃重其职而密其事，政治含义不言而喻。

从皇族的族谱，到帝王的言行，再到百官大臣、军国大政，清代设馆修史所围绕的核心就是帝王和皇室，所有史馆的开设都是围绕帝王的政治行为展开的。那些以修纂帝王事迹和军国大政为主的常开、例开史馆，在整个史馆结构中处于核心的地位，而其他的史馆则处于辅助的地位，并相互补充。通过这样的形式，把帝王地位和本朝历史突出出来。

2. 各史馆之间相互承担修史项目

有清一代，常开史馆常常奉旨兼办其他本应是特开史馆进行的修史项目，使常开史馆的修史项目扩大。这主要表现在国史馆和方略馆上。国史馆的主要职责

---

① 陈寅恪：《唐代政治史述论稿》中篇《政治革命及党派分野》，三联书店2001年版。

② 《日下旧闻考》卷6。

③ 《清宣宗实录》卷4，嘉庆二十五年八月壬子。

是承修国史，同时也承担其他史书的修纂任务。如嘉庆《大清一统志》，就是由国史馆修纂完成的。国史馆总裁托津在谈到嘉庆《一统志》的资料收集和限期修纂时这样说："馆（国史馆）于嘉庆十六年经方略馆奏请将《大清一统志》移交补纂，当即行文各直省，凡嘉庆十六年以前建置沿革及职官、户口、人物，一切裁改各事宜，令于半年内全行送馆。俟各衙门、各直省交全后立限二年，将全书纂校刊刻。"① 说明国史馆在切实进行《一统志》的纂修，只是所谓二年修竣的承诺太过于理想化，一直到道光二十二年（1842）方才成书。国史馆还承担过《开国方略》的纂修。《开国方略》为乾隆三十八年（1773）敕修，五十一年（1786）成书，书后附列以阿桂、梁国治为首的纂修人员，似有专门史局，但从档案材料来看，实际是由国史馆来承修的。国史馆档案中有乾隆四十年（1780）五月国史馆总裁舒赫德"臣等遵旨校修《开国方略》，先经派员恭录旧藏太祖高皇帝图本原文，随于国史馆纂修内选派赞善彭绍观恭录内阁库存实录原文，校对编纂。……谨拟共编三十二卷"之语②，足以说明其确由国史馆纂办。此外，国史馆还承担了《皇清奏议》的编辑，庆桂云："《皇清奏议》一书，从前国史馆曾钦遵高宗纯皇帝谕旨，纂辑自顺治元年起至乾隆九年止，凡臣工章奏有裨时政者均经采录成书。"③ 嘉庆十二年（1807），国史馆继续编纂该书，并形成十年续编一次的定例。

除国史馆外，方略馆在承担方略类史书的修纂时，也奉旨修纂其他史书，尤其是乾隆时期，由方略馆承修的史籍为数极多，诸如《西域图志》、乾隆《大清一统志》、《热河志》、《清凉山志》、《满洲源流考》以及改纂《明史纲目》、《明史本纪》、《盛京通志》等。实录馆也是如此，世宗实录馆曾编辑雍正《朱批谕旨》、《上谕内阁》，高宗实录馆曾监修《国朝宫史续编》。凡此，清代史馆中不同类型的馆局，有时可以纂修他书，或此馆业已裁废，而所修之书需重加改订者，也经常交常开史馆编订。

清廷利用常开史馆管理规范、人员充足、经验丰富以及资料调阅方便的优势，把不少理应特设史馆加以纂修的史籍，归并到常开史馆中修纂，不仅提高了工作效率，而且节省了人力、物力，还加强了各种史馆之间的联系，这恐怕也是

---

① 《军机处录副奏折》嘉庆朝，2358 号，嘉庆二十年十一月十八日，中国第一历史档案馆藏。
② 《国史馆档案·编纂类》，案卷号495。
③ 《国史馆档案·编纂类》，案卷号522。

中国古代史馆制度发展成熟的标志之一。

3. 各史馆之间在组织形式等方面相互借鉴

这主要体现在两个方面，一是纵向上，同一类史馆，尤其是例开和阅时而开的史馆，后次设馆往往借鉴前次设馆的经验，存在一定的继承关系；二是横向上，各种不同史馆之间相互借鉴、模仿。

先来看第一种情况。比如，乾隆朝设立会典馆修纂《大清会典》，很多方面都是模仿、借鉴雍正朝会典馆的做法。大学士讷亲奏请乾隆帝钦点会典馆总裁和副总裁时称："臣等查得雍正二年纂修《会典》，开列大学士等职名，恭请于大学士、尚书内钦点满汉副总裁官五员，奉朱批派出科隆多、朱轼、张廷玉、尹泰充总裁，史贻直、蒋廷锡、伊都立、傅敏、阿克敦充副总裁在案。今次开馆纂修《会典》，臣等查照前例，谨将臣等职名及部院满汉尚书、侍郎、学士、詹事等职名开列进呈，恭请皇上于大学士、尚书等内钦点总裁四员，部院侍郎、学士、詹事等内钦点满汉副总裁五员，俟命下之日令该总裁查照礼部原奏办理可也。"① 在涉及编纂人员是否胜任时，也是参考雍正会典馆的做法，所谓"至开馆后倘纂修人员内如有事故员缺及不谙编纂者，俱照雍正二年奏定之例，另行拣选可胜编纂之任者充补"②。再如，乾隆六年（1741）《世祖实录》编辑告成，对所有在馆人员进行议叙嘉奖，礼部奏请，"监修总裁官、副总裁官各赏鞍马银缎，提调、纂修、收掌、翻译、誊录、供事各赏银缎，纸匠、皂役各赏银布有差，礼部筵宴一次，俱照雍正九年之例"③，也就是按照雍正修纂《圣祖实录》的成例进行奖惩。《大清会典》是阅时而开的史馆开办的史书，《实录》是例开史馆开办的史书，前次修书自然会为后来者积累经验，后次修书借鉴前者经验，正可收事半功倍之效。

再看第二种情况。不同类型的史馆虽然所修史书不同，但在很多方面也存在相通之处。还以乾隆会典馆为例，乾隆帝在谈到《会典》的进呈御览时，提出要会典馆依照《明史纲目》馆的做法，每纂一、二卷即行呈奏御览，云："向者修书，只先呈样本，余俟全帙告竣，一并进呈，既浩汗而不易披寻，亦已成而难于改作。未得编摩之要领，岂云纂辑之良规。著依《明史纲目》事例，将稿本缮成

① 《清会典馆奏议》，国家图书馆分馆藏。
② 《清会典馆奏议》。
③ 《清高宗实录》卷156，乾隆六年十二月癸卯。

一二卷即行陆续呈奏，朕敕几多暇，将亲为讨论，冀免传疑而袭谬，且毋玩日以旷时。"① 随修随进，便于皇上随时发现问题和掌握修史动向，这样的经验当然会被借鉴过来。其他如史官议叙，也相互参照，如乾隆十一年（1746）国史馆所办《皇清奏议》告竣，"其在馆人员应照八旗志书馆之例，分别议叙"②。

不仅史馆之间是如此，就是史馆与经馆以及其他修书馆之间也存在相互借鉴的问题。比如开《明史纲目》馆，大学士鄂尔泰请钦派总裁、副总裁，"并请照三礼馆之例于翰林内拣派纂修、提调、收掌官员"③。这是在选派史官时相互借鉴。再如，乾隆四年（1739）鄂尔泰奏于太医院衙门开医书馆纂修医书，提出"在馆官役、月费、工食应否照《八旗志书》馆例支领"，乾隆下旨，"该馆纂修等官公费著照修书各馆例减半支给"④。这是在纂办费用方面相互比照。还有，乾隆九年督促各修书馆加紧纂办，指出"除律吕正义馆、藏经馆、文颖馆，随领随写，与修书各馆不同，毋庸稽查外，其余馆缮写汉文，请照《明史纲目》馆每员每日一千五百字；缮写清文，请照玉牒馆每员每日八百五十字；校对数目请照实录馆每员每日二十五篇"⑤，谕令内阁稽查上谕事件处按月查核。这是在纂写速度上相互督促。

总之，各馆之间在修史的方方面面相互借鉴，既相互促进，又便于管理和协调，反映出清代史馆制度的成熟。

二、清代史馆与内阁、翰林院的关系

清入关以后，仿从明制，逐步建立、完善中央国家机关。其中内阁、翰林院等与修史关系密切的中央机构的建立，是值得充分注意的。清代翰林院的设置比内阁要早一些，顺治元年（1644）沿袭明制始设翰林院，二年又并入内三院，称"内翰林国史院"、"内翰林秘书院"、"内翰林弘文院"。顺治十五年（1658）改内三院为内阁，复设翰林院。顺治十八年（1661）六月，裁内阁、翰林院复内三

---

① 《乾隆帝起居注》（六），乾隆十二年二月初六日，第28页。
② 《乾隆帝起居注》（五），乾隆十一年闰三月初八日，第76页。
③ 《乾隆帝起居注》（四），乾隆四年八月初七日，第134页。
④ 《清高宗实录》卷106，乾隆四年十二月甲申。
⑤ 《清高宗实录》卷221，乾隆九年七月壬寅。

院旧制。康熙九年（1670）八月，复分设翰林院，成立内阁。自此以后，内阁与翰林院制度，一直延续到清末。内阁是辅佐皇帝办理国家政事的中枢机关，在清代国家政治生活中发挥着重要的作用。内阁大学士之责，主要是"钧国政，赞诏命，理宪典，议大礼大政，斟酌可否入告"，"修实录、史、志，充监修总裁官"①，不仅参与国家大政，而且负责修纂史书。翰林院为文士荟萃之地，职掌比较复杂，但"总的职掌，是论撰文史"②，尤其是编纂图书，或由翰林院承办，或派员参与纂修。正因为如此，史馆与内阁、翰林院就必然要发生这样那样的联系。

（一）清代史馆与内阁的关系

史馆与作为清廷中枢机构的内阁的关系，主要体现在以下三个方面：

其一，一些史馆由内阁兼管，与内阁存在某种程度上的隶属关系。比如实录馆、《明史》馆、会典馆等史馆，都是由内阁兼管的。

内阁与史馆发生联系，是有历史原因的。本来，纂修书史之事，乃翰林院的任务，顺治二年（1645），以翰林院官分隶内三院，修书各馆就被看作是内院附设机构。后翰林院与内阁分设，但修史任务却没有非常明确的分工，致使清代史馆，有隶属于内阁的，有隶属于翰林院的，还有一些隶属于宗人府、军机处等，比较杂乱。

徐中舒在整理内阁大库档案时，在内阁档案中经常看到内阁实录馆、内阁三礼馆、内阁三通馆、内阁一统志馆、内阁明纪纲目馆、内阁八旗满洲氏族通谱馆等称呼③，这都说明这些修书馆局是隶属于内阁的。

从现存内阁档案中各房各馆档案来看，修书各馆，例无印信，因征集书档，或领用纸张饭银等，都要借用内阁典籍厅关防，行文各处。各馆书成闭馆后，一切档册文件及资料、成稿，均交内阁收存。各馆需要从内阁大库调取图书资料，一般要与内阁总办档务接洽，比如道光三十年（1850）实录馆调取《仁宗实录》，即由收掌官庆安由内阁总办档务富奎处领取④。

---

① 《清史稿》卷114《职官志一》。
② 张德泽：《清代国家机关考略》，学苑出版社2001年版，第154页。
③ 徐中舒：《中央研究院历史语言研究所所藏档案的分析——再述内阁大库档案之由来及其整理》，载中国第一历史档案馆编《明清档案论文选编》，档案出版社1985年版。
④ 见《内阁档案·实录馆调取事宜簿》，全宗号2，房2894，中国第一历史档案馆。

另外，一些不属于内阁兼管的史馆，也或多或少与内阁发生联系。比如国史馆，也是使用内阁典籍厅的印信。笔者在阅览内阁档案时，就看到国史馆的用印档，国史馆为报销、调履历、修房、换书柜、补充纂修官等等，用内阁典籍厅印信，催促户部、内阁、翰林院、礼部、上谕处、吏部、兵部、工部、内务府以及地方各道协助办理①。

其二，纂修史籍，内阁参与主持史馆修史。清代规定，各书修纂，以内阁大学士任监修总裁官，学士则分兼副总裁、总纂、纂修等职。具体一点讲，凡纂修实录、圣训、国史、典训、方略、会典、一统志、明史等书，大学士充监修总裁，并总裁官，各给敕书；学士充副总裁官，俱由内阁题请钦定；侍读学士、侍读充纂修官，无定员，并侍读学士或侍读一人充提调官；典籍、中书二人为收掌、誊录、翻译，俱由监修总裁拟定具题②。总之，内阁大学士是官修史书的主要负责人，由他们负责组织修书班子，报请皇帝批准，即可开始工作，并由他们负责督促。

下面我们根据所掌握的资料看一看内阁大学士在各类史馆中任职的情况。

先看实录馆③：

书　名	监　修　总　裁　官	总　　裁
太祖实录	礼部尚书、武英殿大学士勒德洪	礼部尚书、武英殿大学士明珠，礼部尚书、保和殿大学士王熙，礼部尚书、武英殿大学士吴正治，吏部尚书、文华殿大学士宋德宜
太宗实录	吏部尚书、中和殿大学士图海	礼部尚书、武英殿大学士勒德洪、明珠，户部尚书、保和殿大学士李霨、杜立德，刑部尚书、文华殿大学士冯溥
世祖实录	吏部尚书、中和殿大学士巴泰	吏部尚书、中和殿大学士图海，户部尚书、保和殿大学士索额图、李霨，礼部尚书、保和殿大学士魏裔介、杜立德
圣祖实录	保和殿大学士兼户部尚书马齐，保和殿大学士兼吏、户部尚书张廷玉，文华殿大学士兼户部尚书蒋廷锡	文华殿大学士兼吏部尚书朱轼

① 见《内阁档案·各房各馆档案·国史馆用印档》，全宗号2，房1771。
② 雍正《大清会典》卷2；乾隆《大清会典》卷2；乾隆《大清会典事例》卷2。
③ 根据清代各朝《实录》卷首修纂官名录统计。

书　名	监修总裁官	总　裁
高宗实录	文渊阁大学士庆桂	文华殿大学士董诰，户部尚书、镶蓝旗满洲都统德瑛，太子少保、工部尚书曹振镛，东阁大学士王杰，体仁阁大学士朱珪，协办大学士、翰林院掌院学士彭元瑞，工部尚书、翰林院掌院学士那彦成
世宗实录	保和殿大学士、兵部尚书鄂尔泰	保和殿大学士兼户部尚书张廷玉，武英殿大学士兼工部尚书福敏，东阁大学士兼礼部尚书徐本，协办大学士兼礼部尚书三泰
仁宗实录	武英殿大学士曹振镛	文渊阁大学士、管理刑部事务戴均元，致仕大学士伯麟，协办大学士、户部尚书英和，礼部尚书汪廷珍，左都御史松筠
宣宗实录	文渊阁大学士文庆，致仕大学士祁寯藻，大学士贾桢，原任大学士穆彰阿	文渊阁提举阁事、兵部尚书阿灵阿，刑部尚书赵光，前任闽浙总督季芝昌，前任大学士赛尚阿，户部尚书柏葰，吏部尚书翁心存，左都御史许乃普，原任协办大学士杜受田，原任礼部尚书惠丰
文宗实录	武英殿大学士、管理兵部事务贾桢，原任大学士桂良，原任大学士衔管理工部事务翁心存	体仁阁大学士周祖培，军机大臣、户部尚书宝鋆，礼部尚书倭什珲布，协办大学士、兵部尚书麟魁，原任兵部尚书爱仁，原任礼部尚书李棠阶
穆宗实录	武英殿大学士宝鋆	协办大学士、翰林院掌院学士、兵部尚书沈桂芬，经筵讲官、吏部尚书灵桂，户部尚书董恂，兵部尚书广寿，原任大学士英桂，前任吏部尚书毛昶熙，前任工部尚书李鸿藻，体仁阁大学士载龄，刑部尚书皂保
德宗实录	文华殿大学士世续	东阁大学士陆润庠，文渊阁大学士那桐，体仁阁大学士张之洞，礼部尚书、察哈尔都统溥良，协办大学士荣庆，体仁阁大学士徐世昌，东阁大学士鹿传霖，国史馆清文总校、管理蒙古三学事务恩顺

可以看出，实录馆中监修总裁官一律为内阁大学士，总裁中内阁官员也占了极大的比重，太祖、太宗、世祖、圣祖、世宗五朝实录馆中的总裁全部为内阁大学士。其余各馆总裁虽然未必全是内阁大学士，但所占比例很大，比如《高宗实录》馆，总裁官共 7 人，内阁大学士就有董诰、王杰、朱珪、彭元瑞 4 人；《仁宗实录》馆总裁官共 5 人，内阁大学士就有戴均元、伯麟、英和 3 人；《德宗实

录》馆总裁官共 8 人，内阁大学士就有陆润庠、那桐、张之洞、荣庆、徐世昌、鹿传霖 6 人。只有宣宗、文宗、穆宗三朝实录馆中内阁官员的比例较小，《宣宗实录》馆总裁官共 9 人，内阁大学士只有赛尚阿、杜受田 2 人；《文宗实录》馆总裁官共 6 人，内阁大学士有周祖培、麟魁 2 人；《穆宗实录》馆总裁官共 9 人，内阁大学士有沈桂芬、英桂、载龄 3 人。虽然比例小了些，但在修史中发挥的作用不容忽视。可以说，在清代史馆修史的过程中，内阁起到很重要的作用。当然，在史馆修史的过程中，内阁决不是唯一起作用的部门，其他各个部门都相应地发挥作用，从而保证史书的顺利修成。

再看会典馆①：

书　名	总　裁
康熙《大清会典》	礼部尚书、武英殿大学士勒德洪、明珠、吴正治，户部尚书、保和殿大学士李霨，礼部尚书、保和殿大学士王熙
雍正《大清会典》	东阁大学士、兵部尚书尹泰，保和殿大学士、吏、户部尚书张廷玉，文华殿大学士、户部尚书蒋廷锡，文华殿大学士、吏、兵部尚书朱轼
乾隆《大清会典》	和硕履亲王允裪，保和殿大学士、管理吏、户部事务傅恒，保和殿大学士、吏、户部尚书张廷玉，东阁大学士、户部尚书蒋溥，协办大学士、吏部尚书陈大受，协办大学士、刑部尚书阿克敦，协办大学士、吏部尚书孙家淦
嘉庆《大清会典》	东阁大学士托津，体仁阁大学士曹振镛（前充总裁官：大学士王杰、庆桂、刘墉、保宁、朱珪、戴衢亨、刘权之、董诰）
光绪《大清会典》	东阁大学士昆冈，体仁阁大学士徐桐，协办大学士、兵部尚书刚毅，协办大学士、吏部尚书孙家鼐

和实录馆一样，会典馆总裁中内阁大学士也占有极为重要的分量，成为史馆中决定史书修纂原则性和方向性的力量。

关于内阁大学士担任其他史馆总裁官的记载，在清代文献中也比比皆是。如乾隆朝修《词林典故》，总裁为内阁大学士鄂尔泰、张廷玉；嘉庆朝修《皇朝词林典故》，总裁为内阁大学士朱珪、翰林院掌院学士、内阁学士英和；乾隆时"命大学士公阿桂充玉牒馆、国史馆、四库全书馆正总裁"②，如此等等，不一而

① 会典馆和实录馆不同，只有总裁，没有监修总裁。雍正《大清会典》馆设有监修一职，为和硕庄亲王允禄、和硕果亲王允礼，其后就再也没有设置。此表根据清代各朝《实录》及《大清会典》卷首统计。

② 《清高宗实录》卷 1037，乾隆四十二年七月庚辰。

足。

其三，督察各史馆修书进度。对于各馆修书进度，内阁也肩负监督检查的职责，这主要是通过内阁的附属机构——稽察钦奉上谕事件处来完成的。稽察钦奉上谕事件处实际上是直接为皇帝办文宣谕的地方，该机构设立于雍正八年（1730），初设时，专掌稽察各部院衙门所奉谕旨特交事件的办理情况，督其限期复奏；各部院已结未结事件，每月稽察存案，年终汇奏一次①。此后不断增加稽察内容。乾隆九年（1744），将修书各馆事件也交稽察钦奉上谕事件处来查办。乾隆时期，修书各馆增多，修纂人员队伍不断扩大，修书中玩忽懈怠现象越来越严重，乾隆皇帝对此提出严厉批评，所谓"各馆所修之书，理宜上紧纂辑，渐次告竣。乃纂修官皆怠忽成习，经历年久，率多未成"，而且"易成者亦不即成，辗转耽延，竟视为不急之务"，目的不过是"借此多得公费，以资养赡"而已。由此乾隆帝提出："嗣后除内廷所修各书，未经开馆者，不必稽察外，其余各馆，皆著稽察上谕之大臣，按月察核，倘仍前怠玩，责有攸归。"② 内阁稽察钦奉上谕事件处稽察"各馆修书课程"③，有一定的标准，比如国史馆修书，"满洲誊录，每人每日缮写八百五十字，汉誊录，缮写一千五百字。校对各官，每人每日校对二十五篇。纂修等官，功课由总裁酌定，咨本处奏准遵照。每月于初五日前造册送察，每三月一次，将修成书目及有无告竣期限察奏，有稽延者劾参"④。其性质相当于修书各馆的监督稽察机构。在国史馆修史的过程中，经常见到"按月咨报稽查钦奉上谕事件处，按篇查核，以免延误"⑤ 的记载，这对于保证清代各类史馆的工作效率，无疑是具有积极意义的。

（二）清代史馆与翰林院的关系

应该说，在修纂书史方面，翰林院比之内阁贡献更大，因为就翰林院的性质来讲，它就是一个职掌文事、修纂、编辑、校勘书史的机构，"翰林院官，以编辑、校勘为职业，敕撰书史咸与"⑥，清代官修史书成就巨大，和翰林官的贡献

---

① 光绪《大清会典事例》卷15。
② 《清高宗实录》卷221，乾隆九年七月壬寅；光绪《大清会典事例》卷15。·
③ 光绪《大清会典事例》卷15。
④ 光绪《大清会典》卷3。
⑤ 《清国史馆奏稿》（第1册），第62页。
⑥ 光绪《大清会典》卷70。

是密不可分的。就翰林院与史馆的关系来看，在两个方面表现明显。

其一，兼管部分修书之馆。像起居注馆①、国史馆、功臣馆等，均隶属于翰林院。

记注帝王言行，本是翰林院儒臣分内之事。康熙十年（1671），置起居注馆于太和门西廊，设满汉记注官，官不专设，由满汉翰林、詹事坊局官以原衔兼充，起居注馆事务例归翰林院掌院学士兼管。光绪《大清会典》载："起居注官，满洲十人，汉十二人，翰林院掌院学士、詹事府詹事俱坐充，余于翰林院读讲学士以下、詹事府少詹事以下简充。主事，满洲二人，汉一人，笔帖式，满洲十四人，汉一人。"② 王士禛《池北偶谈》亦云"自掌院詹以下皆得充起居注官"③。因为起居注馆设立的缘故，翰林院还设立了"主事"一职，"翰林院本无主事，起居注馆既设，增记注满洲主事四人、中书舍人六人"④。清代起居注官的主要职责有两个，一是记注皇帝起居言行，二是纂修起居注。清制，在皇帝从事各项活动时，起居注官应轮番侍值，并于退值后逐日记注皇帝言行及参加活动情况。纂修起居注时，记注官以每日侍值时所记内容为基础，然后根据各衙门的档册，按谕旨、题奏、官员引见等顺序进行补充，编纂成草本，由总办记注官逐条查覆增改，再送翰林院掌院学士阅定。草本定稿后，又须专派翰林院庶吉士缮写正本，并于册中骑缝处加盖翰林院印章，封存铁柜。每年十二月具疏，以起居注送内阁，记注官会同内阁学士监视储库。

除起居注外，纂修国史之事，也掌于翰林院，其所属官员，以编辑、校勘为主要任务，所以国史馆的提调、总纂、纂修等官，多由翰林院官兼任，并存在明显分工，那就是满洲总纂、纂修以内阁侍读学士、侍读中书及部属、科道等官派充，而汉总纂、纂修、协修则完全以翰林院侍读、编修、检讨学士以下各官派充⑤。光绪《大清会典》将国史馆列在翰林院之下，在当时人的心目中，当属翰林院之附设机构。其他像功臣馆，属于较小的史馆，完全隶属于翰林院，向其他

────────────

①　关于起居注馆的隶属，光绪《大清会典事例》单独制定起居注事例，与翰林院并列，似乎又独立机构，其实不然。其一，起居注官皆由翰林充任，掌院学士兼管起居注馆事务，理应是翰林院附属机构；其二，《大清会典事例》之所以那样处理，大概是因为起居注馆所编乃皇帝言行，又居于大内，伴随皇帝之故。

②　光绪《大清会典事例》卷21。

③　王士禛：《池北偶谈》卷1《谈故一·起居注》，第17页。

④　王士禛：《池北偶谈》卷1《谈故一·翰林卿寺属》，第20页。

⑤　光绪《大清会典》卷70。

史馆借取或讨还书籍、史料，也要由翰林院办理，所谓"本院现在办理功臣馆《昭忠列传》"云云①，"本院"即翰林院，足以说明功臣馆隶属于翰林院。

其二，派员纂修。

翰林院的任务主要是修纂书史，派充各个史馆担任纂修官。"凡各馆纂修书史，掌院学士充正、副总裁官，侍读学士以下、编检以上充纂修官，亦充提调官，庶吉士亦兼充纂修官，典簿、待诏、孔目充收掌官，笔帖式充誊录官，亦间充收掌官。编纂诸书，刊刻告竣，皆得奏请颁赐，凡与纂诸臣，至告竣时已出馆局者，仍须列衔。奉旨特开之馆，应用纂修额缺，酌定奏请"②。作为翰林升转之阶的詹事府，同样有编纂书史的职掌，"凡纂修实录、圣训，满汉詹事例得请派充副总裁官，少詹事坊局官例得请派充纂修官。各馆纂修一应书史，少詹事坊局官皆预派充"③。由于翰林院储备众多才华之士，故而可以在各史馆纂修中发挥其他人员所不能替代的作用。据笔者统计，"三通"馆中总裁官、纂修兼总校官、校对官、满纂修官、提调官共53人，其中翰林院学士、编修、庶吉士、笔帖式等就有44人④，曹仁虎、陈昌齐等学者都在其中。乾隆修《世宗实录》，修纂官中"纂修满汉文"共33人，翰林院学士、编修等有16人⑤。嘉庆修《高宗实录》，修纂官中"纂修汉文"共44人，翰林院学士、编修（包括告竣时已出馆局者）等有32人⑥，洪亮吉、张惠言等学者在其中。从这少数的例子可以看到，在史馆修史中翰林院词臣占有很大的比重，发挥着不可替代的作用。当然，就清代实录的编修来看，除了"纂修汉文"几乎全部使用翰林院词臣外，"纂修满洲文"、"纂修蒙古文"等，就很少使用翰林官了，这也是应该注意的。

总之，对于多数史书的编纂，翰林院是提供纂修官员的重要机构。翰林院备有众多的尚无其他行政职务的词臣，而且可以根据需要扩充和缩减，不断为史馆派充纂修官。这样，即使官方修史活动规模扩大，也不致使国家行政机构过于膨胀，还能保证官方修史活动的正常进行。

---

① 《国史馆档案·庶务类》，案卷号1088。
② 光绪《大清会典事例》卷1049。
③ 光绪《大清会典事例》卷1057。
④ 《钦定续通典》卷首《职名》，贯吾斋缩印本；《皇朝通典》卷首《职名》与之相同，贯吾斋刻本。
⑤ 《清世宗实录》卷首《世宗实录修纂官》。
⑥ 《清高宗实录》卷首《高宗实录修纂官》。

　　还有一点，内阁、翰林院虽然与官方修史活动关系密切，但二者都不直接由自身完全承担修史任务，也不独立承担重要史馆的组建。我们所看到的事实是，各史馆中，既有内阁官员，也有翰林院官员，还有其他政府机构派充的官员，各部尚书、侍郎、都察院左都御史、詹事府詹事等都可充任总裁和副总裁。纂修官中的人员结构就更为复杂，涉及的政府部门更多。一句话，在清代，官方组织修史不仅是一种文化事业，更是一种政治活动，通过这样的活动，既可把各种因素调动起来，又能达到互相钳制、监督的作用，从而达到某种政治目的。

（三）清代史馆与其他中央机关的关系

　　无疑，史馆与内阁、翰林院的关系最为密切。但是，还有一些史馆，不隶属于内阁和翰林院，而是隶属于其他中央机关，比如方略馆隶属于军机处，玉牒馆隶属于宗人府，等等。

　　方略馆是清代史馆中重要的史馆之一，隶属于军机处。"方略馆总裁，系军机大臣兼充，掌修方略。每次军功告藏及遇有政事之大者，奉旨纂辑成书，纪其始末，或曰方略，或曰纪略，皆由馆承办。凡书有旨交辑者，各编录以候钦定。方略、纪略之外，遇有奉旨特交纂辑之书，亦率在馆人员敬谨办理。提调，满洲二人，汉二人，收掌，满洲二人，汉二人，于满汉军机章京内由军机大臣派充。纂修，满洲三人，汉六人，汉纂修缺内，由翰林院咨送充补一人，其余满洲纂修、汉纂修皆于军机章京内由军机大臣派充，掌分司编纂之事"①。另外，方略馆还设有译汉官、校对官和供事，译汉官随时由吏部传取，无定额，凡遇清字文案应译汉者，皆令译写成册，以备纂辑。校对官由军机大臣咨取内阁中书兼充，无定员，凡馆中所纂书籍及所录清档，皆令分司校勘。供事也无定员，由内阁、翰林院、詹事府等衙门传取②。

　　由于方略馆的总裁及提调、收掌等主要官员皆为军机处人员，故而与其他史馆在纂修人员构成上有很大差异，其他史馆的纂修人员以翰林官居多，多为文人学士，而方略馆以军政官员为主，尤其是身居要职的军机处官员为最多。正因为此，它与军机处的关系非常密切，所谓"方略馆以枢臣总领，于事无所不当问，

---

① 光绪《大清会典》卷3。《清史稿》卷114《职官志一·军机处》的记载与此类似。
② 梁章矩、朱智：《枢垣纪略》卷14《规制二》，第156页。

馆书无不汇集"①。从档案资料来看,乾嘉以后常设的方略馆,除纂办方略等书外,经常协助办理军机处事务,军机处官员值宿、存放档案,皆在馆中,方略馆供事还负责抄录出军机处录副奏折等②。方略馆实际上成为军机处日常工作中不可缺少的办事单位。军机处与部院衙门之间的一般性文书往来也常用"军机处方略馆"的名义。方略馆设置的后期,实际已经不再纂办方略,若遇应修方略时,则由军机大臣奏请另调人员,另择地点办理纂修事宜,书成即撤③。

除方略馆外,还有宗人府管辖的玉牒馆。玉牒馆为修纂清代皇族族谱的机构,隶属于宗人府。宗人府设置于顺治九年(1652),置宗令、宗人等官员,"掌皇族之属籍,以时修辑玉牒,办昭穆,序爵禄,均其惠养而布之教令。凡亲疏之属胥受治焉"④。在清代,宗人府品高位崇,位列内阁、六部之上。其重要的职掌之一就是纂修谱牒,记录宗室、觉罗与皇帝的血缘关系。由于玉牒"对于管理皇族、确定封爵等级、承袭关系、婚丧嫁娶之赏赐、领取俸银俸米数额,以及分配其他方面的权力和利益,是最根本的记录和依据"⑤,因而受到皇族的普遍重视。每次开馆纂修玉牒,主要职衔都是由宗人府官员担任的。任命正副总裁,无定员,由宗令、宗正、满汉大学士、内阁学士、礼部尚书、侍郎内钦派。总校官一人,由宗人府丞担任。提调官二人,宗人府理事官一人、内阁侍读学士或侍读一人。纂修官十一人,宗人府官员四人,翰林院、内阁、礼部共七人。收掌官十二人,全部由宗人府笔帖式充任。誊录官三十六人,由内阁满汉中书、礼部以及各部院笔帖式充任。可以看出,在纂修玉牒这类书籍时,宗人府起着决定性作用。

从以上分析可以看出,清代史馆与辅佐皇帝的中枢机构——内阁、军机处,与掌管皇族事务的机构——宗人府,与分掌文化的机构——翰林院等部门都有着密切的联系,这说明史馆建置在清代具有重要的社会影响,是一项引起统治者极大关注的事情。虽然史馆制度在整个国家政治制度建设中不是关键性的部门,但它因修纂史书所产生的社会效益,却是不能忽视的。从上面的分析还看到,有两

① 梁章钜、朱智:《枢垣纪略》卷28《杂记二》,第341页。
② 见《清宫述闻》(初、续编合编本),第344—346页;《翁同龢日记》多次记载翁氏忙于朝政,在方略馆食宿之事,中华书局1998年版。
③ 李鹏年等:《清代中央国家机关概述》,第67页。
④ 乾隆《大清会典》卷1。
⑤ 鞠德源:《清代皇族人口册籍》,载于李中清、郭松义主编《清代皇族人口行为和社会环境》,北京大学出版社1994年版,第170页。

种势力在往史馆修史中渗透，一种是政治的势力，一种是学术的势力。政治的势力来自于史馆与各个中枢机构的联系，学术的势力来自于史馆与一些文教机构的联系，二者导致了史馆修史在学术与政治之间的摇摆。

尽管史馆建置受到来自各个方面的压力，使其自觉不自觉被扭曲变形，但是，各种史馆一旦建立，它在运作上就有了相对的独立性，像国史馆就可自行备存档案，自设书库，史官也可以相对充分地发表自己的看法，这就是史馆修史还能相对保证记事的可信性，为后人留下弥足珍贵的历史资料，不至于过分扭曲历史本来面目的原因。

第三章　清代史馆的机制和运作（下）

清代史馆有一套与专制官僚体系相适应的运作方式，它体现在史馆的人员设置、管理制度、史料征集等方面，也正是从这些方面可以看出史馆内部的运作机制以及与专制政治的关系。

一、清代史馆的管理机制

清代史馆是中国古代官方史学机构发展的最后阶段，尽管它们不是完整的国家行政机关，但是，它们在自身的建置过程中，充分吸收了此前历代官方史学的经验，并结合满清历史文化的特点，在人员设置、组织管理等方面都有着严密的制度，在史馆建设的方方面面都达到了古代社会的最完备状态。

（一）清代史馆的人员设置

人员设置是史馆建设最为重要的方面，是他们——史馆中的纂修人员——修纂了数以千万卷计的各类史书，为后世留下了宝贵的历史资料。

尽管清代史馆种类不同，数量众多，规模不等，归属不一，在管理上面也存在一定的差异。但是，从总体上看，清代史馆在制度建设上基本是相互比照进行的，一旦一种史馆中出现有效的管理方法，其他史馆便会认真仿效，从而成为一种模式，以相对稳定的状态固定下来。就清代史馆的人员设置来看，各史馆之间大同小异，明显是相通的。具体来讲，各史馆编纂人员的设置按分工不同，可分为四大部分，那就是管理人员、纂修人员、佐修人员和勤杂人员。下面我们就分类进行讨论。

1. 管理人员

管理人员是史馆的上层，是修史活动的具体组织者和领导者。就清代史馆的情况看，主要有监修总裁、总裁、副总裁、提调等。

（1）监修总裁

在清代史馆中，监修总裁一职并非所有史馆都有，只在实录馆、《明史》馆等重要史馆中设立。实录馆设监修总裁，始于康熙六年（1667）编纂《世祖实录》，此前纂修《太祖实录》和《太宗实录》，俱见总裁官，而未见监修总裁官①。康熙六年九月，"纂修《世祖章皇帝实录》，命大学士班布尔善为监修总裁官，大学士巴泰、图海、魏裔介、卫周祚、李霨为总裁官……"②自此以后，每次开馆纂修实录，都要设立监修总裁之职。《明史》馆设立监修总裁始于康熙十八年（1679），"命内阁学士徐元文为《明史》监修总裁官，掌院学士叶方霭、右庶子张玉书为总裁官"③，从此开始了《明史》大规模的修纂。监修总裁是实录馆与《明史》馆的最高长官，最受皇帝信任，额设一人④。监修总裁负责史馆的全面管理工作，向史馆传达皇帝的谕旨，向皇帝汇报史馆的工作情况，提出与修史有关的建议，审定史馆各项规章制度、写作计划以及史书稿本、定本等。监修总裁例由内阁满汉大学士监充，但徐元文却是以学士担任《明史》馆监修的，这可能源于两个原因，一是徐元文个人才华出众，二是徐氏与明代遗民联系密切，清廷想借徐氏的遗民背景，以修史为契机拉拢汉族学人。一般而言，监修总裁并不真正参与史书的修纂，"故事，监修官不与编纂"⑤。因为监修系朝廷重臣，外间事务繁多，有时兼领多个史馆，故而对史馆的管理不可能非常细致，其主要的任务是保证对政治问题以及历史人物的评价符合统治者的看法，协调史馆与各衙署之间的关系。监修总裁擢官他任或免职致仕，总裁之职由后继者补任。监修总裁官的设立实际上是清朝对唐宋以来宰相监修国史旧制的继承和发展。

（2）总裁、副总裁

在清代所有史馆中，都有正、副总裁一职。按清代规定，设馆修史，内阁大学士、学士、翰林院掌院学士以及各部尚书、侍郎例充正、副总裁官，由皇帝钦

---

① 今中华书局所出《清实录》之《太祖实录》、《太宗实录》卷首修纂官名录中俱有监修总裁，实乃康熙重修两朝实录时所设，不是原来就有。

② 《清圣祖实录》卷24，康熙六年九月丙午。另外，康熙八年六月甲戌，康熙帝又以大学士巴泰为《世祖实录》监修总裁，取代了班布尔善，故而《世祖实录》卷首修纂官名录中监修总裁是巴泰而不是班布尔善。

③ 《清圣祖实录》卷81，康熙十八年五月己未。

④ 也有例外，编纂《圣祖实录》时监修总裁就设有3人，编纂《宣宗实录》时设有4人，编纂《文宗实录》时设有3人。

⑤ 李元度：《国朝先正事略》卷6《徐立斋相国事略》。

命。但是，由于史馆的隶属不同，总裁、副总裁的来历也不同。就大多数史馆来讲，总裁、副总裁来自内阁和翰林院，但像方略馆，总裁由军机大臣兼充，没有副总裁。玉牒馆，正、副总裁由宗人府宗令、宗正以及内阁大学士、学士、礼部尚书等组成。不管怎样，他们都对皇帝负责。

清代史馆中的正、副总裁均由满汉官员组成。不同史馆中总裁、副总裁的数量是不相同的。像国史馆，"总裁，特简，无定员"①，到咸丰以后，逐步形成国史馆总裁满、汉各一员的规制，惟副总裁尚无定员。光绪时期，最终形成了总裁、副总裁各二员，满、汉员缺对等的定制②。再如方略馆，"总裁无定员，以军机大臣领之"③。再如实录馆，每次纂修，正副总裁从七八人到二十余人不等。还有会典馆，其总裁人数一般保持在四人左右，有时是二三人不等，比如嘉庆《大清会典》，总裁满汉四人，副总裁满汉五人，但其中变化很大。嘉庆六年（1801）以大学士王杰、庆桂、刘墉、董诰为总裁官④，然以后保宁、朱珪、戴衢亨、刘权之、托津、曹振镛先后补任总裁官。这其中有病逝者，有调离者，嘉庆《大清会典》最后成书时总裁只有托津和曹振镛二人。一些特开的史馆，在正、副总裁设置上也数量不一，像《明史》馆，由于前后迁延时间过长，先后任命的总裁就有几十人，康熙二十一年（1682）一次就任命阿兰泰、王国安、牛钮、常书、孙在丰、汤斌、王鸿绪七人为总裁⑤。乾隆八年（1743）康熙《大清一统志》刻成，奉旨开载的总裁就有蒋廷锡、尹继善等九人，而修纂《八旗通志》，只任命鄂尔泰一人为总裁官。凡此都说明，在史馆的实际运作中，总裁、副总裁的数量并不是固定的，而是视修纂史书的重要程度和工作量来变化的。

在没有设立监修总裁的史馆里，总裁实际上就是史馆的最高领导，正副总裁一般情况下也不参与史书的修纂，对史馆的管理也是相对松散的。他们主要审定书稿，满人总裁还要负责满文本的校订。凡制定史馆章程、修史计划、督促在馆人员赶办功课，考核在馆人员等，均有正副总裁负责。在担任正副总裁期间，他们原则上专司馆事，不再到原署视事，道光间杜受田任职实录馆，咸丰帝谕内

---

① 嘉庆《大清会典》卷 55。
② 乔治忠：《清朝官方史学研究》，第 34 页。
③ 梁章矩、朱智：《枢垣纪略》卷 14《规制二》，第 155 页。
④ 《清仁宗实录》卷 90，嘉庆六年十一月辛巳。
⑤ 《康熙起居注》（第二册），康熙二十一年六月十八日甲午，第 858 页。

阁：“现在实录馆纂辑稿本，渐次成书，杜受田专司勘办，著毋庸赴刑部办事。”① 就说明了这一点。正副总裁任职史馆，如有升转，“著仍兼理行走，若有升转外省者，其员缺，著即奏闻”②。另外，在清代，一人可以同时兼领多个史馆的总裁或副总裁，像张廷玉、鄂尔泰等人，都是如此。

（3）提调

提调是史馆中负责处理具体事务的官员，凡调拨馆内人员，督催功课，文书往来，以及人事、经费、业务等诸事，皆由提调处理。所谓“提调掌章奏文移，治其吏役”③，“凡一切往来文移咨查事宜及考核各员功课，实为提调官专责”④。

在大多数史馆中，提调一般由内阁侍读学士、侍读以及翰林院侍读等兼任，也往往从纂修官中升任。提调属于文词之士，熟悉史书修纂，在管理史馆事务方面是内行，有时还要亲自参加修史。当然，在有些史馆中，提调官不是由内阁和翰林院官员兼任，而是另有他途。比如方略馆，提调官“俱由军机章京内派充”⑤；玉牒馆，提调官必须有一人是宗人府理事官；各部院修纂则例，提调官则由各部院自己派充。

各史馆的提调官一般都由满汉官二至四人组成。像国史馆，“提调，满洲二人，以内阁侍读学士、侍读派充；汉二人，以翰林院侍读等官派充”⑥，到宣统年间，才又增加蒙古提调二人⑦。实录馆，嘉庆四年（1799）纂修《高宗实录》，根据监修总裁、总裁的提议，“拟定满、蒙、汉提调各一员”⑧，而这种预先拟定的数目与实际数目相差甚远，《高宗实录》纂修实际所用的提调官为满汉提调五人，蒙古提调七人⑨。会典馆，光绪会典馆开馆以前，“拟设满提调二员，汉提调一员”⑩。其他如玉牒馆，提调二人；方略馆，“提调，满洲二人，汉二人”⑪。

① 《清文宗实录》卷19，道光三十年十月丙寅。
② 《清世宗实录》卷20雍正元年正月癸巳。
③ 嘉庆《大清会典》卷55。
④ 《清会典馆奏议》。
⑤ 《清史稿》卷114《职官志一·军机处》。
⑥ 嘉庆《大清会典》卷55。
⑦ 《国史馆档案·人事类》，案卷号977。
⑧ 《内阁档案·各房各馆档案·行移档》，全宗号2，房711。
⑨ 《清高宗实录》卷首《修纂官》。
⑩ 光绪《大清会典事例》卷首。
⑪ 梁章矩、朱智：《枢垣纪略》卷14《规制二》，第155页。

三通馆，提调二人①，等等。

提调升迁以后，一般还要在史馆纂办，而且，在清代还经常发生两个史馆共用同一提调的现象。乾隆《清会典馆奏议》载："会典馆提调官二员，积德已升授都察院左副都御史，仍留馆兼办。另一提调官世臣升授内阁学士，仍留兼办。再世臣亦系国史馆提调，可否令其一体兼办"②。

提调官虽然地位不如总裁显赫，但却是史馆中办实事的官员，他承上启下，提协调度，位置非常重要，所谓"总其成于监修，专其责于提调"③，就是对提调事权和地位的很好的说明。

2. 纂修人员

纂修人员是史馆修史直接的承担者，是史馆编纂队伍的主体组成部分。主要有总纂、纂修、协修等。

（1）总纂

总纂一职，最早出现在实录馆中，嘉庆六年（1801）三月，任命内阁学士吉伦、玉麟、都察院左都御史恩普、太常寺卿刘凤诰为总纂官④。这是清代史馆中首置此职，此后国史馆、会典馆仿效添设。方略馆职务设定中没有总纂，但光绪年间编纂《钦定平定陕甘新疆回匪方略》，出现总纂字样，当是根据修史需要而设置的。

总纂有一定的数额，从档案材料看，实录馆额设总纂满汉各二员，但实际上数额一直在变化，每次开馆都不相同。国史馆"总纂，满洲四人，蒙古二人，汉六人"⑤。而实际情况也在不断变化。

总纂是从纂修官中选拔的，与纂修一样，都要参与编纂。但总纂在完成自己的功课时，还须通改纂修、协修编纂的史稿，划一体例，修改字句等。

（2）纂修、协修

纂修官是史馆修史的主力军，就绝大多数史馆来讲，纂修官主要来自翰林院、詹事府、内阁及其他衙门。比如国史馆，"纂修、协修无定员"⑥，满洲总

①　《钦定续通典》卷首《职名》。

②　《清会典馆奏议》。

③　刘凤诰：《存悔斋集》卷6《实录馆覆奏摺》，道光庚寅刻本。

④　《清仁宗实录》卷79，嘉庆元年二月乙亥。

⑤　《清史稿》卷115《职官志二·翰林院》。

⑥　《清史稿》卷115《职官志二·翰林院》。

纂、纂修以内阁侍读学士、侍读中书及部署、科道等官派充，汉总纂、纂修、协修以翰林院侍读、编修、检讨学士以下各官派充①。从实录馆档案来看，实录馆额设满蒙纂修官各十人，由内阁等衙门于六品以上官员内挑选精通满蒙文字者一、二员，理藩院挑选蒙古纂修官八员，保送到馆，考试录用。汉纂修官二十人，由翰林院、詹事府充补。但实际数字远远不止这些。光绪年间纂修光绪《大清会典》及《事例》时，额设满汉纂修官三十六人。玉牒馆纂修官，额设十一人，分别由宗人府理事、满主事、汉主事、翰林院官、内阁侍读、礼部司官组成。一些特开的史馆，纂修官人数不等，康熙十八年（1679）以博学鸿儒五十人充《明史》馆纂修官，其后又不断充补。康熙《大清一统志》纂修官多达一百一十三人②。而三通馆职名载三通馆纂修官有四十五人③，经王锺翰先生补释为五十人④。可以这样说，各个史馆之间纂修官数目有很大差异。同一史馆额设的纂修官数目与实际参与纂修的数目也存在很大不同。这些，都需要对史书所载每一史馆纂修官的情况进行具体分析。

尽管清代史馆在纂修人员的组成上，主要有翰林院官员、内阁官员，还有其他政府机构派充的官员，但有些史馆纂修官的组成富有特色，比如方略馆，纂修官几乎完全由军机章京派充，只汉纂修内由翰林院咨送一人，史载"纂修满洲三人，汉六人，俱由军机章京内派充，汉纂修缺内由翰林院咨送充补一人"⑤。再如会典馆，其纂修官以吏、户、礼、兵、刑、工诸部署官员为主，翰詹官员为辅。尤其是光绪会典的纂修官，竟全部由内阁中书、部院司员、京堂及个别御史充任。我们知道，方略馆所修多为记载战争的专史——方略，军机处官员对此比较熟悉，会典所记乃各部院衙门的典章制度，部院官员对此比较了解，以他们充任纂修官，实际上体现了清代史馆以内行修史的指导思想。

协修官在清代很多史馆中都存在，是因为馆中额定纂修官不敷使用而增设的纂修人员，主要由一些官职较低而又具备修史才能的人组成。协修官数额不定，视修史需要而增减。如纂修嘉庆《大清会典》，纂修官不敷任用，于是就增加了

---

①　光绪《大清会典》卷70。

②　王会均：《大清〈一统志·琼州府〉研究》，《国立中央图书馆台湾分馆馆刊》第3卷第2期。

③　《钦定大清会典》卷首《职名》。

④　王锺翰：《清三通之研究》，《史学年报》第2卷第5期，1938年12月。

⑤　《清史稿》卷114《职官志一·军机处》。

协修官，他们"不领公费，本无定员，各衙门……所送之员多寡不齐"①。协修的来源，一般由史馆向内阁、翰林院行文咨取，有时也采用招考的办法录取。协修与纂修一样，都要勤勉修书。

在实录馆中，还有效力纂修官、效力收掌官以及效力校对官等名目，这些人数量很少，是暂时安排在馆中效力的受到降职处分的官员。如国子监祭酒法式善，在国子监内声名狼藉，又论旗人外出屯田，令嘉庆帝非常不满，责令他"在实录馆效力行走"②。再如尚书那彦成，"在外不能决胜千里，在内不能运筹帷幄，洵为无用之物"，于是，"著革去尚书都统讲官花翎，格外施恩，用为翰林院侍讲，在实录馆效力行走"③。这些人会很快离开史馆，改派它职。之所以安排在史馆，实乃带有停职反省的意味。

还有，在史馆中，满、蒙纂修不需要进行"原创"，"俟汉书纂成后方能起稿"④。实际上是将汉文文本译成满文、蒙古文，与翻译没有什么两样。

3. 佐修人员

佐修人员是指史馆中的校对、翻译、誊录等，他们不直接纂修史籍，在史馆中地位较低，但由于涉及史书的善后工作，故不可忽视。

（1）校对

校对掌校勘之事，一书修完，必有校对官根据需要，对汉、满、蒙三种文本的史稿中的文字进行校勘。各史馆的校对一般都有额设数人，如国史馆，"校对，满、蒙、汉俱各八人"⑤，嘉庆朝修《高宗实录》，奏定校对官满、蒙、汉各十四人。但实际人数往往是随着工作量的大小而增减的。像国史馆，道光年间有校对官68人，到光绪十四年（1888）就增至348人⑥。在一些史馆中，如国史馆、实录馆等，还设有清文总校一职，总负责史稿满文本的校订，反映出统治者对满文文献的重视。随着历史的发展，到清代后期，清文总校的地位越来越高，这大概是与文武大臣中精通满文的人越来越少有关。还有的史馆又有总校、详校等名目，将校对人员的职责细化。在没有专职校对的史馆中，校对由纂修官兼办，像

---

① 嘉庆《大清会典事例》卷首，保宁奏折。
② 《清仁宗实录》卷56，嘉庆四年十二月乙酉。
③ 《清仁宗实录》卷68，嘉庆五年五月丁未。
④ 《清仁宗实录馆奏折档》，《文献丛编》第36辑。
⑤ 《清史稿》卷115《职官志二·翰林院》。
⑥ 邹爱莲：《清代的国史馆及其修史制度》，《史学集刊》2002年第4期。

三通馆中就是这样。

（2）翻译、誊录

翻译负责史稿的满、汉、蒙文之间的转译，誊录负责以工整字体抄录所修史稿。在各个史馆中，这两种人员也有额设之数，但往往也是根据修史需要进行调整。

校对、翻译、誊录一般都是由史馆向内阁和吏部咨取，但由于需要量大，其主要来源就是落第举子、贡生、监生等，从他们当中简选，所谓"从前各馆修书，需用誊录，多由落第之举贡生监中考取、挑取"①。乾隆八年（1743）还规定统一由吏部举行考试，在举人、拔贡、监生等人员中选取翻译、誊录等官充补史馆②。有一份道光六年（1826）的档案，是玉牒馆"为纂修考取满誊录笔帖式行各衙门事"③，说明通过考试选取史馆佐修人员已成定制。

另外，像会典馆等史馆中还有画工，也属于佐修人员。

4. 勤杂人员

史馆中还有一部分处理日常杂务的勤杂人员，他们为史书的顺利修成提供后勤保障。其名目有收掌、供事等。

（1）收掌

收掌是史馆中负责保管、收发书籍、资料的人员，绝大多数史馆都有此职。在中国第一历史档案馆的内阁档案、国史馆档案、方略馆档案等修书档案中，经常看到收掌官签名的咨取、咨送书籍、资料的档案。收掌官有一定名额，但各馆数额不同。国史馆定额为四人，间用满汉；方略馆定额也是四人，满二人，汉二人；玉牒馆定额为十二人，主要为满人；实录馆名额不定，一般为满汉十八至二十人，蒙古六至八人，等等。收掌一般由内阁、翰林院、詹事府中书、笔帖式及各衙门小京官、笔帖式充补。

（2）供事

供事是史馆中办理日常杂务的勤务人员。他们由提调分派到史馆内各个机构上执勤，登记考勤、记录功课、收发文件等一应杂役，均由供事办理，事务繁杂。供事有时也抄写史稿。笔者所见到的一份史馆官员功过等第册中就有供事

① 刘凤诰：《存悔斋集》卷6《实录馆覆奏摺》。
② 《清高宗实录》卷198，乾隆八年八月壬子。
③ 《玉牒馆点单簿》，道光六年十二月初六，国家图书馆分馆藏。

"抄写最多，行走最勤"① 的记载。

除了收掌、供事外，不同史馆中还有一些名目不同的勤杂人员，像方略馆中的"承发"，会典馆中的"纸匠"等各色匠役，不一而足。从上面的分析可以看出，清代史馆在人员设置上有严密的体系。从管理人员、纂修人员、佐修人员到勤杂人员，层层分工，责任分明，防止了史馆修史组织不力，效率低下，书出众手，"分割操裂"② 的弊端，保证了史书的顺利修成。可以说，在中国古代设馆修史的历史上，清代史馆的纂办能力是最强的。

同时，还要注意到：其一，从清代史馆人员结构上看，汉人、满人、蒙古人都占一定的比例，特别是汉人和满人，数量大体相当。这与清朝以少数民族立国的现实是相适应的；其二，从清代史馆的编制来看，虽然皆有定额，但实际上变动和流通很大，体现出稳定性与灵活性相结合的特点；其三，从史馆内部人员权力的变动来看，不同人员在史馆中的地位沉浮，与其在馆中的贡献密切相关。比如实录馆总纂官，初设权力较大，但到后期日渐脱离纂修工作，位在提调之下。再如国史馆供事，本是勤杂人等，但由于其参与馆务越来越多，甚至像誊录一样抄录资料，竟然有了"总办供事为阖馆领袖，事务较繁"③ 的说法。这样的变动实际上是一种良性的变化，有利于史馆修史的正常运转。

（二）清代史馆的管理制度

清代史馆内部机构的组成，各类史书并无明文记载。故只能从档案资料中了解一些情况。在《国史馆档案》中，可看到国史馆的机构有总纂处、满总纂处、校对处、誊录处、承发处、翻译股、长编处、大臣传处、画一传处、十四志处、奏议处、满堂、蒙古堂、前堂、后堂、书库等，显得杂乱无章，名称也不统一。这恐怕与国史馆存在时间较长，各机构增减、名称变更频繁，档案记载只按当时情形笔录有关。和国史馆类似，会典馆设有汉总纂处、汉誊录处、汉文总校处、汉校对处、满总纂处、满誊录处、清文总校处、满校对处、画图处、纸库、书库等④。实录馆与方略馆等史馆也有着与之大致相同的机构设置，诸如纂修处、誊录处、校对处、文移处、翻译处、书库、纸库、档案库，等等，实录纂修因系用

---

① 《（乾隆七年）三朝实录馆馆员功过等第册》，《史料丛编》二集，康德二年秋库籍整理处编印。
② 方苞：《方望溪文集》卷 12《万季野墓表》。
③ 《国史馆档案·编纂类》，案卷号 525。
④ 见《会典馆来付档》，光绪二十五年，国家图书馆分馆藏。

满、蒙、汉三种文字缮写为三种文本，故而在机构设置上就有了满、蒙、汉三个并列的系统，诸如满纂修处、汉纂修处、蒙古文纂修处等。其他一些规模小些的史馆在机构设置上也仿效这些大的史馆。不管怎样，这些机构各有专职，既互相分工，又密切配合，其中纂修、校对、誊录、翻译四处专司史籍的编纂、校对、缮写与满汉转译，责专任重，是史馆的核心机构。其他或为辅助性机构，或为临时性机构，都是围绕核心机构而设立的。

组建一个史馆，涉及官僚机器各个部门，房屋由内务府提供，桌饭银两由户部支领，修史所用桌柜、笔墨，以及修理、裱糊等由工部负责，开馆由钦天监选择吉日，修成后恭进御览必须由礼部参与①。至于史官的选任，资料的征集，又涉及吏部、内阁、军机处、翰林院以及各个部院、科道、地方督抚、八旗、蒙古，等等，虽然没有独立人事职权，涉及面却相当广泛。

就清代史馆来讲，内部，设有不同机构；外部，和各个部门都有联系，特别是史官，由不同部门简派，大部分属于"兼职"，并且流动性较大，各馆总裁等，又多是朝廷大员，事务繁忙，职所不专，这就使得史馆自身必须有一套管理制度，以保证史书修纂的顺利进行。

1. 制定"馆规"，按章行事

有清一代，凡较大的史馆，都制定有一套规章制度，或曰"规条"，或曰"章程"，或曰"条例"，对馆内各机构的职责、纂修任务、事务协调等都有明确规定。所谓"在馆办事宜有成规。总裁官督率纂修各官，每日必及辰而入，尽申而散。庶几在馆办事，俱有成规。不独勤惰易稽，年限便于核定，且互相讨究，可以斟酌得宜，彼此观摩，亦见智能交奋"②。国史馆为清代最重要的史馆之一，它的有关条例，早期未见记载，光绪三十四年（1908），制定了《改定史馆章程条例》③，宣统三年（1911），又有《厘定史馆章程》④。其中有人员安排、经费使用、督察纂修以及查阅资料等各方面的规定，表明清代比较注意对史馆的制度管理。但由于这些规定出台之时，已是清朝即将灭亡之日，为了解盛世之下史馆修史的制度规定造成了遗憾。好在笔者看到了道光三十年（1850）的《实录馆新定规条》，虽然亦非盛世产物，但毕竟年代稍早，且清廷在组建史馆时本来就

---

① 见《玉牒馆点单簿》，道光六年至七年，国家图书馆分馆藏。

② 《清高宗实录》卷282，乾隆十二年正月丙申。

③ 《国史馆档案·编纂类》，案卷号1。

④ 《国史馆档案·编纂类》，案卷号470。

是相互参照的，窥一斑而见全豹，还是可以从中窥知史馆制度建设的一些侧面。《实录馆新定规条》共有 12 条，对馆内各个部门的职责、各部门办事的程序、纂修的进度、考勤等都做了具体规定。

比如，涉及各部门职责：文移处是馆中职事总汇之处，"各股均有行查行领之件，每月核算支领桌饭银两数目，均不容稍有遗漏舛错"。书库收藏朱批谕旨、红本、记注以及各处档案书籍和随时纂出之实录正副本，"收掌官一员，率供事二员专司档簿，注明某书于某日由某处收到，计若干本。馆中有人领看，亦即收取领条，逐日记明，每届十日提调官查点一次，倘有遗失破损，惟该收掌等是问"。纸库负责收发领到纸张、红黄绫缎及管理界划匠、装订匠等工价，规定专司人员"注明某日领到某项纸若干张，某日发某项纸若干张，作何项使用……誊录恭缮实录时，应用纸张，每发十张照上届例准给备页两张，有错校过多者，即责令该誊录赔补。或收掌等徇情滥给以及收发不谨、遗失损坏者，查出均惟该收掌官等是问，仍责令照数赔补"①。

再如，涉及纂修程序和进度：纂修史籍是史馆的中心任务，"满汉纂修官每员名下应照上届，各以供事二员敬值，并派总敬值供事二员。凡汉纂修认定应纂每月书，先令该供事将此一月各项档案按日分类汇抄成帙，略如长编之例，交纂修官纂辑，以致事半功倍。成卷后先呈监修总裁、总裁恭阅。其汉本未成时，满纂修先将清字谕旨及应载事件敬谨译出，务与原本清文吻合，交与汉纂修汇辑。书成后若系汉文遗漏，惟汉纂修是问，若系原奉清文未经译交，致有遗漏者，惟满纂修是问。满汉本应派收掌官四员专司其事，逐日记明档簿，提调不时检查，至纂书体例及书内有应斟酌之处，并请监修总裁、总裁指示，纂修官与提调毋庸搀越"。誊录官缮写史稿，"汉誊录官每人每日写一千字"，"满洲、蒙古誊录，每人每日各写五百字"，"凡誊录领书交书时均记明档簿，令本员自行画押。有字画草率及挖补过多者，书即驳回另缮。若如式者，收掌官收送校对处细校"②。

另外还规定收掌官要轮流值班，各尽其职，不准帮办，等等。

2. 考勤考绩制度

清代史馆，特别重视考勤考绩，馆中都设有"考勤簿"和"功课册"，督促馆中人员按时到馆，加紧纂书，不能懈怠。如实录馆规定，"凡总纂、纂修、协

① 《实录馆新定规条》，道光三十年，国家图书馆分馆藏。
② 《实录馆新定规条》，道光三十年。

修、收掌、校对等官，毋令擅入擅出。每日到馆，勿使旷误，逐日画到，由提调官加押存查"①。国史馆的考勤几经变化，开始时议定纂修官每月必须到馆十四五日，月月统计。后来改为半年一统计到馆天数，凡半年到馆不满七十日者，下半年补足。全年到馆不足一百四十天的，按日扣除其桌饭钱②，以示惩罚。再后来则采用"堂期考勤"，即规定每月三、六、九为堂期，届时到馆由考勤人员登记在册。除此之外，国史馆还设立"卯簿"，在每月朔、望日点卯，登记在册③。另有"加班考勤簿"，记录加班人员到馆时刻。

日常考勤是为了督促馆中人员及时到馆纂办史书，功课考绩则是为了督促纂书进度。为了避免修书"旷日持久"，"赶办之法，在勤考课，考课密则勤惰易稽，功效日见"④。修书各馆对考绩都很重视，比如国史馆，就设有各种"堂期功课档"和"月功课表"，登记编纂、校对等人员交来的史稿数量、内容，"在功课上注明某日交功课若干页。仍不时核对，以免舛错"⑤。在国史馆的档案中还可看到立限完成某项功课的记载，如"此次派抄一统志副本之供事等务，须赶紧缮写，立限八月内交齐，并派承丛、方溥、徐锦、王成富、沈钟英、秦熙成、杨大钧督催，不得违限"⑥。再如实录馆规定，"除总纂、纂修、协修功课应缴监修总裁、总裁查核外，凡收掌、校对、翻译、誊录及供事人等，功课疏密，差使勤惰，应行记功记过之处，比责成提调官记明加押，俟书成议叙呈堂公核"⑦。又如玉牒馆，"每月均将本月功课上报上谕处（即稽察钦奉上谕事件处）"⑧。还有，乾隆时期开会典馆，上谕处规定纂修官每员每月须成二十篇，总裁张廷玉感到按月计数，过于仓促，提出按年计数，"一年内取足二百四十篇，凡有短少者，系何员名下之书，即指名参奏，将所领公费按数追赔"⑨，得到乾隆帝认可。此虽有所变通，但纂写数量并没有减少，目的仍是督促修书进度。另外，皇帝对修书进度也屡有催促，乾隆十八年（1753）十二月，清高宗上谕内阁，催促会典修

---

① 《实录馆新定规条》，道光三十年。
② 《国史馆档案·庶务类》，案卷号1068，事宜单。
③ 《国史馆档案·人事类》，案卷号945。
④ 嘉庆《大清会典事例》卷首。
⑤ 《国史馆档案·编纂类》，案卷号1。
⑥ 《国史馆档案·编纂类》，案卷号3。
⑦ 《实录馆新定规条》，道光三十年。
⑧ 《玉牒馆点单簿》。
⑨ 《清会典馆奏议》。

篆，"纂修会典，开馆已届七年，而所纂之书，尚未及半。每次进呈，诸帙多经朕亲加改定，是时既迟延，书复草率，该馆总裁官所司何事耶？著交部察议具奏，定限一年告竣。如届限不完，必将伊等严加议处"①。

3. 奖惩制度

为了保证修书质量和速度，史馆订有严格的督察处分制度和奖励机制。清代对修书过程中出现的错误，处罚相当严厉，"各馆修书，纂修官文理错误者，罚俸三月，总裁罚俸一月。校对官不能对出错字，校刊官板片笔画错误，不能查出者，亦罚俸一月"②。乾隆十六年（1751），清高宗披览国史馆所修国史，对其中的错误非常不满，指出"各馆进呈之书，皆经总裁阅定。况国史传信万世，更非纂辑词章可比，乃一经披览，开卷即有大谬之处，初非文义深奥，难于检点，并非朕过为吹求，但使该总裁等稍一留心，何至于此？著将总裁官傅恒等交部察议"③。嘉庆十年（1805）二月，会典馆在纂修会典之时，抬头处将清世宗庙号写错，嘉庆帝大为光火，严厉批评馆臣"诸事漫不经心"，将总裁保宁、庆桂、董诰、朱珪、刘权之、德瑛、戴衢亨、长麟八人革职留任，总纂汪德钺、协修杨树基、校对边延英均革职④。嘉庆二十三年（1818），《明鉴》馆馆臣在修纂《明鉴》时，仿照《御批通鉴辑览》叙次，"凡书内御批之关涉明代者，全行恭载"，但当"纂至万历、天启年间，又不请旨，以致按语措辞乖谬"，侍讲朱珔在覆校时不加改正，受到由侍讲降为编修的处分⑤。对于修纂史书消极怠工的人员，同样予以严肃处理，乾隆十八年四月，工部主事魏梦龙充会典馆纂修官，派办工部则例，但八个月过去了，仅交书三页，殊属迟延，结果"停其公费，勒令在馆加紧赶办，如再延迟，即行严参外相，应请旨将魏梦龙交部察议，以为旷日误工者戒"⑥。因办书迟缓、错误较多，还影响到书成之后对纂修官的议叙。乾隆二十一年，《大清会典》完成，总裁提出议叙，乾隆上谕云："纂修会典，以逾数载，复经展限两次，迟缓已甚。且每次所进书内，屡有叙次舛错、行文纰缪之处，必经朕逐条指示，亲加改正，始克成书。总裁官自无可议叙，即纂修各员，给与议

---

① 《清会典馆奏议》。
② 光绪《大清会典事例》卷112《吏部·处分例》。
③ 《乾隆帝起居注》（十），乾隆十六年九月十二日。
④ 《清仁宗实录》卷140，嘉庆十年二月癸酉。
⑤ 光绪《大清会典事例》卷1046。
⑥ 《清会典馆奏议》。

叙之处，亦属有忝。"① 表示了对纂修官的不满。

与惩罚相对的是激励。乾隆三十八年（1773），由于纪昀、陆锡熊等在《四库全书》馆"撰述提要，粲然可观"，"著加恩均授为翰林院侍读，遇缺即补，以示奖励"②。道光三十年（1850）十月，咸丰帝看到实录馆人员的辛苦，给予激励，云："现值天气严寒，实录馆人员朝夕恭纂书籍，著加恩于例支柴炭外，十一月、十二月、正月，每月赏银五十两，在广储司支领。"③

除了平时的奖励以外，激励纂修官的主要还是议叙。议叙是清朝文官的行政奖励制度，它与处分一起构成了清朝文官的行政赏罚体系，体现的主要是文官的劳绩④。清代史馆的议叙，有临时议叙者，有修若干年议叙者，有书毕议叙者，而以书毕议叙者为最多。有清一代，各史馆议叙略有不同，国史馆实行所有人员五年一次考课议叙制，在堂期考勤、月功课考绩基础上进行议叙⑤。实录馆在嘉庆时实行中期议叙与书毕议叙相结合的方式，往往给以优叙。嘉庆六年（1801），实录馆总裁庆桂因清高宗在位久长，实录编纂卷帙浩繁，提出每纂修十年事迹议叙一次，嘉庆帝感到十年一议叙，太过频繁，等全书告竣议叙，则又周期太长，纂修人员易生懈怠之心，于是折中为"每遇纂成二十年之书，即无论年限，奏请议叙一次"⑥。嘉庆七年（1802），二十年事迹纂毕，清仁宗非常满意，"该馆人员，纂办尚为迅速，并无舛漏，当即降谕俯允，用示鼓励"⑦，给予优叙。嘉庆十二年，《高宗实录》告成，照例给以议叙。清代史馆议叙，监修总裁、正、副总裁一般不予考虑。此次实录馆议叙，监修总裁等俱恳辞，嘉庆帝虽照例应允，但还是将总裁庆桂等人在办书过程中所受处分取消，予以"开复"，即恢复其原官或原衔。像庆桂因失察书吏导致陞选舞弊被革职留任，董诰因呈递本章日期违例被降五级留任，德瑛因恭进会典抬头处缮写错误被革职留任，玉麟因提调等办事朦胧未经查出被降一级留任，刘凤诰因有修书错误被降一级留任，英和因失察

① 《清会典馆奏议》。

② 光绪《大清会典事例》卷1046。

③ 《清文宗实录》卷20，道光三十年十月庚辰。

④ 关于文官议叙的办法、事由、程序，参见艾永明著《清朝文官制度》第四章第一节，商务印书馆2003年版。

⑤ 邹爱莲：《清代的国史馆及其修史制度》，《史学集刊》2002年第4期。

⑥ 《清仁宗实录》卷83，嘉庆六年五月丁酉。

⑦ 《清仁宗实录》卷107，嘉庆八年正月庚寅。

致使有人冒领赏银被降一级留任等，均"准其开复"①。

（三）清代史馆管理上的缺陷

虽然清代史馆的管理制度较为健全，但仍然存在明显的问题。史馆并非实际的权力机关，对在馆人员缺乏有效的激励机制，所订规章甚好，但形同具文，没有得到很好执行。

自清代撤内三院而设内阁和翰林院以后，在制度上并不存在一个专以修史为务的国家机关。我们所研究的这些史馆，没有财权和人事权，史馆人员均非专职。他们来自各个不同的部门，以原衔兼任修史，一经进入史馆，暂停在原衙署任事，由史馆分派任务，专力修史，但薪俸仍在原衙署领取，史馆只发给少量的补贴性桌饭钱，有的史馆在馆人员不享受公费，甚至有的自备资斧入馆效力②，等同于无偿劳役。对于本馆人员，史馆只向其所属衙署提供考勤、考绩情况和申请议叙，除在史馆内部调整工作外，无权升降其在馆人员的官职。史馆各级官员的调迁、任免和黜陟，均有朝廷责成原衙署和吏部协同处理。再加上主持馆务的总裁、副总裁，身为朝廷大员，任事甚多，职责不专。这就势必导致史馆缺乏实际有效的激励机制，在实际管理上也比较松散。史馆弊端丛生，修史效率低下。

乾隆时期，官方修书兴盛，史馆开设甚多。但也就在这一时期，史馆在管理上存在的问题日益暴露出来。其表现之一就是誊录官不自行誊录史稿，而雇书手代抄；管理人员借优叙之名，索贿受贿；借自身权利咨取亲故到馆，以求补缺等。对此，乾隆皇帝已有觉察："朕闻修书各馆誊录人员内，竟有不能缮写之人，夤缘而进，及上馆之后，转行倩募，以致承修各书，不能刻期告竣"③，提出通过考试录用誊录官。虽然很快吏部就制订出在举人、恩拔岁副贡生及捐纳贡监等人中考试录用汉誊录官的办法，并要求史馆马上甄别在馆誊录是否符合要求，将不能书写之人逐出史馆④，但这些做法似乎并未起到什么作用，誊录雇人缮写史稿之风愈演愈烈。嘉庆初期修纂《高宗实录》，总裁刘凤诰就说"此历来各馆办

---

① 《咸丰同治两朝上谕档》，广西师范大学出版社 1998 年版，第 285 页。
② 据《清国史馆奏稿》，嘉庆初年国史馆校对《蒙古王公表传》等史籍，"校对各员及收掌、供事人等均系自备资斧，在馆效力"。见《清国史馆奏稿》（第 2 册），第 895 页。
③ 《清高宗实录》卷 195，乾隆八年六月戊寅。
④ 《清高宗实录》卷 198，乾隆八年八月壬子。

书实在情形，臣到京三十年来所熟闻也"①，可见这是一种常见现象。之所以如此，是因为管理疏漏。提调官在验收誊录功课时，"止取字画端楷，功课足数，并不计其是否本生亲笔，抑系雇人替写"。按史馆规定，凡誊录缮写不工，要驳回重写，甚至罚令赔写，"誊录多系贫苦书生，既恐误公，又惧赔累，不得不出赀雇请好手缮写"②，很有些被逼无奈的意味。

誊录雇人代抄尚不是最严重的事件，更有甚者，嘉庆时期编纂《国朝宫史续编》，提调官施朼令誊录官凑银八千两以求优叙，接受贿赂，以致物议沸腾，受到宗人府府丞陈崇本的弹劾③。后经刑部审理，施朼虽无"贿嘱情弊"，但"将未经办书之供事列于优叙"④，且与另一提调官昆山任意添派协修官，而所咨取之人，非亲即故，昆山之侄珠隆阿就在其中，目的是为了使那些未经得缺的亲故，"咨取到馆，以为压班补缺之计"⑤，完全是利用职权舞弊。这些情况，总裁竟全然不知。其管理上的疏漏，于此可见一斑。

管理不善导致的另一个结果就是规章制度越来越不起作用，就国史馆来讲，考勤制度不为不善，但实际考勤结果却不很理想，从《国史馆档案》中所存的道光朝之后的"卯簿"可以看到，国史馆缺勤人员越来越多。光绪十九年（1893）十二月，翁同龢被任命为国史馆副总裁，当他至国史馆到任时，只见到部分满蒙提调、纂修、收掌和供事，"汉股无一人来者"⑥。国史馆另一总裁额勒和布在奏章中谈到誊录官缺勤的情况："近年吏部送到誊录，员数既已寥寥，其业据咨送者，又或永不投到，或甫经到馆，随即告假，实在入馆当差者不过十之二三。是以光绪十五年至十九年考课，所有誊录员数不及往届四成之一。……若不设法鼓舞，实属竭蹶万分。"⑦玉牒馆的一份档案也显示，很多誊录官根本不到馆工作，使得史馆不得不另想办法⑧。可以说，馆中人员修史的积极性并不高，尸位素餐者大概也不乏其人。总之，史馆的管理是有缺陷的，这些缺陷又是与史馆在组织上的不完善紧密相连的。史馆没有财权，修史所需一切物质条件，都实行供给

---

① 刘凤诰：《存悔斋集》卷6《实录馆覆奏摺》。
② 刘凤诰：《存悔斋集》卷6《实录馆覆奏摺》。
③ 《军机处录副奏折》嘉庆朝，嘉庆十二年正月初六，胶片号2081。
④ 《清仁宗实录》卷173，嘉庆十二年正月己酉。
⑤ 《军机处录副奏折》嘉庆朝，嘉庆十二年正月初六，胶片号2081。
⑥ 《翁同龢日记》（第五册），光绪十九年十二月廿二日，中华书局1997年版，第2660页。
⑦ 《光绪朝东华录》（四），总第3572页。
⑧ 《玉牒馆点单簿》。

制。史馆编制庞大，但却没有自行支配的经费。虽然是一个单独的机构，却没有自己的印信，多数要借用内阁典籍厅的关防。史馆没有人事权，无法真正靠行政手段激励纂修官的修史热情。馆中工作人员待遇菲薄，甚至有不少誊录、供事自备斧资在馆中修史。那些史馆中的下级官员和誊录、供事人员，所向往的并不是"藏之名山"的修史事业，而是想通过修史，获得议叙辟用，聊为进身之阶。如此这般，这些庞大的修史机构出现各种问题也就在所难免了。

二、清代史馆的史料征集

当史馆组建起来，开始编纂史书时，其首要的问题就是收集资料，"购采书籍，实史馆第一要务"①。就清代史馆而言，史料来源及征集方法主要有以下几个方面。

（一）调取档案资料

清朝有编纂档册的传统，他们在日常政务活动中，十分重视对各种公文的保管和编辑，形成了大量连续而又系统的官方档案资料，这是史馆修史最主要的资料来源。

有清一代，每次开馆修史，即首先从各个衙门广泛征调档案史料。比如实录馆编纂实录，即"发秘府之藏，检诸司之牍"②，"档册详稽，纶音敬辑"③，所使用的档案文件数量极大。皇帝的诏敕谕旨和臣工的题奏本章是清代实录编纂最重要的资料，每届实录开馆，都要奏请从内阁调取历年颁发的诏敕谕旨和历年经办的红本，从大内调取朱批奏折，交纂修官将应载各件，厘清年份，按体例纂入。内阁和军机处汇抄的各种档册，诸如《上谕档》、《丝纶簿》、《廷寄档》、《外纪档》、《史书》、《明发档》、《电寄档》、《剿捕档》、《洋务档》以及其他衙门的档册等，都是实录重要的取材对象。

方略馆在纂修方略时，主要依据的是军机处的档案，即军机处所保存的各次

---

① 徐元文：《含经堂集》卷18《请购明史遗书疏》。
② 《清世祖实录》康熙序。
③ 《清德宗实录》进实录表。

军事征讨过程中所形成的诏令、谕旨和题奏等文书。如编纂《钦定平定金川方略》，就是将"圣训之所指授，章奏之所敷陈，关于军机款要者，编年系日，据事实书"①。方略馆不仅修纂方略，而且保管军机处档案，这就为编纂方略提供了极为方便的利用档案材料的条件。

国史馆修纂国史，也大量利用档案，国史馆馆臣奏云："纂辑臣工列传，其事迹均恭查实录、上谕档、丝纶档、红本及军机处廷寄、议覆各册档卷。"② 然后编为长编，写成列传。据《国史馆档案》，道光元年（1821）十月兵科来文一件："今据贵馆移取办理《长编》总档，查史书（即兵科档案）件数繁多，缮写核对均需时日，本科现赶紧办理，俟办理完竣，仍照例恭送内阁满本堂查收存贮，贵馆仍由内阁移取可也。"③ 很明显，这是调取兵科档案，以为修史之用。

会典馆纂修会典，首要的取材对象也是档案文书。因为编纂会典或会典则例，目的就是要将各衙门在处理日常公务时所奉谕旨、有关臣工的奏章以及往来文牍中的有关条规、法制和案例进行整理归纳，按一定体例纂为史书。因此，调取查检各衙门的档案文牍，是会典编纂的必备条件。光绪《大清会典》凡例云："此次增修会典，皆系现行常例，查核案牍最为紧要……请令在京大小各衙门遴派学识淹通、留心掌故者数员，先将嘉庆十八年以后一切案件逐细检查，毋或遗漏。其事繁各衙门予限三年，事简各衙门予限二年，迄今已逾期限，应各纂辑成编，即令移送到馆。"这是构成会典的主要资料基础。

起居注馆编纂起居注册，本来是要记注帝王言行，但也要调阅参考内阁、军机处以及各部院衙门的档案。乾隆三十年（1765）十二月份的一份汉文《起居注册》草本，就征引档案近二十种，诸如"八旗档"、"折本档"、"丝纶簿"、"提督衙门档"、"上谕档"、"侍班档"、"国子监档"、"内务府档"、"起居注档"，等等④。由此《起居注册》草本所引用档案的情形来看，清代《起居注册》在乾隆时已经失去"记注"的本意，而成为一种徒具"起居注"形式的编纂之作了。此外，一些特开史馆编纂的史书，往往也主要取材档案，比如八旗志书馆修纂《八旗通志初集》、《八旗通志续集》，主要就取材于清初以来有关八旗方面

---

① 《钦定平定金川方略》卷1，进方略表。

② 转引自清史编纂委员会传记组：《关于清国史馆传记稿本的价值评估》，中华文史网：http://www. historychina. net。

③ 《国史馆档案·编纂类》，案卷号524。

④ 鞠德源：《清代的编年体档册与官修史书》，《故宫博物院院刊》1979年第2期。

的文书档案，其中的一些人物传记，即多系照录八旗世系谱档而成。

　　清代虽然汇抄、编纂了大量的编年体官方档案，但这些国家级文献，当朝官员都很少能够阅看，更别说利用了，就连"九卿、翰林部员，有终身不得窥见一字者"①，足见这些档案深藏禁宫、秘不示人。但是，对于编纂史书，这些档案却可以大量调阅、使用，甚至皇帝也每每下旨要求史馆查阅档案，以使史书传信后世。这从一个侧面说明清廷对修史是非常重视的。

（二）中央各衙门咨取

　　档案汇编是史馆纂修史书最主要的材料来源，但是，因为各衙门在工作中不断会有新的文书出现，这些又是汇编中所未收入者。所以史馆在修纂史书时还要不断向各衙门咨取新的档案材料。比如，乾隆年间纂修会典，就明确规定"卷案宜详察"，"在京大小衙门，令各该堂官选贤能司官，专管清理案卷，协同各本司官员，将所隶应入会典事件，分类编年，备细造送勿漏。其年久熏烂遗失者，移询各衙门及外省造送"②。嘉庆年间修《会典》，在"会典"、"事例"之外，增加"图说"，为编制这些会典图，会典馆向中央及地方各衙门征集了大量舆图、器物图等，如嘉庆八年（1803）四月，行文钦天监征调"仪象志连图者一部"，嘉庆十六年二月，行文礼部：本馆绘画各图，所有临雍次日燕于礼部燕图，应片行贵部希将各行各席位次，详细注明，绘图送馆，以凭本馆绘画进呈③。光绪年间纂修会典，大致也是如此，像钦天监就将"应行纂辑案件相应造册咨送"④。理藩院则抄录造送拟入会典源流册、拟入会典案件册。其中一份"源流册"反映的是锡林郭勒盟乌珠穆沁右翼旗、左翼旗，浩齐特左翼旗、右翼旗，苏呢特左翼旗、右翼旗，阿巴噶右翼旗、左翼旗，阿巴哈那尔右翼旗、左翼旗蒙古王公的世系⑤。玉牒馆也有"为咨查三额附卒年行理藩院事"⑥ 等向相关衙门咨取资料的记载。

　　在清代史馆中，国史馆征集资料最具代表性。中国第一历史档案馆所藏《国

---

① 阮葵生：《茶余客话》卷2《中书入阁观书》，载《清代笔记丛刊》第二册，齐鲁书社2001年版。
② 《清高宗实录》卷282，乾隆十二年正月丙申。
③ 任继愈：《中国藏书楼》，辽宁人民出版社2001年版，第1190页。
④ 《内阁档案》，全宗号2，材7，中国第一历史档案馆藏。
⑤ 《内阁档案》，全宗号2，材10。
⑥ 《玉牒馆点单簿》。

史馆档案》保存有不少这方面的记载。嘉庆十三年（1808）闰五月，大理寺来文一件："国史馆文称，本馆现在添办志传等书，需用各衙门新旧《则例》，以备查纂，相应移会大理寺即速刷印装订一部，移送过馆应用。"道光十年（1830）闰四月，礼部来片一件："国史馆咨称，本馆现在纂辑臣工列传，《科场条例》一书有需查考之处，相应移会礼部，将《科场条例》检齐一部送馆。"武英殿来文一件："查贵馆曾于道光八年八月内行取过汉文《仁宗睿皇帝圣训》壹部。"① 国史馆修纂"十四志"，亦不断向京内外各衙门咨取资料，其中有一件吏、兵两部咨送国史馆关于官制增减裁汰的档案，内容有：吏部来文一件，咨覆裁汰土富州年月无从查核，道光七年四月；兵部来文一件，册一本，咨送塔尔巴哈台增改事宜册，道光七年八月；兵部来文一件，知照本馆行查各省武职有无增设裁改转行四川总督，道光五年十二月；兵部来文一件，咨覆应送国史馆河工添设官制、厅营裁改、河渠事宜，嘉庆二十年二月②，等等。在国史馆的档案中，我们还可以看到钦天监等造送纂入天文志的清册，其中有日食记录、流星记录等各种天文现象的记载以及本监条奏、奏折事件③。

（三）地方各衙门呈送

先看国史馆。在现存国史馆档案中，有大量的职官履历册、事迹册、各地方志、测绘图、户口册，各衙门制定的章程、则例等，都是当时各衙门移送的修史资料，其中很多是地方衙门呈送的资料。乾隆初年续修国史，"将雍正十三年间诸王文武群臣谱牒、行述、家乘、碑志、奏疏、文集，在京文臣五品以上，武臣三品以上，外官司道总兵以上，身后具述历官治行事迹，敕八旗直省，查明申送史馆，以备采录传述"④，就是要求地方政府积极向国史馆报送材料，以备修史之用。《光绪朝东华录》中有很多文武大臣死后事迹交国史馆立传的记载，如"河南巡抚钱鼎铭事迹，交国史馆立传"⑤，"福建阵亡提督张光亮等入祀昭忠祠，

---

① 《国史馆档案·编纂类》，案卷号524。
② 《国史馆档案·编纂类》，案卷号9。
③ 《国史馆档案·编纂类》，案卷号463。
④ 《清高宗实录》卷15，乾隆元年三月癸丑。
⑤ 《光绪朝东华录》（一），光绪元年七月辛酉，总117页。

事迹交国史馆立传"①，"李鸿章奏请将贵州抚臣韩超宣付史馆"②，等等，不绝于书。在内阁档案中可见光绪九年（1883）国史馆向地方衙门咨取人物事迹的移会，其记载云：云南巡抚、贵州巡抚、四川总督文各一件，移查吴海溥事迹；陕甘总督文各一件，移查张宗翰事迹；直隶总督、安徽巡抚文各一件，移查吴毓兰事迹；两江总督、湖南巡抚文各一件，移查王吉事迹③。另外一件国史馆的档案显示国史馆纂办"十四志"，各省督抚咨送关于官制增减裁汰的情况，其中有：两广总督来文一件，册二十四本，咨送一统志武职额数，嘉庆十七年六月；直隶总督来文一件，册二本，咨送南运河营官册，道光十五年十一月；定边左副将军来文一件，计册一本，咨送科布多等处增减事宜，道光二年一月；盛京将军来文一件，册一本，咨送所属文武各员有无增添裁改之处，道光十一年九月；河南巡抚来文一件，咨覆武官营制，道光八年三月④，等等。地方官纂修而成的书籍，也要按规定进献史馆，光绪十三年，大学士直隶总督李鸿章上奏，《畿辅通志》纂修完毕，"咨送军机处进呈御览，及分咨国史馆备查。"⑤ 都是国史馆要求地方衙门咨送用于修史的资料。光绪年间国史馆续办儒林、文苑、循吏、孝友列传，曾向各省大量咨取应立传人物之事迹以及各种官私书籍和资料，其中一份移会江苏学政，"明示各学教官，令其采访呈上，由本省督抚设法运送到馆。所采之书，自顺治初年起至同治末年止。并望示知各地方官一体筹资录送，以昭信史而阐幽光"⑥。为征求人物、书籍，国史馆甚至要求地方官"访察举报，张贴告示，晓谕民众，俾绅耆生监等各举所知"⑦，很有些全民动员的意味。

除国史馆之外，其他史馆也都不同程度的要从地方衙门咨取资料。比如一统志馆纂修《大清一统志》，就是由朝廷谕令地方首先纂修府州县志，然后呈送一统志馆，作为纂修一统志的资料基础。所谓"夫修志之役必始于县，县志成乃上之府，府荟集之为府志，府志成上之督抚，督抚荟集之为通志，通志归之礼部，然后辑为《一统志》"⑧。《明史》馆纂修《明史》，总裁官徐元文、叶方蔼都曾

---

① 《光绪朝东华录》（一），光绪元年十二月辛卯，总 183 页。
② 《光绪朝东华录》（一），光绪四年八月戊戌，总 625 页。
③ 《内阁档案·各房各馆档案·国史馆用印档》，全宗号 2，房 1771。
④ 《国史馆档案·编纂类》，案卷号 9。
⑤ 《光绪朝硃批奏摺》（第 104 辑），光绪十三年闰四月初八日大学士直隶总督李鸿章折，第 382 页。
⑥ 《国史馆移札》，国家图书馆分馆藏。
⑦ 《国史馆移札》。
⑧ 康熙《江南通志》卷首，于成龙序。

上疏，"请令礼部行文各直省督抚"，凡修史所需史料，"不独专载故明事迹，有裨史事，即如各郡县志书及明代大臣、名臣、名儒文集、传志"等，均"不拘忌讳"，采访搜求，呈上史馆①。会典馆纂修会典，"所需外省书籍，由馆开单咨该省筹购解馆……各省志书、官书及民间所刻图书，有对绘图有帮助者，行商解办"②。光绪年间修纂《大清会典》，即通知各省绘制《舆图》，作为《大清会典图》的主要内容之一，期限一年，将省、府、县各图一份附以图说送到会典馆，"今将图式、附图说式刊刻颁发，行文贵省，遵照奏定限期于一年内，测绘省图、府、直隶厅州图、厅、州、县图各一分，附以图说，解送到馆"③。1894 年，各省将绘制的舆图陆续进呈，故宫文献馆就收藏有广东、湖北、甘肃、安徽、湖南、江西、山东、陕西、福建、云南、奉天等省进送的舆图原本。

（四）　实地调查

通过实地调查，获取第一手的历史资料，是清代史馆史料征集的又一重要方面。康熙年间绘制《皇舆全览图》，乾隆年间绘制《内府舆图》，就利用传教士进行实地测绘，运用第一手材料绘成地图。虽然这两次实地调查的目的是绘制舆图，不是为了修纂史书，但这种重视实地调查的精神却对清代史馆修史产生了很大影响。乾隆年间修《西域图志》，在修书之前，乾隆皇帝就派左都御史何国宗带领西洋人"携带仪器，前往伊犁，测量晷度"④。平定大小和卓叛乱后，乾隆又命钦天监监正明安图到天山以南测量绘图。将实地勘测的资料与文献记载的资料相结合，为《西域图志》的编纂成功打下良好的资料基础。

光绪年间修纂《大清会典》，内容分典、例、图三部分。为使图例准确，命令各省重新绘制舆图，限期呈交会典馆，以备采集考订，进行了更大规模的实地勘察测量。光绪十五年（1889）十月，会典馆颁行钦定舆图格式，颁行各省，限期一年，"照式绘具省图及所属府、直隶州、厅分图、州县分图，解送到馆"⑤。但是，由于此次勘察测量，任务巨大，而各省又缺乏掌握近代测量技术的人才，

---

① 叶方蔼：《叶文敏请购书籍疏》，见《明史例案》卷9，吴兴刘氏嘉业堂刊本。
② 《会典馆行移档》，国家图书馆分馆藏。
③ 《张之洞全集》第四册，河北人民出版社 1998 年版，第 2687 页。
④ 《清高宗实录》卷 504，乾隆二十一年正月辛未。
⑤ 《光绪朝朱批奏摺》（第 104 辑），光绪十六年十二月盛京将军裕禄片，第 392 页。

所谓"非平日留心舆地、谙悉中西算法之人，不能措手"①。故而很多省份下属的府州县陆续绘送诸图，"查与会典馆格式、章程多不符合"②。再加有的省份"中间作辍，更易数手"③，于是期限一再放宽，直到光绪二十五年（1899），各省舆图绘制才陆续结束。光绪十二年（1886），为抵御外侮，也为纂修会典搜集资料，设立"海图馆"，委派候选道蔡锡勇在馆总司其事，户部主事赵滨彦、广西候补道方长华等督饬通晓算法舆地之学生员弁等分赴各海口叠次履勘，详确测绘。尤其是广东沿海各口地形，"并将某营现札某口，兵勇若干，何人管带，有无炮台，分别详细注写，以备考证"④。光绪十三年七月蒇事。同年冬，张之洞亲自乘轮巡海，对所绘各图详加核正，令内阁中书杨锐删除繁冗，钩要提玄，定为《图说》一卷，"大要以当务切用为主，故略于前事，详于近事；略于山川，详于厄塞"⑤，具有明显的经世致用目的。该书送海军衙门、军机处、总理各国事务衙门，以作随时布防之用。而且，此次修纂会典，张之洞还特别上奏，提出"疆界宜详察"的建议，指出在各国列强与中国"立约分界"的晚清，国界问题所关甚巨，必须慎之又慎，为此，必须亲自实地勘界，特别是东三省、蒙古、新疆、西藏、广西、云南边外之地，尤当认真勘察，"请谕令东三省、新疆、四川及沿边各省将军、督抚，择派明习地理算学数人，携带算生画手，分循新界旧界，履勘采访，测绘详记呈馆，再由臣馆检官私图书印证，庶图成可佐筹边之用，亦不致贻他族口实"⑥。在晚清变局之下，实地调查以修纂《会典》，又多了一份护卫疆土的忧患意识。

（五）向民间征集

向民间征集资料，以备修史之用，是中国古代官修史书的传统。清代设馆修

---

① 《光绪朝东华录》（三），总第3252页。

② 《湖广总督张之洞等为请湖北测绘舆图展限事奏折》，载《光绪朝各省绘呈〈会典·舆图〉史料》，《历史档案》2003年第2期。

③ 《黑龙江将军恩泽等为报黑龙江舆图测绘告成事奏折》，载《光绪朝各省绘呈〈会典·舆图〉史料》，《历史档案》2003年第2期。黑龙江省自光绪二十二年聘请历史学家屠寄参与其事，方取得实质性进展。

④ 《光绪朝朱批奏折》（第104辑），光绪十五年十月十二日两广总督调补湖广总督张之洞摺，第388页。

⑤ 《光绪朝朱批奏折》（第104辑），光绪十五年十月十二日两广总督调补湖广总督张之洞摺，第388页。

⑥ 《张之洞全集》第四册，第2691页。

史，虽绝大多数资料来自档案汇编资料和中央、地方各衙门的资料，但仍然非常重视向民间征集。比如康熙年间《明史》馆纂修《明史》，就广泛向民间征求图书，黄宗羲的《明文案》及有关明史著述、李清的《三桓札记》、《南都见闻》、吴伟业的《绥寇纪略》、冯甦的《见闻随笔》、朱溶的《忠义录》以及曹溶所著明末史书两种等著述先后被征入史馆①，这些资料官方难以见到，对《明史》编修具有重要意义。

史馆征集民间资料，主要依靠地方官的力量，晓谕民间，愿献者听献，不愿献者，或出资抄录，或购买，形式不一。光绪时国史馆在江苏咨取入传人物和资料，引起地方政府重视，兵部左侍郎、江苏督学黄体芳还制定出"呈送条例"，因为这一条例对于认识清代史馆在民间征求资料的要求及运作大有裨益，所以不惮其烦，迻录如下：

呈送履历事实册及著述书籍，仰具呈由各本厅、州、县或本学专详本部院。

入传诸人总以本人著述及实在事迹为凭，履历事实册务须详尽确实，不得遗漏歧误，尤不得空言溢誉，徇私滥举。

呈送书册每各二份，一份咨馆，一份存案。

嘉庆年间史馆所纂儒林传，江苏共三十人（顾炎武、朱鹤龄等），文苑传江苏共二十一人，循吏传共二人，以上五十三人均已纂入，毋庸呈报。

本籍先哲之外，如有流寓及历官斯土者，确知应入史传，仰一律呈报。但履历事实总须原委详备，方可据为传信之资。如必不得详备，仰将所知开具节略，呈阅本部院，当移咨爵、阁、督、部、堂、抚部院，行文本人原籍，向家属取其清册。如有著述书籍，一并查取，咨送史馆。

前传算学名家编入儒林，如有精通此学者，仰一律呈报。

列传向分正、附，史例綦严，而搜采以备取材，则不妨稍宽，庶无遗美。别集孤本仅存者，现将本书叙例目录及名人序跋钞呈，候本部院察核，果系义例通贯，崇尚雅正，即行札知该厅州县或该学，传谕该生录副呈送。

应送书籍须待写印者，仰核算卷页字数，需费几何，具呈向该厅州

①　分别见浙江古籍出版社《黄宗羲全集》第 11 册所载黄百家《明文授读序》，万言《管村文抄内编》卷 2《公奠李映碧先生文》，朱彝尊《曝书亭集》卷 44《跋绥寇纪略》，《四库全书总目》卷 54《见闻随笔》条，毛奇龄《西河集》卷 40《忠义录序》，曹溶《倦圃尺牍》卷上《与吴伯成》等。

县请给，并具领结存案。有藏板者，就家装印；无副本者，就家录校，以免借出损失之虞。此外书在坊肆，诸生等无力购致者，并仰呈请，量给资价，或径请官为购送亦可。本部院已札知各厅州县并咨请爵、阁、督、部、堂、抚部院通饬，遵照史馆移文及乾隆年间求书故事，筹资妥办，无滋扰累，其愿出资自办者听。

史传征信千秋，理宜慎重。应入儒林、文苑诸人，自有著述可凭，至循吏、孝友，率据册呈事实，若札饬地方官及学官查覆，既恐相率因仍，亦虑骤难核察。现拟每次汇咨史馆，即将姓名刊刻示众，如有阿好溢美者，官师绅士，均可据实详禀，公论难诬，本量自显。且国史义主垂远，当时或无由得窥，今就此先为表彰，则宿学潜德，昭焯人间，亦足以示风厉。

各府厅州县志，业由本部院札取送馆。此外如有先哲闻人，殚心向学，荟萃成书，或叙述名德，如昔人所撰《汝南先贤传》、《益部耆旧传》之类，或综录艺文，如昔人所撰《江左文章志》、《关东坟籍志》之类，仰将原书呈送，俾得送馆，以资采择。

向例已故大臣，文职副都御史、巡抚以上，武职副都统、总兵以上，由史馆行查各省咨报纂办，均应毋庸呈报。惟军兴以后，东南遭乱最久，忠义最多，如有地僻官微，诸生等确知其殉节甚烈而当时未经呈请咨报者，仰将履历事实造册呈送本部院，当附咨史馆，以凭补纂。①

此条例明确规定了呈送入传人物的资格、范围，呈送资料的要求以及呈送的程序等。特别规定了不得"空言溢美，徇私滥举"，所报资料必须"原委详备"，搜采资料，"不妨稍宽"，凡需出资写印的资料，"筹资妥办，无滋扰累"，等等。这样的规定保证了资料征集的广泛性、可靠性和有效性，且又不过分扰民。

光绪年间修《大清会典》，由地方官向民间征调和购买的书籍有很多，"本馆前经奏明，外省书籍由馆开单咨由该省筹购解馆"，咨会江苏巡抚"所有上海制造局刷印各书，多为画图所必需，又石印《钦定古今图书集成》亦在上海出售，应由贵抚院与藩司商酌筹款，速行购办解馆，以备参考。至贵省志书、官书及民间所刻图书有应解馆与图参记者，或筹购，或咨取，均祈速行商办解来"。江苏巡抚除了将点名要的图书备齐外，还同时送来了119种府、州、县的志书②。

---

① 《国史馆移札》。
② 任继愈：《中国藏书楼》，第1191页。

可见,史馆向地方衙门咨取资料,地方衙门要想尽一切办法,出资出人,从基层收集,把官府、民间的图书汇集一起,呈送史馆。

(六)纂修官自行采集

纂修官自行采集资料以为修史之资,唐代时就有明文规定,所谓"如史官访知事由,堪入史者,虽不与前件色同,亦任直牒索。承牒之处,即依状勘,并限一月内报"①。有清一代,纂修官自行采集资料的记载也屡见史册。如清初开《明史》馆,康熙帝曾谕礼部收集资料,即便书中有忌讳之语,也不治罪②。徐元文就此疏请"仿前代成例,量遣翰林官分行搜访,举凡野史杂编、名臣状志、碑碣、诸家文集,悉尊前者不拘忌讳之旨,务令所遣官员悉心罗致"③。崇祯一朝无实录,总裁也允许纂修官"任意搜讨,不拘分限题目"④。为了征集更多的史料,史馆还规定史官入馆,首先要搜讨乡贤事迹,"捆载入都,储于邸舍,互相考索"⑤。于是,各地特别是江浙一带,各种状志家传等书籍,"牵引传致,旬月无虚"⑥。乾隆年间以研究西北史地著称的祁韵士在国史馆编纂《蒙古回部王公表传》时就曾自行搜集资料,当时,不少王公本人世系"无凭可查",也有一些王公事迹因年代久远,一时难以寻觅,或者因为战乱,档册"遗失无存",祁韵士自行询访"知事年老人"⑦,通过采访来补充档案等资料的不足。可以说,史官自行采集资料,既有史馆的提倡与要求,也是自身职业习惯使然。

由以上分析可知,清代史馆在资料征集方面的渠道是多方面的,它能够最大限度调动各方面的积极因素,为修撰史书聚集资料,这是任何私家治史都难以企及的。

(七)清代史馆征集运用资料的特点及存在的问题

除了广搜博采之外,清代史馆征集运用资料,还有以下几个特点需要说明:

其一,清代史馆征集资料,集历代王朝征书方法之大全。除了上面我们提到

---

① 《唐会要》卷63《史馆上》。

② 《清圣祖实录》卷16,康熙四年八月己巳。

③ 徐元文:《含经堂集》卷18《修史开馆疏》。

④ 毛奇龄:《史馆札子》,见《明史例案》卷5。

⑤ 朱彝尊:《曝书亭集》卷32《史馆上总裁第二书》。

⑥ 方苞:《方望溪文集》卷18《明史无任邱李少师传》。

⑦ 转引自宝日吉根《蒙古王公表传纂修考》,《内蒙古大学学报》1984年第2期。

的向中央、地方和民间咨取、购求以及实地调查、自行捐献外，还根据实际情况
采取不同措施，保证图书资料及时有效地征集上来。具体有：一是呈进，即令各
地方官呈进资料，前面已经多次提到；二是"许计卷帙多寡，厚给赏赉"①，即
根据献书多寡，给以金钱赏赐；三是"详计卷帙多寡，给直若干"②，即出资购
买；四是"所献多者，量行甄叙"③，即通过议叙封官，鼓励献书；五是"开注
姓名送部，俟纂修完日，仍以原书给还"④，即送史馆抄写，抄完后完璧归赵；
六是"遣人就其家誊写"⑤。这些方法都是清初设立《明史》馆修纂《明史》时
总裁和纂修官提出来的，后来史馆征集资料，都是按这些方法进行的。

其二，每届开馆修史之初，均由史馆奏请谕令中央、地方各衙门，将修史所
需一切档案资料，详加查核，编辑分类，呈送史馆。或造具清册移送史馆，以备
史馆咨取。在编纂史书的过程中，遇有某一问题的记载不清楚或前后矛盾，或史
料残缺，史馆可以随时行文有关衙门查询，要求有关衙门将相关资料检齐抄录或
造册送馆。总之是将一次性调取和随时咨取相结合，保证修史按部就班进行。

其三，由于所修史书不同，所取资料也就有不同的侧重，但其中也存在明显
的交叉。比如，实录馆纂修实录，所依据的档案资料特别丰富，举凡内阁、军机
处、翰林院、内务府、都察院、理藩院、宗人府、起居注馆、六部各衙门以及中
央、地方等相关机构所编辑的档册，都必须造送史馆。而方略馆修纂方略，所依
据的主要是军机处档案，然后参照其他衙门的记载。这主要是因为所修史书的内
容不同，对资料的需求也就不同。但这其中并没有什么严格界限。实录修纂要参
考方略的内容，方略修纂同样要参考实录，二者在资料运用上可以互取。

其四，清代史馆在资料运用上还存在层次性。像实录馆、国史馆、方略馆、
会典馆、玉牒馆、起居注馆以及则例馆、圣训馆等史馆编纂的同类史书，主要取
材于档案。孟森先生在谈到档案资料对以上史馆修史的影响时，认为档案"再加
种种之纂修，实录又为其扼要。分之而为本纪，为列传，为方略，为各志各表，
史已大备"⑥，这里讲到的就是档案与实录、本纪、列传、方略、志表的关系，

---

① 徐元文：《含经堂集》卷18《请购明史遗书疏》。
② 叶方蔼：《叶文敏公集》卷1《请购书籍疏》。
③ 徐元文：《含经堂集》卷18《请购明史遗书疏》。
④ 叶方蔼：《叶文敏公集》卷1《请购书籍疏》。
⑤ 叶方蔼：《叶文敏公集》卷1《请购书籍疏》。
⑥ 孟森：《孟森学术论著·清史讲义》，浙江人民出版社1998年版，第4页。

以及档案对清代官修史书格局的影响。而像三通馆、一统志馆等史馆编纂的史书，则又主要取材于以上各类史书。比如"清三通"，其取材主要是实录、国史、起居注、玉牒、圣训、会典、大清通礼、律例、各种地方志、私人著述等①，档案资料占据的比例不大。当然，这种情况不是绝对的，后来的一些官修史籍引述前面所修诸书，也是常见的。比如嘉庆时修纂会典，除大量引述档案资料外，还参考了清三通、《一统志》、《西域图志》、《八旗通志》、《蒙古王公年表》等著作。因为这样的相互参考，清代史籍当中资料运用的重复性也就非常明显。

其五，清代史馆咨取资料时，有的针对性很强，明确表示要某人奏折、条奏及有关上谕，或者某种书籍；有的则泛称需查某类文献档案。在咨取各省有关资料时，一般都是由史馆移文各该督抚（国史馆尤其如此），督抚责成该省布政使专办此事，布政使往往还需要向下属布置提供所需资料，造册上呈。层层布置，节节上递，操作规范。

清代史馆虽然在资料征集方面取得了很好的效果，但也存在不少的问题。其中一个最大的问题就是地方官不认真对待资料收集工作，敷衍塞责。乾隆年间，国史馆为修纂王公大臣列传，行文各旗、省查取大臣事迹，史官在查对分析资料时发现各地呈送的资料存在很多问题，"所有咨送事实，甚属于简略，或将该省应行列传之人遗漏不送，或咨送事实寥寥数纸，无可采取"②，有的省份甚至拖延时日，"至于直隶各省，将及两年之久"，迟迟不能报送资料。光绪年间设会典馆修纂《大清会典》，向各省征集舆图，各省也是一拖再拖，且所送有不少都不符合要求，不得不重新绘制。之所以出现这样的问题，原因主要有两个：一是各地"以修书事件无关例限"，所以"累月经年，任催无应"③；二是"在外各官职务繁冗，虽奉行部文，等诸故事，必不能极力搜采"④。地方官责任心不强，而史馆又非真正的权力机构，除了不断"催促"外，无法从根本上对草率从事和逾限不交者进行惩处，这是造成上述一系列问题出现的根本原因。好在史馆在征集资料时还可以手持"钦定"、"御撰"这样的尚方宝剑，从而保证了史料征集渠道的畅通。

---

①　王锺翰：《清三通之研究》，《史学年报》第 2 卷第 5 期，1938 年 12 月。

②　《清国史馆奏稿》（第 1 册），第 53 页。

③　《清国史馆奏稿》（第 1 册），第 53 页。

④　徐元文：《含经堂集》卷 18《请购明史遗书疏》。

三、清代史馆制度的特点

史馆制度是清代修史制度的核心，也是影响清代史学面貌及史学特征的最主要因素，分析清代史馆制度的特点，对于深入认识清代史学的本质乃至清代政治文化的特征，都是富有意义的。

（一）史馆格局：稳定性与灵活性相结合、主干与辅助相配套

设馆修史在中国有较早的历史。自唐以来，官方就通过一定的机构，把修史大权掌握在自己手里。唐代设立史馆，宰相监修，修纂国史和实录，对后世史馆制度产生了很大影响。但是唐代史馆的形式还非常单一，史馆之外，只有修纂唐前五代史的修史机构——秘书内省①，还没有形成覆盖各个修史领域的史馆规模②。到了宋代，设馆修史的形式丰富起来，各种名目的史馆开始出现，诸如起居院、时政记房、日历所、会要所、国史院、玉牒所等，修史领域扩展，规模扩大。但是，宋代的史馆主要是常开和例开之馆，史馆格局尚不够完善③。时至清代，统治者充分吸取了前代设馆修史的经验和教训，史馆的设置趋于完备，史馆格局更加合理，更加有利于统治者通过修史来达到自身统治的目的。

和前代相比，清代史馆的形式增加，有常开、例开、阅时而开以及特开四种形式。并形成了以常开和例开史馆为主干，以阅时而开和特开史馆为辅助，稳定性与灵活性相结合的史馆格局。常开史馆持续开设，常开不闭，一直进行修史活动，这样的史馆有国史馆、起居注馆、方略馆等；例开史馆定期开设，届时而开，书成馆撤，实录馆、圣训馆、玉牒馆、律例馆等属于此类；阅时而开史馆根据具体情况开办，修纂具有明显接续性系列的史籍，会典馆、一统志馆即属此类；特开史馆是为了修纂某部史书而专门开设的史馆，每修一书，必开一馆，书成馆闭，不再重开。清代特开史馆非常之多，《明史》馆、《八旗通志》馆、"三通"馆、《明史纲目》馆、《明鉴》馆、《通鉴辑览》馆、《西域图志》馆，等

---

① 人们习惯上一直认为唐前五代史为史馆所修，其实是不对的。唐代史馆修纂的是国史和实录，唐前五代史是由秘书内省修纂的。参见赵俊《唐代修史机构辨》，刊于《求索》1984 年第 6 期。

② 张荣芳：《唐代的史馆与史官》，台北私立东吴大学中国学术奖助委员会 1994 年版。

③ 蔡崇榜：《宋代修史制度研究》，台北文津出版社 1991 年版。

等，不一而足。这四类史馆在顺康时期就已经形成并巩固下来，共同构成了清代史馆稳定性与灵活性相结合、主干与辅助相配套的整体格局。这样的史馆格局，在中国古代史学发展史上也是仅见的。

清代史馆中的常开和例开之馆，或常开不闭，或有规律开馆，是清代史馆中最具稳定性的部分，也是清代史馆的主干。这些史馆的开设，保证了清代官方史学中最核心内容的修纂。在统治者看来，本朝国史、帝王实录几乎是皇朝历史的全部，能够保证这类史籍按部就班的修纂，就保证了统治者对历史自始至终的解释权。对于国史、实录、起居注、方略等史籍，清代统治者相当重视。康熙年间开国史馆修纂国史，目的就是"昭示奕祀"①，"用扬列圣之鸿谟，并及诸臣之劳绩"②。清朝列位帝王都对国史修纂给予极大关注，乾隆提出"国史修纂，所以彰善瘅恶，信今传后"③ 的原则。在他看来，修纂史书的目的在于传之后世，垂鉴将来，所谓"盖史者，所以传万世、垂法戒"④，当代国史所担负的资治、垂训、警世的作用，是其他任何史籍所不能替代的。正因为此，清高宗要求国史修纂既要"据事直书，而其人贤否自见"，又要贯彻"《春秋》华衮斧钺之义"⑤。可以看出，国史馆对国史连续不断地修纂，就为清廷始终如一地解释历史和阐述现实作了资料和观念上的准备。

和国史一样，实录的纂修在统治者看来同样意义重大。康熙在为《太祖实录》作序时称赞努尔哈赤"肇开一统无外之规，度越古今，昭垂无极"，编纂《太祖实录》的目的就是"朝夕式观，以申继序绍庭之志，其在我后嗣子孙，循省是编，于栉风沐雨之勤劳，可以知积累之艰焉，于文谟武烈之显承，可以识燕贻之厚焉"⑥。雍正为《圣祖实录》作序，认为"后之绍作君作师之任，求治统道统之全者，于是乎在"⑦。在他们看来，实录就是后代帝王进行政治治理的必读之书，因为其中包含着前代帝王的统治经验。不间断的实录修纂，就是要皇族之后世子孙不断从中吸取经验，凝聚人心，以为治国之资，所谓"濯识创业之辛

---

①　《清圣祖实录》卷 145，康熙二十九年三月乙未。
②　《清世宗实录》卷 11，雍正元年九月丙午。
③　《清高宗实录》卷 1142，乾隆四十六年十月癸酉。
④　《清高宗实录》卷 1154，乾隆四十七年四月辛巳。
⑤　《清高宗实录》卷 739，乾隆三十六年六月丁卯。
⑥　《清太祖实录》卷首，康熙序。
⑦　《清圣祖实录》卷首，雍正序。

勤，详考夫拓地开基以及于用人行政，凡大经大法，允为世守章程，即一动一言，莫非臣民轨则，本末具载，巨细兼书"①。可以说，实录是维系皇族治国安邦精神的纽带，不绝于书的关于后世帝王翻阅前朝实录从而获得治国经验的记载就是最好的说明。

清代统治者还特别重视方略的编纂，这是因为通过纂修方略，可以宣扬皇朝武功，所谓"我朝圣圣相承，功烈显铄，方略诸编，皆奉敕撰纪，以著其事之始末。威德远扬，洵书契以来所未有"②。以方略宣扬皇朝"宏功伟绩"③，在清代成为政治生活中一个不可或缺的传统。

总之，常开和例开史馆编纂的史书，内容涉及清代现实政治生活的最主要方面，在维护皇权、张扬文治武功方面具有不可替代的作用。乾隆间编纂《国朝宫史》，设"书籍"一门，将乾隆二十六年（1761）以前官修的重要书籍著录下来，分为 16 类，其所作的排序耐人寻味，"首登实录，以彰功德之原；次纪训谕，以昭诒谋之大；于御制仰圣学之高深，于方略述成功之懿铄。若夫表彰六经，厘定诸史，灵台占莢之学，职方益地之图，有典有则，厥功懋焉"④。显然，编实录是为了彰显前朝丰功伟业的由来，纪训谕是为了昭明帝王谋略的博大，纂御制诗文是为了宣扬皇上学问的高深，撰方略是为了记述朝廷武功的美盛。至于其他经史之作，也皆有其存在的价值。很明显，这种排序所体现的是皇权中心的思想。而最能够充分体现这一思想的史书，都是由常开和例开的史馆修纂的。因此，我们说清代史馆具有稳定性，不仅是指史馆表面的常开不闭或有规律开设，更重要的是指清廷通过修纂史书始终保持官方历史书写的主动权，为皇权服务的目的非常鲜明，始终如一。

和常开、例开史馆相比，阅时和特开史馆具有灵活性的特点，是常开、例开这类主干史馆的辅助。我们说阅时及特开史馆灵活，是因为它们不受任何时间、地点的限制，可以随时随地为配合政治形势而开设。在保持常开、例开史馆稳定开设以及拱卫皇室、宣扬皇权思想不变的情况下，清廷常常利用阅时和特开史馆适时进行史书修纂，以配合某种政治活动或思想宣传。像乾隆时期为了崇奖忠贞、风厉臣节，大张旗鼓地为明朝殉节死义大臣议谥，命史臣设馆编纂《胜朝殉

---

① 《清太祖实录》卷首，康熙朝进实录表。
② 《清通志》卷99《艺文略三》，壬寅仲皋缩印本。
③ 《康熙帝起居注》（第二册），康熙二十一年八月十三日戊子，第880—881页。
④ 《国朝宫史》，第485页。

节诸臣录》，"一体成书，与《明史》相附而行"①，及时通过历史著述将自己的政策合法化。再如为了避免皇位继承中产生激烈的冲突，雍正时期采用"秘密建储"之制。到乾隆时期，益发认识到秘密建储的积极作用。为了从理论上总结预立太子招致祸乱的历史教训，乾隆还下令组织史臣编纂《古今储贰金鉴》，辑录自周以来直至明朝因册立太子而引起祸乱的事例二十九项，各加按语进行评论，表达自己对册立太子的看法，所谓"乾隆年间曾纂辑《储贰金鉴》一书，始于周平王，终于明神宗太子常洛，各胪事迹，以为后世立储之戒。首载圣谕，贻谋我国家万世共守家法"②。这是将清高宗的建储理论以史学的方式表现出来，并用史学的方法否定了册立太子这一历史形成的制度。可见，临时设馆纂修史书在配合现实政治说教中的作用不可低估。再如咸丰、同治间，慈安、慈禧两宫垂帘听政，为说明垂帘听政的合理，设立史馆，命史臣将"历代帝王政治及前史垂帘事迹……择其可为法戒者，据史直书，简明注释，汇为一册，恭呈慈览"③。由以上几例可以看出，特开史馆有自身灵活多样的优势，它可以根据某种政治需要开馆修书，从而辅助常开、例开史馆更好地为政治统治服务。

清代史馆制度上这种稳定性与灵活性相结合、主干与辅助相配套、常开与特开相照应的特点，在中国古代史学史上是绝无仅有的。也正因为此，清代史馆不仅编纂出数以千万卷计的部帙浩繁的史书，而且还很好地配合了专制统治，通过史馆修史这样一种形式，用一个统一的历史叙事框架，将清廷的各项政策合法化，从而形成一个统一的符合统治者意志的价值观念。也就是在这样的过程中，史馆成了专制集权可资利用的工具。

（二）政治干预：皇帝全面掌控、一切仰承圣裁

皇帝干预官修史书，这在中国史学史上是常见的现象。自唐代正式确立史馆修史制度以来，帝王干预修史的记载就不断出现。唐高宗时修纂国史，高宗皇帝认为对太宗李世民的记载"多不周悉"，指示监修国史刘仁轨等"必须穷微索隐，原始要终，盛业鸿勋，咸使详备"④。中国古代本来有帝王不亲观国史的传

---

① 《清高宗实录》卷1002，乾隆四十一年二月庚戌。
② 奕赓：《佳梦轩丛著》，北京古籍出版社1994年版，第84页。
③ 故宫博物院明清档案部编：《明清档案史料丛编》（第一辑），谕内阁奉皇太后懿旨将历代帝王政治及垂帘事迹汇纂进呈，中华书局1978年版，第126页。
④ 《唐会要》卷63《史馆上·修国史》。

统，但唐朝皇帝不顾史臣的反对，打破这一传统，翻阅实录，并对某些内容的写法提出批评。但是，唐代君王对史书的控制主要依靠的还是宰相兼修、重臣把关，皇帝亲自过问并不是普遍现象。到了宋代，随着专制皇权的加强，皇帝对于史事的控制日趋严密，据史载，宋太宗太平兴国八年（983），李昉请所修时政记"每月先以奏御，后付所司"。雍熙年间胡旦修成《太祖记》，亦先进呈皇帝阅视。淳化年间，起居注也必须"先以进御，后降付史馆"。尽管后来也出现皇帝禁阅国史的现象，但很快又解禁。很显然，宋代皇帝亲自阅看本朝历史的范围扩大。对此，欧阳修曾上书提出批评："自古人君皆不自阅史，今撰述既成，必录本进呈，则事有讳避，史官虽欲书而不可得也。……其日历、时政记、起居注并乞更不进本。"① 皇帝阅看本朝历史受到大臣的批判，足见这一问题的严重。尽管如此，宋朝皇帝对史馆修史的干涉，还主要体现在删改史实上，诸如随意删除起居注、时政记中不利于自己的条文，多次重修实录等②。对于史书修纂的项目、修史的指导思想、史书的体例等问题，过问不多。元、明帝王对修史亦有干涉，其范围、程度和形式都和宋朝差不多。可是，到了清代，帝王对史馆修史的干涉明显向纵深化发展，"达到了亲自全面干预修史活动的最高峰"③，举凡修史的各个环节，大到修史项目的确定、修史指导思想的确立，小到体例的安排、字词的推敲，再到史馆的管理，无不过问，全面而深入。一句话，史馆的一切都要仰承"圣裁"、"钦定"，这种情况在中国古代史学史上也是绝无仅有的。

首先，很多修史项目由皇帝主动发起修纂。清代帝王，为使修史更好地为自身统治服务，常常自己设计修史项目，谕令设馆纂修。如顺治十二年（1655）正月，为了推行教化，顺治皇帝谕令设立大训馆，修纂《顺治大训》，他说："朕惟平治天下，莫大乎教化之广宣，鼓动人心，莫先于观摩之有象，……兹欲将历代经史所载，凡忠臣义士、孝子顺孙、贤臣廉吏、贞妇烈女及奸贪鄙诈、愚不肖等，分别门类，勒成一书，以彰法戒，名之曰《顺治大训》。"④ 于是以额色黑等人为总裁官的史馆成立。顺治帝还要求史官"协力同心，殚思博采，务令臣民皆可诵习，观感兴起，无负朕倦倦化导之意"⑤。圣训这类典籍，也是顺治帝倡议

---

① 欧阳修：《论史馆日历状》，《欧阳修全集》，中国书店1986年版，第850页。
② 蔡崇榜：《宋代修史制度研究》，第193—195页。
③ 乔治忠：《清朝官方史学研究》，第10页。
④ 《清世祖实录》卷88，顺治十二年正月辛亥。
⑤ 《清世祖实录》卷88，顺治十二年正月辛亥。

修纂的，顺治十二年四月，清世祖谕内三院："《实录》业已告成，朕欲仿《贞观政要》、《洪武宝训》等书，分别义类，详加采辑，汇成一编，朕得朝夕仪型，子孙臣民，咸恪遵无斁，称为《太祖圣训》、《太宗圣训》。"① 于是成立圣训馆，编纂帝王圣训。乾隆皇帝，更是善于发起修史项目，广开特开史馆，修纂史书。如乾隆阅读明朝《宫史》，受到启发，决定修纂《国朝宫史》②。阅读朱彝尊的《日下旧闻》一书，决定对之进行补正，令纂修《日下旧闻考》。其他如《盛京通志》、《盘山志》等书，皆是因为他巡幸所至，遂产生编纂意图，设馆所修。嘉庆帝也效法列祖列宗，在披览宋代范祖禹的《唐鉴》时，深感该书有资于治道，决定设立史馆，仿照《唐鉴》，编纂《明鉴》。所谓"朕敕几余暇，披览往籍，见宋范祖禹所著《唐鉴》一书，胪叙一代事迹，考镜得失，其议论颇有裨于治道。宋平五代之乱，近接有唐，其政教风俗，历历可稽，故以唐为殷鉴。我朝绍膺大统，道揆治法，远述百王，至有明三百年，时代相承，其一朝政治，亦鉴观得失之林也。宜仿《唐鉴》体例，辑为《明鉴》一书，胪举大纲，搜采编次。其论断即令派出编纂诸臣，轮流纂拟，进呈后经朕裁定，勒为成书，刊刻颁行，用昭法戒"③。

　　其次，形成史书修纂次第进呈御览的制度。为了对史书的内容、体例、字句等进行把关，清代帝王要求一些重要史籍每修若干卷就要进呈，不再等到全书完稿后一块审阅。康熙二十三年（1684），清圣祖要求明史馆将《明史》已修成者，"以次进呈"。他对总裁明珠说："尔等所修之书，往日告成呈览。朕万机之余，讲求经史，无多暇晷，而成书盈帙，堆积几案，一时急于披阅，未得从容研索，体验于身心政事。今闻《明史》将次告成，若将已成者以次进呈，亦可徐徐审阅，考镜得失，不致遗漏。"④ 这是康熙帝明确打破"告成呈览"的旧例，提出"以次进呈"的新方法。从此以后，对于重要的官修史籍，皇帝都要求史馆总裁"次第进呈"，随时阅览。乾隆七年（1742），六部纂修则例，清高宗指示："六部纂修则例，次第进呈，朕皆逐一详览，其中或有更正，或有删除，俱照新定之书遵行。"⑤ 明显强化了对修史工作的控制。乾隆十二年，修纂《大清会

① 《清世祖实录》卷91，顺治十二年四月癸未。
② 《国朝宫史》卷首《圣谕》。
③ 《清仁宗实录》卷270，嘉庆十八年六月乙卯。
④ 《清圣祖实录》卷114，康熙二十三年三月丁亥。
⑤ 《乾隆帝起居注》（四），乾隆七年正月二十九日，第357页。

典》，乾隆皇帝又明确提出，"依《明史纲目》事例，将稿本缮成一、二卷即行
陆续呈奏，朕敕几多暇，将亲为讨论，冀免传疑而袭谬，且毋玩日以旷时"①。
由此看来，次第进呈御览已经在很多史馆推行开来。乾隆十四年，大学士奏请编
纂《平定金川方略》，提出十五条修纂原则，其中有一条就是"每成一卷，先进
副本，恭候钦定，再缮正本"②。从笔者所看到的两份乾隆时期史馆编纂史书的
档案《清会典馆奏议》和《清国史馆奏稿》来看，无论是会典编纂还是国史编
纂，都是每纂辑若干卷就进呈御览③，可见次第进呈已成惯例。对于实录这类关
乎帝王生平事迹的史籍，皇帝更是要求随修随进，嘉庆时修纂《高宗实录》，类
似"开馆以来，陆续进呈"④的记载相当多，反映出帝王对实录的重视。如果同
时修纂多种书籍，也要排定次序，按时进呈，一点都不放松。在官修的各类史籍
中，只有起居注号称帝王不予观览，康熙帝曾言："记注册，朕不欲亲阅。朕所
行政事，即不记注，其善与否，自有天下人记之。"⑤ 而事实上，对于哪些史事
可以纂入，哪些不能纂入，皆由皇帝掌握，所谓"凡九卿官员所奏之事，从无私
自缮写送进史馆记注之例，如有缮写送进者，起居注衙门必进呈御览，方敢入
册。向来定例如此"⑥。乾隆时期传出皇帝阅览起居注的所谓谣言，清高宗还出
来辟谣："至所称起居注册档，不应进呈御览等语，则自皇祖、皇考以及朕躬，
从未披览记注，不知出于何人之讹传也！盖人君政事言动，万国观瞻，若有阙
失，岂能禁人之不书？倘自信无他，又何必观其记载？当时唐太宗索观记注，朕
方以为非，岂肯躬自蹈乎？"⑦ 真是无风不起浪，欲盖而弥彰。其实自雍正开始，
"起居注止载发抄之谕旨，更属无用"⑧，阅与不阅，都无所谓了。难怪清末民初
胡思敬感叹清朝"史官失职，起居注徒戴空名"⑨！

　　第三，对史书修纂内容进行全面指导。清代帝王对官修史书的指导具体而详
细，从修史指导思想到史书字词错误，无不涉及。比如，康熙、雍正都曾对《明

---

① 《乾隆帝起居注》（六），乾隆十二年二月十六日，第 28 页。
② 《清高宗实录》卷 338，乾隆十四年四月甲申。
③ 《清会典馆奏议》；《清国史馆奏稿》。
④ 《清仁宗实录》卷 83，嘉庆六年五月丁酉。
⑤ 《康熙起居注》（第二册），康熙二十二年二月初一日，第 949—950 页。
⑥ 《清圣祖实录》卷 107，康熙二十二年二月甲戌。
⑦ 《乾隆帝起居注》（二），乾隆二年二月初六日，第 26—27 页。
⑧ 于式枚、缪荃荪：《谨拟开馆办法九条》，载朱师辙《清史述闻》卷 6，三联书店 1957 年版。
⑨ 胡思敬：《国闻备乘》卷首《自序》。

史》编修提出指导性意见："征事务求其实，持议必得其平。举政治之大端，而细致民谣皆所不录；准情理之至当，而矫诬附会在所必严。褒贬符舆论之公，繁简合文体之正。勿为苛刻之论，勿用无稽之言。毋胶执己见以遂其偏私，毋轻听传闻而涉于疑似。庶几以成一代之信史，垂万世之法鉴，克继良史之名，不负委任之意矣。"① 这是从指导思想上为《明史》编修指明方向。至于《明史》馆馆臣是否能够做到这些，就是另外一回事了。雍正时律例馆纂修律例将竣，雍正指示史馆会同吏、兵两部，再次"逐一细查详议，应删者删，应留者留，务期简明确切，可以永远遵守。仍逐卷缮写，并原书进呈，朕亲加酌量，刊刻颁行"②。这是更加具体的干涉。乾隆皇帝对官修史书的干预比之雍正皇帝更加细致、全面。乾隆时修纂《大清会典》，皇帝就起了发凡起例的作用。如乾隆认为康熙、雍正《会典》首卷书有开报文册衙门，殊非体制，此次纂修，即行删去。乾隆皇帝还认为宗人府系宗室衙门，不应与文武衙门并列，此次纂修，即将宗人府另列一卷居首，其文职衙门从内阁开始以次排列。康熙、雍正《会典》载大学士员缺无定，此次纂修，俱照定员载入，等等③，均涉及体例问题。对于《大清会典》中的字词，乾隆帝也进行具体干预，如"婚礼典则"内有"王妃"字样者，均遵旨改为"福晋"。对于清文与汉文的对译，乾隆帝力主文义相符，如清文"伊尔希达"、"噶喇衣达"，汉文有时译写成"副管"，有时译写成"翼领"，乾隆帝谕令"伊尔希达"统一写成"副管"，"噶喇衣达"统一写成"翼领"④。乾隆时国史馆修纂国史，凡准备写入列传的大臣，都由史馆拟出名单，进呈乾隆御览，由乾隆裁夺何人应入传，何人不应入传，然后才是"查采事实，次第编辑"⑤。其他如对国史立传"以人不以官"⑥ 的指示，刊正辽、金、元三史所记人名、地名错误的谕旨⑦，对国史馆所纂王鸿绪列传应载入郭琇弹劾之文的要求⑧，对《续文献通考》馆所进《职官考》内所载职官错误的订正，等等⑨，均具体而详

---

① 《雍正朝汉文谕旨汇编》（三），广西师范大学出版社 1999 年版，第 339 页。
② 《雍正朝汉文谕旨汇编》（三），第 354 页。
③ 《清会典馆奏议》。
④ 《清会典馆奏议》。
⑤ 《清国史馆奏稿》（第 1 册），第 7 页。
⑥ 光绪《大清会典事例》卷 1049。
⑦ 光绪《大清会典事例》卷 1050。
⑧ 光绪《大清会典事例》卷 1050。
⑨ 《清高宗实录》卷 691，乾隆二十八年七月壬申。

尽，说明乾隆皇帝对官修史书的方方面面都进行过认真研究，他对史馆修史的控制和干预也就非常有效。嘉庆以后，虽然清廷日益走向衰落，但对史馆修史的干预依然很强。道光时纂修《仁宗实录》，"夫章程一秉夫鉴裁，即字体一遵夫指示"①。咸丰时纂修《宣宗实录》，依然是"凡规条咸秉夫鉴裁，即点画亦遵夫指示"②。说明即使到了晚清，清廷依然要对官修史书进行干预，使之符合自身的政治意愿。

第四，对史馆的管理亲自过问。清代帝王不仅关注官修史书的内容，而且关注史馆的管理，一旦发现问题，便出面协调，责令改正。乾隆时期，开馆较多，问题多有，其中一个重要问题就是纂修官修书懈怠，"纂修人员，皆怠忽成习，经历年久，率多未成"，乾隆帝对此非常不满，指出纂修官修书一拖再拖，目的不过是"借此多得公费，以资养赡"③。于是谕令稽察钦奉上谕事件处之大臣，"按月察核，倘仍前怠玩，责有攸归"，并规定，除律吕正义馆、藏经馆、文颖馆之外，"其余各馆缮写汉文，请照《明史纲目》馆每员每日一千五百字；缮写清文，请照玉牒馆每员每日八百五十字；校对数目请照实录馆每员每日二十五篇"，各馆在每月初五以前将前一月纂辑、缮写、校对的数目，详细造册，咨送上谕事件处进行查核④。这是通过制度规定和监察部门来提高修书效率。嘉庆时期国史馆纂修《大清一统志》，向各直省咨取资料，令各地方"将建置沿革、职官、户口、人物一切裁改各事宜，限半年内查明送馆，勒限纂修"，但五年过去，各地资料尚没有汇齐，嘉庆帝对这种把史馆事务"视为不急之务"的现象非常不满，"著各该督抚分饬所属，查照该馆咨取事宜，迅速详查，造具清册送馆，毋得仍前延玩"⑤。总之，帝王总是利用自身的权威来协调史馆事务，从而保证史馆修史的正常运行。

清代帝王对史馆修史活动的全面干预，与专制主义中央集权的空前强化密切相关，是专制集权在史学领域的具体体现。但同时，也反映出清代帝王对史学的高度重视。可以看到，清代帝王对官方史学的干预涉及思想、体例乃至文字、语言方面，这种干预遏制了史学思想的发展，抹去了史学本身所具有的批判现实的

① 《清仁宗实录》卷首《进实录表》。
② 《清宣宗实录》卷首《进实录表》。
③ 《清高宗实录》卷221，乾隆九年七月壬寅。
④ 《清高宗实录》卷221，乾隆九年七月壬寅。
⑤ 《清仁宗实录》卷312，嘉庆二十年十一月己亥。

锋芒。他们试图通过这样的干预来让史学为自身的统治服务。至于官方修史活动本身，清廷是给以了极大支持的。他们鼓励设馆修史，形成了兴盛一时的官修史书的局面。一方面是官方修史的繁荣，一方面是思想干预的加强，二者统一于史馆修史活动之中。

（三）史官构成：维护满人特权、满汉纂修官共局修史

清朝作为一个由满洲贵族建立的政权，无论是政治统治抑或文化形态，都具有鲜明的民族特点。这个特点表现在官方史学上，就是在史馆中"保证满人参与修史"①。

在常开的起居注馆、国史馆、方略馆中，清廷都规定了满、汉官员的数目，比如起居注馆，"起居注官，满洲十人，汉十二人。主事，满洲二人，汉一人。笔帖式，满洲十四人，汉军二人"②。国史馆，"总裁，特简，无定员。清文总校一人，满洲侍郎内特简。提调，满洲、蒙古、汉各二人。总纂，满洲四人，蒙古二人，汉六人。纂修、协修无定员。校对，满、蒙、汉俱各八人"③。方略馆，"总裁无定员，以军机大臣领之。……提调，满洲二人，汉二人。收掌，满洲二人，汉二人。纂修，满洲三人，汉六人"④。可以看出，在这些史馆中，满、汉员额基本是对等的，而且满员列于汉员之前。尽管这些数字在实际运作中会有变化，但一直保持着满汉员额的大体一致。像国史馆，虽然规定总裁无定员，但实际任用上，"向来满汉总裁各一员，满汉副总裁各一二员不等"⑤。而实际情况也会有变化，乾隆三十年（1765）开国史馆，总裁中二名满人，即傅恒、尹继善，一名汉人，即刘统勋；副总裁中满汉各二人，汉人是陈宏谋、于敏中，满人是託恩多、舒赫德⑥。有学者认为到光绪时期，"国史馆最终形成了总裁、副总裁各二名、满汉员缺对等的定制"⑦。实际上国史馆中满汉员缺对等的情况在乾隆时期就已基本形成，嘉庆时最终定型。乾隆十四年，五朝国史中的帝王本纪基本纂

---

①　乔治忠：《清朝官方史学研究》，第 15 页。

②　光绪《大清会典事例》卷 21。

③　《清史稿》卷 115《职官志二·翰林院》。

④　梁章矩、朱智：《枢垣记略》卷 14《规制二》，第 155—156 页。

⑤　《国史馆档案·人事类》，案卷号 736。

⑥　《清国史馆奏稿》（第 1 册），第 90 页。

⑦　乔治忠：《清朝官方史学研究》，第 34 页。

修完毕，国史馆裁汰冗员，留下满汉纂修各二员、满誊录四员、汉誊录五员①，做些编纂校改的善后工作，满汉史官人数几乎对等。到嘉庆十二年（1807）时，国史馆总裁保宁为编纂"清高宗本纪"奏请史馆增加史官，说："史馆向有满汉提调各二员、满汉纂修各八员，今办理本纪，卷帙较繁，应添满汉总纂各二员，即于现在纂修内酌量充补……拟添满汉校对各四员，由内阁中书内咨取……满誊录十员……汉誊录十员，行文吏部，于候补人员内咨取"。② 可见嘉庆时期或更早，国史馆内满汉员缺就已经对等。方略馆也大致如此。可以说，无论满人有无史才，在史馆员缺中都要占到几乎一半的数目，甚至有的还更多。此外，为体现对蒙古族的重视，坚持对蒙古族的一以贯之的友好争取，有的史馆，比如国史馆，还设有蒙古员额。

在一些非常设的重要的史馆中，也基本上仿照常设史馆的数目来确定满汉员额，同样要保证满人参与修史的权利。比如光绪朝修纂《大清会典》所用员额，总裁，满汉各二人；副总裁，满四人，汉二人；提调官，满二人，汉一人；总纂官，满汉各四人；纂修官，满十九人，汉二十二人③。在史馆的管理层，满人数目超过了汉人。

清廷以满人修史，并不是因为满人有较高的史才，相反，相对汉人来讲，满人的文化程度是比较低的，真正具有良史之才的人也是非常少的。之所以在众多史馆中规定满洲员额，主要还是和清廷一直坚持的优容满洲人的政策紧密相连的。有清一代，在各个方面都规定了满洲人的特权。比如在入仕途径上，满、蒙乡、会试另有定制，与汉人不同，考试内容较为简单；为八旗子弟设立专门官学等。通过这样的措施，有效地保证了满人的中式入仕，而且比例远远高出汉人。在官员的任用上，同样要维护满人特权，最主要的就是通过特有的官缺制度来实现，《大清会典》规定："凡内外官之缺，有宗室缺，有满洲缺，有蒙古缺，有汉军缺，有内务府包衣缺，有汉缺。"④ 将所有官缺作如上划分，是清代官制的一大特点。这种制度明确规定各族的所得官缺，既防止了争斗，又维护了满人在任官中的特权。在各类重要的官缺中，满汉都是按比例设定的。据有人统计，六

---

① 《清国史馆奏稿》（第1册），第27页。
② 《清国史馆奏稿》（第2册），第914页。
③ 柳诒徵：《记光绪会典馆之组织》，载柳曾符、柳定生选编《柳诒徵史学论文集》，上海古籍出版社1991年版。
④ 光绪《大清会典》卷7。

部尚书，满汉各一人，左右侍郎，满汉各一人；六部各司郎中，满七十四人，宗室四人，汉五十人；各司员外郎，满九十五人，宗室八人，汉五十一人①。由此看来，清廷在史馆中规定满人员额，实际上就是官僚任官制度在史学领域的一种反映。史馆虽然不像其他官僚机构一样具有完整的人事和财政权力，但它却明显地渗透着清代专制官僚体制的各种因素。

以本民族成员参与官方修史活动，并不起于清朝。历史上很多少数民族政权，都在官方修史活动中任用本民族的成员，比如辽朝，在记注官和修史官中都任用部分契丹人②。金朝，在国史院各级史职中任用女真人③。元朝修辽、金、宋三史，任用蒙古重臣担任监修。可见，清朝实际上是继承了前代少数民族政权的做法，在修史活动中体现本民族的特色和利益。所不同的是，清代对本民族史臣在史馆中的员额作了严格规定，用制度化的方式固定下来，这是前朝所没有的。

清代维护满人特权，以满人参与修史，一方面是想通过这种做法，将修史大权牢牢控制在满洲统治者手里，使之更方便地论证自己取得统治权的历史和道德的正当性。另一方面就是通过共同修史，提高了满人的文化素养和史学修养，促进了文化的融合。官方修史兼用满、汉史臣，既反映了满、汉文化的冲突，又体现了满、汉文化的融合。

（四）史无专官下严格而又灵活的运作机制

清代，史无专官，史馆中的史官，除了少数通过招考和民间荐举取得外，绝大多数都是由翰林院、内阁、军机处以及各部院衙门派充，由原衔兼任，薪俸也由原供职单位支付。史官置身官僚体系的运作之中，其迁转、任免和黜陟，均由朝廷责成原派充衙署和吏部协同处理。史馆没有完备的财权和人事权，再加上多数史馆又是临时设立，书成馆撤。没有一套严格的修史运作方式，很难成功完成卷帙庞大的史书修纂任务。在这方面，清代史馆有一套成熟的运作方式，从史馆组建、史官选任、对外协调、史馆督察到资料征用，都有制度化的规定，既严格，又灵活。

① 艾永明：《清朝文官制度》，商务印书馆2003年版，第126页。
② 参见朱子方《辽朝史官考》，《史学史研究》1990年第4期。
③ 参见何宛英《金代修史制度与史官特点》，《史学史研究》1996年第3期。

　　清代史馆的组建，有一套程序。一般是由大臣提出，或皇帝特命，奏明皇上，并拟定组成史馆之各级史官的名单，由皇上钦定。一般总裁、副总裁由皇上亲自指定，其他人员则由总裁、副总裁等一起拟定。比如乾隆十二年（1747）二月，清高宗谕令内阁组建会典馆，重修《大清会典》，内阁大学士果毅公讷亲开列出内阁大学士、各部院满汉尚书、侍郎、内阁学士、詹事府詹事等职名55人，进呈乾隆，"恭请皇上于大学士、尚书等内钦点总裁四员，部院侍郎、学士、詹事等内钦点满、汉副总裁五员"，结果清高宗钦点内阁大学士讷亲、张廷玉，礼部尚书王安国、兵部尚书班第4人充总裁官，吏部左侍郎蒋溥、户部左侍郎傅恒、兵部左侍郎舒赫德、兵部右侍郎王会汾、刑部左侍郎钱陈群5人充副总裁官①。乾隆三十年（1765）再开国史馆，内阁大学士傅恒开列出内阁大学士、学士，六部尚书、左右侍郎，都察院左都御史，理藩院尚书、左右侍郎共54人，进呈乾隆，清高宗用朱笔圈点出内阁大学士傅恒、尹继善、刘统勋为总裁官，协办大学士吏部尚书陈宏谋、户部尚书于敏中、兵部尚书託恩多、刑部尚书舒赫德为副总裁官②。在史书修纂过程中，如遇总裁、副总裁调出史馆，需补充新的总裁官，依然要由其他总裁官开列大学士、六部尚书等人名单，由皇帝钦定③。总裁、副总裁确定后，他们首先要做的工作是拟定所需纂修人员人数。内阁大学士傅恒等人于乾隆三十年八月被任命为国史馆总裁，九月就拟出修史"所需人数"，即提调2员、满汉纂修各8员、收掌4员、翻译8员、满汉誊录共20员、供事16员、匠役8员④。人数拟出后，行文翰林院、詹事府以及各部院衙门，让他们拣选"学问淹博，熟谙掌故之员"，缮写名单，汇总到总裁手中，由总裁统一拟出名单，由皇帝过目后确定下来。以上组建程序保证了专制皇权对史馆的完全控制，保证了帝王意志在史馆内的贯彻执行。虽然史无专官，但能够靠制度化的系列运作不断组织出一个又一个史馆，保证官方修史的连续进行。

　　史馆的组建是一个系统工程，除了确定总裁、副总裁以及纂修人员外，还需

　　①　《清会典馆奏议》。

　　②　《清国史馆奏稿》（第1册），第86—90页。

　　③　据国史馆档案《清国史馆奏稿》载，乾隆十三年六月，国史馆副总裁阿克敦因革职员缺，史馆开列内阁大学士、六部尚书、侍郎17人名单进呈，乾隆皇帝从中挑出大学士傅恒为总裁官；同年十二月，史馆总裁官、户部尚书尹继善授总督离馆，史馆又开列17人名单进呈，乾隆从中选定阿克敦充总裁官。见《清国史馆奏稿》（第1册），第11、19页。

　　④　《清国史馆奏稿》（第1册），第94页。

要总裁协调与各个衙门的关系。清廷有明确规定，凡史馆组建，所需一切物质条件，都实行供给制，各衙门必须给以大力支持，房屋由内务府提供，桌饭银两工食由户部支领，修史所用箱柜、桌椅以及修理、裱糊等由工部负责，开馆由钦天监选择吉日，修成恭进御览必须由礼部参与①。对于一个没有财权和人事权的史馆来说，一部史书的修纂需要涉及官僚机器的各个部门，且能够有条不紊地进行，没有清廷的重视和合理的制度约束，难以达到如此完备的状态。

清代史馆修史，有一套制度化的管理方式，对修史人员的考勤、功课，对所修史书的时限等都有严格规定，并按时稽察，修史结束后还要对修史人员议叙。前面讨论这些问题时，就看到史馆内设有"考勤簿"、"功课册"等，以督促修史进度。除此之外，清廷还视具体情况对史书修纂进行或严或松的监督，弥补管理上的漏洞。比如乾隆时"三通"馆纂修"清三通"，乾隆就提出"各馆课程规条不一。今增纂《通考》，自应速缮成编。而《通典》、《通志》纂排伊始，尤在严其考课。应在令派出之总裁分别先后，酌定期限，交与稽察上谕处照例按季汇奏"②。各馆有不同的"课程规条"，但必须按时交稽察钦奉上谕处稽察，凡有延迟者必受处罚。对于修书不认真导致错误者，处罚亦相当严厉。嘉庆十九年（1814），国史馆进呈御览之《和珅列传》，因对和珅的罪行记载不详，总纂官席煜被革职回籍。还有在《圣训》中将先帝庙号笔画写错者，更是牵连多人罚俸、革职甚至发配③。所有这些，都对纂修官是一种震慑，使他们不敢懈怠。尽管清代史馆在管理上还存在很多缺陷，但其基本的运作有合理之处，故而终清一代，修史不辍，没有出现大的漏洞。

资料是纂修史书的前提，清代在制度上保证了史馆调取资料的便捷。首先，清代所有档案深藏密府，外人不得而见，但只要史馆修史需要，便可以随时调取。就连一般大臣不得观阅的实录，清廷也规定"各馆修书处有请领实录校对他书者，该馆出具印领，赴内阁恭请，满本房检明卷帙，注册发给"④。从制度上保证资料供给。其次，调取资料手续便捷。各衙门必须积极配合史馆，需咨送者，按式造送。需史馆咨取者，各衙门查点齐备，以便随时咨取，如嘉庆二十五年（1820）实录馆行文军机处，"照得本馆前经咨取嘉庆三年至十年清汉军机

① 《玉牒馆点单簿》。
② 《清高宗实录》卷778，乾隆三十二年二月丙申。
③ 光绪《大清会典事例》卷112《吏部·处分例》。
④ 乾隆《大清会典则例》卷2《内阁》。

档，尚未赴领。现在又需查嘉庆元、二年清汉月折，希贵处一并检齐，本馆定于十二月初一、二日只领可也"①。另外，各地衙门有义务为修史准备资料。清代史馆之所以在征集资料方面畅通无阻，就在于这些史籍的修纂乃是以钦定的形式进行，是奉了皇帝的旨意办理的。由于"钦定"、"圣裁"的作用，史馆具备了很多"特权"，从史官的选任、史馆的管理再到资料的征用，各个环节都井然有序，有条不紊。虽史无专官，却运转正常。

从以上四个方面的分析可以得出这样的结论：首先，清代的史馆制度建设比较健全，对修史进行了有效的控制和管理，在整个中国古代史学发展史上都是仅有的。由此保证了官方大规模修史的实现，为官方史学的繁荣打下了基础。其次，清代史馆制度带有浓重的民族特色，史馆中满汉员额的同在，史籍中满汉甚至蒙文文本的并存，都打上了民族文化的印痕，既反映了民族文化之间的冲突，也反映了民族文化的融合。第三，官方设馆修史有着鲜明的帝王立场，清廷试图通过史馆这样的修史机构，彻底垄断史学，把对历史的解释权和对现实的评判权掌握在自己手里。在这一过程中，皇帝往往充当了历史判官的角色。第四，清代史馆是在专制皇权日益强化的情况下形成的，史馆的组建、史官的选任、修史体例与内容的确立，无不渗透着专制皇权的政治意图和文化理念。由此导致官方史学热衷于宣扬纲常名教，彰显皇朝的文治武功，缺乏批判意识和批判精神。它严重限制了史馆内纂修官的史学才华，把史官变成汇编史料的机器。整个清代，官修史籍相当丰富，但资料汇编为多，独立创见鲜少，这不能不说是设馆修史的悲哀。

四、清代史馆修史的成就

在中国历代封建王朝中，清代史馆修史的成就是最为突出的。有清一代，不仅官方所修史书数量巨大，卷帙浩繁，而且内容丰富，种类齐全。

首先，数量巨大，卷帙浩繁。

清代史馆所修史书，部帙巨大，数量惊人。实录馆所修实录，包括《满洲实录》、太祖至德宗十一朝实录以及《宣统政纪》，共4433卷；圣训馆所修圣训，

---

① 转引自方甦生《清内阁库贮旧档辑刊叙录》第2章第4项，故宫博物院文献馆1935年铅印本。

自太祖至穆宗十朝圣训，共912卷；方略馆所修各种方略，据有的学者考证为25部①，共2480卷；三通馆所修"续三通"、"清三通"，共1566卷；会典馆所修五部《大清会典》以及《事例》、《图》，共3282卷；一统志馆所修三部《大清一统志》，共1340卷；明史馆所修《明史》，共332卷。随手略举，卷帙就远远超过万卷，而这也不过是清代史馆修史成就的沧海一粟。

笔者根据清代奉敕编纂的《国朝宫史》、《国朝宫史续编》，昭梿的《啸亭杂录》、吴振棫的《养吉斋丛录》以及章钰等编的《清史稿艺文志》、武作成编的《清史稿艺文志补编》、王绍曾编的《清史稿艺文志拾遗》等对清代官修史书的著录，再比对其他文献记载，加以补充，间以考证，将史馆所修史籍作了一个初步的统计，其数量列于下，目录列于后面的附录中，以见其成就辉煌。

史馆所修史籍，正史类共16部592卷，编年类共17部4690卷，纪事本末类共27部2760卷，别史类共1部100卷，诏令奏议类共17部1540卷，传记类共11部620卷，时令类共2部103卷，地理类共17部1960卷，职官类共4部206卷，政书类共87部9833卷，目录类共4部250卷，金石类共3部70卷，史评类共3部109卷，合计达209部22833卷。数量是多么惊人！实际上这还远远不是清代官修史籍的实际数字，其实际数目要远比这个数量大得多。比如，起居注馆编纂的历朝帝王起居注，宗人府编纂的皇室玉牒，国史馆编纂的本朝国史以及十年编纂一次的《皇清奏议》，则例馆每"五年一小修，十年一大修"，又修纂过多少则例，还有各种各样的谕旨、奏折，等等，因未经全面整理，其卷帙又有多少，不得而知。但仅就这些史馆的规模，就可以推断出这些典籍依然是数量惊人的。如果再把其他书馆，比如各种经馆、医馆、文馆以及《古今图书集成》馆、四库全书馆等所修的典籍都计算在内的话，清代官修文献的数量又不知凡几！

其次，体裁多样，且有创新。

从体裁上看，清代史馆所修史书有纪传体、编年体、纪事本末体、典制体、纲目体、传记体等多种体裁；从目录分类来看，涉及正史类、编年类、纪事本末类、别史类、诏令奏议类、传记类、时令类、地理类、职官类、政书类、目录类、金石类、史评类等多种类目。可以说覆盖了各种史体。

不仅如此，清代官修史籍在史书的体例、体裁上还有不少创新。就体例来

①　姚继荣：《清代方略馆与官修方略》，《山西师大学报》2002年第2期。

讲，比如《明史》编纂，《明史》馆馆臣曾针对体例问题进行过热烈讨论，提出了"体例本乎时宜，不相沿袭"，"史盖因时而变其例"①的观点，并对纪、传、志、表等的记述准则和范围提出了具体意见，使《明史》基本做到了编排精审、体例谨严、首尾完备、互相照应。其中特设《阉党传》，揭露明代宦官专权的黑暗情形；专立《土司传》，反映明代中央政权与各少数民族之间的关系；《历志》附以插图，体现明代历象、算学的研究情况以及科学技术的发展；《宰辅年表》列丞相与内阁大学士于其内；《七卿年表》将六部尚书外加都察院左右都御史列入，这不仅反映了明代政权机构的特点，还便于了解明代政治制度的演变。诸如此类，既继承史书成例，又有所变通创新，从而比较准确地把握和反映了明代社会的特点。其他不少史书，在继承前代史书体例的基础上，都能根据社会现实进行不同程度的变通，比如方略馆编纂的系列方略，就是纪事本末体发展的新形式，突破通代和断代的记述方法，专注于"一事一书"的战争行为，等等。就体裁来讲，除了覆盖各种史体以外，还在继承的基础上有所创新，比如《皇清职贡图》，就将图、文结合在一起，绘制"外夷番众"和国内诸族男女图像，外国包括朝鲜、苏禄、缅甸、英国、法国、瑞士、日本、马来、荷兰、俄罗斯、吕宋等国官民，国内包括西藏、新疆、东北、福建、湖南、两广、甘肃、四川、云贵等地各族官民，绘制图像，辅以图说，记述国外及国内各族的相貌特征、族源、居地、历史、姓氏、婚姻、服饰、习俗等，图文并茂，内容丰富，充分表现乾隆皇帝"书文车轨谁能外，方趾圆颅莫不亲"②的大一统思想。这种图文体的史书，《南史》中曾记载裴子野有《方国使图》，张彦远《历代名画记》曾记载梁元帝时有《职贡图》，但所记内容较简③，不足以全面表现历史的内容，清代官修《皇清职贡图》在继承的基础上，使这种图文体体裁更加完善，更有利于表达统治者的思想。

第三，集中反映了清统治者的历史思想和史学思想。

清代设馆修史，根本的出发点当然是为了以史学辅助政治，为政治统治服务。既然如此，清代官修史籍或多或少都贯彻着帝王立场，统治者的历史思想和史学思想必然会在官修史书中表现出来。

---

① 朱彝尊：《曝书亭集》卷32《史馆上总裁第一书》，四部丛刊初编本。
② 《皇清职贡图》卷首，御制诗。
③ 《四库全书总目》卷71《皇清职贡图》条。

　　从清代官修史籍的结构看，很多史书都载有皇帝的谕旨或诗文，这说明官修史籍就是要表达皇帝的旨意，显示统治者对历史和现实的看法，借此把对历史的解释权统一到为清廷政治服务的轨道上来。从历史思想的角度看，清代官修史籍有着朴素的历史运动观，甚少迷信荒诞的内容。康熙皇帝曾指出：“自古帝王治天下之道，因革损益，期于近善，原无数百年不敝之法。”① 这种因革损益的历史观在官修史籍中非常常见，《大清一统志》、《大清会典》、“清三通”等书论述到制度的变革，均持此种看法。史馆修史还贯彻有明显的重视人力的思想，论述历史一般从人事出发，但同时又无法完全摆脱天命的影子。《明史》在论述明代历史的兴盛衰亡时，强调人事，但又屡屡指出天意的重要，认为“天厌明朝”，称崇祯皇帝虽有重整河山之志，仍无法挽乾坤之倒悬，原因就是“祚讫运移”，“岂非运数使然哉”②。称史可法等人力图复兴，但还是“孤城不保，志决身歼”，原因仍是“明祚既移，故非区区一二人所能挽也”③。史馆修史还推崇英雄史观，康熙皇帝在《明史》编纂期间发出谕旨，要求对朱元璋等帝王给以高度评价：“洪武系开基之主，功德隆盛；宣德乃守成贤辟。虽运会不同，事迹悠殊，然皆励精图治，著于一时，谟烈垂诸奕世。”④ 这种英雄史观在官修史书中有充分体现，特别是在当代史的修纂中，总是把颂扬帝王功业放在首位，极力彰显清代帝王在历史发展中的决定性的作用。官修史籍还有着“大一统”的社会历史观，无处不在宣扬“六和一家”⑤ 的思想，《皇舆表》、《大清一统志》、《西域图志》以及各种边疆“方略”，都有浓厚的中外一家、一统无外的观念。

　　从史学思想的角度看，史馆修史特别强调史学的社会作用，顺治皇帝曾说：“古人嘉言善行，载于典籍者，皆修己治人之方，可施于今者也。”⑥ 康熙也说：“自古帝王御事，大经大法莫备于史。”⑦ 乾隆朝修纂《大清会典》的目的是为了“陈纪立纲，观人文以化天下，绥猷建极，考礼乐以等百王”⑧。正因为看到史书的社会作用，顺治朝编纂《顺治大训》，清世祖要求必须简明易懂，“务令臣民

---

① 《圣祖仁皇帝圣训》卷6，康熙十八年己未八月己丑。
② 《明史》卷24《庄烈帝二》。
③ 《明史》卷274《史可法传》。
④ 《清圣祖实录》卷154，康熙三十一年正月丁卯。
⑤ 《国朝宫史》，第595页。
⑥ 《清世祖实录》卷88，顺治十二年正月丙午。
⑦ 《清圣祖实录》卷150，康熙三十年三月戊子。
⑧ 乾隆《钦定大清会典》卷首，进书表。

皆可诵习，观感兴起"①，起到应有的作用。清代史馆修史还强调据事直书，早在入关之前，皇太极就说："记注本朝政事，以昭信史。"② 入关以后，顺治、康熙、雍正、乾隆、嘉庆等皇帝，均要求"史书务纪其真"③，"作史之道，务在秉公持平，不应胶持私见，为一偏之论"④。当然，由于政治之手不断拨弄史馆修史，故而所谓的"直书"，必然要被扭曲。清代史馆修史还特别重视考证，雍正皇帝谕令《大清一统志》馆史臣"务期考据详明，摭采精当，既无阙略，亦无冒滥"⑤。乾隆朝官方修纂史书，更与兴盛一时的考据学风相合，极为重视考证，《热河志》、《满洲源流考》、《日下旧闻考》、《皇舆西域图志》等史书都是官史中严谨考据的代表。另外，由于清朝把朱熹理学当作官方哲学，史馆修史中还渗透了理学的观念，诸如《春秋》笔法、正统理论等。

总之，清代官修史籍中所蕴含的历史思想和史学思想，长期以来没有引起人们的足够重视，如今看来，其中很多内容，尚待深入挖掘。有清一代，勤于设馆修史，不仅为人们留下了数以千万计的文献资料，使后世能够通过这些资料，窥知清代历史的本来面目，尤其是上层社会的政治、经济、文化、军事、民族等各方面的活动。而且在体例、体裁上有所创新，蕴含着丰富的思想，这些同样是宝贵的史学遗产，值得认真研究、总结。清代官方修纂出如此数量可观的史籍，所折射的绝不仅仅是史学现象，这实际上是一个王朝经济发达、重视史学积累、注意培养修史人才并有一套行之有效的管理办法等各方面综合作用的结果。

---

① 《清世祖实录》卷88，顺治十二年正月辛亥。
② 《清太宗实录》卷5，天聪三年四月丙戌。
③ 《清世宗实录》卷9，雍正元年七月甲午。
④ 《清圣祖实录》卷154，康熙三十一年正月己卯。
⑤ 《清世宗实录》卷75，雍正六年十一月甲戌。

第四章　清代史馆与史官

史官是史馆修史的主体，同时也是官僚体系当中的一分子。清代史无专官，内阁、翰林院、军机处以及各部院衙门和其他渠道调入史馆的纂修人员，绝大多数都有其本职事宜，并置身官僚体系的运作之中。史官进入史馆从事史书修纂，在专制官僚体系的运作中"生存"，他们的行为既受到学术思潮的影响，又受到专制官僚体系的制约，他们的修史活动、史学观念既有相对独立的史学品格，又被打上鲜明的专制官僚政治的印痕。史馆对史官的学术行为有很大影响，史官的命运随着官僚政治的变动而升降沉浮。史官、史馆与专制政治紧密相连，一直影响着清代史学的面貌。考察史官的活动，对于我们认识古代史馆修史的本质和影响，无疑是非常必要的。

一、史官的流动性

清代史无专官，史馆是铁打的营盘，而史官就是流水的兵。不要说那些书成即撤的特开史馆，就是常开、例开的史馆，其中的史官也不是专职专任的，他们在馆的时间有长有短，其来与去，都要视官僚政治的需要而定。

（一）史官的来源

清代，史官来源渠道多样，其主体部分主要由翰林院、内阁以及各部院衙门派充，其次是民间荐举和延请，再次是通过招考录用，第四是向各机构征用专门人才。以翰林院等调取为主，以荐举、延请、招考和征用为辅。

翰林院是清代饱学之士聚集之所，是修史人才储备库，再加上它本身就是一个职掌文事、修纂、编辑、校勘史书的机构，"翰林院官，以编修、校勘为职业，敕撰书史咸与"①，故而清代设馆修史，多从此调用史官。而且，清代士子通过

---

① 光绪《大清会典》卷70。

科举进入翰林,清廷特别重视在科举考试中策问史学。康熙十一年(1672),顺天乡试策问试及《明史》修纂,要求士子就《实录》与野史的价值、征集史料的方法以及史料的散佚作出回答①。同年,浙江乡试也问及《明史》修纂,浙江德清人徐倬就史料、史才以及明代若干历史问题应试②。徐倬"康熙十二年成进士,改翰林院庶吉士,以选入史馆,授编修"③。康熙十三年,顺天乡试又试及史学问题,问及编年、纪传、纲目、典志四体优劣④。康熙十八年会试,仍然策问到《明史》修纂,问及建文、景泰之年号,交南用兵之得失,兴献议礼之是非,野史传闻之异同以及历史资料之搜存⑤。康熙三十六年会试,依然有史学问题⑥。雍正元年(1723)恩科,照样策问史学⑦。乾隆元年(1736)还规定会试、乡试,"以时务发问,必令详引《纲目》(即《通鉴纲目》)中事迹、人物,凡历代制度沿革,创始何人,更定何人,即事之得失,以定人之贤否,务期论断详明,折衷至当"⑧。明确要求士子引用历史,总结历史,评判历史,就历史而谈现实。此后的科考,更是经常涉及史学问题,诸如史书体裁、修史利弊等。比如乾隆元年八月,山东乡试策问就涉及史学问题,时任科考官的汪由敦在所著《松泉文集》中提到这一问题,云:"国家纂修《明史》,《纪》、《表》、《志》、《传》具已告成。圣天子右文稽古,行将进而讲编年之体,以继涑水之鸿裁,绍紫阳之心法。诸生有淹通史法足充著作之选者,其各摅所见。"⑨ 同年九月,诏试博学鸿词科,试题之二又问及历代史书之优劣,编年、纪传、纲目三体之得失⑩。清廷不仅重视在科举考试之中策问史学,而且能够积极配合修史需要而出题,像修纂《明史》期间,科考多涉及明代历史。这些势必激发广大士子学习历史的热情,有利于史学人才的培养。而中试者又多先经翰林院任职,翰林院又是调取史官的主要机构,故而翰林官大多数都能参与修史,且堪使用。可以说,清廷能够

① 徐乾学:《憺园集》卷36《顺天乡试策问》。

② 徐倬:《修吉堂文稿·应制集》卷下《策问》。

③ 《清史列传》卷70《文苑传一·徐倬传》。

④ 韩菼:《有怀堂文稿》卷12《乙卯顺天乡试策问五道》。

⑤ 李振裕:《白石山房集》卷20《拟策问四首》。

⑥ 熊赐履:《澡修堂集》卷4《丁丑科会试策问五道》。

⑦ 张廷玉:《澄怀园文存》卷6《癸卯恩科会试策问五道》。

⑧ 《清高宗实录》卷19,乾隆元年五月甲寅。

⑨ 汪由敦:《松泉文集》卷6《丙辰科山东乡试策问五道》。

⑩ 朱端强:《万斯同与〈明史〉修纂纪年》,中华书局2004年版,第328页。

设立众多史馆修纂史书，与重视通过科举培养士子的史学修养是有密切联系的。具有史学修养的翰林官以及各部院衙门的官员充任史官，为官方修史提供了人才保证，此乃一种良性的循环。

除翰林院外，内阁、军机处以及各部院衙门也都要派员充任史官，参与史书修纂。清代规定，凡纂修实录、圣训、国史、典训、方略、会典、一统志等书，以内阁大学士任监修总裁官，学士则分兼副总裁、总纂、纂修等职①。在纂修"方略"等军事类书籍时，军机处要派军机大臣兼充总裁，满洲纂修、汉纂修也要于军机章京内派充，掌分司编纂之事②。在编纂会典等典制类史书时，还要从各部院衙门抽调熟悉典故之人参与编纂，以保证史书质量。

延请和荐举也是史官来源的重要渠道。和从翰林院等衙署直接调取史官所不同的是，这些史官入馆较为灵活，主要是根据史馆的特殊需要及具体情况而定。比如清初修《明史》，必须召集熟悉明朝典故者参与其事，清廷就批准《明史》馆总裁徐元文延请黄宗羲、李清等人入馆的建议③。接着徐元文又荐举了曹溶、汪懋麟、黄虞稷、姜宸英、万言等五人，均得到清廷允准。其中，李清、黄宗羲、曹溶以老不至，各上所著书，余皆征入史馆任事。这些人皆为著名学者，其进入史馆，必然对《明史》质量的提高起到重要作用。徐乾学主持《大清一统志》馆，延请胡渭、顾祖禹、阎若璩、黄仪参与纂修，所谓"尚书徐乾学奉诏修《一统志》，开局洞庭山，延常熟黄仪、顾祖禹，太原阎若璩及（胡）渭分纂"④。黄、顾、阎、胡皆精于历史地理之学，徐乾学延请他们入馆，可谓人尽其才。嘉庆年间，安徽歙县贡生汪莱被大学士禄康"荐修《天文》、《时宪》二志"⑤。汪莱精于天文历法，焦循将他与著名天文算学家李锐并提，认为"绝学之显，厥有两君"⑥。他被人荐举入国史馆修《天文志》和《时宪志》，正是用其所长。总之，延请、荐举所得，往往是学有专长、身怀绝学的学者，他们可以在一般人难以措手的修史领域发挥重要作用。

---

① 雍正《大清会典》卷2、乾隆《大清会典》卷2、乾隆《大清会典事例》卷2均有记载，文渊阁四库全书本。
② 光绪《大清会典》卷3。另，《清史稿》卷114《职官志一·军机处》的记载与此类似。
③ 《清圣祖实录》卷88，康熙十九年二月乙亥。
④ 《清史列传》卷68《儒林传下一·胡渭传》。
⑤ 《清史列传》卷69《儒林传下二·李锐传附汪莱传》。
⑥ 《清史列传》卷69《儒林传下二·李锐传附汪莱传》。

清代后期，各史馆补充史官，主要通过招考和征用的形式进行。就招考而言，报考者持原衙署出具的保举证明就可以报名①。嘉庆、光绪年间修纂《大清会典》，创造图画一门，需要绘图人才，"由吏部召募工于绘画之人，严加考试，精取绘图誊录数名，以备咨取"②。有人也可以从彼史馆考入此史馆，比如，乾隆时实录馆汉文誊录官沈奂文，系陕西西安府长安县监生，先供职于律例馆，律例告成议叙吏目职衔，乾隆二年（1737）八月初一日由律例馆考取进入实录馆③。至于在举人、恩拔岁副贡生及捐纳贡监生中考取誊录官，更是成为一种制度④。征用专门人才入馆修史，多见于晚清。光绪年间会典馆纂修《大清会典》，除招考精于绘图之人外，还从同文馆、天津水师学堂、上海广方言馆及船政机器制造局等机构的教习、学生中征用精于绘图的人才入馆，如果所征人员有官职，则"本省差使离开，仍在本省开支薪水，免其内顾"⑤。甚至直接点名征用某人，如光绪十六年（1890）五月，会典馆行移两广总督，要求将广东水陆师学堂精于测算天文舆地及精绘武备的新式学生林汝奎等11人征入史馆，"同样本省发给薪水，馆内给津贴"⑥。同年四月，移会江西巡抚，"咨取江西上高人黄梯才，该员精通舆地测绘之学，堪充图上协修官，本馆业经奏明，行移江西巡抚，饬令该员赴馆当差"⑦。光绪《大清会典》重视图画的绘制，当然就会征用精于此道的新式人才。所有这些，都是根据修史需要而进行的补充。

可见，清代史馆中的史官来源复杂，既有占主体地位的翰林院官员，也有内阁、军机处以及其他政府机构派充的官员，还有根据实际情况举荐、延请、招考和征用的人员。在清代，官方组织修史不仅是一种文化事业，更是一种政治活动，他们通过不同渠道吸纳史官于史馆中，既可把各种因素调动起来，又能使之互相钳制、监督，从而达到自己所要达到政治目的。而且，清代史馆这种既有稳定的史官来源，又能根据实际情况举荐、延请、招考和征用史官的运作方式，不仅保证了官修史书的顺利修纂，而且保证了官修史书的质量。

---

① 《国史馆档案·人事类》，案卷号948。
② 《张之洞全集》第四册，第2692页。
③ 《三朝实录馆员功过等第册》，载《史料丛编二集》，康德二年秋库籍整理处编印。
④ 《清高宗实录》卷198，乾隆八年八月壬子。
⑤ 《会典馆行移档》。
⑥ 《会典馆行移档》。
⑦ 《会典馆行移档》。

（二）史官的去向

清代史馆，因无专官，在开馆修史的过程中，会不断往里补充史官，与此同时，也不断有史官离馆。可以说，有的史官终一书修成，一直在馆，有的则半途而出，离馆而去。

清代史馆中的史官，上自总裁、副总裁，下到一般的纂修、差役人员，都处在一种流动不居的状态。王士禛在谈到明史馆中史官的流动情况时就曾说："康熙己未，开明史馆。其后总裁及纂修官迁转病假不一，屡易其人。"[1] 王士禛道出了清代史馆中史官流动的实情。咸丰初年修成的《宣宗实录》，自道光三十年（1850）二月开馆，至咸丰六年（1856）十一月修成，其中的总裁、副总裁在馆、离馆的情况如下[2]：

在馆总裁、副总裁：

姓　名	官　职	在馆官职	在馆时间
文　庆	大学士	监修总裁	道光三十年二月至七月充总裁，咸丰六年七月充监修总裁，在馆十个月
花沙纳	吏部尚书	总裁	咸丰四年十月充总裁，在馆二年一个月
朱凤标	户部尚书	总裁	道光三十年十月充副总裁，咸丰三年十一月充总裁，在馆六年三个月
阿灵阿	兵部尚书	总裁	道光三十年二月充副总裁，咸丰元年八月充总裁，在馆六年十一个月
赵　光	刑部尚书	总裁	咸丰三年十一月充副总裁，四年二月充总裁，在馆三年一个月
彭蕴章	协办大学士	副总裁	咸丰四年二月充副总裁，在馆二年十个月
周祖培	兵部尚书	副总裁	道光三十年二月充副总裁，咸丰元年五月充总裁，三年十一月充副总裁，在馆六年十一个月
瑞　常	吏部左侍郎	副总裁	道光三十年二月充副总裁，在馆六年十一个月
穆　荫	吏部右侍郎	副总裁	咸丰四年十月充副总裁，在馆二年一个月
双　福	左副都御史	蒙古副总裁	道光三十年六月充纂修，咸丰元年五月充提调，四年九月充蒙古副总裁，在馆六年七个月

---

[1]　王士禛：《分甘余话》卷3《明史馆与熊赐履》，中华书局1989年版，第62页。

[2]　此表据《咸丰同治两朝上谕档》第280—281页的记载编制，广西师范大学出版社1998年版。

离馆总裁、副总裁：

姓　名	官　职	在馆官职	在馆时间
祁隽藻	致仕大学士	监修总裁	道光三十年二月充总裁，十月充监修总裁，咸丰四年十一月开缺。在馆四年十一个月
贾　桢	大学士	监修总裁	咸丰四年十一月充监修总裁，六年六月开缺。在馆一年八个月
穆彰阿	大学士	监修总裁	道光三十年二月充监修总裁，十月开缺。在馆九个月
杜受田	协办大学士	总裁	道光三十年二月充总裁，二年五月开缺。在馆二年五个月
惠　丰	礼部尚书	总裁	道光三十年八月充总裁，咸丰元年八月开缺。在馆一年一个月
赛尚阿	大学士	总裁	道光三十年二月充总裁，咸丰元年三月开缺。在馆一年二个月
季芝昌	闽浙总督	总裁	道光三十年二月充副总裁，十月充总裁，咸丰元年五月开缺。在馆一年四个月
翁心存	吏部尚书	总裁	道光三十年二月充副总裁，咸丰二年七月充总裁，三年十二月开缺。在馆三年十个月
许乃普	左都御史	总裁	咸丰三年十二月充总裁，四年二月开缺。在馆三个月
柏　俊	户部尚书	总裁	咸丰元年三月署总裁，四年十月开缺。在馆三年十个月
福　济	安徽巡抚	副总裁	道光三十年二月充副总裁，七月开缺。在馆六个月
全　庆	工部尚书	副总裁	道光三十年八月充副总裁，咸丰四年闰七月开缺。在馆四年二个月
何桂清	浙江巡抚	副总裁	咸丰元年五月充副总裁，二年八月开缺。在馆一年五个月
书　元	候补内阁侍读学士	副总裁	咸丰元年八月充副总裁，二年七月开缺。在馆一年一个月
邵　灿	漕运总督	副总裁	咸丰二年七月充副总裁，三年十二月开缺。在馆一年六个月
王庆云	山西巡抚	副总裁	咸丰二年八月充副总裁，三年十一月开缺。在馆一年四个月
罗惇衍	户部左侍郎	副总裁	咸丰三年十二月充副总裁，五年十月开缺。在馆二年
奕　毓	工部右侍郎	副总裁	咸丰元年五月充副总裁，三年十一月开缺。在馆二年八个月
常　志	兵部左侍郎	副总裁	咸丰二年七月充副总裁，五年十月开缺。在馆三年五个月
吉纶泰	理藩院尚书	蒙古副总裁	咸丰元年三月充副总裁，三年二月开缺。在馆二年一个月

从上面的表格可以看出，总裁、副总裁共30人，咸丰六年（1856）实录修成时在馆的只有10人，其余20人均中途离馆。在馆的10人中还有很多是后来入馆的。道光三十年（1850）二月开馆即入馆而又坚持到咸丰六年十一月全书告成的总裁、副总裁只有3人，即阿灵阿、周祖培、瑞常。由此可以看出史官的流动性是非常大的。

在修纂史书的过程中，史官为什么会中途离开史馆呢？《明史》馆纂修官毛奇龄在《史馆兴辍录》中对《明史》馆中史官的流动有形象的记述，他说："数年之间，即有告归者，有死者，有充试差者，有出使外国者，有作督学院使者，且有破格内升京堂，并外转藩臬及州府者，自康熙己未至辛未，在馆者不过一二人。余或升侍郎，或转阁学，或改通政使，全不与史事。而旧同馆官亦俱阑散。向之争进者今亦告退，不惟史不得成，即史馆亦枵然无或至者在。五十人（指康熙十八年入馆的五十博学鸿儒）多处士，难进易退，且又老迈。十余年间，不禄者已三十人矣。第不知同馆多人，并不限数，何以一任其兴辍若此。"① 毛奇龄此文写于康熙三十年（1691），馆中旧人大多离馆，或告归、或去世、或充试差、或出使外国、或做督学院使、或内升、或外转，而此时《明史》尚未成书，物故人散，使毛氏深感凄凉。当时的情况确如毛奇龄所言，《明史》馆纂修官变更频繁，康熙十八年（1679）入馆修史的博学鸿儒50人，"或历高位解史职，或休沐、或放废……又相继下世，其直史馆司笔削者，已落落如晨星矣。或又分纂实录、宝训、方略、会典、典训、一统志诸书，多不能专力《明史》"②，纂修官们除了升职、休沐、放废、下世等原因离馆外，还有参与其他史书修纂而被其他史馆调离者。这种情况就连曾做过明史馆总裁的陈廷敬都颇有感叹："词垣风义动簪绅，门引诗贤有白申；相见官曹贫似病，敢论人物积如薪；焚余蕉史思残事，别后槐厅共几人（自注：先是同直明史馆）；自笑陆生新鬓发，浮沉空叹二毛辰。"③ 雍正元年（1723），杨椿"厕明史馆纂修"，"其时同进馆者二十三人，人各分书数卷。未几，它任四出，留馆者数人而已"④。《明史》修纂前后历时九十余年，史官自然变更频繁。另外，现存的一份档案——《三朝实录馆馆员功过等第册》中也记录了乾隆时期《世宗实录》馆一些史官离馆的原因，有升任离馆、

① 《西河集》卷118《史馆兴辍录》，文渊阁四库全书补遗本，北京图书馆出版社1997年版。
② 钱仪吉：《碑传集》卷45《倪检讨灿墓志铭》，中华书局1993年版。
③ 陈廷敬：《午亭文编》卷9《生日次韵酬熊次侯学士》，文渊阁四库全书本。
④ 刘承干：《明史例案》卷7《杨农先上明史馆总裁书》，吴兴刘氏嘉业堂刊本。

降调离馆、学差离馆、回籍离馆、告假离馆、丁忧离馆、试差离馆、终养离馆、馆员外选、患病离馆、革职离馆、休止离馆、钦点庶吉士离馆等①。

　　清代史馆中的史官之所以如此流动频繁，是因为清代没有专职修史的史官，绝大多数修史人员均以各衙门的原衔兼任，都有自己的本职事宜，甚至他们修史期间的薪俸，也是由原单位发放的②。他们是专制官僚体系中的一分子，修史和其他工作一样，要看统治者的需要而定，他们可以随时被调离史馆，委以他职。

　　清代史官的流动可分为"史馆——社会"和"史馆——史馆"两种情况，"史馆——社会"流动即史官调任它职，升降迁转，离馆走向社会。据《三朝实录馆馆员功过等第册》载，满文纂修官永宁，于雍正十三年（1735）十一月入史馆任事，乾隆六年（1741）由员外郎升授直隶河间府知府而离馆；纂修官保良同样于雍正十三年十一月入馆任事，乾隆二年五月十一日由翰林院侍读学士降授工部员外郎离馆；纂修官赵大鲸于乾隆三年十一月二十八日提督江西学政而离馆；供事卫承周于雍正十二年进馆，乾隆六年选授福建古田县水口驿驿丞③。到了晚清，总理各国事务衙门也从史馆中咨取，处理案牍资料，规定凡总理各国事务衙门人员不足，"照奏定章程，先向方略、国史两馆咨取，如两馆无人"，"则于内阁、翰林院、詹事府等处，一体咨传备考"④。这样的流动意味着史官走出史馆而直接介入社会，对现实政治发生影响。其在史馆所积累的历史知识，必然要在自身的政治生涯中发挥作用。"史馆——史馆"流动即史官从一个史馆流到另一个史馆，依然从事修史活动。乾隆时"三朝实录"馆汉文誊录官沈奂文，系陕西西安府长安县监生，先供职于律例馆，律例告成议叙吏目职衔，乾隆二年八月初一日由律例馆进入实录馆⑤。这样的流动意味着历史知识、史学观念、学术文化的交流与传播，使得史馆之间联系加强。

---

　　①　以上均见《三朝实录馆馆员功过等第册》，载《史料丛编二集》。

　　②　王记录：《清代史馆的人员设置与管理机制》，《史学史研究》2005 年第 4 期。

　　③　以上均见《三朝实录馆馆员功过等第册》，载《史料丛编二集》。

　　④《总理各国事务恭亲王等奏请增派司员》，见中国人民大学历史档案系档案教研室编《中国档案史参考资料》，中国人民大学出版社 1962 年版，第 1 页。

　　⑤《三朝实录馆馆员功过等第册》，载《史料丛编二集》。

二、史官的学术争论、相互影响和思想冲突

史馆修史，史官众多，往往会就史书修纂中的一些问题产生争议。这种争议明显折射出当时的政治观念、学术观念和史学观念，颇能让人看到史学的独立个性以及专制统治对史学的干预。

就我们所接触到的资料而言，常开、例开的史馆，诸如起居注馆、国史馆、实录馆、玉牒馆、方略馆、会典馆等，由于所修史书切近帝王根本利益，有着严格的规章制度和修史准则，史官惧怕触犯忌讳，馆中几乎没有多少学术上的争议，"夫章程一秉夫鉴裁，即字体一遵夫指示"①，一切仰承圣裁，听从钦定，绝对不允许史官发表个人看法。清代帝王对史馆修史的指导具体而详细，从修史指导思想到史书字词错误，无不涉及，一旦出现问题，对史官的惩处相当严厉。乾隆对官修史书的指导思想、体例、内容等决断去取，不容置喙，像历代正统问题、彰善瘅恶问题、国史设立《贰臣传》、《逆臣传》以及史书的文字表述等问题，都是乾纲独断。清代还形成史书修纂次第进呈御览的制度，要求一些重要史籍每修若干卷就要进呈御览，"每成一卷，先进副本，恭候钦定，再缮正本"②，皇帝随时审阅，强化了对修史工作的控制。

对于特开史馆内史官的学术争论，只要不触及清廷根本利益，统治者一般都会给他们留有一定的"生存"空间，让他们发表自己的看法。《明史》馆中史官提出要直笔修史，恰恰符合统治者的愿望，雍正就指示《明史》编修要"征事务求其实，持议必得其平……庶几以成一代之信史"③。一般情况下，统治者容许史官讨论史书体例、资料取舍等纯史学的问题，大多数史馆对于史官在修史体例、资料获取等方面的好的建议，都能予以采纳。比如钱大昕，在史学上造诣非凡，且多次参与史馆修史。乾隆三十七年（1772）充"三通"馆纂修官，写出《拟续通志列传凡例》、《续通志列传总叙》两篇文章，就《续通志》的纪事原则、体例、资料等提出自己的看法，认为编纂《续通志》，总的原则要"事增于

---

① 《清仁宗实录》卷首《进实录表》。
② 《清高宗实录》卷338，乾隆十四年四月甲申。
③ 《雍正朝汉文谕旨汇编》（三），广西师范大学出版社1999年版。

前，文省于旧"，"凡正史所载，事之无关法戒，人之无足重轻者，稍删节之"。在搜集资料上，凡正史、编年、别史、典故、传记杂事、碑版石刻、文集选本、舆地郡县之志、类事说部之书，"详加折衷，其可征信者，则增入正文；其当两存者，则附之分注"①。在体例上，钱大昕主张《续通志》应依郑樵《通志》原书之序，折中诸史义例，首宗室、次列传、次外戚、次忠义、孝友、独行、循吏、酷吏、儒林等，以至四夷。在列传名目上，要画一名目，等等。其他如关于皇太子、皇子、诸王的处理方法，关于删除《世家》，改为《载记》的看法等②。很多建议都被总裁采纳，写进《续通志·凡例》中③。钱大昕长于史学，他的见解自然会引起史馆同仁的重视，所谓"手定《通志·凡例》，分别子目，增删皆臻尽善，总纂深以为然"④。类似钱大昕这样对修史提出有益建议而又被采纳的，在清代史馆中当不在少数。

可是，一旦所论问题越出统治者划定的范围，史官们就可能惨遭横祸，如嘉庆年间设馆编纂《明鉴》，涉及清朝开国之事，其中按语多有悖谬之处，清仁宗阅后大为光火，斥责该馆总裁等"并不奏明，率行纂辑，实属冒昧"⑤，结果《明鉴》馆总裁、总纂、纂修等官均被罢免，交部议处，原稿一律作废，另行派人纂辑。由此可见，清代皇帝靠强权干预史馆修史，超过了历史上任何一个王朝。

官方修史，重其职而密其事，关于史馆内的学术争议，缺乏记载。史官们因惧怕文祸，在自己的著作中也很少提及参与修史时的情况。所以要想对每一个史馆中史官们的学术争论及相互影响进行考察，几乎是不可能的，这里只能选择记载较多，又具有典型性的个案进行分析，以收窥豹之效。

（一）《明史》馆内史官的史学讨论与相互辩难

在清代所有的史馆中，《明史》馆内史官的学术争论最为引人注目。这是因为，其一，争论最为激烈；其二，涉及的历史内容最广，举凡史书编纂以及明代

① 《潜研堂文集》卷18《续通志列传总叙》。
② 《潜研堂文集》卷18《拟续通志列传凡例》。
③ 把《续通志·凡例》与钱大昕的《拟续通志列传凡例》进行一番比较，就能看得更加清楚。
④ 《钱辛楣先生年谱》，乾隆三十七年壬辰，钱庆曾案语。见《嘉定钱大昕全集》（一），江苏古籍出版社1997年版。
⑤ 光绪《大清会典事例》卷1051《翰林院·纂修书史三》。

史事均有涉及；其三，不仅仅局限于馆内史官之间，还一直延伸到馆外，成为整个学界注意的问题。

康熙十八年（1679），《明史》进入实质性编纂阶段，史馆内外的史官、学者就《明史》修纂展开了激烈讨论，馆中纂修官万斯同、潘耒、汤斌、徐元文、徐乾学、朱彝尊、毛奇龄、李因笃、汪琬、尤侗、彭孙遹、汪由敦、施闰章、叶方蔼、王鸿绪、杨椿等，馆外学者黄宗羲、顾炎武、陆陇其、全祖望以及最高统治者康熙皇帝、雍正皇帝等，都对《明史》修纂提出了自己的看法，进行了激烈讨论。汤斌上《明史凡例议》、《明史本纪条例》，潘耒上《修明史议》，施闰章上《修史议》，李因笃上《史法》，汪由敦撰《史裁蠡说》，徐乾学撰《修史条议》，王鸿绪撰《史例议》，朱彝尊在史馆七上总裁书，毛奇龄三上总裁书，以及其他史官的上书和相互间的通信，都论证了纂修《明史》应当注意的问题。

潘耒在《修明史议》中针对《明史》馆的情况，向总裁提出"搜采欲博，考证欲精；职任欲分，义例欲一；秉笔欲直，持论欲平；岁月欲宽，卷帙欲简"[①] 的建议。这里面涉及资料搜集、史事考证、史官分工、确立义例、秉笔直书、议论公允、放宽时限、卷帙求简等问题。施闰章在《修史议》提出《明史》修纂有八难：考据、裁制、核实、定论、门户、牵制、忌讳、程限[②]，其所论更触及史馆修史的弊端（牵制）、文字狱贾祸（忌讳）等问题。

在修纂《明史》的原则上，纂修官提出核事实、秉公心、彰直道的思想。潘耒认为作史一定要直书，"直则万世之公道伸，平则天下之人心服"[③]。无纂修之名，而行总裁之实的万斯同认为修史最难的就是"事信"，为了防止"好恶因心而毁誉随之"的恶劣作风在史馆中出现，万氏提出"平心"写史的主张，"因其世以考其事，核其言而平心以察之"[④]。朱彝尊先后七次上书总裁官，反复强调"国史者，公天下之书也，使有一毫私意梗避其间，非信史也"，特别提出评论历史要破除门户，"作史者，当就一人立朝行己之初终本末，定其是非，别其白黑，不可先存门户于胸中，而以同异分邪正贤不肖也"[⑤]。毛奇龄对捏造历史的现象

---

① 潘耒：《修明史议》，见《明史例案》卷4，吴兴刘氏嘉业堂刊本。
② 施闰章：《学余堂文集》卷25《修史议》。
③ 潘耒：《修明史议》，见《明史例案》卷4。
④ 方苞：《方望溪文集》卷12《万季野墓表》。
⑤ 朱彝尊：《曝书亭集》卷32《史馆上总裁第六书》。

非常反感，提出"千秋信史，所贵核实"①。

在《明史》体例方面，史官们也进行了讨论。历来官修史书，书出众手，如果史法不明，很容易造成混乱。《明史》馆馆臣有鉴于此，要求先定体例，然后笔削。朱彝尊云："作史者，必先定其例，发其凡，而后一代之事可无纰缪。"②潘耒说："今为史亦宜先定规模，发凡起例，去取笔削，略见大旨。"③汪由敦也说："史法必先体例，体例不明，笔削无据"④。在探讨体例问题时，朱彝尊提出"体例本乎时宜，不相沿袭"，"因时而变其例"⑤的观点。汪由敦提出"本纪、志、传，体虽不同，事本一贯，必通彻参详，方可免抵牾复出之患"的看法。朱氏的观点在具体编纂中得以贯彻，汪氏的看法得到王鸿绪的支持⑥。在资料选择上，万斯同奉行以实录为指归，参伍以野史家乘的史料采择原则⑦，得到纂修官的认可，潘耒、朱彝尊、汪由敦都有"本之实录，参以野纪"的言论。徐乾学等总裁官订立的《修史条议》，综合诸家之论，详为商榷，合为六十一条，除对明代历史上一些有争议的问题基本统一看法外，着重规定了《明史》纂修应当遵循的原则。如史法方面，强调"赏罚在一时，褒贬在万世"，在叙事方面，主张"辨而不华，质而不俚"，在史料方面，主张实录之外，广搜博采，"集众家以成一是"⑧。

在《明史》馆史官所进行的讨论中，有三点应该引起注意。

其一，主张在《明史》中设立《忠义传》。清初官修《明史》，一个最为敏感的问题就是怎样对待明末抗清义士。如果为之立传，就等于歌颂清廷的敌人，如果置之不理，就不能存信史于后世。对此，史官们敢于触犯时忌，坚持设立《忠义传》。在他们看来，明君臣之义，立臣子极轨，鉴前史经验，以不没其实，是非常重要的。汤斌认为，明末抗清义士虽"有乖倒戈之义，而临危致命，实表岁寒之心，此与海内混一，窃名叛逆者情事不同"，因此必须"开一代忠孝之原，

---

① 毛奇龄：《西河集》卷11《奉史馆总裁札子》。
② 朱彝尊：《曝书亭集》卷32《史馆上总裁第一书》。
③ 潘耒：《修明史议》，见《明史例案》卷4。
④ 汪由敦：《松泉文集》卷20《史裁蠡说》。
⑤ 朱彝尊：《曝书亭集》卷32《史馆上总裁第一书》。
⑥ 王鸿绪：《王横云史例议上》，见《明史例案》卷2。
⑦ 参见万斯同《石园文集》卷7《寄范笔山书》、《与李杲堂先生书》。
⑧ 徐乾学：《徐健庵修史条议》，见《明史例案》卷2。

肃万载臣子之极"①。徐乾学等人则从元修《宋史》备载抗元义士的事实出发，指出"此皆前例之可据，何独今史为不然？当搜轶事于遐陬，用备一朝之巨典"②。《明史》之设《忠义传》，一方面反映出史官秉笔直书，敢于触犯时忌，以求传信后世的史德，另一方面也反映出清廷统治渐趋稳固，统治者需要倡导忠君思想的时代要求。

其二，罢黜《道学传》，设立《儒林传》。徐乾学等人在《修史条议》中提出仿《宋史·道学传》之例，在《明史》中设立《理学传》以区别于《儒林传》，得到彭孙遹等人的支持。但此论一出，就遭到汤斌、朱彝尊以及馆外学者陆陇其、黄宗羲的反对。尤其是黄宗羲，致书《明史》馆，逐一驳斥徐乾学们的观点，指出"《道学》一门，所当去也。一切总归《儒林》，则学术之异同，皆可无论，以待后之学者择而取之"③。经过反复辩难，徐乾学等人终于取消了设立《道学传》的想法。明史馆内外关于是否设立《道学传》的讨论，是有其深刻的政治与学术背景的。清初统治者将程朱理学当作官方哲学大力提倡，徐乾学诸人提出在《明史》中设《道学传》，实际上就是这一文化政策在史学中的具体反映，代表了官方意见。但是，从学术发展来看，清初又出现了批判、总结、反思理学的思潮，理学末流所产生的种种弊端，使人们认识到理学要摆脱困境，必须打破门户。推尊道学，贬抑儒林，显然是不合时宜的。黄宗羲等人所代表的就是这种观念。

其三，批判史馆修史的弊端。《明史》为设馆所修，身处史馆中的史官却对史馆修史的弊端进行了揭露。万斯同指出："官修之史，仓卒而成于众人，不暇择其材之宜与事之习，是犹招市人而谋室中之事耳。……吾恐众人分割操裂，使一代治乱贤奸暗昧而不明。"④ 施闰章则指出史馆修史，"分曹共局，是非抵牾，议论蜂起，腐毫辍翰，相持不下"⑤，效率极低。潘耒、朱彝尊、李因笃等也都谈到了史馆修史的弊端。为防止《明史》馆出现以上弊端，李因笃还提出"简才"和"专任"⑥。身在史馆之中而又比较清醒地认识到史馆修史的弊病，反映

---

① 汤斌：《汤子遗书》卷2《陈史法以襄文治疏》。
② 徐乾学：《徐健庵修史条议》，见《明史例案》卷2。
③ 黄宗羲：《移史馆不宜立理学传书》，《黄宗羲全集》第10册，浙江古籍出版社1993年版。
④ 方苞：《方望溪文集》卷12《万季野墓表》。
⑤ 施闰章：《学余堂文集》卷25《修史议》。
⑥ 李因笃：《受祺堂文集》卷1《史法》。

了史官自觉意识的增强。

(二)《大清一统志》馆内史官的学术交流与相互影响

康熙二十五年（1686），清廷第一次设立一统志馆修纂《大清一统志》，徐乾学专理馆务，起了重要作用。康熙二十八年，徐乾学被劾离职，经康熙允准，携一统志馆局南下苏州继续编纂《一统志》，其中阎若璩、胡渭、顾祖禹、黄仪等人都在馆编纂。这些学者在馆中相互论学，彼此影响，促进了不同学者间治学路径和治学方法的相互渗透。

在纂修《一统志》诸史官中，黄仪对历史地理之学有精深造诣，"凡历代山川关隘，争战险厄，郡国属置迁建异同，莫不娴熟于胸中"①，对《一统志》纂修贡献最大，所谓"凡两都十四国之方舆沿革异同是否，莫不总于一人之手，而定于一人之口"②，实际上充当了总纂官的角色。在纂修过程中，阎若璩、胡渭等人积极建言，对《一统志》的体例、选材等提出建议，如阎若璩曾建议《一统志》人物部分"但取其言与行关于地理者，方得采集"，"苟无关地理，概不得阑入"③，然而这种建议并未被采纳。黄仪等人坚持了自己的主张。

尽管如此，史官之间的学术交流与影响一直在进行，他们"晨夕群处，所谓奇文共欣赏，异义相与析者，受益弘多，不可胜道"④，在治学门径与方法方面相互渗透。阎若璩素精经学，在进入一统志馆以前，治学方向主要在经学方面，辅以史学。进入一统志馆以后，与顾祖禹、黄仪等地理学大家论学，受到他们影响，遂对历史地理之学发生浓厚兴趣。其子阎咏言："先是府君殚精经学，佐以史籍，客司寇公所，时方修《一统志》，与顾处士景范、黄处士子鸿周旋，遂喜谈地理，二君固地理专家也。"⑤ 后来阎氏撰写出《四书释地》等著作，自然是得益于史馆中同黄仪、顾祖禹等人的交流和论难。

更为重要的是，就在《大清一统志》修纂的前后，西北边境的准噶尔部噶尔丹与清政府发生了一系列摩擦、冲突，侵扰清朝西北边境。这种边境威胁引发了一统志馆及明史馆中有识之士对极为陌生的边疆史地的关注，刘献廷率先高度评

---

① 裘琏：《横山文集》卷3《琴川黄子鸿纫兰草叙》。
② 裘琏：《横山文集》卷3《琴川黄子鸿纫兰草叙》。
③ 张穆：《阎若璩年谱》，康熙二十八年至三十年，中华书局1994年版，第74—88页。
④ 夏定棫：《德清胡朏明先生年谱》，康熙二十九年，民国间铅印本。
⑤ 转引自张穆《阎若璩年谱》，康熙二十八年己巳，第74页。

价了好友梁份撰写的《西陲今略》（一名《秦边纪略》）一书，认为该书得益于实地调查目验，"得悉其山川险要部落游牧，暨其强弱多寡离合之情"，称赞这是一部"有用之奇书"①。刘献廷还指出："方舆之书，自有专家，近时若顾景范（祖禹）之《方舆纪要》，亦为千古绝作，然详于古而略于今，以之读史，固大资识力，而求今日之情形，尚需历鍊也。此书（即《西陲要略》）虽止西北一隅，然今日之要务，孰有更过于此者。"② 很明显，刘献廷已经开始将研究历史地理的眼光由古代转移到当代，由内地转移到边疆，目的是要解决"今日之要务"。刘献廷的这些观念影响到一统志馆及明史馆有学术眼光之同仁的治学方向，徐元文将目光投向东北，依据清廷与俄罗斯交涉的档案史料撰写了《与鄂罗斯国议定疆界之碑》，万斯同、胡渭等人根据自己深厚的文献修养以及对《水经》、《禹贡》及两汉地志的深入研究和史馆中便利的资料，探讨河源问题。万斯同撰写了《昆仑河源考》，胡渭的《禹贡锥指》也有"附论河源"一节。两书均对西域山川河流进行考论。这样的治史指向隐约为后来的西北史地研究埋下了伏笔。乾隆四十七年（1782）春，河南、山东发生黄河决口，灾情严重。为了治理黄河，消弭灾荒，乾隆皇帝决定对历史上的河源问题进行一次清理，命馆臣将"所有两汉迄今自正史以及各家河源辩证诸书，允宜通行校阅，订是正讹，编辑《河源纪略》"③。《河源纪略》由任大椿、吴省兰、王念孙等人任总纂，撰修者借助于清代实地调查的资料，几乎将历代有关河源的文章进行了一次清理，在该书的第二十五卷中，专门回应了万斯同、胡渭等人对河源的研究。到晚清，魏源研究中俄问题，还把徐元文的文章当作重要文献来参考，也可以看作是对徐元文关于俄罗斯研究的回应。可以说，是一统志馆内纂修官相互之间的学术交流和相互影响成就了学者们的造诣，使他们能够对学术研究的新领域产生兴趣，做出成绩，甚至开一代风气。

（三）《明史纲目》馆内史官与总裁的分歧与修史观念的差异

乾隆四年（1739）七月，《明史》全部修竣。八月初七，乾隆谕令仿朱熹

---

①　刘献廷：《广阳杂记》卷第二，中华书局 1957 年版，第 65 页。

②　刘献廷：《广阳杂记》卷第二，第 65—66 页。

③　《河源纪略》卷首，上谕。

《通鉴纲目》书法，编纂《明史纲目》①，同月三十日，以大学士鄂尔泰、张廷玉为总裁官，组建《明史纲目》馆②，开始编纂《明史纲目》。

《明史纲目》馆内就如何编纂《明史纲目》的问题产生了意见分歧。一方是以总裁官鄂尔泰、张廷玉为代表，另一方以史官杨椿为代表。鄂尔泰等人迎合清高宗仿朱熹"书法谨严"，"褒贬是非之义"的修史旨趣，在该书的书法、义例、叙事等方面费尽心机，史事记载则全依《明史》，而不管《明史》有无错误。所谓"《明史》已成，是非已定，馆中虽有实录及名人撰述，无庸再为考核，但当据本纪为纲。志、传为目，掇拾成之足矣"③。为此，清廷还为《明史纲目》馆中的史官各赏一部《明史》④，以便编纂时参考。但纂修官杨椿对此非常不满，先后两次上书表达自己的观点。

在杨椿看来，《明史》自雍正元年（1723）再次开馆修纂以后，已不像康熙时馆臣搜辑之勤，而康熙时修《明史》所编纂之资料草卷，也已不存，馆中只有明代实录及名人传记，而名人传记也十不存一二。所以雍正元年这次重修《明史》，不过是在王鸿绪《明史稿》的基础上，"仅于纪传后缀以赞辞，及以意更其目次，或点窜字句，未能将现存之书与王公史稿细加讨论"，甚至有"改讹王稿者"⑤。因此，《明史》的质量并不高，《明史纲目》完全以《明史》为根据而进行编纂，显然是不合适的。杨椿认为，"鉴之体与史不类"，修纂《明史纲目》"宜将现存之书参订《明史》，何事为真，何事为伪，阙者补之，伪者正之"，只有这样才能修出质量高的《明史纲目》。如果按总裁所定原则进行修纂，只能修成"一删节补缀之《明史》。何以谓鉴，何以谓纲目乎"⑥？为了申明自己的观点，杨椿还举出了不少《明史》记载错误和自相矛盾的例子，比如关于兀良哈三卫和大宁地的记载，本纪、志、传的记载都不相同，应该信从哪个？"其他表、纪、志、传互相矛盾，事之讹舛，字之差脱，不可枚举"⑦。因此，杨椿请求总裁对已成之《明史》进行全面考订，然后再作为《明史纲目》取材的依据。

---

①　关于《明史纲目》一书的书名，有《明纪纲目》、《明鉴纲目》、《明通鉴纲目》几种不同的叫法，其实一也。后《明史纲目》经过修改，收入《四库全书》，更名为《御定资治通鉴纲目三编》。

②　《清高宗实录》卷99，乾隆四年八月甲午。

③　杨椿：《杨农先上〈明鉴纲目〉馆总裁书》，见《明史例案》卷7。

④　《清高宗实录》卷102，乾隆四年十月辛巳。

⑤　杨椿：《杨农先上〈明鉴纲目〉馆总裁书》，见《明史例案》卷7。

⑥　杨椿：《杨农先上〈明鉴纲目〉馆总裁书》，见《明史例案》卷7。

⑦　杨椿：《杨农先上〈明鉴纲目〉馆总裁书》，见《明史例案》卷7。

　　杨椿的建议没有得到重视,相反,总裁等人认为"《明史》数修,既详且慎,今为《明鉴》,何得尚有纷更"①,对杨椿表示极大不满。杨椿无奈,再次上书重申自己的观点,"今欲为《明鉴》,宜先论《明史》之是非,校《明史》之同异,然后可取材于《明史》。若云《明史》已成,何得尚有纷更,则以讹传讹,事之有无真伪,何由而明?人之忠佞贤愚,何由而定?岂不重有愧哉"②。杨椿的观点依然没有得到响应,从皇帝到总裁再到其他纂修官,始终坚持褒贬义例和春秋笔法。

　　杨椿与总裁等人之间的分歧,实际上是两种史学观念的分歧。总裁官等人奉承钦命,一切要按统治者对史学的要求进行编纂,所体现的是史馆修史的官方立场。而杨椿作为一般史官,更注重史学本身的真实问题。从历史著述传之后世的角度看,杨椿的观念无疑是正确的。乾隆十一年(1746),《明史纲目》按既定原则编纂告成。乾隆四十年,清高宗发现《明史纲目》的很多记载与事实不符,谕令改修,"张廷玉等原办《纲目》,惟务书法谨严,而未暇考核精当,尚不足以昭传信"③。将此书交方略馆改纂,并将原书查缴。这实际上又回到了杨椿的观点上来。

　　史馆为修史之地,汇集了一批学有专长的史官,尽管专制统治对史馆有严格的控制,但毕竟给史官造成了学术交流的机会,使不同的史学观念在史馆内发生碰撞。康熙二十四年(1684)春,《明史》馆史官万斯同、姜宸英、黄虞稷、万言聚饮于方象瑛寓所,方象瑛有诗咏及史官生活,云:"七载燕山道,巷僻罕车马;朝罢半卷书,负日南窗下;晨兴支奉钱,神气顿潇洒;冠盖满长安,寂寞交游寡;诸君枉高轩,草草治杯斝;高谈怀古今,言辞准大雅。"④ 史官生活是寂寞的,埋头修书,无惶他顾。但史官生活又是充满乐趣的,他们可以在一起"高谈怀古今",交流对历史与现实的看法,相互影响与促进。康熙间彭宁求也有诗咏及起居注馆的情况:"秘御图书重,西清典领专;来游皆硕彦,参选必名贤;曳佩螭坳上,抽毫凤扆前;瞻依知日近,出入被恩偏;每启琉璃匣,频题琬琰编;晓趋听玉漏,昼直视花砖;地分诚清切,天威倍恪虔;顾惭收陋质,独许缀微员;龙尾初联步,鸳班喜并肩;大钧施冶铸,薄植荷雕镌;叨沐良深矣,职司

<hr />

① 杨椿:《杨农先再上〈明鉴纲目〉馆总裁书》,见《明史例案》卷7。
② 杨椿:《杨农先再上〈明鉴纲目〉馆总裁书》,见《明史例案》卷7。
③ 《清高宗实录》卷982,乾隆四十年五月辛酉。
④ 方象瑛:《健松斋集》卷19《春日西溟、俞邰、季野、贞一寓斋小饮》。

尚慎旃；承明多暇晷，还颂庄云篇。"① 起居注馆不仅是"硕彦"、"名贤"来往之地，而且直接承接皇恩，史官也因此凭空多了几分尊崇。

三、史官在史馆之外的撰著活动

前面讨论过，清代史官具有流动性的特点，他们离开史馆，在现实政治生活中发挥自己的作用。同时，这些曾为史官的人物，对学术研究有执著的爱好，他们入馆为朝廷修书，离馆则成就自己的名山事业。经过考察，就会发现不少史官在史馆之外的撰著活动明显受史馆修史活动的影响，或在体例上，或在思想上，或在资料上，不一而足。

（一）在治史思想与方法上受史馆修史影响

清代不少著名历史学家，都有着史馆修史的经历，比如钱大昕、赵翼等，仔细考察他们的著述，可以看到在治史思想与方法上或多或少都与史馆修史产生联系。

比如钱大昕，乾隆二十一年（1756），年仅 29 岁，就入《热河志》馆，与汪由敦、裘曰修、董邦达、纪昀等人共同就修纂之役，而以钱大昕和纪昀出力最多，二人"采访排纂"，协力编修，"馆中有南钱北纪之目"②，给以很高的评价。乾隆三十六年，钱大昕又充《一统志》馆纂修官，参与乾隆《大清一统志》的纂修③。可以说，在钱大昕奉敕修书的生涯中，曾两次参与志书的修纂。在这两次修纂志书的过程中，钱大昕与馆中同仁讨论体例，交换看法，逐步形成自己的方志修纂思想，并一直影响到晚年所纂之《鄞县志》和《长兴县志》。

钱大昕在《热河志》修纂中发表了什么看法，因文献无征，不得而知。在《一统志》馆中，钱氏与人们讨论志书体例，曾撰写《与一统志馆同事书》，专就方志人物立传的问题说明自己的观点。在钱大昕看来，"舆地之志，兼及人物，特以其生长是邦，游钓所在，俾后世闻其风者，兴高山景行之思"，但是，自魏

---

① 彭宁求：《初直起居注馆纪恩》，见王凯贤选注《中国历代探花诗·清朝卷》，昆仑出版社 2007 年版。

② 《钱辛楣先生年谱》，乾隆二十一年丙子，见《嘉定钱大昕全集》（一）。

③ 《钱辛楣先生年谱》，乾隆三十六年辛卯。

晋以来，人们以门第相尚，王必称太原、琅邪、李则称陇西、赵郡，谢定言陈郡，裴必号河东，致使在修纂志书时，"虽去其乡国更数十世，犹必溯其本望。此乃氏族之学，无关于地理，而后之志州郡者，昧于疆域，滥收以备乡贤之数"①。这种修志方法是钱大昕极力反对的，提出"若此类者，定当博考改正，庶几一洗向来志乘之陋"②。钱大昕在史馆中与同事讨论所得出的思想，在晚年主纂《鄞县志》时明显体现出来。《鄞县志》处理人物，务必以生长游钓之邦为主，不及氏族之远久者。为此，他作《鄞县志辨证》，对不少人物的生卒年月、里籍郡望、姓名异同、流徙迁移、事迹真伪等进行认真考证，以求传信。他还批评闻性道所修《鄞县志》把卜居鄞县的张籥之先世张知白引为鄞县人的做法，指出张知白是沧州清池人，从未在两浙为官，居鄞县的张籥乃知白后人，中间不知经过了多少代，如此妄引，实属不该③。可以看出，钱大昕在修纂《鄞县志》时所体现出的思想，与他供职于《热河志》馆和《一统志》馆所形成的思想有明显的联系。史馆修史，人员众多，相互交流与启发是必然的，其中受益，非独学无友者所可比。

再如赵翼，其前半生主要学术活动侧重于诗词创作，后来由文入史，在史学上显示才华。他早年参与官方修史的活动却往往不太为人注意。实际上，赵翼早年多次进入史馆修史，并影响到晚年的史学创作活动。

乾隆十四年（1749），赵翼入《国朝宫史》馆纂修《国朝宫史》，这是他第一次有机会熟悉清前期宫中史事。乾隆十九年，赵翼被取入内阁，官中书舍人。很快又入选为军机章京，在军机处供职，随后就入方略馆纂修《平定准噶尔方略》。赵翼入值军机处时，正值准噶尔战争，他亲自处理过大量有关文件，还草拟过不少谕旨，掌握大量第一手资料。赵翼有极强的文字功夫，"入值军机处，进奉文字多出其手。每扈从出塞，戎帐中无几案，辄伏地起草，顷刻千百言，不加点。大学士傅恒、汪由敦尤重之"④。而纂修《平定准噶尔方略》的总裁正是傅恒，其在编纂中对赵翼的倚重可想而知。乾隆二十九年（1764）秋至乾隆三十一年底，赵翼又入《通鉴辑览》馆，参与《御批历代通鉴辑览》的改纂。总之，在40岁以前，赵翼三次入史馆修史，这在他的史学生涯中的意义不可低估。

① 钱大昕：《潜研堂文集》卷33《与一统志馆同事书》。
② 钱大昕：《潜研堂文集》卷33《与一统志馆同事书》。
③ 钱大昕：《潜研堂文集》卷19《鄞县志辨证》。
④ 《清史列传》卷72《文苑传三·赵翼传》。

　　首先，赵翼后来撰写的《廿二史札记》与《御批历代通鉴辑览》有密切的关系。《御批历代通鉴辑览》一书始修于乾隆二十四年（1759），乾隆三十三年（1768）刊刻。该书仿《通鉴纲目》体，收入《四库全书》时归在编年类。乾隆皇帝对这部书格外重视，认为"《通鉴辑览》之书，非一时之书，乃万世之书"①，"观是书者，凛天命之无常，知统系之应守，则所以教万世之为君者，即所以教万世之为臣者也"②。正因为此，入馆修纂该书的史官很多都是著名学者，王昶、朱筠、程晋芳、毕沅、纪昀、赵文哲、严长明等人都先后参与其事。赵翼与这些学者共处，向众史家学习，在历史学方面有长足进步。更为重要的是，《廿二史札记》除在体裁、体例上与《通鉴辑览》不同之外，其他方面借鉴该书之处甚多。譬如，《札记》一书，对于历代笔记、野史持一概摈斥的态度："家少藏书，不能繁征博采，以资参订。间有稗乘胧说，与正史岐互者，又不敢遽诧为得闻之奇。盖一代修史时，此等记载，无不搜入史局，其所弃而不取者，必有难以征信之处。今或反据以驳正史之讹，不免贻讥有识。"③ 比较《通鉴辑览》凡例中所言"唐宋而后，野史渐夥，增饰流传，殊难依据……尤当剖晰是非，以昭定论。今并随文驳正，勿使滋惑传闻，致乖大义"④。可以看到二者如出一辙。《通鉴辑览》取材慎重，是因为此书准备进呈皇帝阅读，不得不如此。赵翼作《札记》，并非要呈进御览，但依然遵循着相同的原则，说明赵翼十分熟悉官修史书的体例，而且得益于纂修《通鉴辑览》的启示。在治史方法上，《札记》"多就正史纪、传、表、志中，参互勘校，其有抵牾处自见"⑤。这又是吸收了《通鉴辑览》"依据正史，博稽群籍，悉正抵牾之旧，以臻完善之观"⑥ 的方法。

　　其次，赵翼撰写《皇朝武功纪盛》，主要受益于方略馆编纂《平定准噶尔方略》。据赵翼《皇朝武功纪盛》自序所言，他在军机处曾经阅读过《平定三逆方略》、《平定朔漠方略》等多种方略，参与编纂《平定准噶尔方略》，并作了不少笔录。后来他又从征缅甸，"曾即军中粗有记述"，又佐闽浙总督李侍尧幕，为镇

---

① 《御批历代通鉴辑览》卷116，崇祯十七年批语。
② 《御批历代通鉴辑览》卷首《御制历代通鉴辑览序》。
③ 赵翼：《廿二史札记》小引，中国书店1987年版。
④ 《御批历代通鉴辑览》凡例。
⑤ 赵翼：《廿二史札记》小引。
⑥ 《御批历代通鉴辑览》凡例。

压台湾林爽文起义助筹军事，"始终其事"①。在这些文献和亲历基础上，赵翼撰写出《皇朝武功纪盛》一书。该书共四卷，分《平定三逆述略》、《平定朔漠述略》、《平定准噶尔前编述略》、《平定准噶尔正编述略》、《平定缅甸述略》、《平定两金川述略》、《平定台湾述略》七个专题。主要依据官修方略节略改写而成。赵翼曾说："我国家武功之盛，度越千古，然勒勋纪绩，藏在册府，天下无由尽知……今得方略以证前事，益觉历历如绘，用不揣冒昧，节紧撮要，各为述略一篇，总名曰《皇朝武功纪盛》，使观者易于披览，即不能诣阁读四库书者，亦皆晓然于我朝功烈之隆焉。"② 显然，赵翼是要将一般人所不易了解的记录在方略中的皇朝武功节写出来，让更多的人了解。除了取材，《皇朝武功纪盛》一书在撰写思想上也与官修方略完全一致。官方编纂方略，就是要让皇朝"鸿功伟绩"永垂史册，所谓"方略述成功之懿铄"③，"纪绩之书，发扬鸿烈"④。赵翼撰《纪盛》的目的，同样是"铺张鸿庥，扬厉伟绩"⑤，宣扬清王朝的武功盛绩。他甚至在书法上也"言胜不言败，书功不书罪"，对清廷极尽吹捧之能事。

上面以钱大昕、赵翼为个案分析了史官在史馆之外的撰著活动中受史馆修史思想方法影响的情况，下面再看一下史官个人著述在资料上得益于史馆的情况。

（二）在资料运用上得益于史馆修史

史馆是资料荟萃之地，尤其是像实录、档案等资料，如果不是修史，一般人是根本无法看到的。参与史馆修史的史官，有幸目睹这些资料，并作了大量的抄录，利用这些资料撰写出自成一家的著作。

清代不少史馆，史官可以将纂修任务带出馆外撰写，乾隆会典馆总裁讷亲曾言："从前纂修官多系分定卷帙，领回私寓办理。今此次修书，不便照前领回编纂。"⑥ 多次充任实录馆总裁的刘凤诰也曾说，除了实录馆外，"其它各馆，一经受雇领书，即散回缮写"⑦。这样就给史官获取史馆资料提供了方便。当然也有

---

① 赵翼：《皇朝武功纪盛》序，丛书集成本。
② 赵翼：《皇朝武功纪盛》序。
③ 《国朝宫史》，第485页。
④ 《国朝宫史续编》，第809页。
⑤ 赵翼：《皇朝武功纪盛》序。
⑥ 《清会典馆奏议》。
⑦ 刘凤诰：《存悔斋集》卷6《实录馆覆奏摺》。

因私抄史馆资料而受到惩处者，比如《明史》馆史官朱彝尊就曾因私抄史馆资料被处降级，史载朱彝尊"方辑《瀛洲道古录》，私以小胥录四方经进书，为学士牛纽所劾，降一级"①。但总起来讲，清代史馆对史官抄录史馆资料的限制并不很严格。

清代史官利用史馆资料在馆外纂写史书最明显的例子就是蒋良骐编纂的《东华录》、王先谦编纂的《东华录》和龚自珍的西北史地研究。

乾隆三十年（1765），国史馆在东华门内开馆，蒋良骐入史馆编纂，在纂修国史的过程中，不断抄录史馆资料，积少成多，遂编纂成书，因国史馆在东华门内，故称该书为《东华录》。蒋良骐在《东华录》的自序中叙述该书成书经过云："乾隆三十年十月，重开国史馆于东华门内稍北，骐以谫陋，滥竽纂修，天拟管窥，事凭珠记。谨按馆例，凡私家著述，但考爵里，不取事实，惟以实录、红本及各种官修之书为主，遇阄分列传，事迹及朝章国典、兵礼大政与列传有关合者，则以片纸录之，以备遗忘。信笔摘抄，逐年编载，祗期鳞次栉比，遂觉缕析条分，积之既久，竟成卷轴，得若干卷云。"非常清楚，蒋良骐《东华录》就是蒋氏摘抄史馆中的实录以及其他官书写成的。该书起天命元年（1616），迄雍正十三年（1735），凡32卷，包括入关前后五帝（太祖、太宗、世祖、圣祖、世宗）六朝史事。据孟森先生推测，因当时文网严密，蒋良骐不想以此书犯清廷口实，故在当时只有抄本，流传不广，后人得之而印行，至同治、光绪时始盛行于世②。蒋良骐《东华录》因系杂抄国史馆中保存的公文奏报、各种官书、实录等史料而成，未能剪裁，体例简陋芜杂，但却保留了很多清代国史、实录中不见记载的资料，诸如一些大臣奏疏和统治者想隐讳的史实③，故而有着较高的史料价值。

光绪年间，王先谦又仿蒋良骐《东华录》体例，编成十一朝《东华录》。王先谦自清同治八年（1869）五月始入国史馆，至光绪十八年（1892）十一朝《东华录》撰成的23年时间里，除在外供职、丁忧回籍、辞官居家共约11年外，有12年时间是在史馆供职。他先后任国史馆编修、协修、纂修、总纂，功臣馆纂修，实录馆协修、纂修、总校等，得窥金匮石室之藏，所谓"备员词曹，编摩

---

① 《清国史·文苑传》卷19《朱彝尊传》，中华书局1993年影印本。
② 孟森：《读清实录商榷》，见《明清史论著集刊》，中华书局1959年版。
③ 牟润孙：《蒋良骐的〈东华录〉与清实录》，见《注史斋丛稿》，中华书局1987年版，第479—485页。

史馆，亦颇究心当世之务"①。他认为蒋良骐《东华录》虽具条理，但乾隆以后未有人续纂，于是"仰体大圣人公天下之心，远追前代李、郑②述作，近接蒋氏当日所录，凡登载谕旨，恭辑圣训、方略；编次月日，稽合本纪、实录；于制度沿革纂会典；于军务奏摺取方略；兼载御制诗文，旁稽大臣列传"③。于光绪五年（1879）八月先成乾隆朝《东华录》。可以看到，王先谦《东华录》取材以在史馆中所抄录方略、实录、会典以及国史纪传为主。接着，王先谦又辑录嘉庆、道光两朝《东华录》，复以蒋《录》简略，重新增补更定，合称九朝《东华录》。后又于光绪十八年（1892）先后成咸丰、同治两朝《东华录》，十一朝《东华录》最后辑成。和蒋良骐《东华录》相比，王《录》体例较规整，节抄史料更加忠实于原文，虽缺漏了不少清实录中的重要资料，但也保存了很多清实录中所不载的资料。王先谦不仅抄录史馆资料编纂《东华录》，而且在思想上也受史馆修史影响，对清廷大唱赞歌，缅怀努尔哈赤的军政才能，颂扬康熙皇帝的文韬武略，把乾隆比作汉武帝、唐太宗。他曾写诗说明自己抄纂《东华录》的深意："吾君无过举，簧鼓速颠坠。种苗莠竞炽，不知生所自。小臣录《东华》，于此寓深意。"④ 抄纂《东华录》就是要为清朝历代帝王，特别是道、咸以来统治者讳恶颂德，称危及清廷统治的革命势力为"莠草"，应尽快铲除。

无论是蒋《录》还是王《录》，主要资料都来自于史馆修史所得。可以说，如果蒋、王二人没有史馆修史的经历，不能利用史馆丰富的资料便利，就不可能有《东华录》这样的著述问世。

由于清列朝实录、圣训告成之后，"皆藏之金匮石室，廷臣无得见者"⑤，自蒋良骐、王先谦陆续私抄实录等官方资料，编纂《东华录》，并逐渐刊行，广为流传以后，学者只能借助蒋、王之书略知清代之史事。清亡以后，《清实录》虽稍有流传，但抄本过少，常人无由得见，很长一段时间，人们了解清朝史事依然不能舍弃两书。像蒋、王这种利用史馆资料纂辑史书的情况，还有不少，晚清的龚自珍就是一例。

---

①　《十一朝东华录》卷首，王先谦跋，中国言实出版社 1999 年版。

②　李，指南宋史学家李焘，曾著编年体著作《续资治通鉴长编》；郑，指明代史家郑晓，有《吾学编》问世。

③　《十一朝东华录》卷首，王先谦跋。

④　王先谦：《虚受堂诗存》卷 16《感事》，见《葵园四种》，岳麓书社 1986 年版。

⑤　吴振棫：《养吉斋余录》卷 3，见《养吉斋丛录》。

龚自珍一生在学问上的成就,其好友魏源曾这样评价:"于经通《公羊春秋》,于史长西北舆地。其书以六书小学为入门,以周秦诸子、吉金乐石为圉郭,以朝章国故、世情民隐为质干,晚尤好西方之书,自谓深造微云。"① 其中讲到的"西北舆地"是龚自珍学术最引人注目的一部分。而龚自珍从事西北史地研究,主要得益于史馆修史。早在嘉庆时期,龚自珍就对西北史地产生了浓厚兴趣,阅读官修《西域图志》,并基于《西域图志》的思路撰写《蒙古图志》。与此同时,与龚自珍私交至深的程同文任嘉庆《大清会典》提调官兼总纂官②,程同文对西北史地深有研究,他在任职会典馆时,把"理藩院一门及青海、西藏各图"交由龚自珍校理,龚自珍开始接触史馆修史,并不断得到史馆中有关西北史地的资料。道光元年(1821),龚氏就任内阁中书,旋即入国史馆,参与修订《大清一统志》的工作,担任校对官,亲身参与到史馆修史的行列中。在史馆中,龚自珍阅读了大量官修史书和史料,撰写了《上国史馆总裁提调总纂书》,历数旧《大清一统志》18处讹误与疏漏,并论列西北塞外部落源流、世系风俗、山川形势,显示出对西北史地的谙熟。在这篇上书中,龚自珍提到的清代官修史籍就有《西域图志》、《清文献通考》、《蒙古王公表传》、《大清一统志》、《平定罗刹方略》、《圣训》、《大清会典》、《钦定王公表传》、《平定准嘎尔方略》、《西域同文志》等③,可谓阅遍官修书籍,成就自己的"天地东西南北之学"④。在龚自珍的西北史地研究中,清中期史馆所纂西北史地书籍占有重要地位,它们是龚自珍研究西北史地的重要资料来源。道光初年亲身参与到国史馆修纂《大清一统志》,使得龚氏更方便地接触到更多的官书资料,并深入思考,面向现实,进一步发挥了官方史籍注重边疆统治的现实意义。总之,龚自珍的西北史地研究一直与清代史馆修纂活动关系密切,以官修西北史地书籍为主要研究资料,龚自珍提出了一系列有价值的治边安边之策,影响深远。

蒋、王、龚三人曾作为史官供职于史馆,在参与官方修史之余,利用史馆资料,编纂史书,成就自己的名山事业,至少传达出两个信息:其一,说明官方修史的控制性在晚清明显减弱。清代史馆修史,实录等是最重要的资料之一,史官可以自由翻阅实录,也可以摘抄,但在乾隆以前,未见有刊刻传布者,说明当时

---

① 魏源:《定庵文录叙》,见《龚自珍全集》(下),中华书局1959年版,第632页。
② 嘉庆《大清会典》卷首《职名》。
③ 《龚自珍全集》(下),第312—318页。
④ 《龚自珍全集》(下),第514页。

文网严密，对史馆控制严格。即便是蒋良骐在乾隆时抄录实录等资料编纂《东华录》，当时也不敢刊印。及至晚清，情况大变，人们无法知晓的清代史事通过史官们的摘抄、编纂和刊刻，得以传播，未闻缘此而获罪者。其二，适应了晚清学风的变化。嘉道以降，清廷政治败坏，民族灾难深重，史家开始注意本朝历史，着手撰写本朝史，以"明国事"，求实用。在这样的政治背景和学术风潮之下，像王先谦这样的传统史官，能够利用久处禁中的史馆资料，编纂成书，刊行于世，无疑是迎合了时代的需求，更不用说对世事变化极为敏感的龚自珍了。

以上分析了史官在史馆之外的撰著活动受史馆经历影响的情况。实际上，对于多数史官来讲，还很难看出他们在史馆之外的撰著活动与他们在史馆中的经历有什么明显联系。史馆所修史书，多为当代历史，这是多少带有一些禁忌色彩的领域，史官们深知当代史事记述为官方所垄断，因此，多数史官离馆后往往不再涉笔这一领域，而从事古代历史的研究。清廷文网严密，人们对当代史事不敢置喙，世事如此，史官也只能望"史"兴叹，无可奈何了。

四、史官的学术修养、政治情怀和多重人格

在清代，史官作为一个群体，在学术文化上有极高的造诣，对国家大政又极为关心，有"以天下为己任"的政治情怀。他们作为古代知识阶层的重要组成部分，除了与其他士人有相类似的学术追求和政治理想外，还有自身的特点。

（一）贯通经史的学术修养

前文曾述，清代史官主要来源于翰林院，并视修史需要从各部院衙门调取，还向民间荐举和延请，通过招考录用，向各机构征用等。翰林院是人才储备之所，人文荟萃之地，也是卿相腾飞之阶，是清廷文化和政治在最高层次上的结合。其中的文人学士均是通过科举考试，经过层层选拔而产生，他们受过系统的正统教育，有良好的学术素养，尤其是清廷在科举考试中重视史学内容的考试，激励了士子学习历史的热情，无形中为史学人才的培育打下了基础。其他因修史需要而荐举、延请、招考、征用的人才，更是符合史馆需要的专门人才。尽管在有清一代还有不少学术精英一生未能进入史馆，但作为一个群体，史官无疑是由清代学术修养最高的一群人组成的。

下面可以通过《御批历代通鉴辑览》馆中史官的情况来说明问题。

《四库全书》本《御批历代通鉴辑览》卷首有纂修官名录，其中正总裁有傅恒、来保、尹继善、刘统勋，副总裁有兆惠、阿里衮、舒赫德、阿桂、刘纶、于敏中、裴曰修，提调官有觉罗巴延三、额尔景额、珠鲁讷、庆桂、傅显、博清额、伊克坦布、袁守侗、眭朝栋、毛永燮、顾云、冯光熊、刘秉恬、王昶、张霁，收掌官有保成、勒保、毛应藻、郑步云、冯英榴，纂修官有杨述曾、朱筠、韦谦恒、彭元瑞、赵翼、曹锡宝、陆锡熊、阮葵生、汪孟鋗、赵文哲、严长明、程晋芳，校对官有沈世炜、孙士毅、王嵩柱、方炜、郭元隆、刘凤翔、褚寅亮、吴宽、吴烺、周发春，总校官有刘星炜、汪廷珍、毕沅、王绍曾、曹文埴、吴省钦、李孔阳、王燕绪、陈兰森、纪昀、嵇承谦、宋铣，共 65 人。在史馆中，作为管理层的总裁、副总裁、提调等，负责组建史馆和管理史馆，并不亲自纂修史书，作为佐修人员的校对和勤杂人员的收掌，主要做服务或协助工作，只有纂修人员才是编纂史书的主力，是保证官修史书质量的关键，因此这里主要来分析纂修人员的学术修养情况。尽管《通鉴辑览》馆的其他人员，比如提调官王昶、校对官褚寅亮、吴烺，总校官汪廷珍、毕沅、吴省钦、纪昀等，都是学术上的佼佼者，但也不再作为分析的对象。

《御批历代通鉴辑览》12 名纂修官，在学术上各有成就，均为学界精英：

杨述曾，字二思，其父杨椿是雍乾间著名学者，康熙时参修《政治典要》，先后充《明史》馆、《一统志》馆、国史馆、实录馆、《明史纲目》馆纂修官，"前后居馆局二十余年，校理精密，三馆推重焉。尤贯穿有明一代事，论者谓可匹鄞县万斯同。淹通经义，于《易》、《诗》、《书》、《春秋》、《三礼》，多所撰述"①，在史学与经学方面造诣非凡。杨述曾"少承家学，于诸史尤精心贯串。（杨）椿编纂《明史纲目三编》时，述曾预属草，方苞见之，称为史才"②，崭露史学才能。乾隆元年（1736），举博学鸿词，七年，以一甲第二名进士授翰林院编修。在《通鉴辑览》馆，杨述曾发挥了重要作用，"折衷体例书法本末条件，总裁一委之。又详订舆地谬讹，汇为《笺释》，与朱筠、蒋和宁、张霁、王昶诸人，同事发凡起例，断断不少假"③。"居翰林院时，所上经史发明传注，具有家

---

① 《清史列传》卷 71《文苑传二·杨椿传附杨述曾传》。
② 《清史列传》卷 71《文苑传二·杨椿传附杨述曾传》。
③ 《清史列传》卷 71《文苑传二·杨椿传附杨述曾传》。

法"①。在经史之学上自成一家言。

朱筠,字竹君,是"乾嘉朴学的开国元勋","乾嘉朴学家的领袖"②,"博闻宏览,以经学六书倡"③,是影响一代学风的人物。一时大儒,如章学诚、邵晋涵、王念孙、汪中、洪亮吉、黄景仁、武亿等皆在其幕下。朱筠提倡开馆校书,是较早提出编纂《四库全书》的人物。朱筠精研经学,"谓经学本于文字训诂",同时,"好金石文字,谓可佐证经史。诸史百家,皆考订其是非同异。为文以郑、孔经义,迁、固史书为质,而参以韩、苏。诗出入唐、宋,不名一家,并为世重。(朱)筠锐然以兴起斯文为己任,搜罗文献,表章风化,一切破崖岸而为之"④。已然是乾嘉学风的倡导者之一。

彭元瑞,字芸楣,乾隆十八年(1753)举于乡,二十二年中进士,改庶吉士。彭元瑞参与《通鉴辑览》的纂修,是他史馆生涯中最早的一次。此后,彭氏先后充三通馆、国史馆、《四库全书》馆、实录馆副总裁,会典馆总裁,与官修史书结下不解之缘。史载"元瑞少负隽才,多读书,工词翰"⑤。"内廷著录藏书及书画、彝鼎,辑《秘殿珠林》、《石渠宝笈》、《西清古鉴》、《宁寿鉴古》、《天禄琳琅》诸书,元瑞无役不与"⑥。为朝廷大臣而又富于学术修养。

赵翼,字耘松,乾嘉时期著名文学家和史学家。参纂《通鉴辑览》是他早年史学生涯中的一件大事,对他的影响很大。赵翼诗名极高,与袁枚、蒋士铨并称乾嘉时期三大诗人。史载,"(赵)翼高才博物,既历清要,通达朝章国典,尤邃于史学"⑦,其史学著作有《廿二史札记》、《陔余丛考》、《皇朝武功纪盛》等。

曹锡宝,字鸿书,乾隆六年(1741)举人,考授内阁中书,直军机处。二十二年进士,改翰林院庶吉士。曹氏在和珅气焰张天时曾弹劾和珅,气概非凡。史载,曹锡宝"手抄经史、古诗文、《华严》,皆成部垒架","胸怀潇洒,早岁随巡侍直,时有篇章,流传日下。中岁后,颇好小学、《尔雅》,注疏校勘再三"⑧。

---

① 《清史列传》卷71《文苑传二·杨椿传附杨述曾传》。
② 姚名达:《朱筠年谱·序》,商务印书馆1934年版。
③ 《清史列传》卷68《儒林传下·朱筠传》。
④ 《清史稿》卷485《文苑传二·朱筠传》。
⑤ 《清史列传》卷26《大臣传次编一·彭元瑞传》。
⑥ 《清史稿》卷320《彭元瑞传》。
⑦ 《清史列传》卷72《文苑传三·赵翼传》。
⑧ 《清史列传》卷72《文苑传三·钱澧传附曹锡宝传》

在经史、文章等方面有较高造诣。

陆锡熊，字健男，乾隆二十六年（1761）进士，二十七年赐内阁中书，充方略馆纂修，值军机处。陆氏在修纂《通鉴辑览》后，进入四库馆修书，在馆期间，协同纪昀"考字画之讹误，卷帙之脱落，与他本之互异，篇第之倒置，蕲其是否不谬于圣人。又博综前代著录诸家议论之不同，以折衷于一是，总撰人之生平，撮全书之大概"①。纂成《四库全书总目》，时人多称其功。显示了修书之才华。

阮葵生，字宝诚，乾隆十七年中举，二十六年以明通榜入选中书。以内阁中书入值军机，历官监察御史、通政司参议、刑部右侍郎，喜交天下名士，同徐乾学、纪昀过从甚密。风流文采，为世推重。阮氏自《通鉴辑览》馆参与编修，多次参与史书修纂，曾著《茶余客话》30卷，搜集名人逸事、考证典章制度，多为前人所未曾言及。内容包括政治、历史、地理、文学、艺术诸多方面，涉猎极为广博。

赵文哲，字升之，乾隆二十七年清高宗南巡，召试献诗，赐举人，授内阁中书，入值军机处。史载赵文哲"生有异禀，读书数行下"，王昶、王鸣盛、曹仁虎"皆以能诗名，独心折文哲"②。"文哲天才英敏，于文无所不工"③。在文学上有很高的造诣。

严长明，字道甫，少年时就被大儒李绂称为"国器"④，乾隆二十七年，高宗南巡，召试，赐举人，授内阁中书，入值军机处，深得大学士刘统勋信任。严氏除编纂《通鉴辑览》外，还充《一统志》馆、《热河志》馆、《平定准噶尔方略》馆纂修官，其人"聪强绝人，于书无所不读。或举问，无不能对"，曾说："士不周览古今载籍，不遍交海内贤俊，不通知当代典章，遽欲握笔撰述，纵使信今，亦难传后"⑤。其著述有《归求草堂诗文集》、《毛诗地理疏证》、《五经算术补正》、《三经答问》、《三史答问》、《淮南天文太阴解》、《文选课读》、《金石文字跋尾》以及方志等。

程晋芳，字鱼门，出身豪富，然"恺恺好儒，罄其赀购书五万卷，招致方闻

---

① 王昶：《春融堂集》卷55《陆君墓志铭》。
② 《清史稿》卷489《忠义传三·赵文哲传》。
③ 《清史列传》卷72《文苑传三·曹仁虎传附赵文哲传》。
④ 《清史列传》卷72《文苑传三·严长明传》。
⑤ 《清史列传》卷72《文苑传三·严长明传》。

辍学之士，与共探讨"①。他倾慕刘宗周之学说，问经义于从叔程廷祚，学古文于刘大魁，与袁枚等人唱和诗词，"学无所不窥，经史子集、天星地志、虫鱼考据，俱能研究"②。"综览百家，出入贯串于汉、宋诸儒之说"③。先后供职于《通鉴辑览》馆和四库馆，成为修纂史书的主力。

韦谦恒和汪孟鋗，《清史稿》及《清史列传》无传，但《清史稿·艺文志》著录有韦谦恒所著《传经堂诗抄》12卷。《清史稿》卷485《文苑传二·王又曾传》记载汪孟鋗与万光泰、仲鈖、王又曾等人论学，"同时相镞砺，力求捐弃尘鲕，毋一语相袭取"。可见二人在当时也是学术上的重要人物。

通过对《通鉴辑览》馆12名纂修官学术成就的罗列，可以看出史官群体的学术修养是相当高的。他们兼通经史，长于诗文，学识广博，见识独到，从某种程度上代表了那个时代最高的学术水准。

其他史馆也和《通鉴辑览》馆类似，汇集了一批学界精英，譬如《明史》馆中的万斯同以及康熙十八年（1679）入馆的五十博学鸿儒等；"三通"馆中的曹仁虎、陈昌齐、余集、秦泉等；《八旗通志》馆中的李绂等；《清仁宗实录》馆中的汪廷珍、松筠、王引之、吴振棫、彭邦畴、程恩泽、祁隽藻、胡培翚、阮常生等，都是学有专长的学者。这些在当时有影响的学术人物进入史馆充任史官，不仅保证了史书修纂的质量，而且加强了彼此之间的学术交流，对于包括汉、宋学术在内的不同学术思想之间的渗透，提供了条件。

（二）修史以经世的政治情怀及其特点

清代史官是知识精英，而中国古代知识分子最大的特点就是"修身、齐家、治国、平天下"，他们长期以来执著的是一种"入世"的情怀，作为中国知识阶层最重要组成部分和中国文化最主要载体的史官，一开始就有修史以致用的观念。殷末周初，"殷鉴"的观念就开始被提出，把历史记述与现实政治联系起来。随后，由"殷鉴"到"资治"，史学在与政治结合的道路上越走越近。虽然清代史官在史馆内修史，秉承的是统治者的意志，成就的是统治者的"一家之言"。可是，优秀的史官有自己一以贯之的政治理想和修史主张，以史干政、代圣立

---

① 《清史列传》卷72《文苑传三·袁枚传附程晋芳传》。
② 《清史列传》卷72《文苑传三·袁枚传附程晋芳传》。
③ 翁方纲：《复初斋文集》卷14《戴园程先生墓志铭》。

言、补弊起废，一直是他们的追求。

就私家撰史而言，借修史以批判现实，"原始察终，见盛观衰"，揭露历史上的种种弊端和异常情势，由古及今，采用类比的方法，警醒统治者，是一种"经世"。而官方修史，颂扬本皇朝鸿业，宣扬统治者功德，"著贤能，表功勋"，树立帝王威望，巩固统治基础，同样也是一种"经世"。无论哪一种"经世"观念，所反映的都是史学家的政治情怀——积极通过修史干预现实。

清初，《明史》馆纂修官万斯同、潘耒，均有经济天下之宏志。万斯同继承黄宗羲经世致用的思想，认为"经世之学，实儒者之要务"，指出自己的经世主张主要体现在历史研究之中，"将尽取古今经国之大猷，而一一详究其始末，斟酌其确当，定为一代之规模，使今日坐而言者，他日可以作而行耳。……使古今之典章法制烂然于胸中，而经纬条贯，实可建万世之长策。他日用则为帝王师，不用则著书名山为后世法"①。史学为经世之大端，以作史来干预政治，是史官在现实政治生活中的最大理想。参与《明史》和《大清一统志》纂修的刘献廷，"博览经史百家，慨然负大志，不肯为词章之学"，"其为学主于经世，自象纬、律历以及边塞、关要、财赋、军器之属，旁而岐黄者流，以及释道之言，无不留心"②。刘献廷关注现实，研究边塞、关要、财赋、军器这些关乎军国大政的问题，体现了一代史官经国济民的宏大志向。

乾隆时期，虽然文网严密，但史官们修史经世的思想并没有因此而消减。前面提到的《通鉴辑览》馆的纂修官，在学术修养上造诣很高，同时，他们对现实政治也有相当自觉的关注。比如杨述曾，"其释《书》大陆即作，因陈畿辅水利；论《汉书·魏相传》，因条救荒之策，及治淮黄束浚之法，大指谓黄河两岸之坝，宜塞南岸而开北岸，则涨流可消，民居可捍，皆有裨于实用"③。杨述曾还针对科举考试导致士子只知背诵制义，剽窃浮词，根柢浮浅的情况，至请废除制义以救其弊④。再如赵翼，其治史目的就是要接续顾炎武，考察"古今风会之递变，政事之屡更，有关于治乱兴衰之故者"⑤。赵翼一生，仕途多舛，空有报国之心，

　① 万斯同：《石园文集》卷7《与从子贞一书》。
　② 《清史列传》卷70《文苑传一·刘献廷传》。
　③ 《清史列传》卷71《文苑传二·杨椿传附杨述曾传》。
　④ 《清史稿》180《选举志三》。
　⑤ 赵翼：《廿二史札记》小引。

而无报国之门，所谓"有经世之略，未尽其用"①，于是将经世之志倾注于史学著述。还有参与《热河志》、"清三通"、《大清一统志》纂修的钱大昕，一生关注政治与民生、士风与学术，清皇朝的兴盛与衰败以及复杂的社会问题都对他有很深的刺激，他曾写诗歌颂乾隆击败准噶尔、荡平回部、平定大小金川等维护国家民族统一的行动，也曾揭露清廷腐败，更多的是通过评经论史来阐发自己的政治见解，把评论历史与批判现实结合起来②。再如历充《大清一统志》、《会典》、《明史纲目》、《续文献通考》馆纂修官和副总裁的齐召南，博闻强记，学识广博，尤精三礼之学和舆地之学，所著史地著作多种。他为学经世致用，曾指出郦道元《水经注》明于西北，暗于东南，且域外之水道未详，于是作《水道提纲》30卷，"大而河海，小而溪涧，溯源穷委，一览可悉"③，明其源流分合，析其方隅曲折，以期有利于统治者措置。

嘉庆以降的史官，所持之政治情怀与之类似，大约不脱修史以经世的模式。由于有清一代史馆数量很多，史官更是数量众多，而且多数史官位卑职微，不见于任何记载，他们的政治情怀如何，也就不得而知了。但从那些有文字记载的史官的情况，可以看到，他们身上所体现的"良史之忧忧天下"的精神，与中国传统史学的优良传统是完全相通的。或者说，他们就是这一优良传统的具体体现者。在中国传统史家那里，有两种东西是他们一生都在追求的，一种是"外王"，一种是"内圣"。这里的"外王"，不是指仕途顺畅，居庙堂之高，辅助君王，位极人臣，而是史学上的"外王"，即以史干政；"内圣"，即以史留名。史家通过自己的著述，代圣立言，补弊起废，以史学经世，对现实政治产生影响，实现自己的社会价值；同时，立言于后世，以史学著作为载体，藏之名山，传之其后人，名垂青史，达到精神上的满足。以史经世，反映了传统史家对政治的高度自觉；借修史"以图不朽之事业"，求得精神长存，则体现了他们对个体精神价值的高扬和对自身人格尊严的肯定。二者兼具，是最高境界，二者能具其一，也足以载诸史册，传之后世了。

应该看到，清代史官的政治情怀具有两个特点，一是具有多重性，二是具有保守性。

①　《清史稿》卷485《文苑传二·赵翼传》。

②　王记录：《钱大昕的史学思想》第3章《钱大昕的史论和政论》，社会科学文献出版社2004年版。

③　支伟成：《清代朴学大师列传·地理学家列传第十七·齐召南》，岳麓书社1998年版。

　　说它具有多重性，是因为史官在史馆内外的思想观念形成很大反差。清廷设馆修史，目的是借修史来作为其推行官方意志和政治教化的途径，所有修纂事宜，从思想到方法，必须秉承皇帝意志，对于历史事物的认识和解释，都是皇帝定了调的，史官没有任何发挥的余地。史官在史馆中所提出的修史建议，只要是涉及原则性问题的，一律按官方见解行事。史官不得不屈服于政治高压。因此，官方所修史书，体现的多不是史官的见解，其思想平庸、常有曲笔也就不足为怪了。但是，对于执著于不朽之事业，富有批判精神的史官来说，这种状况显然是倍感压抑的。故而他们在史馆修史之余或离馆以后，发愤自励，私下著述，表达自己的政治观念。史官在史馆之内，必须压抑自己的观点，不敢、也不能抒发自己的政治理想，必须做赞颂当朝统治者的工具。但是，在史馆之外，他们有较大的可能通过私撰史书来批判现实，将忧国忧民的史家本色表达出来。因此，他们的以史经世的思想因为有了史馆而变得自相矛盾，馆内馆外，颇不一致，史官因此备尝人格分裂之苦。史官的这种历史性悲剧命运根源于"史官"与"史家"双重角色之间的内在紧张。作为专制体制内的"史官"，他要服从政治权威的支配，接受体制的严厉约束，在划定的圈子里活动，是非不能"谬于圣人"。作为"史家"，虽然他们依然不能逃脱体制的束缚，但他们必须坚持史家的传统，高倡"直笔"，遵守"史法"，不虚美，不隐恶，据实直书，直面历史真实。当然，体制内的史官也并非时时都受到体制的压抑，他们也可以保证史书在一定程度上的"实录"性质，但这必须有一个前提：当政者必须是一个"良大夫"。没有这个前提，史官只能有两条路可走，要么顺从，做专制统治者统治意志的忠实贯彻者；要么反抗，批判现实，直至受戮，成为专制统治的牺牲品。专制政治之现实对史官精神的摧残于此可见一斑。这种状况，不独清代如此，整个专制时代都是如此。

　　清代史官具有保守性，从晚清史官群体在中西文化冲突中的表现中可以看出。晚清，随着西方文化的进入，一大批触觉灵敏的中国先进知识分子开始反思王朝危机，研究边疆史地和域外史地，龚自珍、魏源、徐继畬、姚莹、梁廷楠、张穆、何秋涛、杨守敬、丁谦、邹代钧等人，都是先行者。这些人中，几乎无人入馆修史，只有嘉庆时期修纂《大清一统志》，龚自珍曾任校对官。而这一时期的史馆修史，依然沿着旧的道路往下走，迎接新的政治变局和史学更新的能力不足。产生这一情况也不奇怪，因为史官的主要来源是翰林院，而就整个翰林院群体而言，正统思想的长期灌输，决定了他们中的大多数必然是保守的官僚。光绪年间，光绪帝曾针对翰林官思想保守的状况，要求他们"于古今政治，中西艺学，均应切实讲求，务令体用兼赅，通知时事而无习气"①。可是，就叶昌炽所看到的情况，翰林官中除少数人之外，"大半皆腐头巾"②。再加上史馆修史中帝王的干涉与陈陈相因的修史内容和手段，必然造成多数史官在政治上的保守和迟钝。当社会形势发生重大变化时，他们不能及时做出相应的反应。这其实也是晚清以后史馆修史不得不衰败下去而让位于私家撰史的重要原因。

---

① 叶昌炽：《缘督庐日记》卷9，光绪辛丑年十二月初一日。
② 叶昌炽：《缘督庐日记》卷9，光绪辛丑年十二月初一日。

第五章　政治制约与史馆、幕府和私家修史

史馆修史均是由政府设立史馆，经过皇帝钦定，由总裁简拔史官来进行的修史事业。其间的组织形式，在第二部分已经探讨过了。

幕府修史，主要是指由在京官僚或封疆大吏主持的幕府来笼络士人，共同修纂史书。清代是中国历史上幕府发展最兴盛的时期，除了在地方衙门特别是府州县衙门，广泛存在着以从事刑名、钱谷为主要职业的幕友外，还有不少学者遨游于廷臣及督抚学政幕下，或佐理政事，或参赞戎幕等，而从事学术文化活动也是极其重要的方面①。清代幕府之幕主，或者是学者型官员，或者是官员型学者，有不少都是学界翘楚，诸如徐乾学、毕沅、谢启昆、阮元、陶澍等，他们在为政之暇，致力于文化事业，修纂史书成为其中的一项重要内容，清代的很多官僚大幕，都组织幕僚修纂校刻过各种各样的史书，成为清代史书编纂的一大重镇。

私家治史是指学者本人依据自己的研究兴趣所进行的史书修纂活动。清代是一个学者辈出的时代，仅就史学而言，不仅史学大师在在多有，一般史家，更是灿若繁星，蔚为壮观，在中国史学史上占有重要地位②。就一个学者个体而言，他可能曾经在史馆内供职，也可能曾成为某封疆大吏的幕僚，并参加过官方的或地方大吏的修史活动，但也可能并没有与官方修史和幕府修史发生过任何联系。不管怎样，私家撰史所体现的是学者个人的兴趣和思想，这类史书在形式或内容甚至思想上可能与官方或幕府一致，也可能不一致。

如果梳理一下有清一代的修史形式，就会发现，在整个清代，官方设馆修史、幕府修史以及私家修史这三种形式一直是并行存在的。清代统治者特别重视

---

① 关于清代重要学人幕府的情况以及其与清代学术的关联，可参看尚小明著《学人游幕与清代学术》，社会科学文献出版社 1999 年版。

② 陈寅恪先生认为"有清一代经学号称极盛，而史学则远不逮宋人"，并认为"虽有研治史学之人，大抵于宦成以后休退之时，始以余力肆及，殆视为文儒老病销愁送日之具。当时史学地位之卑下如此，由今思之，诚可哀也"。见《陈垣元西域人华化考序》，《金明馆丛稿二编》，三联书店 2001 年版，第 269—270 页。对此，杜维运曾力辨陈氏所言之非，认为"中国史学，至此（清代）迈入一新境界"。见杜维运《清代史学与史家》，中华书局 1988 年版，第 1—14 页。

各种史籍的编纂，设立了各种各样的史馆来专事修辑，成就巨大。清代幕府盛行，官僚大幕之幕主常常招致幕僚，修书、著书、校书，亦修纂了大量史籍。同时，清代学者勤于著述，私家修史成就不凡。可以说，史馆、幕府、私家这三种修史形式构成清代史学独特的面貌。它们并存发展，其间的关联、消长以及相互影响，颇值得探讨。

一、三类修史形式的研究对象和思想倾向

考察史馆修史、幕府修史和私家治史在治史对象和思想倾向上的差异与联系，是认识清代史学整体风貌以及三者之间的相互作用首先要做的工作。

（一）史馆修史的主要对象和思想倾向

前面谈到过，清代史馆修史成就卓著，所修历朝《起居注》、历朝《实录》、"续三通"、"清三通"、《大清会典》、"方略"、"国史"、《大清一统志》以及各种特开之馆修纂的史书，诸如《明史》、《皇舆表》、《八旗通志》、《满洲源流考》、《热河志》、《日下旧闻考》、《八旗氏族通谱》、《御批通鉴辑览》、《明鉴》、《筹办夷务始末》、《治平宝鉴》，卷帙庞大，种类繁多，收罗宏富，为先前历代所未有。这些史书大致可以分为两类，一类记载当代史事，这一部分占了官修史书的绝大多数，将有清一代君臣事迹、典章制度、民族关系、思想观念、中外交往、疆域山川等，囊括殆尽。第二类则是对明史以及辽金元史的研究，尤其是对明史的记述和解释，成为清统治者特别予以注意的问题。

史馆修史，目的非常明确，那就是要垄断对当代历史的解释权，建立一种"政治——学术"模式，即通过历史研究这样的学术性行为来隐蔽地表达政治意图，垄断对历史的解释权，使史学能更好地为现行政治服务，这种形式要比单纯的政治行为更具有欺骗性，也更能发挥作用。在清代官修史籍中，大肆宣扬皇朝文治武功，显示统治者雄才大略，极力证明自身统治的合理性及正确性，总结统治经验，使后代统治者有效法的榜样，成为一以贯之的指导思想，自顺康至同光，都是如此。这是任何一个时代的统治者在修纂史书时都必须坚持的基本原则。在政治家眼里，一切所谓的学术活动，实际上都是为政治服务的，官修史书就是要通过学术性达到政治对史学的渗透，即便是看似远离现实的古史的纂修，

也是用来"粉饰太平"的！史学家和政治家在这点上永远是有分歧的。

清朝以少数民族立国，对于自身的正统地位非常敏感，他们入主中原，当务之急就是要尽快确立自己在中原地区的统治地位，他们除了依靠政治高压来迫使汉族民众承认其合法性以外，更主要的是要从深层文化角度——历史的角度说明自己是正统，通过设馆修史、垄断历史的解释权来论说自身统治的合理性。乾隆时期官修《御批历代通鉴辑览》等书，较为系统地表述了清廷的正统观，所谓"《春秋》大义，《纲目》大法，实万世不易之准。我朝为明复仇讨贼，定鼎中原，合一海宇，为自古得天下最正"①。把自身打扮成正统所归。对于自己的"夷狄"的身份，也要通过修史予以正确的说明，"大一统而斥偏安，内中华而外夷狄，此天地之常经，古今之通义。是故夷狄而中华，则中华之，中华而夷狄，则夷狄之，此亦《春秋》之法，司马光、朱子所为亟亟也"②。这就非常巧妙地以《春秋》大法为标准，将成为中华之主的满洲政权确定为正统。同样，清廷为了巩固大一统政局，实行意识形态的高度统一，在官修《蒙古回部王公表传》、《西域图志》等史书时，向人们宣扬大清帝国一统无外的思想，所谓"我国家开基定鼎，统一寰区……中外一家，远迈前古"③，"敢云扩宇葳前猷，偃伯从兹罢剿搜。厄鲁牛马无一牧，筕冲屯堡并全收。本朝文轨期同奉，昧谷寒暄重细求。无外皇清王道坦，披图奕叶慎贻留"④，将修史当作颂扬国家一统的工具。在各种"方略"类史籍的编纂中，则明显贯彻了宣扬皇朝武功及强盛国力的意图，所为"我朝圣圣相承，功烈显铄，'方略'诸编，皆奉敕撰纪，以著其事之始末。威德远扬，洵书契以来所未有"⑤。以史资治，垂训来者，是我国古代史学的传统，在官方修史活动中，更成为奉行不渝的基本宗旨。清代官修"清三通"、"续三通"等大型典制体史籍，皆期于"立纲陈纪，斟酌古今"；于政治有所裨益。纂修《宗室王公功绩表传》，目的之一就是使"奕世子孙观感而发，竞知鼓励"⑥。御撰《乙未岁萨尔浒之战书事》，其宗旨也在于"以示我大清亿万年子孙臣庶，期共勉以无忘祖宗开创之艰难也"，从而使后世子孙"思所以永天命、

---

① 《清高宗实录》卷1142，乾隆四十六年十月甲申。

② 《国朝宫史续编》，第869页。

③ 《国朝宫史续编》，第850页。

④ 《国朝宫史续编》，第989页。

⑤ 《清通志》卷99《艺文略三·纪事本末类按语》。

⑥ 《清高宗实录》卷719，乾隆二十九年九月乙亥。

绵帝图，兢兢业业，治国安民，凛惟休惟恤之诚，存监夏监殷之心"①。可以说，以修史垂训鉴戒，并藉此激发后世子孙的奋斗之情，是清代官修史书所一直关注的。

总之，清代史馆垄断了当代国史的修纂，在解释历史时融入了更多的官方立场，其思想明显地体现了帝王的意志，所贯彻的是统治者的意志，显示着统治者对历史和现实的看法。

（二）幕府修史的主要对象与思想倾向

幕府修史与史馆修史和私家治史都有所不同，它是一种介于二者之间的治史方式，从某种意义上说，幕府修史更应该归在私家治史之中，但由于幕府修史中幕主的特殊身份，使他们更能深入到专制权力的中心，他们是官僚机器中的一分子，是专制政权的既得利益者，因此他们更加亲近专制政权。再者，私家治史往往是史家个人的行为，而幕府修史则是一种集体行为，体现的往往是幕主的一家之言。

就清代幕府修史的对象和思想倾向来看，有三种情况要引起注意：

其一，为了迎合统治者的某些史学观念而进行某种史书的修纂。比如顺治、康熙、乾隆这三位帝王都对司马光的《资治通鉴》大加赞赏，因为该书特别重视对历代"治乱兴衰之迹"的探讨，乾隆皇帝还特别以《通鉴》为依据，以朱熹《通鉴纲目》为标准，进行了一系列纲目体史籍的纂修。为了适应帝王的需要，或者说受到帝王的影响，徐乾学幕府修纂了《资治通鉴后编》，毕沅幕府修纂了《续资治通鉴》。这里不否认其中有宋元以来形成的"通鉴学"学风的影响，但统治者对《通鉴》的重视显然是直接促成幕府修纂"续通鉴"的主要原因。

其二，因为幕主个人的学术爱好和兴趣，使幕府修史在某些方面带有自身的特点。这种情况在幕府修史中是比较常见的。比如张伯行、李光地幕府，因为他们都是理学重臣，对程朱理学情有独钟，故而幕府中重视对理学书籍的编修和刊刻。再如阮元幕府，由于阮元"是扮演了总结十八世纪汉学思潮的角色的"②，尽管他身处乾嘉道社会由盛而衰的时期，但他在学术研究上并没有开辟新路，仍然继续沿着汉学家的路子走下去，他的学术眼光依然是古代的。可以看到，阮元

---

① 《清高宗实录》卷996，乾隆四十年十一月癸未。
② 侯外庐：《中国思想通史》第五卷，人民出版社1956年版，第577页。

幕府在经学、金石学、诗文集、史学几个方面均编纂有重要书籍，成就卓著，如经学方面的《经籍纂诂》、《十三经注疏校勘记》、《皇清经解》；金石学方面的《山左金石志》、《两浙金石志》、《积古斋钟鼎彝器款识》；诗文集方面的《淮海英灵集》、《两浙𬨎轩录》；史学方面的《畴人传》、《广东通志》、《云南通志》等，内容丰富，涉及面广泛，而且都带有整理、总结的特点。这些当然和阮元热衷于汉学的学术爱好密不可分。再如端方幕府，在修纂史书方面所体现出来的幕主个人的学术爱好和兴趣更加明显。端方为清末重臣，曾出访欧美，接触过西方文明，在推进中国近代化过程中做出过贡献，如设立学堂，创建近代图书馆，推广近代工业，资助青年出洋留学，等等。但是，端方本人特别喜欢金石、书画，在古董收藏方面颇有成就，所谓"海内孤本、精拓，宋元明以来名迹，闻风萃徙，悉归诸藏"①。端方收集金石，有自己的用意，"金石者，情之所寄，而非情之所止也"，他曾告诉幕宾龚锡龄说："吾之亟亟于此，非徒徇嗜好也，所以存古人也。"② 正因为这种嗜好，端方在幕宾们的协助下编纂了《陶斋吉金录》、《陶斋藏石目》、《陶斋藏石记》等金石学著作。以端方对晚清社会的了解，再加上他的幕宾如杨守敬、劳乃宣、缪荃孙、屠寄、李保恂、况周颐、陈庆年、刘师培、陈三立等人，都对晚清中国社会有深入的认识，而且他们又身处动荡不安的社会现实之中，按说他们应该顺应时代变化，编纂一些与晚清社会密切相关的书籍，但他们并没有这样做，其原因就是端方个人的学术爱好不在这一方面。

其三，顺应时代变迁，编纂适应时代需求的著作。幕府修史，往往与幕主的学术眼光有关，那些对现实社会具有极深洞察力的幕主，往往能够顺应时代潮流，编纂图书，以期能有益于现实。如魏源在江苏布政使贺长龄幕府编纂《皇朝经世文编》，就适应了晚清"衰世"社会变革的需要，体现了浓重的经世意识，故而此书一出，备受推崇，"数十年来风行海内，凡讲求经济者，无不奉此书为矩镬，几于家有此书"③。该书对清末民初的学风产生了极大的影响，掀起了一股编纂"经世文"的风气。再如李鸿章幕府整理印行何秋涛的《朔方备乘》，也是适应了晚清拯救边疆危机的需要。林则徐幕府翻译西方书刊，内容涉及政治、经济、军事、历史、法律、地理等，如《澳门月报》、《澳门新闻纸》、《澳门杂

---

① 吴庆坻：《端总督传》，见《端忠敏公奏稿》卷首。
② 《陶斋藏石记》卷首，龚锡龄序。
③ 俞樾：《春在堂杂文》四编七《皇朝经世文续集序》。

志》、《各国律例》、《四洲志》、《华事夷言》，等等。这些翻译活动看上去并非直接的编纂，但他们对史书编纂产生了很大影响，魏源的《海国图志》就是采用了很多翻译的书籍而写成。林则徐幕府的译书活动顺应时代潮流，增进了国人对西方的了解，开创系统研究西方之先河，对近代思想界起了重要的启蒙作用。

由以上分析可以看出，幕府修史在研究对象以及思想倾向上比较复杂，很难给出一个比较一致的看法，但从大的时代背景的变迁，还是可以看出他们在这些方面的变化的。乾嘉时期的幕府，由于幕主多是汉学家或者多主张汉学，故而所修多为古代史籍，而且以考证古史为最多。道咸以后，随着社会现实的变化，幕府也开始注意修纂一些与现实相关的书籍，虽然没有形成潮流，但有些表现还是可以看出来的。

（三）私家修史的主要对象和思想倾向的变化

在清代，私家修史成就斐然，各类著述丰富多彩。很明显的是，私家修史的对象及思想倾向在不同的时期有明显的变化。可以说，在三种修史形式中，私家治史对外部世界的变化是最为敏感的。顺康时期，由于刚刚经历陵谷变迁，清统治者尚未对私家治史采取严厉态度，其史馆建设也不是非常健全，私家治史涉及当代史事者甚多，对于历史盛衰的思考相当深刻。大批记载明代史事，反思明亡历史教训的史书出现。清初私家修史的主要思想倾向是"明道救世"。清初学人，大力倡导学术关心社会，明道救世。黄宗羲、顾炎武、王夫之、朱舜水、唐甄、傅山、方以智、颜元、李塨、万斯同、顾祖禹等，都是经世致用学风的提倡者和实践者，"凡文之不关于六经之指、当世之务者，一切不为"[1]，成为当时学人的共识。在这种共识之下，史学的重要性就凸现出来，"夫史者，所以纪政治典章因革损益之故，与夫事之成败得失，人之邪正，用以彰善瘅恶，而为法戒于万世。是故圣人之经纶天下而不患其或敝者，惟有史以维之也"[2]，研史治史，批判现实，就成了清初私家史学思想的主流。他们注重夷夏之防，坚持以史明统，王夫之认为："天下之大防二：中国、夷狄也，君子、小人也。……中国之与夷狄所生异地，其地异，其气异矣；气异而习异，习异而所知所行蔑不异焉。乃于其中亦自有其贵贱焉，特地界分，天气殊，而不可乱。乱则人极毁，中国之生民

---

① 顾炎武：《亭林文集》卷4《与人书三》。
② 戴名世：《戴名世集》卷14《史论》，中华书局1986年版。

亦受其吞噬而憔悴。防之于早,所以定人极而保人之生,因乎天也。"① 黄宗羲也指出:"中国之于夷狄,内外之辨也。以中国治中国,以夷狄治夷狄,犹人之不可杂之于兽,兽不可杂之于人也。"② 这种强烈的民族意识和官修史书中的"正统"观念正好相对,雍正、乾隆等在官修史书中重新解释正统,将自为夷狄的满清说成是正统所归,实际上就是对清初私家史学夷夏观念的反驳与打压。除具有强烈的民族意识之外,清初学者还以史论政,批判封建专制集权,对专制制度的弊端和危害进行研究,透露出早期启蒙思想的光辉。黄宗羲的《明夷待访录》、顾炎武的《郡县论》、唐甄的《潜书》等都对君主专制进行了猛烈抨击,对后世思想解放产生了重要影响③。私家史学的批判精神和史馆修史中对统治者的一味赞美有着极大的区别。

历史发展到乾嘉时期,随着清廷统治的稳固,官方修史措施的完善,统治者对修史极为重视,官方修史取得了重大成就。与此同时,私家治史的范围越来越小,越来越被挤向古代史的研究,尤其是考证研究。李宗侗在论述清代史学发展时曾这样说:"清代以厉行文字狱之故,学者遂不敢研究明史及当代史,故清代史学家只最初有数人,季世有数人,中间只有历史考证家,而无纯粹史学家。"④李宗侗的话有一定道理,但不全面。清中期之所以历史考证发达,一方面是由于文字狱的作用,但更重要的是由于官方修史的无孔不入,利用政府力量抢占了当代史及明史纂修的阵地,将幕府及私家治史逼进考证学的死胡同,不使他们染指明史及当代史领域。故而这一时期私家治史主要在历史考证方面,大批史家穷一生精力对传统文化典籍的方方面面进行疏通、清理和总结,使很多错讹遍布、难以卒读的历史文献基本上恢复了本来面目,为后世史家治史清理了障碍,功不可没。乾嘉时期考证学之发达,是人所共知的事实,此处无需多讲。但有些问题还是必须提出来进行讨论,一是在乾嘉时期,不仅私家治史崇尚考据,官方修史也重视考据,《西域图志》、《日下旧闻考》、《热河志》、《满洲源流考》等官修史书都贯彻着考辨求实的精神,这种考据求实的治史态度,使官修史籍增加了学术性,而且与私家治史中的历史考据学风极为契合。从这里也可以看出,官修史书

---

　　① 王夫之:《读通鉴论》卷14《东晋哀帝之三》,见《船山全书》第十册,岳麓书社1988年版。
　　② 黄宗羲:《留书·史》,见《黄宗羲全集》第11册,浙江古籍出版社1993年版。
　　③ 关于清初私家史学思想的特点,详见王记录《中国史学思想通史·清代卷》第一编"绪言",黄山书社2002年版。
　　④ 李宗侗:《中国史学史》,中国友谊出版公司1984年版,第176—177页。

与私家著述并非处处对立，在更多情况下，两者是相互影响的。二是在乾嘉时期，私家治史并非埋头故纸，不问时事。尽管清廷通过史馆修史垄断了对当代历史的解释权，但是，私家在从事考据性学术工作的同时，依然对现实问题发表了自己的看法，学以致用、经史经世的思想不绝如缕。当然，对乾嘉时期私家治史中经世思想的地位要有一个恰切的看法，不可估计过高。笔者的看法是："由于时代条件不同，乾嘉时期史学领域中经世致用的思想也有自己的特点，它是在封建政治稳固，封建经济繁荣的环境中孕育出来的，内中缺乏清初经世致用思想中鞭笞君主政治的尖锐锋芒和启蒙意识，也缺乏道咸时期经世致用思想中对民族危亡、国家前途的强烈的忧患意识和痛心疾首的危机感，它是传统儒家入世思想在史学领域的表现。"①

道咸以降，由于社会危机的加深，私家治史的对象又发生了变化。一方面，虽然由于国力的衰落，清廷在官方修史方面的成就已大不如乾隆时期，但仍然继续控制着当代史的修纂大权，编纂实录、方略、会典等钦定史书。另一方面，一大批史学家面对日益危机的社会形势，不顾清廷禁令，开始研究当代历史，内容涉及广泛。有记载当代人物事迹的，像钱仪吉的《碑传集》、李元度的《国朝先正事略》、李桓的《国朝耆献类征初编》等；有记载当代朝纲大政的，像魏源的《圣武记》、王先谦的《十一朝东华录》、朱寿朋的《光绪朝东华录》等；有记载鸦片战争史的，像魏源的《道光洋舰征抚记》、梁廷楠的《夷氛闻记》、夏燮的《中西纪事》等；有记载边疆史地的，像姚莹的《康輶纪行》、张穆的《蒙古游牧记》、何秋涛的《朔方备乘》等；有研究域外史地的，像魏源的《海国图志》、梁廷楠的《海国四说》、徐继畲的《瀛环志略》、王韬的《普法战纪》、《法国志略》、黄遵宪的《日本国志》、康有为的《日本变政考》、《波兰分灭记》等。所有这些，都将治史的目光移到当代。

道咸以来私家治当代史，在史学思想上呈现复杂情况，既有强烈的维护封建礼教、宣扬忠君的保守思想，又有主张借鉴西方资本主义制度的开放意识。但总的趋向是关注现实、总结教训、倡导变法、抵抗侵略，睁眼看世界，吸纳新思想，改造旧史学，是道咸以后史学发展的主流。私家治史以其对社会变革和学术盛衰的敏锐感知，在传统史学向近代史学的转变过程中引领了史学发展的新方向。事实上，在整个清代，史学发展史上有价值的理论，比如"六经皆史"之

---

　　① 王记录：《中国史学思想通史·清代卷》，第206页。

论，"实事求是"之说，都是起源于私家治史的。官方修史由于专制政治的种种限制，不可能在这些方面做出有意义的探讨。

另外，还必须看到，虽然有清一代由于官修史书对当代史修纂的垄断，使得幕府、私家鲜少有大部头的当代史著，但清人对当代具体的历史事件、人物、典章制度、社会风俗、人情世故等的叙述则是繁富的，其主要表现就是私家撰著史料笔记甚多，诸如萧奭的《永献录》、吴振棫的《养吉斋丛录》、昭梿的《啸亭杂录》、王士禛的《池北偶谈》、赵翼的《簷曝杂记》、姚元之的《竹叶亭杂记》、梁章钜的《枢垣纪略》、方濬师的《蕉轩随录》、欧阳兆熊、金安清的《水窗春呓》、吴庆坻的《蕉廊脞录》、赵慎畛的《榆巢杂识》、龚炜的《巢林笔谈》、陈其元的《庸闲斋笔记》等，都保留了大量的清代社会各方面的资料①。我们知道，官方史学一般只注重帝王的个人起居言行以及朝廷的重大事件，以帝王将相为中心的政治史乃是史著的主线，歌颂帝王将相的文治武功是其惯例，所阐述和宣扬的思想也多是垂训、资治、君臣之道、天命之论、正统之说等，对于一般社会中下层涉及不多。但是，上述的私家著述摒弃了朝廷政治史狭隘的架构，着眼于社会各个层面，从不同角度记述了清代政治、经济、军事、外交、文化以及风土民情、秘事奇闻、官场势利、人物逸事等，虽非系统著述，实则灵活生动，远远超越了设馆修史以政治史为主的传统模式，将人们的视线由上层移向整个清代社会，扩大了史学的视野。由于私家治史远离庙堂，不必事事处处仰承"圣裁"和"钦定"，有一定的自主性，故而相对可以进行独立思考，少了官修史书的冥顽和僵化，其思想也就有不少批判现实的成分，具有一定的进步意义。

从以上考察我们可以看出，史馆修史主要垄断了当代史的纂修，其修史的主要目的是为了总结经验教训，宣扬统治者文治武功，统一对历史的解释。幕府修史的情况稍显复杂，政治环境和幕主个人的兴趣以及幕宾的影响，都可能导致研究对象的变化，但基本上还是围绕统治者文治建设的需要来展开史书修纂。私家修史对社会变迁特别敏感，富有批判现实的精神以及探讨史学理论问题的勇气，在古代史研究及历史考证方面富有特色。官方修史和私家治史在研究当代史方面基本上处在此消彼长、此进彼退的状态，当专制集权加强之时，私家不敢染指当代国史，治史的范围就被挤到古代历史的小天地里。当专制集权稍有松懈之时，私家就会抢占当代史研究阵地，借修史发表自己对时事政局的看法。当然，无论

---

① 中华书局曾陆续整理出版清代史料笔记，现已出版近50种。

是哪一种修史形式，都是脱胎于专制集权社会这个大环境的，个人很难摆脱社会制度的制约和影响，人们不可避免地承受着专制集权的重压，故而在史学思想方面也就具有了很多相同的思想因素，使得史馆修史、幕府修史和私家治史之间能够保持一定的张力，虽有冲突和矛盾，但又能基本保持共生状态。

二、三类修史形式之间的联系

有清一代，三类修史形式之间的联系是相当复杂的。从表面上看，三者相对独立、并行发展，各自有自己的修史"领地"，但如果深入到三种修史形式内部进行考察的话，就会看到，实际情况并非如此。由于学人幕府大多为在京官僚或封疆大吏所设，其幕主与中央统治关系密切，不少人以翰林晋身，参与过史馆的修史工作，这样就势必影响到幕府修史的面貌。另外，由于整个清代，史无专官，史官具有很大的流动性，不少士人出入官方史馆和幕府史局，使这三种修史形式因了史官们的流动而产生联系，其间的互动，饶有兴味。

（一）幕主或总裁：史馆、幕府共局修史的连结点

在清代，幕府的幕主多为朝中大员或封疆大吏，由于有这样的政治身份，他们中的不少人既是幕府修书的主持者，同时又可能被任命为史馆的总裁，从而使幕府修史与史馆修史产生联系。这一点在徐乾学以及徐乾学幕府中体现得最为充分。徐乾学幕府是清代最早出现的以学者型官员为幕主、以著名学者为幕宾的主要从事学术活动的重要幕府①。在顺康时期，徐秉义、徐乾学、徐元文三兄弟文采超拔，徐元文是顺治十六年（1658）状元，徐乾学和徐秉义则分别是康熙九年（1670）和康熙十二年探花，世称"昆山三徐"，在朝廷内外势力很大。徐乾学先后官至翰林院编修、左春坊左赞善、翰林院侍讲、侍讲学士、内阁学士、左都御史、刑部尚书等，并多次充乡试、会试考官、日讲起居注官，充《明史》馆总裁、《大清会典》馆、《大清一统志》馆副总裁等②。史载，徐乾学喜好延揽宾

---

① 关于徐乾学幕府的基本情况，参见尚小明著《学人游幕与清代学术》，社会科学文献出版社 1999 年版，第 60—70 页。

② 《清史列传》卷 10《大臣画一传档正编七·徐乾学》。

客，倾心接纳后进，身边聚集了众多学有专长的幕宾，所谓："公故负海内望，而勤于造进，笃于人物，一时庶几之流，奔走辐辏如不及，山林遗逸之老，亦不惜几两，屦行千里乐从公……后生之才隽者，延誉荐引无虚日，即片言细行之善，亦叹赏不去口。荜门寒畯，或穷困来投，愀然同其忧，辄竭所有资助，不足更继之，即质贷亦不倦。以故京师邸第，客至恒满不能容，侈就别院以居之，登公之门者甚众。"① 徐乾学还勤于搜讨文献，所建"传是楼"富有藏书，这也成为他能够吸纳更多热爱学术的学者入其幕下的又一原因。据尚小明研究，徐乾学幕府先后入幕的就有黄虞稷、顾祖禹、胡渭、徐善、唐孙华、李良年、阎若璩、黄仪、韩菼、邵长蘅、万斯同、黄百家、裘琏、刘献廷、王源、查慎行、顾士行等 33 人②，其中不乏著名学者。

　　顺治二年（1645），清廷即已开始启动《明史》工程，但由于种种原因，修书效果不佳。到康熙十八年（1679）三月，清廷以五十博学鸿儒俱充明史馆，参与《明史》修纂。五月，以内阁学士徐元文为《明史》监修官，掌院学士叶方蔼、右庶子张玉书为总裁官③，大规模《明史》编修正式展开。康熙二十一年七月，因王安国员缺，据明珠等公举，诏补徐乾学为《明史》馆总裁官④。就在徐乾学担任明史馆总裁之时，康熙二十五年四月，徐乾学、徐元文、张英、郭棻、高士奇、曹禾，因学问优长，被任命为《大清一统志》馆副总裁，而以陈廷敬、徐乾学专理纂阅之事⑤。实际上，由于《一统志》馆总裁、副总裁大多身兼数职，纂修之事实由徐乾学一人专理。这样，徐乾学身任《明史》馆、《一统志》馆两馆总裁官，因为这种方便条件，徐乾学幕府中的学者多被延揽进史馆，参与到《明史》和《大清一统志》的修纂中来。

　　在徐乾学幕府中，最早参与《明史》修纂的是万斯同，康熙十八年，万斯同、万言与新任《明史》监修官徐元文同时到京修史，万斯同居住在徐氏兄弟寓所，"以布衣参史局，不置簿，不受俸"⑥。由于万斯同极具史学才能，深得徐氏兄弟和纂修官们的推重，虽以幕宾身份修史，"不居纂修之名"，而实际上是

---

① 韩菼：《有怀堂文稿》卷18《资政大夫经筵讲官刑部尚书徐公乾学行状》。

② 参见《学人游幕与清代学术》附录《清代重要学人幕府表·徐乾学幕府》。

③ 《清圣祖实录》卷81，康熙十八年五月己未。

④ 《康熙起居注》（第二册），康熙二十一年七月二十五日庚午，第870—871页。

⑤ 《康熙起居注》（第二册），康熙二十五年四月十三日丁酉，第1462页。

⑥ 全祖望：《鲒埼亭集内编》卷28《万贞文先生传》。

"隐操总裁之柄"①，在《明史》编纂中起了关键作用。自康熙二十二年至二十六年，阎若璩、黄仪、刘献廷、王源、黄百家、顾祖禹、王原、徐善等著名学者均被徐氏兄弟招致到京师，在徐乾学幕下参与《明史》编修。与此同时，徐乾学还以阎若璩、胡渭、黄仪、刘献廷等人参与《大清一统志》的编修。就在幕宾参与官方修史的同时，徐乾学还请万斯同、阎若璩、顾湄等修纂《读礼通考》②，又利用阎若璩、万斯同、胡渭等，"排比正史，参考诸书"③，编纂《资治通鉴后编》一书。这样，徐乾学兄弟以幕主和史馆总裁的双重身份主持官方修史和幕府修史，而万斯同等人也以幕宾和史官的双重身份参与官方修史和幕府修史。史馆修史、幕府修史因此而发生关系，联结在一起。

康熙二十九年（1690）十月，徐乾学遭左都御史许三礼弹劾，十一月，具疏乞休，得康熙允准，携《大清一统志》等书稿回籍编辑，所谓"管理修书总裁事务原任刑部尚书徐乾学请假省墓，并请以奉旨校雠之御选古文、《会典》、《明史》、《一统志》诸书，带归编辑。允之"④。徐氏回籍后，分别在洞庭东山、嘉善、昆山等地开设《大清一统志》书局，在京师参与官方修史的幕宾，除一部分继续留在史馆修史外，其他诸如阎若璩、胡渭、顾祖禹、黄仪等，均随徐乾学南下修史⑤。另外，徐乾学还奏请姜宸英、黄虞稷等纂修官随同襄助修史。在《大清一统志》书局开设之时，徐氏还延请四方耆旧宿儒，共同襄理此事，据裘琏、唐孙华、王原等记载，在"五湖之滨、洞庭之山"修纂《一统志》的人员就有胡渭、顾祖禹、顾士行、顾秦业、黄虞稷、阎若璩、唐孙华、吴颢、黄仪、陶元淳、沈佳、吕澄、姜宸英、裘琏、李良年、查慎行、邵长蘅、王原⑥，另外，"供事之员，缮书之士，及奔走使令之役，复三四十人"⑦，其修史规模是相当庞大的。康熙三十一年，徐乾学因故落职，幕宾相继星散。三十三年，徐氏病逝，遗疏进呈《一统志》稿。清廷依其志稿继续修订，由韩菼总裁其事⑧。徐乾学携

---

① 黄云眉：《明史编纂考略》，《史学杂稿订存》，齐鲁书社1980年版，第125页。

② 《读礼通考》卷首，徐树谷序。

③ 《四库全书总目》卷47《资治通鉴后编》条。

④ 《清圣祖实录》卷143，康熙二十八年十一月己未。

⑤ 见《清史列传》卷68，《儒林传下一·胡渭传》、《儒林传下一·阎若璩传》。

⑥ 分别见裘琏《横山文集》卷7《纂修书局同人题名私记》；唐孙华《东江诗抄》卷3《哭座主玉峰尚书徐公》；王原《西亭文抄·历代宗庙图考自序》。

⑦ 裘琏：《横山文集》卷7《纂修书局同人题名私记》。

⑧ 《清史列传》卷9《大臣画一传档正编六·韩菼传》。

书局归里修书，所行乃朝廷之事，所仰赖乃幕府襄助，一大批学者由此参与到官方修史的行列中来。就在《大清一统志》南下修纂的过程中，徐乾学仍继续利用幕宾进行《资治通鉴后编》的编纂，其中阎若璩所起作用最大，"书中多涂乙删改之处，相传犹若璩手迹也"①。由于徐乾学方领一统志局，可以利用志局资料，多见宋元以来郡县旧志和一些罕见的资料，故而"订误补遗，时有前人所未及"②，再加上阎若璩、胡渭、顾祖禹、黄仪等人长于地理之学，所以该书"所载舆地，尤为精核"③。可以说，没有一统志局丰富的资料可资利用，没有阎、胡等大学者的加盟，《资治通鉴后编》是不可能取得这样的成功的。幕主利用幕府，在官方修史和幕府修史两个方面都取得了成绩，这也是清代史学发展史中应该引起注意的方面。

在清代史学发展史上，像徐乾学幕府这样延聘大批学者入幕，同时参与幕府修史和官方修史，将在野学者直接纳入官方修史系统的情况并不常见。其后的很多朝廷大员虽依然延揽学人，从事学术活动，但这些学术活动的官方色彩越来越淡，逐渐变成了幕主个人的事业。官方修史、幕府修史和私家撰史之间的联系也就以另外的形式表现出来。

（二）学者：史馆、幕府与私家修史的连结点

学者来往于史馆和幕府之间，史馆、幕府因学人的流动而产生联系，从而使史馆修史、幕府修史和私家治史产生相互影响。清代史馆修史、幕府修史和私家修史这三种修史行为之间有相对的独立性，它们之所以能够发生联系，主要还是因为学人在其中的流动。流动不居的学人游走于史馆、幕府之间，使不同的史学思想在这之间传播，不同的修史理念可以相互交流。这种情况较史馆、幕府共局修史的情况更为普遍。

学人游走于史馆与幕府之间，主要有以下几种形式：一是先为史官后入幕，二是先入幕后为史官，三是多次穿梭于史官与幕府之间。

1. 先为史官后入幕

这些人因为有在史馆修史的经验以及遍阅群籍的机会，故而对幕府修史产生

---

① 《四库全书总目》卷47《资治通鉴后编》条。
② 《四库全书总目》卷47《资治通鉴后编》条。
③ 《四库全书总目》卷47《资治通鉴后编》条。

的影响是多方面的。比如被李绂称为"国器"的乾隆时期学者严长明，乾隆二十七年（1762），天子巡幸江南，严氏以献赋召试，特赐举人，授内阁中书，旋充方略馆纂修官，编纂《平定准噶尔方略》。其在朝中，深得刘统勋、傅恒器重，后迁内阁侍读，历充《通鉴辑览》、《一统志》、《热河志》馆纂修官①，后因父忧去官。时毕沅巡抚陕西，延请严氏于幕中，"招至官斋，为文字交"②。严长明在毕沅幕府十余年，游历太华终南之胜，饮酒赋诗，搜集金石碑刻，撰次《西安府志》80 卷、《汉中府志》40 卷③，还和孙星衍、张埙、钱坫助毕沅完成《关中金石记》和《中州金石记》两书④。严长明学识修养极高，曾放言："士不周览古今载籍，不遍交海内贤俊，不通知当代典章，遽欲握笔撰述，纵使信今，亦难传后。"⑤他不仅喜欢交接学人，而且学有专长，"于蒙古、托忒、唐古特文字，一见便能通晓"，"藏书三万卷，金石文字三千卷"，钱大昕曾与严长明交往 20 余年，"听其议论，经纬古今，混混不竭，可谓闳览博物、文学之宗矣"⑥。由于严长明本身的学识修养以及早年史馆修史的经历，使他积累了丰富的修史经验，其在毕沅幕府所修两种方志，"皆详赡有法"⑦，为清代名志。他和孙星衍等幕友帮助毕沅编纂的《关中金石记》，受到精于金石之学的钱大昕的高度赞扬，认为"征引之博，辨析之精，沿波而讨源，推十而合一，虽曰尝鼎一脔，而经史之实学寓焉"⑧。可以说，严长明因为在史馆修史，可以"周览古今载籍"，"通知当代典章"，所以才能在后来的幕府修史中显示出卓越的才华；又由于加入幕府，"遍交海内贤俊"，与幕中学者相互切磋学问，才使自己撰写出《毛诗地理疏证》、《三经答问》、《三史答问》、《献征余录》、《金石文字跋尾》、《五陵金石志》等颇有价值的学术著作。

和严长明相类似，阮元幕府中的陈昌齐也是先为史官后入幕，参与阮元主持的《广东通志》的纂修。陈昌齐为乾隆三十六年（1771）进士，选庶吉士，入翰林，授官编修，曾充三通、四库以及国史馆纂修官，后历任河南道监察御史、

---

① 《清史列传》卷 72《文苑传三·严长明》。
② 钱大昕：《潜研堂文集》卷 37《内阁侍读严甫传》。
③ 钱大昕：《潜研堂文集》卷 37《内阁侍读严道甫传》。
④ 孙星衍：《五松园文稿》卷 1《湖北金石诗序》。
⑤ 《清史列传》卷 72《文苑传三·严长明》。
⑥ 钱大昕：《潜研堂文集》卷 37《内阁侍读严道甫传》。
⑦ 钱大昕：《潜研堂文集》卷 37《内阁侍读严道甫传》。
⑧ 钱大昕：《潜研堂文集》卷 25《关中金石记序》。

兵科、刑科给事中、浙江温处道等职，因与当道不和而致仕①。陈氏有史馆修史的经验，熟知历代典章制度，长于考据及舆地之学。嘉庆二十二年（1817），阮元出任两广总督兼署广东巡抚事，二十三年底，即奏请纂修《广东通志》，二十四年初设立志局，延揽人才，正式修纂。陈昌齐就是在此时被吸纳进阮元幕府修纂志书的。阮元在上疏请求设局修志时就提名陈昌齐，"委粮道卢元伟为提调，延辛卯翰林原浙江温处道陈昌齐、辛酉翰林刘彬华、江苏监生江藩等分任纂校"②，后以陈昌齐为总纂。阮元之所以礼聘陈昌齐，就是看上了其渊博的学识和丰富的修史经验。经过陈昌齐、江藩、谢兰生等人的努力，在阮元的指导之下，《广东通志》成为公认的佳志，梁启超曾高度评价说："大约省志中，嘉道间之广西谢志，浙江、广东阮志，其价值久为学界所公认，道光间之畿辅李志、山西曾志、湖南李志……等，率皆踵谢、阮之旧，而忠实于所事，抑其次也。"③《广东通志》的成功当然不能归功于陈昌齐个人，但陈昌齐早年供职于史馆所积累的修史经验显然在《广东通志》中有所体现。没有阮元这样学识渊博的封疆大吏，没有陈昌齐这样的幕僚协助编纂，《广东通志》要想达到如此高的水平，是难以想象的。

2. 先入幕后为史官

这些人由于有在幕府中从事学术工作的经历，且与其他幕友切磋讨论，纵论千古，交换关于学术的看法，所以能够把民间的学术观点带到史馆中，影响官修史书的面貌。比如清中叶著名学者洪亮吉，于乾隆三十六年（1771）入安徽学政朱筠幕府，在幕中与邵晋涵、王念孙、章学诚、吴兰庭等"交最密，由是识解益进"，并开始"从事诸经正义及《说文》、《玉篇》，每夕至三鼓方就寝"，勤奋学习④。乾隆三十七年，四库馆开馆，安徽省于太平府设局，搜集遗书，由洪亮吉总司其事，成绩很大。此后，洪亮吉又曾入王杰、刘权之幕，从事的也多是文字工作。自乾隆四十六年起，洪亮吉入毕沅幕府，在毕沅幕中，与幕友孙星衍、严长明、钱坫、王复议论政事，时常意见相左⑤，毕沅常于幕宾的讨论之中受到治

①　《清史列传》卷75《循吏传二·陈昌齐》。

②　阮元：《广东通志》卷首《奏章》。

③　梁启超：《中国近三百年学术史》，东方出版社1996年版，第373页。

④　吕培：《洪北江先生年谱》，乾隆三十六年，四部丛刊初编本。

⑤　孙星衍有《留别诗》云："洛下东西屋相联，等闲八望若神仙；未妨皇甫轻居易，日日危谈动四筵。"诗注云"议论时有不合"。见洪亮吉《卷施阁诗》卷3。

政的启发。洪亮吉在毕沅幕中协助毕沅校《道德经》，修《延安府志》、《淳化县志》、《长武县志》、《澄城县志》等，撰《汉魏音》、《乾隆府厅州县图志》、《十六国疆域志》等，自成一家，著述宏富。乾隆五十五（1790）年，洪亮吉在多次科举不售的情况下，终于经礼部试，获隽。殿试，钦定一甲二名，授翰林院编修，充国史馆纂修官。五十六年，充石经馆收掌及详覆官。嘉庆四年（1799），被派充修纂《高宗实录》，负责高宗初年事迹的编纂。幕府修史的经历使他周知掌故，能够胜任史馆的工作，同时，长期的游幕生活，使他能目睹社会百象，对当时社会有更深的了解，而国史馆及《高宗实录》的编纂经历，又使他有机会观察、认识皇帝及上层统治者的内幕，这些都铸成了他批判社会现实的学术精神，思想非常深刻。

　　3. 穿梭于史馆与幕府之间

　　学人反复游走于史馆与幕府之间，将各种不同的学术观念通过自身的行为传播开来，并连接在一起。这种情况对清代史学面貌的影响较之前两种更加明显。从他们身上可以看到学人行为对学术面貌的影响，也可以看到史馆、幕府对学人的影响以及由此反映出来的清代学术富有特点的一面。

　　比如乾嘉学者邵晋涵，先是入幕朱筠，接着入四库馆，充《万寿盛典》、《八旗通志》、国史馆和三通馆纂修官，晚年又入毕沅幕府，助修《续资治通鉴》。邵晋涵反复游走于史馆与幕府之中，为我们认识史馆、幕府以及个人治史之间的联系，提供了一个很好的例证。

　　邵晋涵于乾隆三十六年（1771）中进士，时朱筠为会试同考官，力拔第一。按惯例，邵氏当在词臣之选，结果却未能如愿，遂与章学诚一同至朱筠安徽学政幕中。朱筠幕府对邵晋涵的影响是巨大的，孙星衍曾说："邵学士晋涵、王观察念孙诸人，深入经术训诂之学，未遇时皆在先生（指朱筠）幕府，卒以撰述名于时，盖自先生发之。"① 邵晋涵随朱筠校文，受朱筠影响作《尔雅正义》。据章学诚记载，朱筠曾对邵晋涵说："经训之义荒久矣，《雅》疏尤荒陋不治。以君之奥博，宜与郭景纯氏先后发明，庶几嘉惠后学。"邵晋涵由此"殚思十年，乃得卒业，今所传《尔雅正义》是也"②。在幕中，邵晋涵与章学诚"论史契合隐

　　① 孙星衍：《笥河先生行状》，《笥河文集》卷首。
　　② 章学诚：《章氏遗书》卷18《邵与桐别传》。

微"①，结下了终身友谊。乾隆三十八年，邵晋涵被征进四库全书馆修书，职任校勘《永乐大典》纂修兼分校官，实际上是《四库全书总目》"史部"提要的重要撰稿者。阮元云："（邵晋涵）在四库馆与戴东原诸先生编辑载籍，史学诸书多由先生订其略，其提要亦多出先生之手。"② 除此之外，邵晋涵还从《永乐大典》中辑出《旧五代史》，"复采《册府元龟》、《太平御览》诸书，以补其缺，并参考《通鉴长编》诸史，乃宋人说部、碑碣"，详加考辨，逐条编插，终于使"悉符原书卷数"③。除在四库馆供事外，邵晋涵还先后为《万寿盛典》馆、《八旗通志》馆、国史馆和三通馆纂修官，又为国史馆提调。邵氏在史馆编纂期间，还改编《宋史》，"取熊克、李焘、李心传、陈均、刘时举所撰之书，及宋人笔记，撰《南都事略》，以续王偁之书，词简事增，正史不及也"④。受到钱大昕、章学诚的赞赏。邵晋涵还着手《宋志》的编纂，其弟子章贻选云："先辑《南都事略》，欲使前后条贯粗具，然后别出心裁，更为赵宋一代全书，其标题不称《宋史》而称《宋志》，亦见先师有微意焉。"⑤ 足见邵氏在史学上的成就。邵晋涵对当代典故更是非常熟悉，他在国史馆任职达十余年，"数十年来名卿列传，多出其手"，而且"据实直书，未尝有所依阿瞻徇"⑥。国史馆中收贮先朝史册数以千计，总裁询问每件史事，邵晋涵马上就能答出在某册某页，百不失一，史馆同仁"咸讶以为神人"⑦。邵晋涵熟识古今典籍和历代史事的情况于此可见一斑。

乾隆四十八年（1783），邵晋涵自京师丁忧回籍，期满后，入毕沅幕府，助毕沅编纂、审定《续资治通鉴》，并与孙星衍研讨经史⑧。后虽入都补官，但毕沅仍将《续通鉴》审定之事嘱托于他，邵氏虽不在幕府，仍遥为幕宾。清代以幕府力量续修《资治通鉴》，前有徐乾学的《资治通鉴后编》，后有毕沅的《续资治通鉴》。毕沅延揽幕府修《续资治通鉴》，大约起于乾隆三十七年⑨。当时朝廷正在纂修《四库全书》，进献书、辑佚书相当多，毕沅充分利用前人未曾见到的

---

① 章学诚：《章氏遗书》卷18《邵与桐别传》。

② 《南江札记》卷首《南江邵氏遗书序》。

③ 《国朝耆献类征初编》卷130《词臣》。

④ 江藩：《汉学师承记》卷6《邵晋涵》。

⑤ 章学诚：《章氏遗书》卷18《邵与桐别传》之章贻选按语。

⑥ 《国朝耆献类征初编》卷130《词臣》。

⑦ 江藩：《汉学师承记》卷6《邵晋涵》。

⑧ 孙星衍：《澄清堂稿》卷上《中州送邵太史晋涵入都》。

⑨ 据冯集梧《续资治通鉴》序及章学诚《为毕制军与钱辛楣宫詹论续鉴书》推算。

珍贵资料，决心修纂一部超越徐乾学《后编》的续作，但是，由于最初此书系依据《资治通鉴后编》损益而成，毕沅阅后不能满意。邵晋涵入幕以后，对该书严加覆审，由于邵晋涵曾为史馆编纂，因职务之便，可以看到常人所无法看到的典籍，能够利用当时天下最丰富的皇家藏书，再加上他本人收藏"宋元遗书最多"①，且由于改编《宋史》，编纂《宋志》，对宋元掌故极为谙熟，所以他对《续资治通鉴》的编纂成功起了关键性的作用，"平生精力悉萃于此，且熟悉宋代故实，多人所未闻"②。毕沅对邵晋涵复审过的《续通鉴》非常满意，"大悦服，手书极谢，谓迥出诸家续鉴书上"③。《续资治通鉴》一书渗透了邵晋涵的史学思想。其一、该书取材宏富，和邵晋涵在四库馆及国史馆任职期间接触大量的前人未见的历史资料有关。其二、该书克服了前人著《宋史》南宋和北宋详略不当的弊病，使南宋和北宋史事详略得当，轻重一致。元修《宋史》，南宋部分就特别简略，与北宋比例悬殊。徐乾学修《资治通鉴后编》，宋史部分的内容共152卷，北宋就占了104卷，南宋只有48卷，比例相当悬殊。邵晋涵在四库馆任职时，撰写《宋史提要》，就批评《宋史》南宋部分粗疏特甚，"《文苑传》止详北宋，而南宋仅载周邦彦等寥寥数人，《循吏传》则南宋无一人"④。钱大昕在与邵晋涵论《宋史》时，也指出该书南宋部分"事迹不详"、"褒贬失实"，邵氏"闻而善之"⑤，非常赞同钱大昕的看法。其撰《南都事略》，就是要使南宋一代史事完具。由于邵晋涵对宋史素有研究，又在史馆中积累了大量的有关宋史的资料，故而他与幕府中人编纂《续资治通鉴》，宋代部分182卷，北宋97卷，南宋85卷，比例大体相当，成就远在诸家之上。其三、该书不述异，不语怪。邵晋涵历来反对史书中记载荒诞迷信的事物，他曾经批评《南齐书》"傅会纬书"，"推阐禅理"，指出这是"牵于时尚，未能厘正"⑥。他的这一态度在《续资治通鉴》中明显地反映了出来。

从以上论列可以看出，邵晋涵先由朱筠幕府起家，受朱筠影响，与章学诚论史，积累各方面的学术修养。其后进入史馆修史，展示自己的史学才华，并进一

① 章学诚：《章氏遗书》卷13《与胡雒君论校胡稚威集二简》。
② 耿文光：《万卷精华楼藏书记》卷29《史部二》。
③ 章学诚：《章氏遗书》卷18《邵与桐别传》。
④ 《南江文钞》卷3《宋史提要》。
⑤ 江藩：《汉学师承记》卷6《邵晋涵》。
⑥ 《南江文钞》卷3《南齐书提要》。

步积累资料，提高素养。其后又进入毕沅幕府，与幕友共纂《续资治通鉴》，把在史馆中积累的知识和思想带到幕府修史中来，使两种学术活动由此发生联系，这些，对于认识清代史学的动态特征都是富有启发的。

总之，有清一代，史馆修史、幕府修史和私家修史的关系是非常密切的，尽管这种关系的表现有所不同，但其意义不可忽视。这种关系反映了各种修史形式之间的相互影响和渗透，认识不到这一点，就不可能较好地解释清代史学发展史上的诸多现象。也正是由于这样的一种关系，学者的学术活动有了一种政治保障，艾尔曼就直言不讳地指出，幕府修书"为士大夫的学术交流提供了政治保障"，由于幕主的帮助，"那些受聘的学者就无须顾忌清廷的禁令，可以在北京或其它地方自由聚会"[①]。这样的交往和聚会使学者可以对官方修史、幕府修史的指导思想有较为深入的了解，从而使修史工作的意义不仅仅局限在史馆和幕府之内，而是成为朝野上下以及整个学界共同关心的事业。

三、三类修史形式在清代史学演变中的消长

前面考察了史馆修史、幕府修史和私家撰史的联系，下面来讨论三种修史形式在清代史学演变中的盛衰消长。

（一）史馆修史的兴衰对幕府、私家治史的影响

就整个清代来讲，史馆修史、幕府修史的兴衰基本上是同步的，当史馆修史兴旺发达之时，幕府修史也处在史书修纂的高潮期，当史馆修史衰落之时，幕府修史也开始萎缩，并发生变化。私家治史的状况与此略有不同，当史馆修史和幕府修史取得辉煌成就的时候，私家治史也闻风而起，取得了辉煌的成就，但在前两种修史形式尚未形成规模和行将衰落之时，私家治史却依然兴盛，而且更具时代气息和生命活力。不管怎样，有清一代，官方修史、幕府修史和私家治史是相互影响的，他们在清代史学发展史上此起彼伏，潮涨潮落，共同形成了清代史学独具特色的面貌。

清朝历代帝王都比较重视史学在国家治理中的作用。入关以前，清太祖努尔

---

① 艾尔曼：《从理学到朴学》，江苏人民出版社 1997 年版，第 71 页。

哈赤和清太宗皇太极都认识到史学的重要性，提出要把祖宗"行政用兵之道"，"一一备载，垂之史册"①，使后世子孙尽知创业之艰难。只是当时戎马倥偬，无暇文治，设馆修史无法真正付诸实施。入关以后，顺、康二帝不仅对史学的社会作用有更为深刻的认识，而且把修史当作政治大事来抓。康熙不仅重视程朱理学，而且"喜观史书，遍阅圣贤经传"②，尤其喜欢《资治通鉴》一书，因为在他看来，"《通鉴》一书事关前代得失，甚有裨于治道"③。基于这样的认识，顺康时期，史馆建设进展迅速，形成了以国史馆、实录馆、方略馆、会典馆、起居注馆为核心骨架的史馆制度，编纂了大量史籍，如纂成太祖、太宗、世祖三朝实录，首次修成《大清会典》，纂成《平定三逆方略》、《平定察哈尔方略》、《平定朔漠方略》等"方略"类史籍，修成《明史》初稿，编纂记载帝王言行的起居注，开展了《大清一统志》和三朝国史的纂辑，此外还编纂了《鉴古辑览》、《皇舆表》、《御批通鉴纲目》及前编、续编、《历代记事年表》等史书，在朝野上下产生了很大影响。受顺、康二帝渐重文治的影响，清代游幕之风也随之兴起，尽管顺治朝由于尚处在动荡时期，缺乏从事学术研究的良好环境，没有形成重要的学人幕府，但到康熙时期，徐乾学、李光地、张伯行等较大的以学术研究为主的幕府均已形成，所谓"三藩平后，竞尚笔墨文学，馆阁徐乾学等，招致天下名士，排赞词章，一时如刘继庄，以及万斯同、胡渭生、阎若璩辈皆集阙下"④。他们笼络大批学界精英，修纂、校刻了相当数量的经史书籍，如徐乾学除笼络幕府修纂《大清一统志》、《明史》外，还修纂了《资治通鉴后编》，李光地为迎合康熙帝重视理学的心理，利用幕宾承修、编辑《朱子全书》、《周易折中》、《性理精义》等"御纂"著作，张伯行则大规模辑刻了宋明先儒著述达55种。这些著作的编纂和刊刻，显然是受统治者重视理学与史学以及官方修史的影响而产生的。可以说，随着政府的提倡，史馆修史的勃兴，幕府修史也相应起步，并取得了初步的修史成就。这不难理解，因为一般而言，幕主均为封疆大吏，与朝廷命运息息相关，其行为与思想当然更为直接地要受到君主的影响。上有所好，下必行之，乃人之常情。

　　但是，这一时期的私家修史却是另外一番面貌。明清易代，天崩地解，身遭

---

①　《清太宗实录》卷16，天聪七年十月己巳。
②　《清圣祖实录》卷121，康熙二十四年六月己酉。
③　光绪朝《大清会典事例》卷1047《翰林院·典礼》。
④　李塨：《恕谷后集》卷6《王子传》。

国难、触觉灵敏的士大夫首先开始反思历史、省察现实，写出了大量历史著作。在官方修史活动尚未展开之时，私家撰史就已经风起云涌，在明史以及南明史的研究方面，在历史评论方面，在学术史研究以及历史地理研究方面均取得了突出成就，编织了清初史学绚丽多彩的画卷①。

雍乾嘉时期，由于政治稳定、经济发展，国家有更多的财力可以兴办修史事业，再加上乾隆皇帝以"稽古右文"之君自居，特别注意通过学术活动来实现自己的统治目的，故而这一时期，官方修史活动持续不断，修纂的各类史书超过了清代任何一个帝王。首先，史馆制度逐步完善，有了更加严密的组织；其次，特开史馆数量猛增，为配合政治的需要及时修纂各种史书，促进了官方修史的兴旺发达；第三，史馆修史取得了很大成绩，据统计，乾隆朝所修书籍约120余种，其中史书超过60余种，总卷数达到六千余卷，其中部帙在一百卷以上的就达20余种②。清廷"右文"政策的推行、各种史馆的设立以及大量史书的成功编纂，刺激了幕府以及私家修史的发展，学人游幕达到高峰，一些比较大的学人幕府都产生在这一时期，诸如卢见曾幕府、朱筠幕府、毕沅幕府、谢启昆幕府、阮元幕府、曾燠幕府等，他们礼贤下士，吸引众多学者入其幕下，从事学术活动。对此，章学诚曾深有感触地说："今天子右文稽古，三通、四库诸馆依次而开，词臣多由编纂超迁，而寒士挟策依人，亦以精于校雠，辄得优馆，甚且资以进身。"③ 梁启超在论述乾嘉时期学术发展时也谈到这一情况："清高宗席祖宗之业，承平殷阜，以右文之主自命，开四库馆，修《一统志》，纂《续三通》、《皇朝三通》，修《会典》，修《通礼》，日不暇给，其事皆有待于学者。内外大僚承风宏奖者甚众。嘉庆间，毕沅、阮元之流，本以经师致身通显，任封疆，有力养士，所至提倡，隐然兹学之护法神也。"④ 由于这一时期的幕府主要以学术活动为主⑤，修书、著书、校书就成为幕府最主要的任务。这一时期，幕府完成了众多书籍的修纂，像《五礼通考》、《经籍纂诂》等经书，《续资治通鉴》、《史籍考》等史书，《江南通志》、《浙江通志》、《湖北通志》、《广西通志》、《广东通

---

①　参见王记录《中国史学思想通史·清代卷》，黄山书社2002年版，第21—34页。

②　据《国朝宫史》、《国朝宫史续编》统计。这尚不包括《御览经史讲义》、《春秋直解》等包含历史内容的书籍以及"则例"之书和订正、改纂之书。

③　章学诚：《章氏遗书》卷9《答沈枫墀论学》。

④　梁启超：《清代学术概论》，东方出版社1996年版，第60页。

⑤　尚小明：《学人游幕与清代学术》，社会科学文献出版社1999年版，第34—35页。

志》等志书，《国朝山左诗抄》、《两浙輶轩录》、《淮海英灵集》等诗文集，还有大量经过细心校刻的古代典籍，成就非凡，是清代幕府修书数量最多的时期。与此相应，私家治史也出现繁荣局面，尤其是历史考证学甚为发达，数量甚巨的文献整理与考订著作不断刊刻，方志学、边疆史地学、历史评论、史学理论等著作层出不穷。一大批在中国史学史上卓有建树的史学家脱颖而出，书写了清代史学浓笔重彩的一笔。

嘉庆后期以后，清帝国内有不断爆发的农民起义，外有西方列强的入侵，内忧外患，灾难频仍，一种前所未有的历史变局正在形成。在这种内外交困的社会背景下，史馆修史已无法维持乾隆时期兴旺的修书局面，除了常开、例开之馆，诸如国史馆、方略馆、实录馆等尚能继续修纂以外，特开之馆明显萎缩，修史成绩大不如从前。这一时期的幕府制度也发生了很大变化①，虽然学术活动仍然是学人游幕的重要内容，但浓重的气氛已大不如乾嘉时期。他们除继续传统的经史研究之外，还适应时代的需求，从事翻译西书的活动，边疆史地的研究也在幕府中兴起。诸如陶澍幕府、曾国藩幕府、李鸿章幕府、张之洞幕府等，都有这些特点。和史馆修史与幕府修史的情况有所不同，这一时期的私家治史之风异常活跃，学风发生了很大变化，考据之学受到猛烈批判，当代史、南明史、边疆史地和域外史地的研究引人注目，昭示着传统史学向近代史学转化的新景象。

由纵向的考察可知，清代官方修史对幕府修史的影响是最大的，二者的发展演变基本上处于同步状态。官方修史兴盛，幕府修史就相应发展，反之亦然。具体到对私家治史的影响，情况就复杂得多，有时二者是同步的，比如乾嘉时期，史馆修史成果累累，私家治史也蔚然成风，尽管当时绝大多数学人从事的是考证研究，与官方修史在研究对象上有很大差异。有时又完全相反，比如清初和晚清，在官方修史还没有完全发展起来和官方修史已经衰落下去之时，私家治史非常兴盛。不管怎样，有一点看得很清楚，那就是：史馆修史的兴衰往往与皇朝的兴衰是相一致的，私家治史则往往不是如此。

具体来讲，官方修史对幕府修史和私家治史的影响主要体现在两个方面：第一，清代统治者开馆修史，稽古右文，激励了幕府、私家修史的热情；第二，统治者依靠史馆修史，将某些史学观念官方化，注意利用修史来引导史学潮流的发展方

---

① 关于晚清幕府制度的变化，参见郑天挺《清代的幕府》，见《清史探微》，北京大学出版社1999年版；黎仁凯《晚清的幕府制度及其嬗变》，《河北学刊》2004年第5期。

向，打压不利于自身统治的幕府、私家治史的内容。其间的盛衰消长，颇能让人看到史官史学和史家史学的冲突与融合。下面就这两方面的影响再略加申述。

（二）史馆修史对幕府、私家治史的刺激

这种情况在很多领域都有明显表现，我们就以方志纂修为例来说明问题。有清一代，方志修纂一直非常发达，之所以如此，是和官方设立《一统志》馆，编纂《大清一统志》密不可分的。是《一统志》的纂修刺激了幕府和私家修志的热情，反过来，幕府、私家修志又为清代修志推波助澜，掀起修志的高潮。在整个清代，《大清一统志》凡三修，分别称为康熙《一统志》、乾隆《一统志》和嘉庆《一统志》。康熙二十五年（1686）三月，清廷设立一统志馆，敕命"纂修《一统志》，以大学士勒德洪、明珠、王熙、吴正治、宋德宜、户部尚书余国柱、左都御史陈廷敬为总裁官，原任左都御史徐元文、内阁学士徐乾学、翰林院学士张英、詹事府詹事郭棻、翰林院侍读学士高士奇、庶子曹禾为副总裁官，翰林院侍读彭孙遹、编修黄士垎、钱金甫、田需、吴涵、史夔、许汝霖、周金然，检讨徐嘉炎、吴任臣、金德嘉、吴苑、王思轼，中允米汉雯，赞善黄与坚，候补中允胡会恩，吏部郎中颜光敏，大理寺评事高层云，见修《明史》食七品俸姜宸英、万言二十人为纂修官，并命陈廷敬、徐乾学专理馆务"①。启动《大清一统志》的纂修。此次修志历时57年，乾隆八年（1743）成书。乾隆二十九年（1764），清廷第二次纂修《一统志》，乾隆皇帝上谕云："第念《一统志》，自纂修峻事以来，迄今又二十余载。不独郡邑增汰沿革，随时宜理，一一汇订，且其中记载、体例、征引详略，亦多未协……若其他考稽失实，与凡挂漏冗复者，谅均在所不免，亟应重加纂辑，以成全书。"②此次修志，没有单独设立史馆，而是由方略馆承办，共历时20年，于乾隆四十九年（1784）成书。清廷第三次修纂《一统志》始于嘉庆十六年（1811），此次重修的理由主要是为国史馆修《地理志》提供依据。因为乾隆《一统志》"至（乾隆）五十年以后，有一切必应载入之处，未臻齐备"，"编辑未全"，所以"自乾隆五十年以后，至嘉庆十五年以前，凡应行补载者，一并依类敬谨列入，并将全书通行详校，以免疏漏脱误"③。此次修

① 《清圣祖实录》卷125，康熙二十五年三月己未。
② 乾隆《大清一统志》卷首《上谕》。
③ 《嘉庆道光两朝上谕档》，嘉庆十六年，广西师范大学出版社2000年版，第38页。

志，依然没有单独设馆，而是经方略馆提议，由国史馆承办，历时 31 年，道光二十二年（1842）成书。《嘉庆重修一统志》是三次修志中公认质量最高的一部。

从康熙朝到道光朝三次设馆官修《大清一统志》的活动，对清代普遍纂修方志的影响是巨大的。据有的学者统计，从康熙十一年（1672）到道光二十二年（1842）共约修成省、府、州、县志 3201 种，其中三部《一统志》纂修期间约纂有 2519 种①，足见《一统志》纂修对清代方志修纂的带动作用。官修《大清一统志》之所以能带动清代修志的热情，一方面是政府的提倡和重视使各地方官吏心目中形成了一种观念，即所任一方，必须修志，如果某地"无《志》以传信"，"固邑中士大夫之辱，而亦长吏之所不能辞其责也"②。修纂方志的重要性实际上已经成为清廷、官吏、士绅、学者的共识。另一方面是各省、府、州、县志的修纂要为《一统志》修纂提供材料。康熙时名臣于成龙在《江南通志》序中曾说："夫修志之役必始于县，县志成乃上之府，府荟集之为府志，府志成上之督抚，督抚荟集之为通志，通志归之礼部，然后集为《一统志》。"③ 雍正七年（1729），亦"诏天下重修通志，上之史馆，以备大一统之采择"④。这样，各地修纂方志就成了一项硬性任务，不得懈怠。在这种情况下，总督、巡抚、学政等地方大僚纷纷以幕府力量修志，佳作频出，像谢启昆幕府修纂的《广西通志》，毕沅幕府修纂的《湖北通志》，阮元幕府修纂的《广东通志》、《云南通志》，陶澍幕府修纂的《安徽通志》，等等，都是在《大清一统志》的影响下产生的。与此同时，众多学者也把修志当作名山事业，纷纷投入到各地的编志活动中去，马骕、全祖望、李文藻、王昶、钱大昕、戴震、章学诚、孙星衍、袁枚、汪中、洪亮吉、武亿、杭世骏、姚鼐、段玉裁、钱坫、焦循、江藩、李兆洛、俞正燮、张澍、邢澍、钱泰吉、冯桂芬、陆心源、郭嵩焘、王棻、俞樾、孙诒让、缪荃孙、王闿运，等等，均参与了志书的修纂。由于这些学者在经学、史学、文字音韵学、地理学、谱牒学、历算学以及文献学方面各有建树，他们治学严谨，实事求是，广搜资料，严于考订，发凡起例，注重章法，促进了清代方志编纂水平的不

① 巴兆祥：《论〈大清一统志〉的编修对清代地方志的影响》，《宁夏社会科学》2004 年第 3 期。
② 康熙《藁城县志》卷首，刘元慧序。
③ 康熙《江南通志》卷首，于成龙序。
④ 雍正《畿辅通志》卷首，李卫序。

断提高。梁启超认为"清之盛时，各省府州县皆以修志相尚，其志多出硕学之手"①，所言不虚。

清代官方设馆修纂《大清一统志》对幕府、私家修志的影响还不仅仅是掀起了修志高潮，而且在修志体例以及方志思想方面都有较大的影响。康熙十一年下诏各省府州县修纂志书时，曾以贾汉复所修顺治《河南通志》、康熙《陕西通志》为体例蓝本，要求各地所修志书，"照河南、陕西《通志》款式，纂辑成书"②。之所以这样规定，是为了便于《一统志》纂修时按目取材。康雍之间，修志者多以此为标准体式，所谓圣祖"特命督抚各修省志，其成式一以贾中丞秦、豫二《志》为准。雍正间，世宗因《一统志》历久未成，复诏各省纂修通志，仍如前式"③。这种钦定的方志体式，在某种意义上保证了志书体例的规范化。当然，这样的规定对于志书体例的创新非常不利，尽管如此，人们对志书体例的探索一直没有间断。

在清代方志学理论中，方志是属于地理书还是属于历史书，争议不断。这种争议实际上就起源于《大清一统志》的纂修。康熙十一年（1672）令各省修志的文告中，强调方志所要记述的是山川、形势、户口、丁徭、地亩、钱粮、风俗、人物、疆域、险要等，所突出的是地理的内容，颁为定式的《河南通志》、《陕西通志》也以地理内容为主线，这样的观念在清代方志理论中影响很大。王源、洪亮吉、戴震都是重视地理、专注沿革的代表人物。其实，在具体的方志修纂中，情况就复杂得多，有些方志并未按照《河南通志》体式进行修纂，不少方志已逐渐形成较为妥善的地方史体式，特别是雍正六年（1728），清世宗在谕令纂修《一统志》和各省通志时说："朕维志书与史传相表里，其登载一代名宦人物，较之山川、风土尤为紧要。必详细确查，慎重采录，至公至当，使伟绩懿行逾久弥光，乃称不朽盛事。"④ 这实际上是肯定了方志为史裁的性质。受此影响，黄之隽、章学诚等成为"志乃一方全史"的代表人物。由于观点不同，力主方志为一方全史，并按志为史裁的原则修志的章学诚与主张方志应重视地理沿革的戴震进行辩难，丰富发展了清代方志学理论。如究其思想渊源所自，乃是肇端于《大清一统志》修纂时形成的见解。

---

① 梁启超：《清代学术概论》，东方出版社 1996 年版，第 50 页。
② 卫元爵等：康熙《莱阳县志》，奉上修志敕文。
③ 胡淦等：乾隆《沧州志》凡例，乾隆八年刻本。
④ 《清世宗实录》卷 75，雍正六年十一月甲戌。

（三）史馆修史对私家治史的打压

以上以《一统志》馆的设立为例说明了官方修史对幕府修史、私家治史的刺激和促进，下面就以《明史》馆为例考察一下官方修史对私家治史的打压。

明清易代，无论是官方还是私家，都对明史的撰述表示了极大的兴趣，从顺治朝到乾隆朝，官方明史撰述对私家明史撰述不断打压，经历了一个此长彼消的过程，最后是官修占了上风，私家明史学沉寂下去。

顺、康时期，私家明史撰述非常兴盛，出现了大量的有关明史和南明史的历史撰述，仅据谢国桢先生《增订晚明史籍考》统计，顺治至康熙时期撰就和重刻的有关明史和南明史的野史笔记就有 200 余种。另据有人统计，同期撰述这些著作的史家群体的人数就约有 133 人[1]。这些人怀有故国之情，认为"国可灭，史不可灭"[2]，借修史寄托故国之思，发泄民族愤恨，倡导经世致用，总结明亡教训。对于清初私家明史撰述中的民族情绪、正统观念以及这些撰述中有关清入关前明清关系的记载，对入关不久的清廷的统治极为不利，对此，清廷一直是深为忌恨的。为了能够争取到对历史的绝对解释权，清廷采用软硬两手打压私家明史撰述。软的一手就是官方设立史馆修纂《明史》，垄断历史编纂，以修史来引导人们的史学观念向有利于自身统治的方向发展，最终达到统一思想的目的；硬的一手就是大兴文字狱，用强硬手段封住人们的嘴巴，使人们重视"文字贾祸"的问题，不敢轻举妄动。顺治二年（1645）五月，清廷以大学士冯铨、洪承畴、刚林、祁充格、李建泰为总裁，设立《明史》馆纂修明史[3]。自此以后，官方《明史》修纂迁延近百年，其间对私家明史修纂的打压，表现非常明显。

首先，以搜集资料为由，诏告天下，将明末清初野史笔记聚于朝廷。康熙四年（1665）八月就曾谕礼部收集资料，即便书中有忌讳之语，也不治罪，"其官民之家，如有开载明季时事之书，亦著送来，虽有忌讳之语，亦不治罪"[4]。清廷的这一政策收到良好效果，明史纂修官毛奇龄致书张岱，请抄录张氏所著晚明史书，以供官方修明史参考，并提醒张氏"史成呈进，当详列诸书所自，不敢篡

---

① 阚红柳：《清初私家修史状况研究》，中华文史网：http://www.historychina.net。
② 黄宗羲：《户部贵州清吏司主事兼经筵日讲官次公董公墓志铭》，《黄宗羲全集》第 10 册，浙江古籍出版社 1993 年版。
③ 《清世祖实录》卷 16，顺治二年五月癸未。
④ 《清圣祖实录》卷 16，康熙四年八月己巳。

沫。况此书既付过史馆，则此后正可示人，无庸再半阙，尤为朗快"①。黄宗羲所著《明文案》等有关明史之著述，也被朝廷派人抄去，报送《明史》馆。曹溶进呈其所著明末史书两种，并说："曾编明末事两种，于庚申年进呈史馆，中间绝无忌讳。"② 李清所著《三桓札记》、《南都见闻》也录入史馆，万言云："晚值圣世，宏开史局。监以伟人，采及岩谷。为公惜名，不强以禄。著书满家，遣吏以录。《三桓札记》，《南都见闻》。祸端复辙，掌示缕陈。公书既上，公志乃伸。"③ 吴伟业《绥寇纪略》亦征入史馆，纂修官朱彝尊记其事云："《明史》开局，求天下野史，有旨无论忌讳，尽上史馆。于是先生（吴伟业）之足本出，予抄入《百六丛书》。"④ 王源则将其父亲王世德所著《崇祯遗录》上之史馆⑤。另外，冯甦《见闻随笔》、朱溶《忠义录》等都上之《明史》馆⑥。如此将私家明史著述聚集于史馆，作为历史资料由官方修史进行取舍，其结果必然是对明史解释权的垄断。

其次，笼络汉族士人，利用汉族士人"以故国史事报故国"的心态，将汉族士人聚集在编修《明史》的大旗下。康熙十八年（1679）以五十博学鸿儒充《明史》馆纂修官，吸纳万斯同等人以布衣修史，通过徐乾学幕府吸纳更多的在野学者进入史馆，将汉族士人的目光集中到《明史》编修上来，将官方的修史行为变成朝野共同关注的事件，借此确立官方修史的权威地位，压抑私家修史的积极性。

其三，清代帝王通过对明代史事的论定，以官史操纵视听，杜绝私史传闻。如康熙皇帝认为对于明代帝王要有宽容之心，不可多加指责，他在看了史臣所纂洪武、宣德本纪时，认为其中"訾议甚多"，实属不该，指出"洪武系开基之主，功德隆盛。宣德乃守成贤辟，虽运会不同，事绩攸殊，然皆励精著于一时，谟烈垂诸奕世，为君事业，各克殚尽"⑦，并将自己与明代帝王相提并论，指出"《明史》关系极大，必使后人心服乃佳"⑧。官修《明史》虽然在乾隆四年

---

① 毛奇龄：《西河集》卷 17《寄张岱乞藏史书》。
② 曹溶：《倦圃尺牍》卷上《与吴伯成》。
③ 万言：《管村文抄内编》卷 2《公奠李映碧先生文》。
④ 朱彝尊：《曝书亭集》卷 44《跋绥寇纪略》。
⑤ 王源：《居业堂文集》卷 18《先府君行状》。
⑥ 《四库全书总目》卷 54《见闻随笔》条。
⑦ 《清圣祖实录》卷 154，康熙三十一年正月丁丑。
⑧ 《清圣祖实录》卷 218，康熙四十三年十一月壬戌。

（1739）刊刻，但清代帝王对明代史事的论定并没有结束。乾隆时期编纂《御批历代通鉴辑览》，已经不像《明史》一样以崇祯十七年（1644）为明亡，而是以南明福王弘光朝为正统所在①，到乾隆四十年（1775），清高宗指示将南明唐王、桂王本末事迹也录入《通鉴辑览》，指出"与其听不知者私相传述，或致失实无稽，不若为之约举大凡，俾知二王穷蹙情形不过如此，更可以正传闻之伪舛"②。目的很明确，就是要回应自清入关以来汉族士人的南明史观的挑战，将明史的定论统一在清廷手中。

以设馆修史为主导，再配合以文字狱，诸如庄廷鑨明史案，戴名世《南山集》案等，清廷终于取得了解释明代历史的绝对权威，尤其是《明史》的编纂成功，更让人看到专制皇权政治之下利用钦定的力量推行某种史学观念的威力。自乾隆朝始，私家明史修纂就被彻底打压下去，官盛私衰已成不争的事实。

由以上考察可以看出，在史馆修史、幕府修史和私家治史这三者的关系中，史馆修史由于有清廷的支持而处于主导和支配的地位，对其他两种修史形式产生直接影响，决定着其他两种修史形式的盛衰消长，幕府修史和私家修史基本上被笼罩在史馆修史的根本宗旨之下。这不难理解，在专制集权的社会里，官方的力量无处不在，它不仅要通过史馆制度这种学术性的官僚实体发挥作用，而且还要通过意识形态来对史学的发展方向和文化品格产生影响。但同时也要看到，后两种修史形式对史馆修史也具有极大反作用，它在某种程度上也迫使官方不断调整修史政策，以适应社会的变化。另外，三种修史形式并非一直是对立的，也不存在东风与西风的关系，在多数情况下，他们在史学思想上都有相通甚至一致的地方。也就是说，由于任何史家的思想和行为都要受到他所生活的那个时代的政治、经济、文化的制约，历史学家在开始写历史之前，就是历史的产物，因此清代私家修史受官方修史或幕府修史的左右，也就不足为奇了。但同时，时代还为史家表达自己的思想提供了一定的自由空间，在社会中，每位史家都有自己的位置，他们多少可以站在自己的立场上说话，正如 20 世纪英国著名历史学家爱德华·卡尔（Edward Hallett Carr，1892 - 1982）所言："历史学家是历史的组成部

---

① 《御批历代通鉴辑览》卷首；《御制文二集》卷31；《评鉴阐要》，四库全书本。
② 《清高宗实录》卷995，乾隆四十年十月己巳。

分。历史学家在队伍中的位置就决定了他看待过去所采取的视角。"① 由此看来，私家修史活动也可以不受官方或地方大吏修史行为的制约，他们有一定的空间，可以表达个人的独立见解。

---

① ［英］爱德华·卡尔：《历史是什么》，商务印书馆 2007 年版，第 123 页。卡尔把历史进程比喻为"正在游行的队伍"，而历史学家就是这个队伍中蹒跚行走的众多人物之一，历史学家本身就是一种社会现象，他既是所属社会的产物，又是历史的撰写者，处在不同社会位置的史家对历史和现实的认识必然存在差异。

第六章　清代史馆与清代社会政治的关系

在中国古代专制社会中，统治者之所以设馆修史，其中一个重要原因是想牢牢掌握修史大权，史馆本身就被赋予了一种政治功能。再加上现实政治斗争的激烈，史馆又常常被卷入到政治斗争的漩涡之中。以史馆为关节点考察史学与政治的关系，可以清楚地看到统治者发挥史学社会功能的鲜活的场景，也可以让我们更加深刻地领会史学与政治更加深层的关系。

一、史馆修史与清廷政治斗争

清朝设馆修史，每每具有直接的、具体的政治需要，很多关乎清廷大政的政治活动往往直接或间接地与史馆发生这样那样的联系。政治活动要垂诸史册，史馆就成了史学与政治的交界点。清朝统治者清楚地认识到，现实的政治争斗和各项军国大政，最终都要以文字记载的形式凝固在历史之中，而推行某种意识形态或倡导某种有利于自身统治的思想观念，最好的办法也莫过于借助史学。正由于此，清代史馆与清代政治密切相连。这种联系，有的是显性的，一眼就能看出，而更多情况下是隐性的，需要经过仔细分析才能发现其中的关联。

（一）史馆修史与统治者内部斗争

清代，统治者内部的残酷争斗往往与修史有着这样那样的联系，史学成了统治者相互倾轧的借口和工具。其间的微妙变化，值得注意。

1. 擅改史书与顺治朝刚林之狱

顺治年间，清世祖与多尔衮及其党羽的矛盾非常尖锐，这种矛盾除了政治利益之争外，还和史馆修史纠结在一起。

在清初历史上，多尔衮是满洲贵族入主中原的关键性人物。顺治元年（1644）四月，摄政王多尔衮率领清军入关，击败李自成农民军，定鼎北京，确立对全国的统治。是年十月，顺治帝在北京举行了第二次登极大典，清朝开始由偏居一隅的地方性政权转变为君临天下、统治全国的政权。但因当时顺治年幼，皇权由多尔衮代摄。多尔衮采取了一系列措施，最大限度地集中、强化他所代行的皇权，诸如打击皇室成员及诸王贝勒，剪灭农民起义军余部，消灭南明小朝廷等，势焰越来越大。顺治五年（1649）十一月，多尔衮"背誓肆行，妄自尊大，自称皇父摄政王，凡批票本章，一以皇父摄政王行之"①。不仅"使用仪仗、音乐及卫从之人，俱僭拟至尊，盖造府第，亦与宫阙无异"，更有甚者，"凡一切政事及批票本章，不奉上命，概称诏旨，擅作威福，任意黜陟"②。他已经成为实际上的统治者。

多尔衮摄政期间，顺治帝形同傀儡，少年天子与摄政王之间的矛盾十分尖锐。顺治帝在亲政以后曾说："于时睿王摄政，朕惟拱手以承祭祀，凡天下国家之事，朕既不预，亦未有向朕详陈者。"③ 他还时常受到多尔衮亲信的欺凌，甚至连人身安全都没有保障④。

顺治七年十二月初九日，多尔衮病逝于边外喀喇城。顺治八年正月，14 岁的顺治帝亲政，将多尔衮定为"谋逆"，籍没家产，平毁坟墓，并开始扫除多尔衮党羽。

多尔衮在作摄政王期间，极力培植自己的党羽，刚林、祁充格以及汉族知识分子范文程、洪承畴、宁完我、宋权、冯铨、陈名夏、谢启光、李若琳、金之俊等，均依附多尔衮。多尔衮不仅口衔天宪，而且利用这些知识分子，垄断修史大权。顺治二年五月，冯铨、洪承畴、李建泰、范文程、刚林、祁充格等人为总裁官，开馆修纂《明史》⑤。顺治四年，多尔衮指示刚林、祁充格曰："尔等纂修《明史》，其间是非得失，务宜据事直书，不必意为增减，以致文过其实。"⑥ 对修《明史》做出具体指示。顺治六年，纂修《太宗实录》，命范文程、刚林、祁充格、洪承畴、冯铨、宁完我、宋权充总裁官。可以看出，在《明史》和《太宗实录》的修纂中，多尔衮任命的全是依附于自己的满洲和汉族知识分子，这为他篡改史书记载准备了条件。顺治八年，清世祖在多尔衮死后的不长时间里，迅

① 《清史稿》卷 218《多尔衮传》。
② 《清世祖实录》卷 53，顺治八年二月己亥。
③ 《清世祖实录》卷 88，顺治十二年正月戊戌。
④ 《清世祖实录》卷 63，顺治九年三月癸巳。
⑤ 《清世祖实录》卷 16，顺治二年五月癸未。
⑥ 《清史编年》第 1 卷，顺治四年五月二十七日，中国人民大学出版社 1985 年版。

速分批剪除睿亲王势力，包括以刚林、祁充格为首的文人集团。顺治八年（1651）闰二月，刚林、祁充格、范文程、宁完我等人因依附多尔衮被议罪，历数罪状八条，多处涉及史书修纂。其一，擅改实录。据史载，睿亲王多尔衮取阅《太祖实录》，令削去其母事迹，刚林与范文程、祁充格一起将多尔衮母亲事迹抹去，并"为睿亲王削匿罪愆，增载功绩"①，"擅改实录，隐匿不奏"②。其二，改抹盛京时所录太宗史册。刚林等人主持修纂《太宗实录》时，对记述清太宗的史料任意删改，"应增者增，应减者减"③，均按自己的需要取舍。由于刚林"陷附睿王，一切密谋逆迹皆为之助"，处死，籍没，妻子为奴。祁充格因与刚林一起擅改《太祖实录》，"隐匿睿王罪状，又私自补载"④，亦被处死。范文程等人虽与刚林同改《太祖实录》，但由于最初本欲启奏皇上，再加上顺治帝仍想利用这些汉族知识分子为自己服务，故而范文程、宁完我、王文奎等人以身赋罪，仍留原任⑤。这样，以多尔衮为首的摄政群体中的文人集团，被顺治帝以修史等为理由彻底摧垮。

由于顺治六年《太宗实录》馆总裁刚林、祁充格等人被处死，《太宗实录》的纂修工作也就处于停止状态。顺治九年正月，清世祖重组《太宗实录》馆，以大学士希福、范文程、额色黑、洪承畴、宁完我为总裁官，继续编纂实录⑥。实录等史书编纂大权又回到顺治帝手中。顺治时期两次开馆修纂《太宗实录》，完全是政治斗争的结果。在此后的若干年中，顺治帝自编《资政要览》、《劝善要言》等书，设馆修纂《顺治大训》，将"历代经史所载，凡忠臣义士、孝子顺孙、贤臣廉吏、贞妇烈女及奸贪鄙诈、愚不肖等，分门别类，勒成一书，以彰法戒"⑦。又仿《贞观政要》等书，设馆修纂太祖、太宗两朝《圣训》，编纂《通鉴全书》等。所有这些，都是为了巩固自身的统治，借修史以固帝位。顺治帝还以"兴文教，崇经术"号召直省学臣，要求"内外各官政事之暇，亦须留心学问"⑧，并将御制之《资政要览》、《范行恒言》、《劝善要言》、《儆心录》各一部

---

① 《清史稿》卷245《刚林传》。
② 《清世祖实录》卷54，顺治八年闰二月乙亥。
③ 《清世祖实录》卷54，顺治八年闰二月乙亥。
④ 《清世祖实录》卷54，顺治八年闰二月乙亥。
⑤ 《清世祖实录》卷54，顺治八年闰二月乙亥。
⑥ 《清世祖实录》卷62，顺治九年正月辛丑。
⑦ 《清世祖实录》卷88，顺治十二年正月辛亥。
⑧ 《清史编年》第1卷，顺治十二年三月二十七日。

颁赐异姓公以下、三品以上文官①，让他们吸取历史经验，约束自身言行，提高自身素质。可以说，顺治帝在与多尔衮的斗争中看到编纂史书的重要作用，并付诸实施，自觉运用，把设馆修史当成政策实施的一部分。

然而，顺治时期对多尔衮等人所下的"谋逆"的结论到乾隆时期又得到了翻案，并被写进《宗室王公功绩表传》等史籍中。政治需要再次影响到对多尔衮的评价。乾隆四十三年（1778）正月，乾隆评价多尔衮"统众入关，扫荡贼氛，肃清宫禁，分遣诸王追歼流寇，抚定疆陲，一切创制规模，皆所经画，寻即奉迎世祖车驾入都，定国开基，以成一统之业，厥功最著"，乾隆在阅读《实录》时，看到多尔衮能够号召诸王忠于顺治皇帝，"自今以后，有尽忠皇上者，予用之爱之，其不尽忠、不敬事皇上者，虽媚予，予不尔宥也"，感慨万端，认为这是"深明君臣大义，尤为史册所罕睹"。定多尔衮"谋逆"，不是顺治本意，乃"肖小奸谋，构成冤狱"②。于是修葺其坟茔，追复睿亲王封号，补入《玉牒》，其生平事迹，"原传尚有未经详叙者，并交国史馆恭照《实录》所载，敬谨辑录，添补《宗室王公功绩传》，用昭彰阐宗勋至意"③。顺治时定多尔衮"谋逆"，以私改《实录》为名扫除多尔衮党羽，是出于政治的需要。乾隆帝替多尔衮翻案，承认其开国时的功绩，并进而恢复所有开国功臣家世的爵号，写入《宗室王公功绩表传》，其目的是"令其子孙承袭者，各能溯勋阀以宣伟绩，不失故家乔木之遗"，从而"顾名奋效"④，为巩固清朝的统治而尽心尽力，同样是出于政治的考虑。

2.《世祖实录》的编纂与康熙初年政治斗争

康熙六年（1667）九月，亲政仅两个月的康熙皇帝下令组建《世祖实录》馆，以班布尔善为监修总裁官，修纂《世祖实录》⑤。康熙初年的这次修史，是在非常激烈的政治斗争下进行的，并且成为这次政治斗争的重要组成部分。

清朝入关以后，仿效中原文化，采取了一系列"汉化"措施，曾引起保守的满洲贵族的不满。顺治帝亲政以后，保守势力一直比较强大，但顺治帝仍然排除干扰，重用汉族官吏，提倡汉族文化，注重阅经读史，改革满洲旧制。可是，顺

---

① 《清史编年》第1卷，顺治十二年九月二十五日。
② 《清高宗实录》卷1048，乾隆四十三年正月庚午。
③ 《清高宗实录》卷1048，乾隆四十三年正月庚午。
④ 《国朝宫史续编》，第848页。
⑤ 《清圣祖实录》卷24，康熙六年九月丙午。

治帝去世以后，康熙以八岁冲龄即位，朝政把持在索尼、苏克萨哈、遏必隆、鳌拜四辅臣手中。四大臣是满洲贵族中的保守势力，他们对顺治时期一系列的"汉化"政策极为不满，合伙制造所谓"清世祖遗诏"，让已经死去的顺治皇帝"自责"犯了十四项过错，其中就有不能遵守满洲旧制，过多任用汉官等①。提出"率祖制，复旧章"②，将顺治朝仿从明制的典章制度全部恢复为满洲旧制，比如撤销内阁和翰林院，恢复内三院制度，增加满洲大学士人数，提高满官地位，压制汉官。同时还制造了"哭庙案"、"奏销案"以及"庄廷鑨明史案"，打击汉族官僚、绅士和文人。这样，官僚集团内部满汉矛盾变得异常激烈。汉族官僚依靠康熙，首先在最具优势的经史文化方面影响康熙帝，向守旧的满洲官僚发起攻击。康熙二年（1663），福建道御史王襄上疏请求皇帝举行经筵日讲，"将经史有关治道之言，采集翻译，以备进讲。并请早修三朝实录，撮其旨要，编为《祖训》一书，每次同经史进讲"③。康熙六年，熊赐履上书指责鳌拜集团把持下的朝政腐败，请求皇帝"隆重师儒，兴起学校"，特别希望康熙"征诸六经之文，通诸历代之史，以为敷政出治之本"④。康熙七年，熊赐履又上疏，继续抨击鳌拜，鳌拜震怒，要求严惩熊赐履，康熙皇帝不允。代表"汉化"势力的皇权与代表守旧势力的辅臣之间的矛盾进一步激化，《清世祖实录》就是在这种政治背景下开始编纂的。

康熙六年七月，康熙帝亲政，礼部尚书黄机立即奏请修纂《清世祖实录》，康熙遂下谕旨云："皇考世祖章皇帝励精图治，敬天法祖，无事不以国计民生为念。鸿功伟业，载在史册，理宜纂修实录，垂示永久，以昭大典。"⑤决定为其父修纂实录。纂修《世祖实录》，目的就是要对世祖朝政治进行新的评价，而评价世祖朝政治的目的就是要向以鳌拜为首的守旧势力发起攻击，实施自己的治政纲领。为配合实录修纂的顺利进行，康熙帝在思想上定下修纂实录的基调，那就是要充分肯定顺治朝"汉化"政策的合理性。为此，他还撰写"孝陵神功圣德碑"⑥，逐条驳斥鳌拜等人制造的"清世祖遗诏"中的言论，特别提到其父顺治

---

① 《清世祖实录》卷 144，顺治十八年正月丁巳。
② 《清史稿》卷 249《索尼传》。
③ 《清圣祖实录》卷 9，康熙二年四月壬子。
④ 《清圣祖实录》卷 22，康熙六年六月甲戌。
⑤ 《清圣祖实录》卷 23，康熙六年七月己未。
⑥ 碑文内容载《清圣祖实录》卷 25，康熙七年正月庚戌。

"勤学好问，择满汉词臣充经筵日讲官于景运门内。建直房令翰林官直宿，备顾问。经书史册，手不释卷"。充分肯定顺治帝积极学习汉文化和亲近汉官，同时也预示自己崇儒学、用汉官的施政方针。可以说，修实录、撰碑文，就是康熙皇帝对付鳌拜集团的重要一步，是他达到政治目的的舆论工具。

　　但是，围绕《清世祖实录》所产生的政治矛盾相当复杂。就在《世祖实录》纂修之时，鳌拜等人的势力依然非常强大，实录馆监修总裁班布尔善也是鳌拜的同党，由于他的阻挠，康熙的意旨很难完全在《世祖实录》编纂中贯彻下去。由于实录修纂乃宫廷秘事，编纂细节，并无文献记载，这里只能通过纂修官的零星追记来窥知一二。据纂修官申涵盼记载，实录纂修之初，既没有先定条例，纂修也没有章法，所谓"人各为事，事各为文，文既不贯融，事亦多舛错，稿出而复毁者屡矣。久之条例乃定。忽执政者以纂修员数不足，有借才别署之请，复增数员，大率皆拔自闲曹及起废诸官也"。说明监修总裁没有认真对待此事。经过一年时间的修纂，就在《世祖实录》"草稿粗具"之时，鳌拜党羽以"冗复遗漏者尚多，其讨论润色之功百倍于起稿时"，需要仔细修订为由，突然下令撤销经费，裁减人员。紧接着班布尔善提出停止修纂《世祖实录》，重修《太宗实录》，"《太祖实录》未修，不可以子先父，遂请停《世祖实录》，重修《太祖实录》"①。康熙八年（1669）正月果然在内院开设《太宗实录》馆，重修《太宗实录》，《世祖实录》馆从此搁笔，人员多被抽调出去②。从这些记述可以看出，鳌拜、班布尔善等人已经看到康熙编纂《实录》的意图，于是利用种种借口，进行百般阻挠，不欲《世祖实录》修成。他们丝毫不尽心力，所修草稿质量低下。以鳌拜为首的保守势力以修史为借口，向初执政柄的康熙帝发起猛烈攻势。

　　康熙八年五月，康熙帝一举逮捕鳌拜，其党羽均受到惩处，班布尔善也被处以绞刑③。六月，令重开《世祖实录》馆，以大学士巴泰为监修总裁官，重新改修，着意美化顺治朝政治。康熙十一年五月，《清世祖实录》最后告成。

　　通过考察可以看出，《清世祖实录》的修纂直接与康熙、鳌拜之间的政治斗争联系在一起。双方除通过种种政治手段对决之外，还利用修纂《实录》进行斗争。史学的作用在这里已经不是抽象的借鉴或垂训，而是实实在在的政治斗争的

---

① 申涵盼：《忠裕堂集·纂修两朝实录记》，畿辅丛书本。
② 申涵盼：《忠裕堂集·纂修两朝实录记》。
③ 《清圣祖实录》卷29，康熙八年五月戊申。

工具。

3. 私藏玉牒与雍正朝隆科多之狱

在清代历史上，雍正皇帝是人们争议最多的一位君主。雍正帝通过与太子党的激烈而又复杂的政治斗争，终于登上帝位。在掌握大权以后，先后处置允禩、允禟集团，宠信年羹尧和隆科多。但是，年羹尧、隆科多专横跋扈，结党营私，野心恶性膨胀，引起雍正皇帝不满。于是，清世宗首先搞掉年羹尧，然后处置隆科多。在处置隆科多的过程中，修史徇私、私藏玉牒成了借口和导火索。

雍正初年，隆科多权势熏天，专断揽权。吏部公事唯其命是从，执掌用人大权，他所经办的铨选，称为"佟选"①，对皇权是极大的威胁。雍正帝在打击隆科多的过程中，除采用其他手段外，史学成为一个有力的武器。雍正三年（1725），革退隆科多《清圣祖实录》总裁官一职，谕称：隆科多于圣祖亲征之事记载不全，而于伊父佟国维陈奏之言——详载，且多粉饰，"昧公徇私，殊玷纂修之职"②。隆科多利用修史之便纂改历史，被雍正抓住把柄，背上"昧公徇私"的恶名，也增加了朝臣对隆科多的不信任。雍正五年闰三月，隆科多被揭露私藏"玉牒"底本。所谓私藏玉牒，乃是隆科多从辅国公阿布兰处要去玉牒底本，收藏在家。玉牒是皇家宗谱，非常神圣，"除宗人府衙门，外人不得私看，虽有公事应看者，应具奏前往，敬捧阅看"③。私藏玉牒之事被告发时，隆科多正在边界与俄国代表进行谈判，坚决要求俄国归还侵占中国的大片蒙古土地④。诸大臣奏请等他议界完毕再行审处。六月，雍正皇帝以为议界不必非要隆科多，将其逮捕回京⑤。阿布兰因将玉牒底本私交隆科多，被革去公爵，在家圈禁⑥。隆科多前有利用修纂《实录》粉饰其父事迹的行为，如今又将玉牒私藏在家，犯了大不敬之罪，雍正抓住这些大做文章，下决心对其进行惩治。雍正五年十月，定隆科多罪，永远禁锢。其罪状有：大不敬之罪五款、欺罔之罪四款、紊乱朝政之罪三款、奸党之罪六款、不法之罪七款、贪婪之罪十六款，其中大不敬之罪的

---

① 隆科多先人为汉军旗人，佟姓，康熙将其家族抬旗，为满洲旗人，改姓佟佳氏，故称"佟选"。

② 《上谕内阁》，转引自《清史编年》第 4 卷，雍正三年十二月十六日己卯。

③ 《雍正起居注》，雍正五年六月初八日。

④ 参见中国社会科学院近代史研究所编《沙俄侵华史》第 1 卷第 4 章第 2 节，人民出版社 1978 年版。

⑤ 《雍正起居注》，雍正五年六月初八日。

⑥ 《清世宗实录》卷 55，雍正五年闰三月辛巳。

第一款就是私抄玉牒收藏在家①。

通过以上三个例子可以看到，统治者为了自身利益，把修史当做相互倾轧的重要工具。在这样的政治争斗面前，历史学没有任何尊严，它只不过是一种政治活动的借口而已。

（二）篡改史书与清廷的政治统治

除利用修史直接进行政治斗争之外，通过篡改史书来达到自己的某种政治目的，在清代官方修史中也极为常见。篡改史书的原因比较复杂，有统治者提高自身地位的需要，有统治者内部相互斗争的需要，也有统治者与被统治者之间斗争的需要。总之，只要是不利于当朝统治的历史内容，都可能会遭到篡改和删削。

1. 《三朝实录》的修改及其对清朝开国史的讳饰

在官方修史的过程中，统治者往往标榜据实直书，就像顺治帝敕《太宗实录》馆总裁希福所言："毋浮夸以失实，毋偏执以废公，毋疏忽以致阙疑，毋怠玩以淹岁月。敬成一代之令典，永作万年之成宪。"② 但实际上，修史"失实"、"偏执"的情况在官修史书中时时可见。整个清代，统治者不断以重修、校改的名义篡改实录中对史实的记载，特别是对太祖、太宗和世祖《三朝实录》的改窜，更是直接掩盖了清朝开国史的真面目。

孟森先生曾言："清改《实录》，乃日用饮食之事也。"③ 此说看似夸张，实乃历史真实。就前三朝《实录》而言，《太祖实录》初修成于崇德元年（1636），多尔衮摄政时曾修改过，福临亲政后又重修，顺治十二年（1655）成书，康熙二十一年（1682）至二十五年又重修，雍正十二年（1734）至乾隆四年（1740）又作三修；《太宗实录》初修于顺治六年（1649）多尔衮摄政时，顺治九年福临下令接续修纂，康熙十二年（1673）至二十一年重修，雍正十二年（1734）至乾隆四年（1740）又作三修；《世祖实录》初修于康熙六年（1667）至十一年，雍正十二年（1734）重修。这种公开的大规模的对实录的修改，在中国古代官方史学发展史上也是少见的。

清统治者篡改实录，往往打着划一人名、地名、字句的幌子，以掩盖其篡改

---

① 《清世宗实录》卷62，雍正五年十月丁亥。
② 《清世祖实录》卷62，顺治九年正月辛丑。
③ 孟森：《读〈清实录〉商榷》，载《明清史论著集刊》（下册），中华书局1959年版，第622页。

和删削史实的政治用心。雍正十二年（1734），雍正帝以"三朝实录内，人名、地名、字句，与《圣祖仁皇帝实录》未曾画一"为理由，设三朝实录馆，钦命鄂尔泰、张廷玉、徐本为总裁官，对三朝实录进行酌改，并要求纂修官"按日进呈，亲为阅定"①。雍正帝是这次纂改实录的总策划者，纂改的内容必须是他"钦定"的。可见，划一体例等只不过是一个借口，事实是，三朝实录的纂改、校正、删削之处，大多是清最高统治者认为会有损其祖先之"圣德"、"功业"或对其统治不利的史实。

入关前后金与明朝的关系，是清朝文献中最敏感而隐讳极深的问题，也是三朝实录中极力讳饰的地方。在天聪到崇德初修成的《太祖实录》（当时称《太祖武皇帝实录》，即旧本《太祖实录》）中，基本上以明之属国自居，对明始终称"大明"，明帝为"天下共主"，对明之文书称"奏大明"，明之来谕为"诏下"，承认是同辽东边将"各守皇帝边境"②。但是，在康熙年间修改过的《太祖实录》中，则改为对等的称呼，称为"明国"，对明之文书称"告明国"、"谓明"，明之来文为"明覆"、"明答"，谓与辽东守将是"各守两国边境"。到雍乾间再改《太祖实录》，则将明之来文称曰"遣使谢曰"，努尔哈赤之对明称"传谕"、"往诘"。更进一步抬高自己，隐饰原来的臣属关系③。所谓"旧本于明多敬词，改本均改作平行语"④。改修过的实录对后金、努尔哈赤极尽溢美和赞扬，特别是增加了崇德本《太祖实录》所没有的太祖训诫子侄诸贝勒及大臣们的五十三道上谕，全是为了显示努尔哈赤治国施政之能，爱民恤人之德⑤。历史事实是，兴起于东北边陲的后金政权曾长期处于明中央政府的有效管辖之下，向明称臣纳贡。努尔哈赤只不过是女真族建州部的一个首领。这与入关后清统治者所宣扬的爱新觉罗祖先的光辉形象形成了鲜明的对比，特别不利于自身在中原地区的统治。于是，入主中原后的清统治者开始竭力否认、掩盖其先祖曾臣属于明皇朝，将后金说成是与明政府处于平等地位的邻国，并通过修改实录的方式来"重塑"这段开国历史，以达到树立民族自信心、稳固政治统治的目的。

---

①　《清太祖实录》卷首，乾隆序。
②　分别见《清太祖武皇帝实录》，载潘喆等编《清入关前史料选集》（一），中国人民大学出版社1984 年版，第 312、314、325 页。
③　薛虹：《〈清太祖实录〉的史料学研究》，《东北师大学报》1988 年第 2 期。
④　方甦生：《〈清太祖实录〉纂修考》，《辅仁学志》第 7 卷第 1、2 期合刊，1938 年 12 月。
⑤　薛虹：《〈清太祖实录〉的史料学研究》，《东北师大学报》1988 年第 2 期。

　　除了讳饰后金与明朝的关系这一涉及满族自尊心的史实外，对于有损帝王形象的事件，也极尽粉饰之可能。据孟森研究，"逃人、圈地、开捐等事，在清代帝王，亦自知非善政，当时则威福自专，后世以为惭德而去之"①，很多内容都借改修从实录中删除。另从方甦生研究中可以看出，旧本《太祖实录》中涉及落后、野蛮行径的内容，在康熙、雍乾时俱皆删改，如万历二十七年（1599）杀孟革卜卤和刚盖事，旧本记云："太祖欲以女葬姑姬与孟革卜卤为妻，放还其国。适孟革卜卤私通嫔御，又与刚盖通谋，欲篡位。事泄，将孟革卜卤、刚盖与通奸女俱伏诛。"改本云："其后上欲释孟格布禄归国，适孟格布禄与我国大臣噶盖谋逆，事泄，俱伏诛。"删去了太祖将女儿嫁给孟革卜卤以及孟革卜卤与嫔御通奸之影响太祖形象的丑事。再如旧本记太祖中宫皇后薨："太祖爱不能舍，将四婢殉之，宰牛马各一百致祭，斋戒月余，日夜思慕，痛泣不已，将灵停于院内三载，方葬于念木山。"改本作："上悼甚，丧殓祭享仪物悉加礼，不饮酒茹荤者踰月。越三载，始葬尼雅满山冈。"删去了满洲早期人祭殉葬的野蛮风俗。又如记载天命四年（1619）六月十六日攻克开原之事，旧本云："将士论功行赏毕，毁其城郭，焚公廨并民间房屋，遂回兵。"改本作："于是论贝勒大臣及将士等功，赏赉有差，乃班师。"删除了烧杀毁掠的凶残内容②。像这种通过改动语句而进行的删改，涉及的内容还有很多。

　　另外，清代《实录》一般都有满、蒙、汉三种文本，有学者通过比较档案、《清世宗实录》和《东华录》关于雍正九年（1731）清廷对准噶尔战争期间被俘肃州马兵蓝生芝口供的记载，发现《实录》确有一些改动，但认为这种改动多发生在《实录》汉文本中，并推测"《清实录》蒙文本不一定有汉文本类似的情况"③。清廷是否只篡改了《清实录》的汉文本而没有篡改蒙文本，还需作深入的研究，如果真是如此，可否认为篡改实录就是针对汉人？就是为了在汉人面前掩盖历史的真实？

　　入关前，满族在政治、经济、文化发展水平上都远远落后于中原地区的汉族，存在着一些极为落后、野蛮的风俗习惯和生活方式，各种制度也很不完善。入关后，随着汉文化影响的加强和汉化程度的加深，清统治者开始对祖先的落后

---

① 孟森：《读〈清实录〉商榷》，载《明清史论著集刊》（下册），第 620 页。
② 方甦生：《〈清太祖实录〉纂修考》，《辅仁学志》第 7 卷第 1、2 期合刊，1938 年 12 月。
③ 金启综：《自准部逃回被俘马兵蓝生芝口供》，《内蒙古大学学报》1996 年第 3 期。

文化讳莫如深。于是他们开始依据儒家政治的君王理念来修饰美化和隐讳清开国史事，而对实录的一再改修，使得这种倾向越来越明显。总之，清统治者为了在中原地区树立自己的形象，加强自身的统治，把自己打扮成王道所归、仁义所在、文明程度甚高的王朝，不惜篡改实录，歪曲历史，其中的政治用心，必需予以说明。

从某种意义上讲，清统治者篡改实录达到了自己的政治目的。雍正以后修纂其他官书时，往往提供改本实录作为资料。这样，改本的记载早经各种官书及私人著作如《开国方略》、《东华录》等书，一再录出，已深入各项史学著作中，其中的记载也为人们所认同。如果不是旧本残稿的发现，这种被篡改的历史岂不就成了真正的历史？

同时也要看到，篡改史书毕竟不是一件光彩的事情，所以统治者对此还是有所忌讳的。乾隆三年（1738），乾隆帝利用修改实录的机会，"恭加皇祖尊谥，增入实录内"，同时谕令："后世子孙，不得援以为例。"① 试图杜绝任意篡改史书的现象。事实上，除了前三朝实录一再重修外，后世实录修改者较少。然而，历史毕竟是人书写的，虽然统治者不再改窜史书，但又在资料取舍上做文章，在作史时直接通过取舍资料来掩盖历史真相，从而达到某种政治目的。

2. 史馆修史中的资料取舍及其对历史真相的歪曲

修纂史书，选取资料至关重要。从不同的立场出发，可能会有不同的资料选择方式，从而形成不同的历史叙述内容。

冯尔康曾经比较过《雍正朝起居注》、《上谕内阁》以及《清世宗实录》记事的异同，发现了不少问题。三书所记都是雍正朝事迹。《雍正起居注》最先编纂，其次是《上谕内阁》，雍正七年（1729）由庄亲王允禄主持，开馆始编，九年完成，乾隆即位后又续编，《清世宗实录》修成于乾隆六年（1741），最晚编成。从清代史馆修史的基本规则来看，《雍正起居注》、《上谕内阁》是《清世宗实录》的资料来源。将《实录》与《起居注》、《上谕》一比较，就能明显看出史馆是怎样通过取舍资料来歪曲历史事实的。比如，《起居注》曾记载马尔齐哈拉拢当时还是藩王的雍正帝加入允禩党，这段资料《上谕》和《实录》都没有采用，目的是隐讳雍正曾经结党的事实。再如，年羹尧、隆科多前为雍正帝宠臣、重臣，后为罪人，君臣间关系非常复杂。关于他们的记载也颇有意思。《起

---

① 《清高宗实录》卷78，乾隆三年十月癸未。

居注》曾记载雍正二年（1724）雍正帝讲为君难，为臣也难的话，云："即如年
羹尧建立大功，其建功之艰难辛苦之处，人谁知之；舅舅隆科多受皇考顾命，又
谁知其受顾名之苦处。"这段话《上谕》及《实录》都舍弃了。年、隆案发以
后，雍正帝曾于三年五月二十二日讲自己宠信年羹尧太过，引咎自责，《上谕》
及《实录》也没有采用这一资料。另外，在对宗室成员处分的记载上，在对雍正
帝权术的记载上，《实录》都没有照搬《起居注》的记载，而是有意舍弃一些内
容①。这样故意舍弃资料，目的就是隐讳君主的不良品德和弊政，树立明君贤臣
的形象，粉饰太平。总起来看，《实录》取舍资料遵循的是为皇帝讳、为尊者讳
及丑化政敌的原则。因此关于雍正参加储位斗争，允禩、允禟党人的活动，年羹
尧、隆科多的活动，雍正帝处理政事的得失等在《起居注》中记载较全面的资
料，在《实录》中都被精心过滤掉了，而过滤掉的都是那些对雍正皇帝不利的资
料。

　　这种通过选取资料来歪曲历史的做法，在清代官修史书中屡见不鲜。同治八
年（1869）开方略馆，由奕䜣主持编纂《钦定剿平粤匪方略》，专门记载清政府
镇压太平天国的过程。该书于同治十一年（1872）八月告成，凡420卷，成为史
学界研究太平天国运动重要的历史资料之一。可是，就是这样一部史书，经学者
研究，其歪曲历史之处甚多②。在清代，"方略"编纂极为发达③，但指导思想只
有一个，那就是突出皇权，为清廷歌功颂德，宣扬清廷的文治武功。《钦定剿平
粤匪方略》的编纂同样如此。奕䜣等人在《凡例》中就对材料的取舍进行了一
系列的规定，最突出的就是节省篇幅，择要录选；显示谋略，回避分歧；突出皇
恩，弘扬战功。在这样的思想指导下，为迎合统治者的利益，编纂官将大量档案
文件做了删除、修改和添加，使大量史实被歪曲。据覃波研究，这种改动主要表
现在以下几个方面：一是大量删除清军贪生怕死、畏缩后退及官员昏庸无能、弃
城而逃的内容；二是刻意讳饰清朝官员某些不光彩的行为；三是避而不载档案中
关涉清军投降或暗通太平军的内容；四是在材料取舍上择喜不择忧，肆意夸大清
军战功；五是掩饰原始上谕中前后矛盾的内容，极力维护朝廷尊严；六是删除侧

　　① 冯尔康：《〈雍正朝起居注〉、〈上谕内阁〉、〈清世宗实录〉资料的异同》，中国第一历史档案馆编
《明清档案与历史研究》（下册），中华书局1988年版。
　　② 覃波：《〈钦定剿平粤匪方略〉编纂研究》，《历史档案》1998年第4期。
　　③ 据姚继荣统计，清代官修方略共有25部，见姚著《清代方略馆与官修方略》，《山西师大学报》
2002年第2期。

重太平军的报告；七是编纂官添加内容、编造历史来弥补不尽如意的史实。总之，《钦定剿平粤匪方略》为铺张圣武，将一些有损皇朝尊严，无益于光宗耀祖的内容予以杜绝，添加了夸耀不实的成分，严重歪曲了历史真相①。

光绪年间，义和团运动风起云涌，为此，清廷发布了一系列上谕，说明自己对义和团、教民以及外国帝国主义的基本态度。但是，编纂《清德宗实录》时，大部分上谕没有被选录，使人们无法看出清廷对待义和团由镇压变为利用和欺骗，由利用和欺骗再变为出卖和屠杀的真正面貌和全部过程。

林树惠曾把《清德宗实录》与《义和团档案史料》进行比较，指出《清德宗实录》对档案资料，特别是皇帝上谕的篡改比较严重，致使历史真相被掩盖②。但他使用的《清德宗实录》是伪满洲国"满日文化协会"据盛京崇谟阁藏本影印本，即伪满本。该伪满本在影印时就对崇谟阁藏本进行了挖改③，很多与《义和团档案史料》文字不同的上谕，都是伪满本影印时挖改的，而不是当初修纂《清德宗实录》的纂修官改动的。据此论断纂修《清德宗实录》时就篡改上谕档案，没有说服力。查中华书局影印北京大学所藏定稿本《清德宗实录》，凡涉及与《义和团档案史料》相同的内容，均没有在文字上做改动。但是，《清德宗实录》在取舍资料时却大做文章，很多有关义和团的重要上谕舍弃不用，使人看不出清政府对待义和团的真实面目。比如：

光绪二十六年（1900）五月二十五日，"军机大臣面奉谕旨：著派左翼总兵英年、署右翼总兵载澜会同刚毅办理义和团事宜"。这是清廷控制义和团的第一步。同月二十七日，"内阁奉上谕，义和团民众分集京师及天津一带，未便无所统属，著派庄亲王载勋、协办大学士刚毅统率，并派左翼总兵英年、署右翼总兵载澜会同办理，印务参领文瑞著派为翼长。该团众努力王家，同仇敌忾，总期众志成城，始终勿懈，是为至要"。这是全面控制和支配义和团。六月初一日命令"统兵王大臣暨统率义和团王大臣等，谕令将领及义勇，遇有勇丁及冒充勇丁之土匪抢掠，立即拿获，送交各该王大臣等询明，即行正法"。初四日，又命令载勋等对"所有业经就抚之义和团民……严加约束，责成认真分别良莠，务将假托冒充义和团借端滋事之匪徒，驱逐净尽"④。这是完全控制和打压义和团。这些

①　覃波：《〈钦定剿平粤匪方略〉编纂研究》，《历史档案》1998 年第 4 期。
②　林树惠：《〈清德宗实录〉和〈拳时上谕〉与〈义和团档案史料〉》，《历史档案》1984 年第 1 期。
③　《清实录》影印说明，中华书局 1986 年版。
④　以上资料分别见《义和团档案史料》上册，中华书局 1959 年版，第 164、176、197、207 页。

重要的上谕，《清德宗实录》都作了舍弃，没有使用。纂修《清德宗实录》诸臣删掉这些上谕，当然有它的政治目的，"删掉这些上谕，就免掉清政府对义和团进行控制的责任"①。同时，《清德宗实录》还删掉了清廷利用义和团和屠杀义和团的资料，如《义和团档案史料》载有一条军机处寄盛京将军增祺等的谕令："各该省如有战事，仍应令拳民作为前驱，我则不必照张旗帜，于后来筹办机宜可无窒碍。"② 很显然，这是清廷对付义和团的很重要的一条上谕，即如果与列强发生战争，先令义和团冲锋在前，即可攻击洋人，又可削弱义和团力量，这样充满阴谋的谕旨，在《德宗实录》中被删掉了。光绪二十二年（1894）五月二十五日，两江总督刘坤一曾电报官兵在砀山县马良集镇压义和团，前后杀死杀伤义和团民约一百八九十人，并杀死了义和团小头目陈五呆子、智效忠等③，《清德宗实录》在记载此事时对刘坤一的电报进行了较大删改，只载"刀匪在马良集与官兵开仗鏖战，擒获匪众，搜出会匪姓名簿并符咒等件，该匪败回单县"④，对屠杀义和团民之事一字不提。

　　清朝统治者把编纂史书作为其积累和传播统治经验的手段之一。史书在他们手里就是政治斗争的辅助工具。不同的历史时期和不同的政治环境，清廷设馆修史的目的会有一些差异，但维护统治者根本利益是永远不变的主题。如果有些档案资料被采用到官修史书中会对其统治造成损害，即使史料价值很高，也会被舍弃。如果加以删改，能够对统治有利，可以达到某种目的，那就不择手段，横加篡改。当史学被置于政治斗争的"刀俎"之上，其独立品格也就不复存在了，它只能成为"鱼肉"，任人宰割。这是我们在分析清代史馆修史与清廷政治斗争关系时要予以充分注意的。

---

① 林树惠：《〈清德宗实录〉和〈拳时上谕〉与〈义和团档案史料〉》，《历史档案》1984 年第 1 期。

② 《义和团档案史料》上册，第 360 页。

③ 《义和团档案史料》上册，第 2 页。

④ 《清德宗实录》卷391，光绪二十二年五月己未。

二、史馆修史与清代帝王文治

以文教施政治民，注意对社会精神生活的建设与引导，倡导文治，是古代高明的统治者为稳固自己的统治地位经常采取的措施。文治所注重的是政治教化之推行，文化教育之发展，文献典籍之整理，儒家学说之继承与发扬，纲常道德观念之巩固与贯彻等。总之，是通过兴办各项文化事业将统治者的政治思想、教化观念潜移默化地渗透到人们的心中，使之不偏离当朝的政治方向和政治需要。在清代诸帝王中，清高宗乾隆最重文治，并将修史当作推行文治的工具。本节主要以乾隆朝为例，分析史馆修史与帝王文治的关系。

从历史演变的角度看，乾隆帝注重文治是清朝专制政治发展的必然。一方面，乾隆帝对文治历来抱有浓厚兴趣，早在雍正年间就指出："治天下之道，当以正风俗、得民心、敦士行、复古礼为先。故其末也，人思之而不忘，后世子孙赖之以安。"① 另一方面，经过康熙、雍正两朝的努力，皇权得到强化，君主专制走向登峰造极，而且产生了一套系统的专制主义政治理论。及乾隆即位以后，专制皇权的稳固已前所未有，国家也出现了"盛世"的局面。在这样的背景下，乾隆帝开始把专制主义向各个领域扩展，渗透到社会生活的方方面面，按自身设计的君臣之道和伦理道德，包裹上儒家纲常的外衣，以文治的名义来统一人心，培养广大士民充当清朝奴仆的自觉性，为清朝统治世代延续制造坚实的社会文化基础。

乾隆大兴文治，有多方面的考虑，诸如培养人才，巩固繁荣局面，总结历史经验教训，消除"异端邪说"，为后人留下良法美意等。一句话，就是"稽古右文，以聿治理"。

乾隆大兴文治，有自身的特点，那就是将推行文治与官方修史事业联系在一起，把设馆修史当作推行文治的重要工具，充分发挥史馆修史的政治教化功能，通过修纂史书、阐释历史来达到转移人心、扶植纲常的目的，而不是进行空洞的说教。这是乾隆皇帝作为一个有较高学术修养的政治家的高明之处。

---

① 《御制乐善堂全集定本》卷5《唐总论》。

（一）《御批历代通鉴辑览》的编纂与清廷正统理论

正统问题是中国古代重要的理论问题①，在史学和政治两个领域都产生过很大的影响。作为一种观念，正统论长期支配过中国古代士人和统治者的头脑，经常影响着他们的思想意识、政治行为和重大决策。乾隆皇帝在进行文治建设时，就首先考虑到从思想意识和政治道德上重新论定南明以及清朝的正统地位，在广大臣民中树立清朝为天下共主、乃合法政权的思想，拨正人们——尤其是汉族士人对清朝历史地位的不正确认识，从思想深处转移人心。为此，清高宗特设《通鉴辑览》馆，以《御批历代通鉴辑览》的编修为依托，结合其他史籍的编修，基于自身的实际需要，对明末清初历史作重新解释和伦理判断。

《御批历代通鉴辑览》于乾隆三十三年（1768）六月告成②，该书"发凡起例，咸禀睿裁，每一卷成，即缮稿进御，指示书法，悉准麟经。又亲洒丹毫，详加评断"③，清高宗在书法、论断等方面具体指示，为许多重要事件和人物撰写"御批"，引导馆臣按自己的意志对历史进行裁决。

1. 南明小朝廷的正统地位

《御批历代通鉴辑览》一书，在正统论上对明末历史进行了反思，对南明政权的正、闰进行了重新定位。清初，统治者一直持明亡于崇祯说，即崇祯十七年（1644）明朝灭亡，正统终结，此后建立的南明小朝廷，没有什么正统可言。顺治、康熙、雍正都持这一看法。康熙间修纂《明史》，徐乾学等制定的《修史条议》云："《壮烈愍皇帝（崇祯皇帝）纪》后宜照《宋史·瀛国公纪》后二王附见之例，以福、唐、鲁、桂四王附入，以不泯一时事迹，且见本朝创业之隆也。"④ 即仿照《宋史·瀛国公纪》附见宋帝昰、帝昺的做法，把南明福、唐、鲁、桂四王附入《崇祯皇帝纪》，以明其续接明朝正统。其后王鸿绪在《史例议》中也提出仿《宋史》之例来定明季诸王年号，依然希望把南明列入正统⑤，但都没有被皇帝采纳。乾隆四年（1739）颁行的官修《明史》，完全将南明排斥

---

① 关于中国古代正统理论的发展演变及各家言论，参见饶宗颐著《中国史学上之正统论》，上海远东出版社 1996 年版。

② 《清高宗实录》卷813，乾隆三十三年六月甲戌。

③ 《四库全书总目》卷47《御批历代通鉴辑览》条。

④ 《明史例案》卷2《徐健庵修史条议》。

⑤ 《明史例案》卷2《王横云史例议上》。

在正统之外。其"本纪"中没有附记南明诸王事迹，只在诸王传中略有提及，而且皆冠以"伪"字。徐乾学、王鸿绪都曾为《明史》馆总裁，他们的看法没有被采纳，说明当时官方话语的坚决。当时，清廷对待明亡以及南明政权的态度是：明亡于李自成进北京；清入关是顺天应人，代明讨贼。所谓"流寇李自成颠覆明室，国祚已终。予驱除逆寇，定鼎燕都。惟明乘一代之运以有天下，历数转移，如四时递嬗，非独有明为然，乃天地之定数也"①。为适应当时政治需要，清廷一方面杜撰这种政治神话，一方面制造文字狱，打压明史学方面的不同言论，极力排斥南明政权，宣扬自己得天统而有天下，至于历史的真实面目是什么，已经不那么重要了。

可是，到乾隆中期，对南明历史的论断发生了变化。乾隆三十一年（1766），清高宗在审阅国史馆所呈《洪承畴传》时，认为在南明唐王前加"伪"字，"于义未为允协"，指出福王在江宁犹宋室南渡，唐、桂诸王之转徙闽、滇与宋帝昺、帝昰之播迁海岛无异，"不必概以贬斥也"②。这就明显改变了顺治以后一直将南明政权视为伪朝的观点。紧接着设立《通鉴辑览》馆编纂《御批历代通鉴辑览》，希望"观是书者，凛天命之无常，知统系之应守，则所以教万世之为君者，即所以教万世之为臣者也"③。所以在此书中非常注意对历代正统的评断，借此大做文章，指出"《通鉴辑览》之书，非一时之书，乃万世之书，于正统偏安之系，必公必平，天命人心之向，必严必谨"④。该书第一次以官方史籍的形式，将明亡的时间定为福王被执，承认明的正统迄于弘光朝，所谓"兹于甲申岁仍命大书崇祯十七年，分书顺治元年以别之。即李自成陷京师，亦不遽书明亡。而福王弘光元年亦令分注于下，必俟次年福王于江宁被执，而后书明亡"⑤。乾隆四十年，乾隆帝又进一步认为隆武、永历政权"究为明室宗支，与异姓僭号者不同，非伪托也"，故命"《四库全书》馆总裁诠叙唐、桂二王本末，别为附录卷尾"⑥。至此，清廷已完全认为弘光朝承袭了明的正统，唐、桂二王为明朝余续。这是对南明政权历史地位的新论述。

---

① 《清世祖实录》卷5，顺治元年六月癸未。
② 《清高宗实录》卷761，乾隆三十一年五月甲午。
③ 《御批历代通鉴辑览》卷首，御制序。
④ 《御制书〈通鉴辑览〉明崇祯甲申纪年事》，《御批历代通鉴辑览》卷首。
⑤ 《御制书〈通鉴辑览〉明崇祯甲申纪年事》，《御批历代通鉴辑览》卷首。
⑥ 《命〈通鉴辑览〉附纪明唐桂二王事迹谕》，《御批历代通鉴辑览》卷首。

乾隆朝重新论定南明正统地位，有着深刻的政治、思想背景和明确的目的。首先，是为了笼络人心，显示乾隆帝"大公至正"的胸怀。清初统治者认定南明为伪，是因为国基初定，斗争激烈，"当国家戡定之初，于不顺命者自当斥之曰伪，以一耳目而齐心志"①。到乾隆时期，时过境迁，民族矛盾已不突出，加之政治稳定，经济发展，人们对清政权已经认同，改变对南明正统地位的论断不会涣散人们拥戴本朝的心志，相反，倒显示了清廷在论断历史时的"大公至正"，所谓"俾读者咸知朕大中至正，未尝有一毫私意偏倚其间"②，无形中增强了清廷的凝聚力，并把私家对南明历史的认识纳入到官方的解释体系中。南明的所谓正闰，完全根据统治者需要来定。其次，为表彰忠于南明的忠义之士扫清障碍，把对明代兴亡的认识纳入到整个封建历史思想体系中考察。乾隆时期，盛中见衰，社会危机已经出现，官僚队伍腐败，农民起义不断，这使清高宗认识到倡导忠君思想的重要，而南明诸多大臣忠君死节的事迹是非常好的历史教材。承认南明合法地位，是表彰明末忠义之士、倡导忠君思想的前提。清高宗在谕令立南明为正统时就讲到了这一点，"彼时仗节死义之人，考订事迹，悉与备书，朕将亲为裁定……而崇奖忠贞，亦足以为世道人心之劝"③。在他看来，确立南明正统，既是为劝导世道人心、褒奖忠君铺平道路，也是为了和中国历史上宋末元初、元末明初的历史论断相吻合。元修《宋史》、明修《元史》均不把前朝末期历史称伪，清代当然也就不能一直将明末历史称伪。

2. 清朝的正统地位

为了笼络人心，倡导节义，适应新的政治形势的变化，清廷对南明政权的正统地位给予了新的解释，但随之而来的就是清朝自身正统地位的定位问题。尽管在顺、康、雍时期，统治者一直宣传自己是顺天应人取代明朝，以促使汉人在思想上认同自己，但似乎效果不佳，汉族民族情绪非常高涨，清廷不得不借助于武力进行弹压。可是，清统治者认识到，武器的"批判"只能从表面上解决问题，人们思想深处的想法还只能靠理论来解决。要想让汉族认同满族并且把满族融入汉族文化中，必须从历史的角度对清朝的正统地位进行系统解说。

清朝是以少数民族入主中原的，在正统论上首先要排除的就是夷夏之防的观

① 《清高宗实录》卷761，乾隆三十一年五月甲午。
② 《命〈通鉴辑览〉附纪明唐桂二王事迹谕》，《御批历代通鉴辑览》卷首。
③ 《命〈通鉴辑览〉附纪明唐桂二王事迹谕》，《御批历代通鉴辑览》卷首。

念。众所周知，中国传统正统理论中本来就有浓厚的排斥少数民族政权的思想因素，再加上始入中原的清王朝推行民族高压政策，就必然导致人们对"新王朝"的抵制，大倡夷夏之防。如顾炎武曾援引汉和帝时侍御史鲁恭的疏言，认为夷狄乃四方之异气，"若杂居中国，则错乱天气，污辱善人"。在他看来，"君臣之分，所关者在一身；华夷之防，所系者在天下"，"夫以君臣之分，犹不敌华夷之防"①。痛斥那种奉夷狄之命行夷狄之俗，甚至引导夷狄为虐于中原的行径，表示对满洲贵族强制推行剃发易服的不满。王夫之则指出，中国与夷狄、君子与小人是天下必须划分清楚的两大界限，所谓"天下之大防二：中国、夷狄也，君子、小人也"②。他认为在长期的历史发展中，不同的民族形成了不同的文化，各民族要"彼无我侵，我无彼虞，各安其纪而不相渎耳"③。显然是在批评满族的入侵。黄宗羲也说："中国之与夷狄，内外之辨也。以中国治中国，以夷狄治夷狄，犹人不可杂之于兽，兽不可杂之于人也。"他批评《晋书》设立"载记"是混淆华夷，"《晋书》变例《载记》，同一四夷也，守其疆土者则传之，入乱中国者则纪之，后之夷狄，其谁不愿入乱中国乎？"他认为明修《元史》，是为虎作伥，应该"改撰《宋史》，置辽、金、元于《四夷列传》，以正中国之统"。④这是深怀《春秋》大义的知识分子身遭国破家亡变故以后的悲愤发泄。此种强烈的、根深蒂固的华夷之防的认识，对以少数民族入主中原的清廷统治显然是不利的。

饶宗颐曾说："正统理论之精髓，在于阐释如何始可以承统，又如何方可谓之'正'之真理。"⑤清廷在论证自己的正统地位时，在"如何始可以承统"的问题上，强调顺天应人，代明讨贼，在"如何方可谓之正"的问题上，则强调大一统局面，批驳汉民族正统观。为此，清世宗雍正在《大义觉迷录》中提出了"大一统"新论，主张有德者可为天下君，批驳了华夷之分、中外有别的思想，强调清朝建立的是中外一统、华夷一家的正统王朝。他在驳斥陆生楠所作《通鉴论》时还说："中国之一统始于秦，塞外之一统始于元，而极盛于我朝。自古中

---

① 顾炎武：《日知录》卷7《管仲不死子纠》。
② 王夫之：《读通鉴论》卷14《东晋哀帝之三》，见《船山全书》第10册，岳麓书社1988年版。
③ 王夫之：《宋论》卷6《神宗》之八，见《船山全书》第11册。
④ 黄宗羲：《留书·史》，见《黄宗羲全集》第11册，浙江古籍出版社1993年版。
⑤ 饶宗颐：《中国史学上之正统论》，第76页。

外一家，幅员极广，未有如我朝者也。"① 这些，还只不过是涉及正统论的某些侧面。乾隆时期，清廷依托《御批历代通鉴辑览》的编修，更加系统地阐述了自己的正统论。

从《御批历代通鉴辑览》和乾隆帝的其他言论来看，在清朝的正统问题上，清廷始终高举"《春秋》大义、《纲目》大法"，在他们看来，大一统政权有绝对的正统地位，不论其统治民族如何，发祥地何在。比如，隋平陈，"混一区宇，始得为大一统"，元平宋，"有宋统当绝，我统当绪之语"②，元虽起漠北，亦非汉人，但和隋一样，仍然是正统政权。大一统政权的重要标志就是能够"为中华之主"③，实现对以中原为中心的广阔区域内的实际统治。清朝实现了这样的统治，当然就是天下共主，"大一统而斥偏安，内中华而外夷狄，此天地之常经，古今之通义。是故夷狄而中华，则中华之；中华而夷狄，则夷狄之。此亦《春秋》之法，司马光、朱子所为亟亟也……贵中华，贱夷狄，犹可也，至于吹毛求疵，颠倒是非，则不可"④。这就坚决摒弃了"殊中外而有所抑扬其间"的做法，指出少数民族政权同样可以是正统。由于中华文化的先进性是无法否定的，唯一能做的就是抬高自身的地位，在大一统总纲之下，将成为中华之主的少数民族政权置于同等的正统地位。所谓"我朝为明复仇讨贼，定鼎中原，合一海宇，为自古得天下最正"⑤。"天下者，天下之天下，非一家之天下也"⑥，故顺天应人得之者即为正统。对于汉族士大夫中普遍存在的文化优越感，清高宗列举古史中关于汉族先人茹毛饮血的记载，评论说："今之民，即古之民。古之民，茹毛饮血，初不知耕稼也。后世视茹草木而食禽兽者，几如异类，不知彼之去古犹未远，而己之反近于异类焉。"⑦ 汉族先人在经济文化尚未发达之时，与今天汉族士大夫所瞧不起的夷狄没有什么不同。汉族先进文化也是一步步由落后发展而来的，用不着贬低夷狄文化和功业。这是符合历史实际的认识，也是对清初汉族学者力持夷夏之防的驳斥。

---

① 《清世宗实录》卷83，雍正七年七月丙午。

② 《清高宗实录》卷1142，乾隆四十六年十月甲申。

③ 《清高宗实录》卷1142，乾隆四十六年十月甲申。

④ 《国朝宫史续编》卷89《圣制通鉴纲目续编内发明广义题辞》。

⑤ 《清高宗实录》卷1142，乾隆四十六年十月甲申。

⑥ 《御制书〈通鉴辑览〉明崇祯甲申纪年事》，《御批历代通鉴辑览》卷首。

⑦ 《御批历代通鉴辑览》卷1，神农氏。

在正统之辨中冲决夷夏之防，并不始于清代，早在元朝，就有人在正统论中反对歧视少数民族政权。元朝后期修辽、金、宋三史，确立"三史各为正统"的纂修原则，说明进步的夷夏观念已逐渐被人们所接受①。乾隆帝的正统观念，实际上是在融会、吸收、改造《春秋公羊传》大一统观念，欧阳修"居正"、"合一"理论，朱熹《通鉴纲目》尊王黜霸，元代正统论争的积极成果后形成的。他坚决摒弃某些正统论中排抑少数民族政权的因素，以大一统观念为核心，以"继前统、受新命"为主要标准，有力论证了清朝的正统地位，这对促使人们形成多民族统一王朝的"大一统"心理，具有积极的意义。

清廷一方面为南明福王政权确立正统地位，另一方面又为自己确立正统地位，看似相互矛盾，实则寓意深刻。乾隆帝肯定南明政权续接明朝正统，被史官誉为"扬万世之闳纲，祛百家之私议，辨统系而必存其实，垂法戒而永著为程"②。这既拉拢了汉族士人，又为进一步表彰忠烈、敦化风气做好了准备。而且，乾隆帝把南明的历史划为两截，福王虽偏安一隅，但"设于江南能自立"，可以为正统，在《御批历代通鉴辑览》中大书"崇祯十七年"，下附顺治元年，同时分注福王弘光年号③，但唐、桂二王流离失所，无疆域可凭，则只承认其为南明余续，不再记载年号。唐、桂二王事迹被录入《通鉴辑览》，目的就是"与其听不知者私相传述，或致失实无稽，不若为之约举大凡，俾知二王穷蹙情形不过如此，更可以正传闻之伪舛。"④ 矫正视听，抚平了清初以来汉族士人在南明问题上的愤懑情绪。可见，清廷只是承认南明传承了明的正统，相对于清朝的大一统政权来讲，它仍然是偏安一隅，正统地位命悬一线，就算给予它正统地位，也无损于清朝的万载基业。它的巧妙之处就在于既解决了萦绕汉族士人心中多年的南明的正闰，树立了心胸博大的帝王形象，笼络了人心，又确立了少数民族政权的正统地位，按照自己的意志给历史是非以无可争议的最终裁决，通过标榜史学上的大中至正之道，达到了扭转人心的目的。这一做法对后世产生了很大影响，后人谈论明清之际的历史，大多循此。如道光年间李瑶作《南疆绎史勘本》，

---

① 关于元朝史学中正统观念的论争，详见周少川《中国史学思想通史·元代卷》第二章《元代史学的民族观》，黄山书社2002年版。

② 《御批历代通鉴辑览》卷116，明壮烈帝，崇祯十七年。

③ 《御批历代通鉴辑览》卷116，明壮烈帝，崇祯十七年。

④ 《清高宗实录》卷995，乾隆四十年十月己巳。

就将官方论述弘光正统的谕旨冠于书前①。同治年间夏燮撰《明通鉴》，也遵循《通鉴辑览》书法，不称南明为伪②，这都是受了官方史学观念的影响。

（二）《胜朝殉节诸臣录》、《贰臣传》的编纂与清廷风励臣节

在文治建设的同时，清高宗对臣节问题思考甚多，希望能将君臣纲常之道深植臣民心中。他希望大小臣民以儒家纲常规范自己的行为，心安理得地做清廷的"忠臣"和"顺民"。在他看来，从历史的深层和儒家君臣价值观念的角度来扶持纲常，风励臣节，教育民众，倡导忠君，是确保大清基业的根本之图。乾隆时期之所以特别注意风励臣节，是因为此时虽然是"盛世"，但盛极而衰，各种社会问题出现，统治阶级奢侈腐化，大小官吏贪污成风，土地集中加剧，阶级矛盾尖锐，农民起义时有爆发，貌似强大的清王朝开始走下坡路。这些不能不使乾隆深感忧虑。于是"扶持纲常"，风励臣节，就成了乾隆帝文治建设的重要内容。

乾隆帝风励臣节，借助的仍然是史馆修史，通过史书修纂，对一些重要历史现象进行重新审论，作出符合清朝根本利益的理论解释。对清人来讲，谈论历史，往往要涉及明清之际的大变革及其历史人物。清廷风励臣节，宣扬忠义，就是从对明末清初历史人物的重新认识开始的。

1.《胜朝殉节诸臣录》与褒奖忠义

清初，为了尽快消灭抵抗势力，清朝统治者站在狭隘的朝代立场，出于巩固政权的眼前之需，以"明顺逆"来评论是非，裁断人物。凡叛明降清者称为顺天应人之举，凡忠于明室、抗清死难者视为"梗化"，罪在必诛。从康熙后期，清朝已进入承平时期，为了保持政治的稳定和社会的长治久安，统治者极为重视伦理教化。转移人心，敦厚世风，激励臣节，宣扬对本朝的忠诚，逐渐被统治者所认识。康熙帝作《君臣一体论》，雍正帝作《朋党论》，强调的都是"为人臣者义当惟知有君"，"与君同好恶"的君臣之义。这种激励臣节的思想，贯穿于康、雍、乾三朝，并日益强化。乾隆中叶，清廷已经不再满足于简单地提倡君臣之义，而开始了大规模重新臧否明清人物。乾隆为激励臣子忠君，从儒家忠义立场出发，谕令编纂《胜朝殉节诸臣录》，毅然对明清之际的历史人物进行了全新的裁断。

---

① 李瑶：《南疆绎史勘本》卷首，勘本自序。
② 夏燮：《明通鉴》卷首，义例。

清高宗云："胜国殉节之臣，各能忠于所事，不可令其湮没不彰。"① 明末抗清义士众多，于清朝虽为抵抗势力，但他们"各为其主，义烈可嘉"②，忠君节义行为必须肯定。对于清初被称为"伪官"的史可法等人，清高宗进行了重新评价，指出："史可法之支撑残局，力矢孤忠，终蹈一死以殉。又如刘宗周、黄道周等之立朝謇谔，抵触佥壬，及遭际时艰，临危受命，均足称一代完人，为褒扬所当及。其他或死守城池，或身殒行阵，与夫俘擒骈僇，视死如归者，尔时王旅徂征，自不得不申法令以明顺逆。而事后平情而论，若而人者，皆无愧于疾风劲草，即自尽以全名节，其心亦并可矜怜。虽福王不过仓猝偏安，唐、桂二王并且流离窜迹，已不复成其为国，而诸人茹苦相从，舍生取义，各能忠于所事，亦岂可令其湮没不彰。"③ 史可法"支撑残局，力矢孤忠"，刘宗周、黄道周等人"遭际时艰，临危受命"，南明诸臣跟随小朝廷"茹苦相从，舍生取义"，这些都必须在史书中大力彰扬。清初，把忠于明室的人斥之为"伪"，是为了"一耳目而齐心志"④。杀死那些抗节之士，也是因"混一之初，兵威迅扫，不得不行抗命之诛"⑤。总之是受当时历史环境所左右。如今情况发生了变化，从儒家忠义角度来看，史可法等人都是"疾风劲草"、"一代完人"。这种评价与清初相比，可说是来了一个一百八十度的大转弯。

在为明末死难诸臣"平反"的同时，乾隆帝还论及建文革除之际臣子的行为。对于朱棣，乾隆进行谴责，认为他以一藩臣"犯顺称兵，阴谋夺国，诸人自当义不戴天"，"永乐性成残刻，逞志淫刑，其屠戮之惨，极于瓜蔓牵连，殆非人理"⑥。对于齐泰、黄子澄、方孝孺、铁铉、景清等人辅助少主之臣，乾隆帝认为他们有"尊主锄强之心"，在建文势力大势已去之时，"犹且募旅图存，抗词抵斥，虽殒身湛族，百折不回，洵为无惭名教者。……或慷慨捐躯，或从容就义，虽致命不同，而志节凛然，皆可谓克明大义"⑦，同样应该给予表彰，载入史册。在这样的思想指导下，清廷采取议谥、立传的方法，崇奖忠烈。

---

① 《胜朝殉节诸臣录》卷首，御制序。
② 《胜朝殉节诸臣录》卷首，乾隆四十一年正月初七日上谕。
③ 《胜朝殉节诸臣录》卷首，乾隆四十年十一月初十日上谕。
④ 《清高宗实录》卷761，乾隆三十一年五月甲午。
⑤ 《清高宗实录》卷995，乾隆四十年闰十月己巳。
⑥ 《胜朝殉节诸臣录》卷首，乾隆四十一年正月初七日上谕。
⑦ 《胜朝殉节诸臣录》卷首，乾隆四十一年正月初七日上谕。

　　乾隆四十年（1775）十一月初十日令为明季殉节诸臣议谥①，四十一年正月初七日又令为建文革除之际殉节诸臣议谥②，共得 3600 余人。紧接着"以钦定《明史》为主，而参以官修《大清一统志》、各省通志诸书"，将议谥之明朝殉节之臣"胪列姓名，考证事迹，勒为一编"③，成《胜朝殉节诸臣录》12 卷，交武英殿刊刻颁行。该书记载专谥诸臣 26 人（附入祠士民 18 人），通谥忠烈诸臣 113 人（附入祠士民 8 人），通谥忠节诸臣 107 人（附入祠士民 18 人），通谥烈愍诸臣 573 人（附入祠士民 62 人），通谥节愍诸臣 842 人（附入祠士民 87 人），入祠职官 495 人（附入祠士民 37 人），入祠士民 1494 人，建文殉节诸臣 128 人（附入 15 人），共 3778 人，附入 245 人④。对于那些不知姓名而能慷慨轻生者，无法议谥并写进史书，就"令俎豆其乡，以昭轸慰"⑤。

　　对于这次修纂《胜朝殉节诸臣录》，表彰忠烈，乾隆非常得意，他曾为此书题诗云："信史由来贵瘅彰，胜朝殉节与旌芳；五常万古既云树，潜德幽光允赖扬；等度早传辽及宋，后先直迈汉和唐；诸臣泉壤应相庆，舍死初心久乃偿。"⑥乾隆如此大规模地崇奖忠贞，当然有明确的政治目的，所谓"崇奖忠贞，所以风励臣节"⑦，"褒阐忠良，风示来世"⑧。纂写历史、表彰忠烈都是手段，目的是为了移风易俗，将历史记载转化为现实的道德评判，为清朝臣子忠于清朝树立榜样。乾隆皇帝的做法产生了明显的效果，四库馆臣从历史发展的实际论述了《胜朝殉节诸臣录》表彰忠臣的意义，"自古代嬗之际，其致身故国者，每多蒙以恶名。故郑樵谓《晋史》党晋而不有魏，凡忠于魏者，目为叛臣，王凌、诸葛诞、毋丘俭之徒，抱屈黄壤。《齐史》党齐而不有宋，凡忠于宋者，目为逆党，袁粲、刘秉、沈攸之之徒，含冤九原。可见阿徇偏私，率沿其陋。其间即有追加褒赠，如唐太宗之于尧君素，宋太祖之于韩通，亦不过偶及一二人而止。诚自书契以来，未有天地为心，浑融彼我，阐明风教，培植彝伦，不以异代而歧视如我皇上者……权衡予夺，衮钺昭然，不独劲节孤忠，咸邀渥泽，而明昭彰瘅，立千古臣

---

① 《清高宗实录》卷 996，乾隆四十年十一月癸未。

② 《清高宗实录》卷 1000，乾隆四十一年正月己卯。

③ 《四库全书总目》卷 58《胜朝殉节诸臣录》条。

④ 此数字系笔者据《胜朝殉节诸臣录》统计而成。

⑤ 《胜朝殉节诸臣录》卷首，乾隆四十年十一月初十日上谕。

⑥ 《胜朝殉节诸臣录》卷首，御制序。

⑦ 《胜朝殉节诸臣录》卷首，乾隆四十年十一月初十日上谕。

⑧ 《胜朝殉节诸臣录》卷首，乾隆四十一年正月初七日上谕。

道之防者,《春秋》大义亦炳若日星"①。

　　总之,随着自身统治的巩固与加强,官方已不再担心明室的复兴,完全可以用明季的忠义事迹来"风励臣节"了。为了政治上的需要,统治者适时地将其对明季人物的评价作出调整,通过褒扬忠于明朝的人臣来鼓励清朝的人臣忠于本朝。统治者通过转换道德角色,对历史重新解释,将历史与现实政治结合起来,巧妙地通过修史来配合现实统治。

　　2.《贰臣传》与贬斥失节

　　在旌扬明季忠烈之人的同时,清高宗又借编纂历史之机对明季降清诸臣进行贬斥。褒扬忠义,贬斥失节,目的都是扭转人心,彰善瘅恶。"一褒一贬,衮钺昭然,使天下万世共知朕准情理而公好恶,以是植纲常,即以是示彰瘅"②。

　　清入关之初,为壮大统治队伍,尽快统治中原,屡发诏谕,招降纳叛,规劝明朝官员将领"投顺",对那些"抒诚来归"的明朝大臣,认为"良可嘉悦",给予"一体优叙"③。像降清的洪承畴、冯铨等人,都受到清廷优待。雍正帝在《大义觉迷录》中称赞投顺清朝的明臣"皆应天顺时,通达大义,辅佐本朝成一统太平之业,而其人亦标名竹帛,勒勋鼎彝,岂不谓之贤乎"④?可是,到乾隆时期,这种评价发生了根本性变化。乾隆三十四年(1769),清高宗评价钱谦益"本一有才无行之人……大节有亏,实不足耻于人类"⑤,三十五年,清高宗在阅读钱谦益的《初学集》后写诗讽刺云:"平生谈节义,两姓事君王。进退都无据,文章那有光?真堪覆酒瓮,屡见咏香囊。末路逃禅去,原为孟八郎。"⑥乾隆四十年表彰明季忠臣时,又提到钱谦益等人,认为他们"自诩清流,腼颜降附……均属丧心无耻"⑦。给予严厉斥责。就在《胜朝殉节诸臣录》完成后不久,清高宗就诏令国史馆馆臣,在国史中特立《贰臣传》,把那些"在明已登仕版,又复身仕本朝"的"大节有亏"的人物统统收入此类,指出:"我朝开创之初,明末诸臣望风归附……盖开创大一统之规模,自不得不加录用,以靖人心而明顺

① 《四库全书总目》卷58《钦定胜朝殉节诸臣录》条。
② 《胜朝殉节诸臣录》卷首,乾隆四十年十一月初十日上谕。
③ 《清世祖实录》卷17,顺治二年六月己卯。
④ 《大义觉迷录》卷1。
⑤ 《清史列传》卷79《钱谦益》。
⑥ 《清史列传》卷79《钱谦益》。
⑦ 《胜朝殉节诸臣录》卷首,乾隆四十年十一月初十日上谕。

逆。今事后平情而论，若而人者，皆以胜国臣僚，乃遭际时艰，不能为其主临危授命，辄复畏死悻生，觍颜降附，岂得复谓之完人？即或稍有片长足录，其瑕疵自不能掩……此等大节有亏之人，不能念其建有勋绩，谅于生前；亦不因其尚有后人，原于既死。今为准情酌理，自应于国史内另立《贰臣传》一门，将诸臣仕明及仕本朝各事迹，据实直书，使不能纤微隐饰，即所谓虽孝子慈孙，百世不能改者……此实朕大中至正之心，为万世臣子植纲常，即以是示彰瘅。昨岁已加谥胜国死事诸臣，其幽光既为阐发，而斧钺之诛，不宜偏废，此《贰臣传》不可不核定于此时，以补前世史传所未及也。"① 乾隆帝在国史中创立《贰臣传》这一前所未有的类传来贬斥失节，可谓用心良苦。

　　由于清廷设立《贰臣传》的目的是"为万世臣子植纲常"，故在进行"斧钺之诛"时颇费思量。乾隆皇帝曾多次诏令变更该传体例，以示慎重。乾隆四十三年（1778）二月命国史馆将《贰臣传》分为甲、乙两编，因为"诸人立朝事迹，既不相同，而品之贤否邪正，亦判然各异"，所以必须严加区别。如洪承畴、李永芳等人降清后，或"宣力东南，颇树劳绩"，或"屡立战功，勋绩并为昭著"，"虽不克终于胜国，实能效忠于本朝"，故列为甲编。而钱谦益等人归命清廷后，又"敢于诗文阴行诋毁，是为进退无据，非复人类"，龚鼎孳等人先降李闯王，后又降清朝，"并为清流所不齿，而其再仕以后，惟务觍颜持禄，毫无事迹足称"，故列于乙编。② 乾隆五十四年十二月，又命国史馆将吴三桂、耿精忠、李建泰、王辅臣、薛所蕴等人从《贰臣传》中析出，另立《逆臣传》。在乾隆看来，吴三桂等人"或先经从贼，复降本朝，或已经归顺，复行叛逆，此等形同狗彘，觍颜无耻之人，并不得谓之贰臣"③，其行为连"贰臣"都不如。由此可见，在"贬失节"这个问题上，清廷裁断相当严格。他们从清王朝的立场考虑问题，把降清明臣分为"能效忠本朝"、"觍颜持禄，毫无事迹足称"、"已经归顺，复行叛逆"三类，表明其贬斥叛降的目的同表彰忠臣一样，都是要激励清朝臣子效忠清朝。

　　乾隆皇帝在国史中设立《贰臣传》，在当时产生了不小的影响。三通馆馆臣就认为"国史创立《贰臣传》，出自睿裁，于旌别淑慝之中，寓扶植纲常之意，

---

① 《清高宗实录》卷1022，乾隆四十一年十二月庚子。
② 《清高宗实录》卷1051，乾隆四十三年二月乙卯。
③ 《清高宗实录》卷1344，乾隆五十四年十二月庚申。

允昭褒贬之至公，实为古今之通义"①。编纂《续通志》，也增设《贰臣传》，"皇上于国史别编《贰臣》，所以树臣道之大防，为古今之通义。今则于《通志》依例立《贰臣传》，其奸臣、叛臣、逆臣，名本《唐书》，义昭斧钺，并为增辑，以正彝伦。此皆郑《志》所无而增补者"②。可以说，清廷通过编纂《贰臣传》，把纲常准则贯彻于史学之中，明确在史书中绳以臣节，这是以往各代修纂国史所没有的。清高宗从提高忠君意识、维护清朝统治的根本利益出发，通过编纂史书、设立类传来彰显"殉节"，贬斥"贰臣"，从正反两个方面入手，借助历史发表评论，阐发自己的君臣关系论，强调维持尊卑等级秩序、加强以皇帝为核心的政府权威的重要性，作用不可低估。

三、史馆修史与清代民族问题

自秦汉以来，中国就走上了统一的多民族国家形成发展的历史进程。中国国情的一个显著特点就是疆域辽阔，民族众多，而且一半以上的国土为少数民族居住，而少数民族又多分布在边疆地区。这种情况就决定了历代王朝都必须制定出相应的、行之有效的民族政策，才能保证国家统一和长治久安。清朝是由崛起于东北一隅的满族贵族建立起来的王朝，它的少数民族身份，使它更加深刻认识到民族问题对中央王朝统治的重要性，故而清朝历代帝王都比较重视吸取历史经验，加强对汉族以及各少数民族的统治。康熙皇帝读《宋史》，对宋结金以图辽，造成唇亡齿寒的极大失策颇有感触。他读《明实录》，对蒙古贵族突袭边疆而给明朝带来的严重威胁，也不止一次发出感叹。历史启迪了清朝的统治者，使他们对民族问题的重要性有比较正确的认识。在治理民族事务的过程中，清朝统治者形成了一条明确的基本方针，那就是"恩威并施"和"因俗而治"③。在对各民族采取各种具体统治措施的时候，清廷不忘以官方修史的形式来辅助治理，他们设立史馆，编纂史书，通过对满族历史和各民族历史的梳理和总结，强化和凸显民族发展的共同的历史记忆，在人们的思想深处塑造民族认同心理，并以此来论

---

① 《续通志》凡例。
② 《续通志》卷首，纪昀等序。
③ 马汝珩：《清代西部历史论衡》第二章，山西人民出版社 2001 年版。

证自身统治的合理性。

(一) 满族史的编纂与满族的民族认同

清朝是一个统一的多民族的国家,在这个多民族的国家里,清统治者所一再强调的是满族在国家政治生活中的重要地位,"满州甲兵系国家根本"①,把满族看作清朝的"根本",是维系清朝统治地位的中坚力量。这不仅是一种根深蒂固的观念,更是一种坚定不移的国策。

在这种观念和国策驱使下,满族王公大臣受到优待,享有政治、经济、文化等各方面的特权。满族在入关前后,纯朴勇武,一直保持着比较向上的进取之心。但是,这种情况到乾隆时期发生了变化,"盛世"局面使满洲贵族、八旗子弟逐渐腐化堕落、消极怠惰,失去了当年跨马弯弓、奋勇争先的豪气和积极进取的精神。"八旗世职官员,往往安于逸乐"②。乾隆二十一年(1756)与金川作战,乾隆就很有感慨地说:"向来满洲风气,每值命将行师,人人踊跃争奋,何其锐也! 今承平日久,惟务晏安,遇有用兵,即行畏葸。"③ 总之,满洲官员将领,"滥行奢费,徒事虚文"④,已严重侵蚀着清朝的统治基础。一句话,入关后的满洲人被长期置身于汉族地区的社会环境和文化氛围中,其所具有的骑射、满语、简质纯朴等文化特征正逐渐消减,主体意识一直朝着空洞化的危险方向下滑。与此相联系的是汉族士人中仍有一些人存在文化上的优越感,使满族的文化自卑心理一直不能释怀。对于汉族士人的言论,虽然常以文字狱来打压,但毕竟无法从内心铲除汉人的不满。还有,乾隆时期,各地农民起义不断,社会矛盾逐渐激化。满洲八旗的堕落,汉族士人的不满,社会危机的出现,使统治者更为紧迫地感受到强化满洲民族认同的必要性。为此,统治者除采取一系列具体措施外,还通过纂修大量有关满族历史的史书,探寻和确立满族的源流,宣传满洲开基立业的艰难困苦,激励满洲八旗的政治热情,抑制汉族士人的文化优越感,努力提升满族的民族认同意识和满族在民族大家庭中的地位。

有清一代,官方修纂的有关满族历史的书籍很多,除了帝王的起居注、实录外,主要有以下几种:

---

① 《清圣祖实录》卷32,康熙九年三月丁丑。
② 《清高宗实录》卷435,乾隆十八年三月癸酉。
③ 《清高宗实录》卷512,乾隆二十一年五月甲戌。
④ 《清高宗实录》卷914,乾隆三十七年八月壬申。

《八旗通志》，250 卷，雍正五年（1727）始修，乾隆三年（1738）告竣，四年刊刻。乾隆五十一年重修，嘉庆四年（1799）刊刻。

《八旗满洲氏族通谱》，80 卷，乾隆九年（1744）校刊。

《盛京通志》，32 卷，乾隆九年（1744）敕纂，十二年校刊。乾隆四十四年（1779）增订，凡 130 卷。

《开国方略》，32 卷，乾隆三十八年（1773）始修，五十四年刊刻。

《盛京事迹图》1 部，乾隆四十年（1775）敕绘。

《满洲源流考》，20 卷，乾隆四十二年（1777）修纂。

《钦定宗室王公功绩表传》，12 卷，乾隆四十六年（1781）敕纂。

另外还缮录和编辑《满文老档》、重新绘写《满洲实录》等，乾隆皇帝还亲自撰写《己未岁萨尔浒之战书事》等，都是和满族有关的史书修纂。

清廷编纂本民族历史，主要有以下两个目的：

其一，通过修史对满族子弟进行教化，以开基定鼎之艰难教育子孙保持进取之心，强化和凸显满洲先人追随清初诸帝争夺天下的共同历史记忆。

乾隆皇帝谕令开馆修纂《开国方略》和《满洲源流考》，就是怀有这样的目的。《开国方略》修纂于乾隆三十八年（1773），五十四年校刊①。由阿桂、梁国治、和珅等人主其事。该书 32 卷，另有"发祥世纪"一篇，冠列卷首。记述满洲发祥至入关定都北京的史事。《四库全书》将该书放在编年类，实则略仿纪事本末形式，以时间为顺序，以事件为纲目，记载每一事件的始末。内容专取攻战、国策等有关开国勋业者，其他一概不载。《满洲源流考》修纂于乾隆四十二年②，阿桂、于敏中、和珅、董诰主持编修。《四库全书》将其分在地理类，实际上这是一部关于满族发展史的重要著作。该书 20 卷，分部族、疆域、山川、国俗四大类，将满族历史由开国继续上溯，穷原竟委，记述了满族的历史源流。

乾隆帝认识到"世之治乱，犹日月之盈晦，四时之周序。治极必乱，乱极亦必返治。此守器者所宜保泰"③。为了能够"持盈保泰"，永葆治世，树立信心，勤勉治政，必须从历史上吸取力量。他说："《开国方略》之著，不重于继明、定中原，而重于自俄朵里以至赫图阿拉，因十三甲，筚路蓝缕，得盛京而定王

---

①　《开国方略》卷首，纪昀等案语。

②　《满洲源流考》卷首，上谕。

③　《开国方略》卷首，御制开国方略序。

业……予小子守祖宗之业，每于读《实录》，观我太祖开国之始，躬干戈、冒锋刃，有不忍观、不忍言而落泪者，继思不忍观、不忍言之心为姑息之仁，其罪小。观至此而不念祖宗之艰难，不勤思政治以祈天永命、慎守神器，其罪大。故令诸臣直书其事以示后世……予此为，非啻自励而已也，欲我万世子孙皆如予之观此书之志，其弗动心落泪，深思永念，以敬天命、守祖基，兢兢业业，惧循环之乱之几，则亦非予之子孙而已矣。此《开国方略》之书所以作也。"①

在这里，清高宗以祖先创业之艰辛贬斥八旗人员主体意识的失落，激发满族子弟的斗志，希望他们"敬天命，守祖业，兢兢业业"，用心可谓良苦。

满族原本有淳厚质朴的民风，"朴厚之源，上追隆古"②，《满洲源流考》专门设立"国俗"一门，记述肃慎至女真的社会风习，"以著淳风所本，源远流长"③。在史臣看来，满族"禀质厚而习俗淳，骑射之外，他无所慕……信夫扶舆刚粹之气，钟聚于兹，所以启王师无敌之先声，而绵国家亿万年克诘方行之盛，有由然也。至于崇礼让、重祭祀，以及官制语言之属，史文所载，均有可稽。所谓东方多君子之国，而尊君亲上，先公后私，犹习尚之固然"④。这段话既讲到满族"禀质厚而习俗淳"，又讲道"尊君亲上，先公后私"，目的就是要八旗贵族不忘旧俗，保持艰苦创业、淳厚质朴的传统，以"公"为重。总之，乾隆皇帝编纂《开国方略》、《满洲源流考》的目的主要就是教育满族贵族不忘祖宗创业之艰难，克勤克俭，永葆治世，"以示我大清亿万年子孙臣庶，其共勉以无忘祖宗开创之艰难也……思所以永天命、绵帝图，兢兢业业，治国安民，凛惟休惟恤之诚，存鉴夏鉴殷之心"⑤。

其二，彰扬满族的伟大，提升满族的历史地位，确立满族起源的神话，赋予全体满族成员以源出共同血统的品格。

推崇满族，宣扬满族的伟大与神圣，是史馆修史在满族问题上的基调。满族是以女真人为主体，吸收蒙、汉等族成员，于明朝末年形成的新的民族共同体。商周时期的肃慎，历代史籍记载的挹娄、勿吉、靺鞨和女真，与满族有密切的渊

---

① 《开国方略》卷首，御制开国方略序。
② 《满洲源流考》卷首，凡例。
③ 《满洲源流考》卷首，凡例。
④ 《满洲源流考》卷16《国俗一》案语。
⑤ 《清高宗实录》卷966，乾隆四十年十一月壬午。

源关系①。和汉族相比，满族的历史并不长，但满族人对本民族的历史有浓厚的兴趣。努尔哈赤建国号金，为表示和以前金朝一脉相承，当时就称后金。天命四年（1619）所作的《后金檄明万历皇帝文》，内中列举中国历史上兴亡大事十九件，有八件属于金朝，每讲一件都说一次"又观我国史书"如何，表现出对满洲先世的深厚感情②。皇太极对本朝历史更为关注，天聪七年（1633）因与朝鲜交涉索取瓦尔喀人，便提到"瓦尔喀与我俱居女直之地，我发祥建国与大金相等"③。在他统治时期，还编纂《太祖实录》和《满洲实录》等史书，自觉记载满族兴起的历史。入关以后，这种情况得到继承和发展，清廷组织一系列有关满族历史的书籍的编纂就是明证。

对于满族的兴起以及感召力，官修史书进行了充满感情的描述："若夫兴王之始，长白朱果，盖犹简狄元鸟，姜嫄履迹，天生圣人，治四海必有祥符，与众不同。而更在于圣人之奋智勇、受艰辛，有以冠人世、答天命，夫岂易哉?"④又说："我祖宗诞膺天命，勃兴东土，德绥威曁，奄甸万姓，维时龙从凤附之众，云合响应，辐辏鳞集，强者率属归诚，弱者举族内附。我祖宗建师设长以莅之，分旗隶属以别之，厥有熊罴之士，不二心之臣，效命疆场，建谋帷幄，亲以肺腑，重以婚姻，酬以爵命。"⑤ 对于满族先世生息过的故乡，更是极尽描写，渲染其神圣气氛，甚至说："自古王业所兴，必有名山大川，扶舆蜿蟺，以诩昌运而巩丕基。我国家起宇辽东，于山则有长白、医巫闾之神瑞，于水则有混同、鸭绿之灵长。干衍支分，盘纡回缭，怀柔咸秩，笃祚万年……仰惟启运、天柱、隆业三山，敬奉神宫，尤为王气所钟，坤珍所会，爰首列之，以著发祥之自。"⑥这些话所表达的意思特别值得注意：一是把三仙女食朱果生下满族祖先的民族起源的神话与汉族相比，表示文化久远，承天受命，并把它与满族的辉煌创业历程联系起来，从天命、人事两个方面论述了满族的民族品格；二是将满族的发源地长白山"构建"成满族的圣山，长白山成了满族的民族精神象征的神山，从而得到满洲诸部的共同尊崇。这两点不仅是满族民族认同的明显表现，而且体现出史

---

① 杨学琛：《清代民族史》第一章《满族和东北诸族》，四川民族出版社1996年版。
② 潘喆等：《清入关前史料选辑》（一），中国人民大学出版社1984年版，第289—296页。
③ 《清太宗实录》卷15，天聪七年九月癸卯。
④ 《开国方略》卷首，御制开国方略序。
⑤ 《八旗满洲氏族通谱》卷首，御制序。
⑥ 《满洲源流考》卷14，山川一，案语。

书在追寻民族共同体的根源性问题上所具有的力量。

对于满族创业史上的辉煌战绩和英雄人物，清廷更是极尽歌颂之能事，一方面宣扬本民族的优秀，一方面教育后世子孙奋发向上。雍正在谕令编纂《八旗通志》时就指出，八旗在形成发展的过程中，"其间伟人辈出，树宏勋而建茂绩，与夫忠臣孝子，义夫节妇，潜德幽光，足为人伦之表范者，不可胜数。若不为之采摭荟萃，何以昭示无穷"①。将本民族先人创建鸿业的不朽盛事，文武旧勋的丰功伟业以及满洲往日的优良传统写入历史，昭示来者，激励后人，成为清廷宣扬民族精神的一项重要内容。《八旗通志》的纂修目的就是："是书之作，非徒以广见闻、备图籍也。监成宪则思所以遵守而修明之，览风俗则思所以董劝而振作之，笃宗盟则思推一本以睦之，念勋旧则思培后裔以酬之。"② 显然也有董劝满洲子民使之振作的目的。对于清太祖以少数兵力在萨尔浒大破明兵的战斗，乾隆皇帝曾分析其意义："由是一战，而明之国势益削，我之武烈益扬，遂乃克辽东、取沈阳，王基开、帝业定……我大清亿万年丕基，实肇于此。"③ 以这种在满清发展史上有决定意义的事例为自豪。在《开国方略》编纂成书时，乾隆君臣还进行了盛大的联句活动，把开国史从头到尾吟咏一遍，所谓"开国勤劳弗敢忘，爰成方略识青缃；荷天麻命示万禩，述祖鸿勋括八荒"④，极尽歌颂，以期扩大影响。

为了更加突出满族的历史地位，清廷一再通过修史说明自己功业最著，得天下最正。乾隆帝在为《开国方略》撰写的序文里称三代及其以后的王朝更替，"以开创论之，实不如有元之于我大清也"⑤，认为元朝和清朝"抚定中原，建基立极"，其成就可比汉、明，而唐、宋所不及也。他还在《满洲源流考》的谕旨中宣称，"我世祖章皇帝定鼎燕京，统一寰宇，是得天下之堂堂正正，孰有如我本朝者乎？至若我国家诞膺天眷，朱果发祥，亦如商之元鸟降生，周之高禖履武"⑥。在清代统治者看来，满族和居于文化中心的汉族没有什么两样，甚至在功业上还要超过汉族王朝。

---

① 《清世宗实录》卷63，雍正五年十一月庚申。
② 《清朝文献通考》卷222《经籍考十二·钦定八旗通志初集》。
③ 《清高宗实录》卷966，乾隆四十年十一月癸未。
④ 《开国方略》卷首，联句诗。
⑤ 《开国方略》卷首，御制序。
⑥ 《国朝宫史续编》，第891页。

由于满族史书是适应了政治的需求而编纂的，尽管编纂官宣称要"传千古之信"①，也对很多资料进行了考证，有一定的史料价值。但是，出于彰显满族政治地位的考虑，书中很多地方做了附和清朝统治意愿的宣扬，甚至篡改。比如《开国方略》，专取表现太祖、太宗功业的事迹进行记载，对一些不利统治的问题，往往删略。《太祖实录》中记载朝鲜来信，其中有"大明为君，我二国为臣"之语，《开国方略》在第六卷中提到这封信件，却删去了内容。《满洲源流考》中美化和吹捧清朝文治武功的地方也比比皆是。众所周知，清朝统治的建立一直是伴随着野蛮的掠夺和屠杀来实现的，但书中涉及清朝这种用兵的地方没有如实地反映。相反，在讲到勿吉和靺鞨时，竟大肆表彰八旗的勇猛，"我国家出震方行，霆驱电扫，八旗劲旅，有勇知方，所由来者远矣"②。两书凡涉及和清朝兴起有关的内容，无不归结为歌颂祖宗功德和清朝的振兴，国家一统，天下太平，五谷丰登，以期长治久安，万世永存。梗辟其间的政治"私意"影响了叙事的正常进行，这在官修史书中是常见现象。

清代是一个大一统的多民族国家，满族以少临众，推崇自己，彰扬自身，树立独一无二的统治地位，既是政治统治的需要，也是文化发展的必然。

清代史馆修纂满族史书，书写满族发祥、开国以及创业的历史，将辽东历史上此起彼伏的许多部落整合成一个时代延续、连绵不断的庞大群体，找寻始祖的创世神话，将发源地长白山确立为民族神山，研究民族源流（比如《满洲源流考》）和谱系（比如《八旗满洲氏族通谱》），揭示全体满洲人的共同的历史根源性之所在，促进了满族的民族认同，为构建满族民族共同体做出了极大贡献。

（二）史馆修史与"中外一家"民族观的宣扬

清朝是以满族贵族为主，联合汉族上层和蒙古贵族而组成的专制政权。由于清代民族多，差异大，发展不平衡。满汉、满蒙、其他各少数民族以及各少数民族之间的关系盘根错节，各有特点，清朝则根据这些不同的情况区别对待，实行"因俗而治"的方针，"从俗从宜"，"各安其习"，"不易其俗"。正因为此，清朝对民族问题的处理基本上获得成功。而且，清廷在强化满族民族认同意识的同时，还组织编纂与其他民族相关的史书，不断宣扬"中外一家"、"一视同仁"

---

① 《满洲源流考》卷首，总纂官纪昀等案语。
② 《满洲源流考》卷2《部族二·勿吉》，案语。

的民族观，促使各民族相互认同，并最终认同于多民族统一的大清王朝。

在涉及民族问题的史书中，乾隆年间重新修订辽、金、元三史，编纂《蒙古回部王公表传》以及历朝编纂的各种"方略"，都比较集中地体现了清廷的民族观念。

乾隆皇帝热衷修史，除编纂各类史籍外，还修订前代史书。《辽史》、《金史》、《元史》三史人、地、官名的重新厘正，是他最为关注的。这大概与三史所载均为少数民族政权有关。他谕令修订三史，有为当时多民族共存的政治环境服务的深刻寓意。

乾隆十二年（1747），朝廷刻成二十一史，乾隆帝对辽、金、元三史发表了自己的看法，认为三史在汉字译音上面存在很多问题，认为"辽、金、元之史，成于汉人之手，所为如越人视秦人之肥瘠"①，故而很难成为佳史。再加上以汉人"纪边关以外荒略之地"，"欲其得中得实，盖亦难矣"②。遂提出重新改正三史中人名、地名、官名，于乾隆三十六年下令编撰《辽金元三史国语解》。乾隆帝重订辽、金、元三史，目的是"传信示公"，所谓"辽、金、元三史人、地名音译讹舛，鄙陋失实者多，因命儒臣按《同文韵统》例，概行更录。盖正其字，弗易其文，以史者所以传信示公，不可以意改也"③。所谓"传信"，是中国史学的优良传统，乾隆帝也认为"一代之史，期于传信"，但辽、金、元三史因为错谬较多，无法担负起"传信"的责任，因此需要修订，下令"廷臣重订金、辽、元国语解，将三史内讹误字样，另行刊定，以示传信"④。所谓"示公"，在乾隆看来，就是"大公至正"的态度，即希望借修订三史，"以昭纲常名教、大公至正之义"⑤。乾隆强调"示公"，申言"昭大公至正之义"，是寓有深刻的政治含义的。辽、金、元三史的改订，实际是借史学工作表达政治思想，特别是民族思想。清廷以边疆民族入主中原，不但统治汉人，而且降服沿边各民族，建立一个疆土辽阔的多民族国家。用乾隆的话说，就是建立"一统同文"、"海寓同文"的局面。他反复指出，重订三史与这种局面息息相关，他说："我国家中外一统，

---

① 《热河志》卷首，御制序。
② 《热河志》卷首，御制序。
③ 《御制文二集》卷35《读金史》。
④ 《清高宗实录》卷905，乾隆三十七年三月甲子。
⑤ 《御制文二集》卷8《命馆臣重订〈契丹国志〉谕》。

治洽同文，不忍金朝之人名、官族为庸陋者流传所误，因命廷臣悉按国语改正。"① 又说："因为（《元史》音译）参稽译改，以正史鉴之疑，举数百年之踳谬，悉与辨剔阐明，以昭一统同文之盛。"② 从表面上看，订正史书译音讹舛，好像只是汉族语言与少数民族语言的译音问题，实际上背后蕴含的是"一统同文"的文化交流和民族融合的问题，是"大一统"局面得以维持的重要前提之一。对此，乾隆帝说："朕非于此等音译字面有所偏袒，盖各国语言不同，本难意存牵合。即如满洲、蒙古文译为汉文，此音彼字，两不相涉，乃见小无识之徒，欲以音义之优劣，强为分别轩轾，实不值一噱。朕每见法司爰书，有以犯名书作恶劣字者，辄令改写。而前此回部者，每加犬作'狿'，亦令将犬旁删去。诚以此等无关褒贬而实形鄙陋，实无足取。况当海寓同文之世，又岂可不务为公溥乎？"③ 由此可见，乾隆就是要通过改订三史，反对大汉族主义，标举种族平等观念。也就是说，乾隆帝重订三史的政治目的，就是在"一统同文之盛"的局面下，将从前汉人所修的边疆民族朝代的历史进行一次清理，使它们能体现清朝当时"中外一家"的民族观。乾隆还说："天下之语万殊，天下之理则一。无不戴天而履地，无不是是而非非，无不尊君上而孝父母，无不贤贤人而恶小人。彼其于语言文字中谬存我是彼非，入者主之，出者奴之，不亦仰而唾空，终于自污其面哉！故向有校正金、元国语解之命，及制《西域同文志》，壹是义也。"④ 虽然这次改订三史的原则是"正其字，弗易其文"，但实际上清廷进行了发挥，尤其对三史修纂者"轻贬胜国"的做法极为不满，"夫一代之史，期于传信，若逞弄笔锋，轻贬胜国，则千秋万世之史，皆不足信。是则有关于世道人心者甚大"⑤。辽、金、元皆为少数民族建立的政权，后世修史者对他们大加贬低，是作为少数民族的清廷所不能同意的。可以说，三史的修订绝非一项纯粹的史学活动，内中所蕴含的宣扬"一统同文"的多民族共存的民族思想，才是清廷最为关注的。

清廷对蒙古和回族问题非常重视，开国之初，就把争取蒙古确定为基本国策之一，专设理藩院管理蒙古事务，并采取诸如敕封、建立蒙旗制度、联姻以及利

① 《评鉴阐要》卷 8《辽女真部节度使乌古䗫卒纲》。
② 《评鉴阐要》卷 9《元太祖却特特穆津元年注》。
③ 《清高宗实录》卷 983，乾隆四十年五月甲子。
④ 《御制文二集》卷 17《满珠蒙古汉字三合切音清文鉴序》。
⑤ 《御制文二集》卷 35《读金史》。

用宗教等一系列措施，加强对蒙古族的管理。在对回族的问题上，清廷采用又拉
又打的手段，恩威并施。同时，乾隆仍然不忘以修史来配合自己的各项政策。四
十四年（1779）敕令国史馆修纂《蒙古回部王公表传》，嘉庆七年（1802）校
刊。该书所记乃"内外扎萨克及降服回部宣献效力、著有功勋者，以一部落为一
表传。其事实显著者，各立一专传。清、汉、蒙古字三体，各一百二十卷"①。
编纂此书的目的，乾隆皇帝在上谕中说的非常明白："我国家开基定鼎，统一寰
区，蒙古四十九旗及外扎萨克喀尔喀诸部咸备藩卫，世笃忠贞，中外一家，远迈
前古。在太祖、太宗时，其抒诚效顺、建立丰功者固不乏人，而皇祖、皇考及朕
临御以来，蒙古王公等之宣献奏绩、著有崇勋者亦指不胜屈。因念伊等各有军功
事实，若不为追阐成劳，裒辑传示，非奖勋猷而昭来许之道。"② 显然，为蒙古、
回族拱卫王室、功劳卓著者立传，就是要宣扬"中外一家，远迈前古"的多民族
大一统的盛世局面，消弭各民族对清廷的不满。四库馆臣在为该书撰写的提要中
历数蒙古内附的情况，指出"我列圣提絜乾纲，驱策群力，长驾远驭之略，能使
柳城松漠，中外一家，咸稽首而效心膂，其炳然可传者，章章如是，诚为前史所
未闻"③。其关注点依然在"柳城松漠，中外一家，咸稽首而效心膂"的多民族
拱卫清廷这一点上，由此也可看出清廷编纂该类史书的用心所在。

　　清代发动过很多战争，这些战争的始末多由方略馆将其记载下来，形成了一
系列的"方略"。这些战争中有不少都涉及国内各民族，尤其是西北和西南各民
族。譬如平定察哈尔、准噶尔、大小金川、回部、苗民等，清代方略不仅记载了
这些战争的经过，也反映了统治者对有关民族问题的认识。换言之，统治者通过
编纂"方略"，借战争的胜利，宣扬清廷威德无量，对待民族问题"无分内外，
一视同仁"④ 的态度。

　　从方略记载中可以看到，清廷在民族观上主要着力宣扬两种思想观念，一是
清朝为天下共主的观念，二是中外一家的思想。他们极力树立心胸博大、容纳百
川的君王形象，把清廷当作各民族的大家庭，而皇帝就是这个家庭中的家长。康
熙皇帝在为《平定朔漠方略》所作序言中说："朕祇承天眷，懋绍祖宗丕基，为
亿兆生民主。海内外皆吾赤子，虽越在边徼荒服之地，倘有一隅之弗宁，一夫之

---

① 《国朝宫史续编》，第849页。
② 《外藩蒙古回部王公表传》卷首，谕旨，乾隆四十四年七月二十九日上谕。
③ 《四库全书总目》卷58《钦定蒙古王公功绩表传》条。
④ 《平定准噶尔方略》前编卷49，乾隆十一年三月甲申。

弗获，不忍恝然视也。"① 史臣也说："皇上统御万邦，为中外生民主，文德诞敷，武功丕显，仁育义正，久道化成，声教讫乎遐荒，太和洽于宇宙。"② 并和汉、唐人主对待少数民族的态度相比，指出"自古遐方外域，互相吞噬，汉唐人主往往幸其削弱，易于制驭，辄视为国家利。我皇上如天好生抚视，中外无有畛域，咸同一体，谆谆然欲令罢兵息争，共安无事"③。显然，清代君臣所主张的"中外无有畛域，咸同一体"的民族观念要比汉唐人主"幸其削弱，易于制驭"的民族观念进步得多。康熙君臣所表达的这种民族思想，被后世君主继承下来，并进一步发挥，在史书中有更加明确的表述。

　　乾隆是一个雄才大略的皇帝，在对待边疆民族问题上，有开明的看法。《平定准噶尔方略》中记载他给准噶尔台吉策妄多尔济那木扎尔敕书说："朕总理天下，无分内外，一视同仁，惟期普天生灵各得其所。"④ 在《石峰堡纪略》中，他还说："内外均属编氓赤子，顺则恩有加，逆则法无可宥。"⑤ 在给叶尔羌、喀什噶尔、库车、阿克苏、和田等"回部"的敕谕中，他又说："朕为天下共主，罔有内外，一体抚绥，无使失所。"⑥ 显然，"天下共主"、"无分内外"是乾隆对待少数民族时一贯的态度。他的这些言论统统被写进"方略"，其目的显然是要把这些当作处理民族问题的准则。事实上也是如此。咸丰年间云南回民起事，咸丰帝就指出在镇压过程中，只分良莠，不分民族，所谓"国家一视同仁，民回皆系赤子。地方官弹压抚绥，本不应过分畛域"⑦。光绪时期征剿西北回民，光绪帝谕内阁云："总以但分良莠，不分汉、回为主，用能救民水火，迅奏肤功。"⑧ 强调不搞民族歧视。在《平定陕甘新疆回匪方略》中，史臣也说："回人种族繁多，陕甘、新疆聚居尤众。国家一视同仁，从不稍分畛域。"⑨

　　清代帝王还特别重视将编纂的"方略"之书颁赐给大臣，乾隆盛世时期是如此，晚清衰败时期也是如此。如光绪二十八年（1902）四月，光绪皇帝谕令军机

---

①　《平定朔漠方略》卷首，御制序。

②　《平定朔漠方略》卷1。

③　《平定朔漠方略》卷1。

④　《平定准噶尔方略》前编卷49，乾隆十一年三月甲申。

⑤　《石峰堡纪略》卷7。

⑥　《平定准噶尔方略》正编卷49，乾隆二十三年春正月癸丑。

⑦　《平定云南回匪方略》卷1，《中国方略丛书》，台北成文出版社1968年版。

⑧　《清德宗实录》卷262，光绪十四年十二月癸未。

⑨　《平定陕甘新疆回匪方略》卷1，《中国方略丛书》，台北成文出版社1968年版。

处将所修平定粤匪、回匪等方略赏给各省将军督抚、御前大臣、军机大臣、总管内务府大臣、南书房、上书房、各部院尚书、左都御史等每人各一部①。这既是让他们记住本朝的丰功伟业，又是让他们在处理民族问题时有所依据，从而影响臣民的思想。清代官修史书中所表达的这种"中外一家"的民族观，有着深厚的政治和文化背景。其一，与中国统一的多民族国家的政治局面密切相关。从历史上看，是中国境内各个民族共同缔造了中华民族辉煌的历史，"各民族共同努力，不断地把中国历史推向前进"②，这是产生"民族一家"思想观念的政治前提。没有多民族统一国家这个前提，就不会有"中外一家"的观念。其二，与历史上进步的民族观念密切相连。在中国历史上，各民族之间的友好与争斗共存，尊重与歧视同在，但总的趋势是互相理解和不断融合。从皇帝到一般士人，关于民族友好和民族一统的观念不绝于史。唐太宗宣称："自古皆贵中华、贱夷狄，朕独爱之如一，故其种落皆依朕如父母。"③ 到元代，"多民族国家的统一不仅使中华各民族之间密不可分的兄弟关系得到进一步发展，同时也加深了各少数民族对中国这一大家庭的主人翁感情，从而使'天下一家'、'一视同仁'的多民族统一思想得到不断地增强"④。清朝统治者从"天下共主"的角度强调"一视同仁"对待国内各民族，无疑是历史上开明民族观的延续和发展。其三，与满族自身历史的发展密切相关。在明代，满族置身于民族压迫政策之下，饱受民族歧视。在成为新的统治民族以后，清廷还是吸取了民族问题上的经验教训，自觉维持多民族国家的团结和友好，促进多民族国家的巩固和发展。

从官修的各类涉及民族问题的史书来看，"一统无外"的思想是其主流，通过这样的宣传，再配合以现实的边疆民族的经营，"汉、满、蒙、回、藏以及其他少数部族都成为中华民族的成员，终于奠定版图辽阔多民族统一国家的基础"⑤。当然，民族歧视和压迫的现象还是存在的。在这些史书中，对少数民族的侮辱谩骂之辞也随处可见。诸如"蛮"、"蛮疆"、"西南夷杂种"、"狼子"、"鸮音"、"狗西番"、"丑类"、"回寇"、"回贼"、"逆匪"等字词充斥官修史书，这说明清廷所谓的民族间"一视同仁"，实际上仍未完全贯彻到底，在某些方面

---

① 《光绪朝朱批奏摺》（第104辑），光绪二十八年四月。
② 白寿彝：《白寿彝民族宗教论集》，北京师范大学出版社1992年版，第53页。
③ 《资治通鉴》卷198，贞观二十一年五月庚辰。
④ 周少川：《元代史学思想研究》，社会科学文献出版社2001年版，第52页。
⑤ 庄吉发：《清高宗十全武功研究》，中华书局1987年版，第1页。

还带有欺骗色彩。

　　不管怎样，清廷通过设馆修史，把官方的民族观念凝固在历史记载之中，通过史学的手段，自觉消弭民族间的隔阂，加强人们共同的民族历史记忆，较好地维护了多民族大一统国家的利益。同时也使我们看到，史学在民族认同意识的"构建"中起到了其他任何方式都无法替代的作用，它实际上成了"塑造"某种民族认同观念的积极参与者。

四、史馆修史与清代边疆问题

　　中国是一个疆域辽阔的国家，自汉唐以来，历代王朝都注意对边疆的经营。其中，清朝对边疆的管理和经营是最为成功的。而且，经过一个很长的历史时期，到18世纪，一个清晰完整的中国边疆展现在世界面前[①]。之所以出现这种情况，一是由于历史的形成与积淀，二是由于清廷有较为明晰的边疆意识。清朝初年的统治者，有着很强烈的"大一统"观念。我们知道，"大一统"是中国古代一个极其重要的思想，其内涵非常丰富。从政治角度讲，历朝历代均以实现"大一统"为其治国的终极目的。同样，"大一统"也是清朝统治者所追求的目标。清军入关，"既得中原，势当混一"，已经表明他们锐意进取、一统全国的决心。与汉族王朝所不同的是，由于清朝是少数民族入主中原，所以迫切需要得到边疆各民族的拥护和支持，失去了这种支持，清朝对中原的统治就不能稳定。对于清代统治者来说，底定中原和征服边疆是实现"大一统"目标的两个重要方面，缺一不可。正因为此，清廷在征服中原的同时，并没有放弃边疆。自1644年入主中原，建立对全国的统治，到乾隆中叶完成对边疆地区的最后统一，清王朝一直在为完成统一边疆大业进行艰苦卓绝的努力。清廷的这种明晰的边疆意识，除表现在其经营边疆的实际行动外，还体现在朝廷有撰写史书以表达边疆观念的自觉。清廷经营边疆、管理边疆，把边疆事务写进史书，用以强化人们"边疆一统"的观念，同时借修史表达统治者的边疆意志和利益要求。

---

　　① 戴逸主编、成崇德著：《18世纪的中国与世界·边疆民族卷》，辽海出版社1999年版，第1页。

（一）《大清一统志》、《皇舆全览图》的编修与清廷国家版图意识

清廷有着明确的国家版图意识，认为版图象征着国土主权，"国家抚有疆宇，谓之版图。版言乎其有民，图言乎其有地"①。人口和土地是国家赖以存在的最基本因素，是"版"和"图"，二者密不可分。昭梿谈到边疆统一时曾云："（清朝）三载之间，拓地二万余里。天山雪窟，无不隶我版图。"② 这里所谓的版图，就是国家主权所到之地。在清代，边疆问题当然不仅仅是疆域问题，它还与民族问题等纠葛在一起，涉及对边疆地区的管理、开发等。对于边疆的各种变化，诸如疆域的拓展和萎缩，民族的融合与冲突等，清廷都会及时将其写进史书，以昭"天下一统"的疆域观念。在清廷看来，"普天率土之众，莫不知大一统之在我朝，悉子悉臣，罔敢越志者也……且自古中国一统之世，幅员不能广远，其中有不向化者，则斥之为夷狄。如三代以上之有苗、荆楚、猃狁，即今湖南、湖北、山西之地也。在今日之目为夷狄可乎？至于汉、唐、宋全盛之时，北狄、西戎世为边患，从未能臣服而有其地，是以有此疆彼界之分。自我朝入主中土，君临天下，并蒙古极边诸部落俱归版图，是中国之疆土开拓广远，乃中国臣民之大幸，何得尚有华夷中外之分论哉？"③ 可见，清朝不仅把历史上在中国疆域内活动的边疆各民族都纳入其统一的范围之内，以建立清朝大一统的政治格局，而且对辽远的疆域统一颇为自信，对大一统的政治格局也颇为自负。康熙所说："朕为天下一统主，务使四海之内，人民咸获其所，一享太平。"④ 实际上所表达的就是以皇帝为天下共主，以统一为万民所向的观念。

由于受这样的思想观念的支配，清廷在措置边疆问题时，往往借助史学手段，以载入史册的方式，不断强化人们的国土观念和主权观念。比如《大清一统志》的编修，就明显地体现出这样的思想。康熙二十五年（1686），敕谕修纂《一统志》，康熙帝表达了自己对于国家领土及修纂《一统志》的意义的看法："朕缵绍丕基，抚兹方夏，恢我土宇，达于遐方，惟是疆域错纷，幅员辽阔，万里之远，念切堂阶，其间风气群分，民情类别，不有缀录，何以周知？顾由汉以来，方舆地理，作者颇多，详略既殊，今昔互异，爰敕所司，肇开馆局，网罗文

---

① 《清史稿》卷283《论曰》。
② 昭梿：《啸亭杂录》卷1《平西域》。
③ 乾隆《广东通志》卷1《典谟志》，御制大义觉迷录序。
④ 《清圣祖实录》卷150，康熙三十年二月丁卯。

献，质订图经，将荟萃成书，以著一代之钜典。名曰《大清一统志》……厄塞山川，风土人物，指掌可治，画地成图。万几之暇，朕将亲览。且俾奕世子孙披牒而慎维屏之寄，式版而念小人之依，以勇我国家无疆之历服，有攸赖焉。"① 要求后继者"抚疆宇则念肇造之艰"，宣称"惟上天眷顾我大清，全付所覆，海隅日出，罔不率俾。列祖列宗德丰泽溥，咸铄惠滂。禹迹所奄，蕃息殷阜。瀛壖炎岛，大漠蛮陬，威隶版图，置郡筑邑。声教风驰，藩服星拱，禀朔内附，六合一家。远至开辟之所未宾，梯航重译，历岁而始达者，慕义献琛，图于王会。幅员袤广，古未有过焉。圣祖仁皇帝特命纂辑全书，以昭大一统之盛"②。清朝的版图已经超过此前历代封建王朝，此时宣扬祖宗开创大一统盛业，是必要的，也是及时的。乾隆二十九年（1764），清廷第二次纂修《大清一统志》，其原因就是乾隆开疆拓土，需要及时记述疆域变化。乾隆五十四年纪昀等人在校刊该书时说："乾隆二十年，天威震迭，平定伊犁，拓地二万余里，为自古舆图所未纪……西域爱乌罕霍、启齐玉苏、乌尔根齐诸回部、滇南整欠、景海诸土目，咸相继内附……乾隆四十年又讨定两金川，开屯刻戍，益广幅员，因并载入简编，以昭大同之盛轨。"③ 就是要及时把西域、新疆增入《一统志》，以示疆土之辽阔。嘉庆十六年（1811），清廷第三次修纂《一统志》，这次修纂增加了"皇舆全图"。康熙《一统志》和乾隆《一统志》都有省、府、直隶厅、州图，但没有全国总图。嘉庆《一统志》增加"皇舆全图"，不仅彰显宇内全貌，而且明标临近诸国，反映了非常明确的国土和主权观念，成为全国性总志不可或缺的一页。

清廷总是在每次开疆拓土后及时将疆域写进史书，以传信后世，供参考咨询。如康熙五十八年（1719）的《皇舆全览图》，把西藏包括在内，增加了西藏图。第二年，康熙帝说："朕于地理，从幼留心，凡古今山川名号，无论边徼遐荒，必详考图籍，广询方言，务得其正。故遣使臣至昆仑西番诸处，凡大江、黄河、黑水、金沙、澜沧诸水发源之地，皆目击详求，载入舆图。今大兵得藏，边外诸番，悉心归化。三藏阿里之地，俱入版图。其山川名号，番汉异同，当于此时考证明核，庶可传信于后。"④ 再如，乾隆二十年（1755）平定准噶尔部，上谕内阁："准噶尔诸部尽入版图，其星辰分野，日月出入，昼夜节气时刻，宜载

① 《清圣祖实录》卷126，康熙二十五年五月庚寅。
② 《国朝宫史》，第594页。
③ 乾隆《大清一统志》，目录下，纪昀等案语。
④ 《清圣祖实录》卷290，康熙五十九年十一月辛巳。

入时宪书，颁赐正朔。其山川道里应详细相度，载入《皇舆全图》，以昭中外一统之盛。"① 及时把准噶尔控制的疆域范围纳入到清朝的疆域范围。乾隆还说："凡准噶尔所属之地，回子部落内，伊所知有与汉唐史传相合，可援据者，并汉唐所未至处，一一询之土人，细为记载，遇便奏闻，以资采辑。"② 显然是要求史书记载时既要参考汉、唐"史传"，又要亲自测度，把汉、唐未到而本朝新拓之国土"细为记载"。一句话，无论是《大清一统志》还是《皇舆全览图》，都是要说明大清帝国"拓地二万里，西通濛池，悉主悉臣，月窟以东，皆我疆索，星轺虎节，络绎往来，如在户阈之内"③。

（二）《皇舆西域图志》、《新疆图志》的编修与清廷的边疆观念

《皇舆西域图志》是清代第一部系统完整的西北史地学著作，是在康雍乾三朝不断用兵西北，终于使"西域全地悉归版图"④，从而实现国家大一统的历史背景下修纂的。乾隆皇帝统一天山南北以后，首先开始对新疆地区进行舆图绘制。乾隆二十年（1755），谕令何国宗、明安图等测量新疆舆地，以补充《皇舆全图》⑤，何国宗负责测量天山北路，明安图负责测量天山南路，远至塔什干、萨马尔罕及喀什米尔。乾隆二十一年，谕令刘统勋另纂一书，并负责考察采访，是书即是《皇舆西域图志》。何国宗等人绘制的 52 幅地图，其中比较重要的都收进了《皇舆西域图志》中。乾隆二十六年刘统勋、何国宗等人根据测量结果绘制的《皇舆西域图志》告成，奉旨交军机处方略馆，乾隆帝专派一批官员纂修，总裁改为军机大臣傅恒。乾隆二十七年，46 卷的《皇舆西域图志》完成。乾隆三十八年，修纂《四库全书》，《皇舆西域图志》被收入该书。收入以前，又作了修订，修订工作于乾隆四十七年（1782）完成，是为 52 卷的《钦定皇舆西域图志》。

《皇舆西域图志》从全国一统的视野来考察西北边疆史地，在编纂体例和思想方面体现出明确的边疆观念，可以说代表了乾隆时期人们对边疆和国土的认识程度，也反映了当时人们措置边疆时的指导思想。《皇舆西域图志》在谈到边疆

---

① 《清高宗实录》卷 490，乾隆二十年六月癸丑。
② 《清高宗实录》卷 482，乾隆二十年二月丁巳。
③ 《四库全书总目》卷 68《大清一统志》条。
④ 《皇舆西域图志》凡例。
⑤ 《清高宗实录》卷 490，乾隆二十年六月癸丑。康熙年间曾在西洋人参与下绘制《皇舆全览图》，为全国性地图。乾隆年间进行修订。

与中土的关系时，说："中华当大地之东北，西域则中华之西北，为大地直北境也。自嘉峪关西迄准部、回部外列藩部，圆广二万余里，其疆圉之阔远，几与中土相埒。自古英君谊辟，声教有所不通，有时力征经营而羁縻服属，卒未闻有混而一之者……我皇上神灵天亶，举尧、舜、禹、汤、文、武之所以为君者，集其大成，以宰制宇内……而后中土之与西域始合为一家。"①　在这里，清廷把西域当成朝廷的北境，把统一当作中土和西域合为一家。该书还指出清廷治理西域与以往各朝代有本质的区别："纵观历代经营西域之迹，大率详于山南而略于山北。如汉之都护校尉，唐之四镇，俱在山南，犹且户口不登于天府，贡赋不入于司农，聊示羁縻之方，曾无开置之时，至山北诸境，汉张骞仅获一履其地。唐虽遥置都督诸州，亦复名存实去。有元西北疆域稍广，然考元史西北地附录，记载弗详，规为未备。惟我圣朝，德业鸿远，举从古未抚之西域全境，井牧其地，而冠裳其民，设官定赋，与赤县神州相比埒。"②　这实际上是在说明清廷对西域实行真正意义上的管辖。不仅拥有其境，而且拥有其民。

　　还有，《皇舆西域图志》不仅收载清朝绘制的地图，而且还收录历代旧图。通过这些地图，人们可以很清晰地看到以往各个朝代对西域的经营与认识范围的发展变化。即便是清朝绘制的"皇舆全图"，书中也收了两幅：一幅为康熙年间所绘，不包括西域地区；另一幅则为新绘西域地区的地图，展示了清朝对西域控制的前后两个阶段。这表明编纂者有意识地通过地图来反映地理疆域的历史性变化，在考察疆域的"空间"观念时融入"历史"的时间观念③。

　　另外，在《皇舆西域图志》各部分的内容中，还处处显示出西域与内地的联系、清朝对西域的控制、经营以及战功政绩。如《疆域》部分就将实地考察所得的城镇居处，与中国历代史书中的地理记载、史事记载对照考证，这不仅有着重要的学术价值，而且清晰地表现了西域地区与内地政权源远流长的密切联系。即使是山水这样的自然地理部分，其记载也多涉及清廷平定与经营西北的内容。天山山脉的各个高峰，几乎都有清廷的告祭之文。如对于天山最高峰博克达鄂拉，乾隆皇帝曾撰写三篇告祭之文，一再申明清军"抚顺讨逆"、"辑宁函夏"的意愿与决心④。自然地理的山水在《皇舆西域图志》中被赋予了政治的意义，被改

①　《皇舆西域图志》卷1《图考一·皇舆全图说》。
②　《皇舆西域图志》卷3《图考三·历代西域图说》。
③　乔治忠、侯德仁：《乾隆官修〈西域图志〉考析》，《清史研究》2005年第1期。
④　《皇舆西域图志》卷21《天山》。

造成清廷控制和经营西域的象征，体现出大一统的意旨，充斥着歌颂清廷统一与经营西域功德政绩的内容。其他如《官制》记述了清朝在新疆设官任职的情况，向人们展示中央政府对新疆的严格管理。《屯政》记述了清朝在新疆的屯田政策，详列各年田赋收获，称伊犁地区"兹幸入圣朝幅宇，荷锸如云，土地日辟，时和岁稔，秬黍盈余。十数年以来休养生息，民庶物阜。乌孙故壤，始熙熙然成大都会矣。"① 向人们展示清廷统治下新疆的富庶丰饶。《藩属》记载各部首领觐见朝廷的情景、表文、受招待的情况以及乾隆帝的有关诗文，形象生动地显示了边疆地区统一于清政权的局面，尤其记载周边各族对大清的向往。如乾隆二十年（1755）哈萨克阿布赉告称："向闻大皇帝临御中土，以山川之故，贡译未通。今天威远播，扫伊犁、兴黄教，俾与准夷俱生生，实无疆之福，敢以诚心归于德化。"② 再如东布鲁特之图鲁起拜等部愿内附，云："我部久思投诚大皇帝，为准噶尔间阻，不能自通，今得为天朝臣仆，实望外之幸……时塔拉斯头目迈塔克子额什博洛，适在其地，亦愿率所部来降……于是东布鲁特全部皆内附。"③

《皇舆西域图志》出自官方，所体现的是统治者的思想和意志。从其中的记载可以看出，清廷在处理西北疆域问题上有自己的标准。对于应该纳入我国版图的区域，从来不会让步，对于不属于清朝的区域，也从来不会有非分之想。比如前面提到的哈萨克与布鲁特两部，虽然请求内附，但清廷并未将其列入清朝蒙古札萨克或回部体系中来。这是因为清朝在确定一个地区的疆界时，所遵循的总体原则是"详考志书，兼访舆论"，兼顾到两个方面的因素：一是原准噶尔部的控制范围；一是汉唐以来各朝的管辖范围④。可以看出，在边疆问题上，中国历来没有扩张的野心。

宣统元年（1909），官方编纂《新疆图志》，由新疆巡抚袁大化设立新疆通志局，延揽著名学者王树楠等人进行修纂，这是清代官方修纂的最后一部西北史地著作。该书在很多方面都继承、借鉴了《皇舆西域图志》，并作了相应的发展。尤其是《新疆图志》特设《国界志》、《交涉志》，从思想深层上体现出编纂者强烈的国家版图意识和领土主权意识。晚清，世事巨变，中国屡遭帝国主义欺凌，割地赔款，主权受到前所未有的侵害。和乾隆时期编纂《皇舆西域图志》时昂扬

---

① 《皇舆西域图志》卷 32《屯政一》。
② 《皇舆西域图志》卷 44《藩属一》。
③ 《皇舆西域图志》卷 45《藩属二》。
④ 参见孙喆著：《康雍乾时期舆图绘制与疆域形成研究》第六章，中国人民大学出版社 2003 年版。

自信的情况完全不同，《新疆图志》体现更多的是忧患意识。但是，在维护祖国边疆统一方面，二者的思想是相通的。《新疆图志》通过考证我国国界的历史沿革来捍卫国家领土主权的完整。其中多处记载沙俄对我国的侵略，希望唤醒国人，维护主权，"俾留心边事者得观览焉"①。该书指出："承平之世，边境敉平，故当日于界务视之漠然，"由于统治者认为"新疆去俄尚远，边徼之地，荒而不治"，结果道光二十六年（1846）沙俄开始在"伊犁河建阔拔勒城，治哈部，中国官吏无过问者。咸丰以来，海内多故，俄人乘隙诱我藩属，进寸谋尺，狡起戎心。故咸丰九年因四年媾和议及疆事，遂以常驻卡伦为界，于是卡伦以外之地沦失至数千百里"②。从此以后，沙俄不断侵蚀我国领土，并与清政府签订了诸如《中俄伊犁改订条约》、《中俄勘分西北界约记》等一系列不平等条约，割占了我国新疆地区大约44万多平方公里的领土。对此，《新疆图志》非常愤怒，"俄人所占诸地，当日皆在我国势力范围之内。而乘人之乱，巧取豪夺，以肆鲸吞，此不仁不义之尤者"③。沙俄正是趁鸦片战争之后，清廷无暇顾及西北边境的情况下，趁火打劫，侵吞我国西部大面积领土的。光绪十七年（1891）沙俄侵入我国新疆帕米尔地区，英国也陈兵坎巨堤，觊觎帕米尔地区。光绪二十一年，俄英预谋立约私分帕米尔。对此，《新疆图志》严正指出："夫据咸丰十年（1860）《北京条约》南至浩罕边界为界之语，则帕米尔固我之旧鄙也。俄不能预，更何与于风马牛不相及之英，乃狼狈为奸，逞贪恃暴，攘我局中之地，竟摒我为局外之人。不但北京之约置之不顾也。即《新玛尔格兰约》所谓自乌仔别里俄国界转而为西南，中国界转而为正南者，至是红线迤东之地横北侵欺，反求如沙大臣所议而不可得。迄于今而中俄之界尚无成说。此可为痛哭太息者也。尤可疑者，英人代印度以索我之坎巨堤，以中国之地壤与中国要挟，欺侮至此，极矣！"④《新疆图志》的作者对于国土的丧失，痛心疾首，维护国家主权的思想，跃然纸上。从《皇舆西域图志》所反映的清朝强盛时期对于边疆经营的自信到《新疆图志》中对于边疆安全的忧虑，所贯穿的都是鲜明的国家主权意识和大一统的边疆观念。

　　清代，官方设馆修纂边疆史地著作是一项重要的修史任务。清朝在统治全国的过程中，根据中国历代王朝管辖的范围和边疆各民族活动的疆域，编纂史地著

---

① 《新疆图志》卷53《交涉一》，台北文海出版社1965年版。
② 《新疆图志》卷5《国界一》。
③ 《新疆图志》卷5《国界一》。
④ 《新疆图志》卷9《国界五》。

作，把史书编纂与彰示国家疆域的范围和主权紧密地联系在一起。通过史书记载，明确国家疆界，巩固国家统一。

（三）"方略"编纂与清廷的边疆忧患意识

清朝自 1644 年入关到 1911 年亡于辛亥革命，在近 300 年的时间里，边疆地区发生了多起大规模的变乱。为此，清廷多次用兵，康熙时抗击罗刹入侵黑龙江、征讨噶尔丹、统一台湾，雍正时平定罗卜藏丹津，乾隆时平定金川、准部、回部、镇压台湾林爽文起义、抗击巴勒布和廓尔喀入侵西藏，道光时平定张格尔，光绪时驱逐阿古柏，等等。在用兵的同时，统治者对边疆危机深怀忧虑，为此，清廷设立方略馆，专门记载这些涉及边疆的战争，是谓"方略"。这些方略不仅记述了统治者的文治武功，而且反映出统治者对边疆问题的忧虑和思考，有着鲜明的守边意识。这种忧患意识表现在三个方面：一是对边患的忧虑和警惕；二是彰显国威、军威，以震慑心存作乱的边酋；三是总结守边平乱的历史经验。

其一，对边患的忧虑和警惕。在《平定罗刹方略》中，康熙皇帝说："治国之道期于久安，长治不可图便一时。当承平无事，朕每殚心筹度，即今征剿罗刹之役，似非甚要，而所关甚巨。罗刹抗我黑龙江、松花江一带三十余年，其所窃据，距我发祥之地甚近，不速加剪除，恐边徼之民不获宁息。朕自十三岁亲政，即留意于此。细访其土地形势，道路远近及人物性情，以故酌定天时、地利、运饷进兵机宜。"① 对于边疆问题，康熙自少年亲政就颇为留心，"殚心筹度"，时刻挂记，颇有居安思危的风范。康熙皇帝多次御驾亲征，实际上就是这种长久的忧患意识在行动上的反映。在他看来，边疆与中土密切相连，唇齿相依，"立拯边境之毒痛，永底中原之清晏"② 是清代统治者的政治理想。《平定陕甘新疆回匪方略》卷首曾收有咸丰皇帝的一篇《书事示廷臣》，云："临御天下六年，于兹四海无一日安静，万姓罹兵燹之灾，反躬自问，天恩未报，祖考之恩未报，若稍自暇逸，是诚何心哉？予不敢亦不忍也。每逢亲诣郊坛，无不心增愧恧，昕夕常思，何以使兵戢民安，仰答天祖之恩？惟有永励斯志，倍加敬勤，不愿徒托空言，务期躬行实践，尔诸臣或曾膺顾命，或简在贤良，曰慎终如始，我君臣其共

---

① 《平定罗刹方略》卷 2，光绪年间吴县潘氏刻本。
② 《平定朔漠方略》卷首，御制序。

勉之。"① 咸丰皇帝虽然在政治措置上没有多少成就，但他对四海安宁的忧虑以及希望臣子与之共同承担忧虑的思想，却是值得重视的。"方略"把这样的文字写进来，当然是希望清朝君臣共同关注边防，不敢稍有懈怠。

对于边疆可能产生的危机，清廷特别注意防范，这一点在方略中也有明显体现。比如雍正七年（1729），乘策妄阿拉布坦死亡之机，清朝下决心解决准噶尔问题，雍正这样指出："准噶尔世济凶顽，心怀叵测，将来必为蒙古之巨患，贻国家之隐忧。是用发兵声罪致讨，上承先志，下靖边陲，师出有名，事非得已。"② 由于出于对边境安全的忧虑，清代帝王从来都注意维护国家统一和边疆安宁，而且注意将怀柔和武力相结合，所谓"守中国者，不可徒言偃武修文以自示弱也。彼偃武修文不已，必至弃其故有而不能守，是亦不可不知耳"③。

清代所著"方略"类史籍，字里行间渗透着坚持统一、反对分裂的思想和统治者对于边疆问题的忧患意识，体现了清廷在边疆问题上的一贯态度。

其二，宣扬皇朝国威、军威，颂扬维护国家统一和安定边疆的战争。清代纂修"方略"，所记多为平定边疆的军事战争，对于这些战争，"方略"极尽歌颂，所谓"煌煌神武，具在《方略》"④，"轩韬神运，决胜十全，类皆有纪绩之书，发扬鸿烈"⑤。之所以歌颂这些战争，是因为在清廷看来，这些战争的目的是为了维护国家统一，而绝不是什么穷兵黩武。乾隆五十七年（1792），乾隆针对出兵廓尔喀的军事行动这样说："进剿廓尔喀一事，外间或有议及不应劳师动众，以致雨泽愆期者，殊不知廓尔喀系徼外小番，前此因与唐古忒人等盐税细故，侵扰后藏边界，彼时派令巴忠、鄂辉、成德带兵往谕，原不过示以兵威，使之悔罪乞降，不敢再盟他念，即可完事而已。及巴忠闻信自裁，始疑从前办理错误，而贼匪等竟敢扰至扎什伦布，肆行抢劫，若不痛加歼戮，贼匪无所忌惮，势必为得尺则尺之计，渐至侵及前藏，即察木多、巴塘、裹塘一带，亦必受其煽惑，日久渐成边患。且此时仅以和息了事，将来大兵撤后，倘贼匪复来滋事，后藏距川省辽远，鞭长莫及，断无屡劳兵力远涉剿办之理。是以特命福康安、海兰察等统兵

---

① 《平定陕甘新疆回匪方略》卷首，圣制文，《中国方略丛书》，台北成文出版社 1968 年版。

② 《平定准噶尔方略》前编卷 19。

③ 《廓尔喀纪略》卷首《御制文·十全记》，《西藏学汉文文献汇刊》，西藏社会科学院、中央民族学院 1991 年影印本。

④ 章梫：《康熙政要》卷 21 《论征伐》，中央党校出版社 1994 年版。

⑤ 《国朝宫史续编》，第 809 页。

前往。声罪致讨，无非为绥靖边圉，保护卫藏起见。朕临御以来，拓土开疆，肤
功奏闻，以廓尔喀之蕞尔弹丸，不及回准二部、两金川、缅甸、安南百分之一，
岂屑利其土地，而为此劳师动众之举？此朕不得已用兵之苦心，又宜为天下臣民
所共谅者，或此即穷兵黩武乎？"① 廓尔喀不过是后藏边外一弹丸之地，朝廷用
兵绝不是要占其土地，只是因为廓尔喀"侵扰后藏边界"，而西藏为祖宗戡定之
地，世代为大清领土，如果不加征讨，"日久渐成边患"，因此"声罪致讨，无
非为绥靖边圉，保护卫藏起见"。简言之，乾隆之所以用兵廓尔喀，就是要保卫
疆土，对外御侮，并非好大喜功、穷兵黩武。消弭边患、开疆拓土、防御外侮，
是清廷对边疆战争的基准，也是"方略"类史书编纂的基本指导思想。

　　清代为巩固边疆局势，数度用兵边陲，不畏艰难险阻，取得了一系列的胜
利，止戈靖边，贡献至巨。方略在记载这些战争时，突出的就是这种向上的国威
和军威。对于征讨噶尔丹的战争，《平定朔漠方略》在记载时充分凸现其在"廓
清沙漠，辑定边陲"中的作用，称其"为万古无前之伟业"②。康熙皇帝也在
《御制亲征朔漠纪略》中指出追歼噶尔丹而获胜，"此果人力乎？拟由天眷乎？
由是观之，我国家无疆之景福，于兹可见矣"③，认为这种保卫疆土的战争的胜
利是国家的福分。对于金川之役，《平定金川方略》重点论述其在"设镇驻兵，
尽成内地"中的意义，云："两金川之役，皇上圣谟广运，不惜捐数千万帑金以
为绥靖蛮疆一劳永逸之计，当王师西指之初，即密谕在事诸臣，于平定两金川
后，仿照从前办理杂谷脑之法，设镇驻兵，尽成内地……时阅三载，番民倾心向
化。犹以屯防诸务，再四畴咨，相地势而定营制，顺人情而励农功，酌剂咸宜，
因时适变，纲举目张，条理悉备。"④ 很显然，《平定两金川方略》向人们表明，
战争的目的除了保持边疆的稳定外，更重要的是对之进行经营，屯防、农耕，因
时适变，发展边疆经济。这样的史学思想，在增进边疆与中原政治、经济及文化
等各种关系，加强少数民族对中央的向心力方面，无疑起到了重要的作用。所谓
"番民倾心向化"，既是现实情况，又是政治理想。

　　"方略"类史书还处处透露出彰扬皇帝文韬武略的英雄史观。在专制社会，
帝王往往是国家的象征，皇帝的谋略，皇朝的武功，关乎国家和民族的命运。

---

① 《清高宗实录》卷1403，乾隆五十七年闰四月丙申。
② 《四库全书总目》卷49《平定朔漠方略》条。
③ 《平定朔漠方略》卷首，御制亲征朔漠纪略。
④ 《平定两金川方略》卷136，按语。

"方略"认为，任何一次戡定边疆的战争，都是皇上"深筹远虑"的结果，而且"事事皆经圣心"①。平定准噶尔战争的胜利，就是皇上"运筹策于几先，计久长于事后，一一出睿谟之独断"②。用兵两金川，也是皇上"天断独行，再举六师，重申九伐，虽逆酋恃其地险，暂肆披猖，而震我雷硠……惟我皇上睿算精详，天声震叠，始开辟化外之草昧"③。总之，宣扬皇帝的威望和睿智，实际上就是以此彰扬国威，凝聚人心，以震慑心存作乱的边酋。

其三，总结安边的经验教训。清代边疆"方略"类史书，还特别注意总结安定边疆和治理边疆的经验。清代君臣把"方略"当作"升平之宝鉴"④，"系以年、系以月、系以日，三朝之掌故无遗；书其地、书其爵、书其人，两省之肤功不朽……蒐辑丛残，聊拟官箴之补，考镜得失"⑤。从"方略"的记载看，为安边、治边提供借鉴是撰写"方略"的主要目的之一。比如《平定朔漠方略》就认为：第一，对边疆危机要未雨绸缪，及早铲除不安定因素。康熙皇帝在序中说："历观汉、唐、宋之已事，往往罢敝中国之力，而不能成廓清边塞之功，良由经理失宜，而歼锄之不早也。"⑥汉、唐、宋由于在靖边、治边问题上不能及时采取措施，结果是耗尽国力而效果不佳，因此大清王朝在处理边疆危机时要"乘刻不容缓而灭寇之机"，"除恶务尽，制胜在谋"⑦，否则"夫烈焰弗戢，必将燎原，积寇一日不除，则疆圉一日不靖"⑧。第二，安定边疆要注重人心向背，要与士兵同甘共苦。康熙帝在总结朔漠之役的成功时说："朕躬非素娴于军旅也，非熟知地势之险易也，非习于触冒寒暑也，非预谙其水草也。惟所凭者，天理；所恃者，人心。故不怀安逸，不恃尊崇，与军士同其菲食，日惟一餐，恒饮浊水，甘受劳苦，而为此行。"⑨"天理"乃国家一统之趋势，"人心"乃向往国家一统之民心，顺应和依靠这样的天理人心，再加上皇帝"不怀安逸，不恃尊崇"，与士兵打成一片，这是康、乾时期开疆拓土，屡屡取胜，实现"自有书契以来，

---

①　《四库全书总目》卷49《平定三逆方略》条。
②　《四库全书总目》卷49《御定平定准噶尔方略》条。
③　《四库全书总目》卷49《钦定平定两金川方略》条。
④　《平定朔漠方略》卷首，进方略表。
⑤　《平定云南回匪方略》卷首，进平定云南回匪方略暨贵州苗匪纪略表。
⑥　《国朝宫史》，第534页。
⑦　《国朝宫史》，第534页。
⑧　《国朝宫史》，第534页。
⑨　《圣祖仁皇帝御制文二集》卷37《亲征漠北纪略》。

未有威弧之所震，如是其远；皇舆之所括，如是其廓者。亦未有龙沙葱雪之间，控制抚绥一如中冀，如是之制度周详者"① 的重要原因。无疑，"方略诸编，皆奉敕撰纪"②，是在皇帝的亲自过问下编纂的，而清代帝王又是善于总结历史经验的，故而能够及时反省自己的行为，使清代边疆保持了相当长时期的安定。

　　总之，清廷通过设馆修史，把自己经营边疆的政治意图充分表现出来，从思想观念上强化了朝野的边疆意识，这是传统史学中边疆观念的新发展。有学者认为，清代"具备近代世界各国公认的关于领土主权所包含的基本内容"③，其中凝固在史书中的明确的巩固疆土的思想，必然也是这种近代领土主权观念的一部分。

---

① 《四库全书总目》卷49《御定平定准噶尔方略》条。
② 《清通志》卷99《艺文三》。
③ 庄吉发：《清高宗十全武功研究》，第1页。

第七章　清代史馆与政治变动下的清代学术文化

设馆修史是政治与学术相结合的活动。清廷设立各种各样的史馆，修纂各种各样的史书，目的也各不相同，但都是围绕两个主题——政治与学术而展开的。清廷不仅要借修史表达自己的政治意志，把修史当作政治斗争的工具，还要借修史影响学术的发展。清代帝王，尤其是康、雍、乾三位帝王，都有较高的学术修养，他们深知学术研究对政治、文化、人心、世风所产生的潜移默化的作用和影响，故而在借修史为政治服务的同时，还借修史有意引导学术的发展方向。由此，清廷采用又打又拉的两手，一方面大兴文字狱，压制言论，钳制思想，另一方面又通过官方的学术活动引导学术朝有利于自身统治的方向发展。在引导学术发展的过程中，史馆在其中发挥了很重要的作用。

一、史馆修史与清代汉学、宋学

在中国学术史上，把学术分汉、宋，始自清代。清人崇尚汉儒重小学训诂与名物考订的治学风格，故而用"汉学"命名自己所从事的经学研究[1]，其学术特点是注重训诂文字，考订名物制度，务实求真，不尚空谈。与汉学相对的是宋学，也即宋明理学，其学术要旨在于阐发儒家经典所蕴含的义理，褒贬议论，重视发挥。汉学和宋学走着两种不同的治经路径，贯穿整个清代学术史，成为研究清代学术文化无法回避的问题。作为清代史学重要组成部分的史馆修史，与汉学、宋学的关系非常密切，其间的相互影响，颇有探讨的价值。

清代设馆修史，既注重借微言大义宣扬阐发自己的统治思想，又注重求真求实，提倡考据。前者与宋学关系密切，后者则直接刺激了考据学的发展。

---

[1] 刘师培：《刘申叔遗书》，江苏古籍出版社 1997 年版，第 1535—1542 页。

（一）史馆修史与宋学

康熙、乾隆二帝对于宋学的代表——程朱理学，非常推崇，着力提倡。他们之所以尊崇程朱，极力提倡性理之学，按萧一山的说法，主要是因为"朱子主张尊君大一统，便于统治者利用"①。何兆武先生也认为他们"表彰理学，意在强化尊君大一统的思想"②。可见是有所为而为之。清廷以朱熹配享孔庙，把一批身居显宦的理学家，诸如汤斌、李光地、张伯行等树立为"理学名臣"，极力倡导理学，就是看上理学在维护自身统治秩序中的重要作用。与提倡理学相联系，清廷特别注意设立史馆，模仿朱熹的《资治通鉴纲目》编纂纲目体史籍。在中国史学史上，朱熹的《通鉴纲目》一书具有特别的历史地位，它不仅是一部历史书，更是一部政治教科书。在这部书中，朱熹把天理、纲常、名分等理学观念转化为历史的论证，通过辨正闰、明顺逆、严篡弑之诛等笔法义例把理学思想融会到历史之中，把历史当作格物穷理的手段之一，阐扬纲常名分的合理。清代统治者提倡理学，依照朱熹《通鉴纲目》设馆修纂纲目体史籍，实际上就是看到了这种史书体裁最适合表达统治者的思想，最适合从思想深处论证现行统治的合理性。可以说，纲目体史籍的编纂，是清代官方史学与宋学发生联系的桥梁，通过这个桥梁，统治者褒贬议论、抑扬人物、评断史事，阐释微言大义，淋漓尽致地表达了自己的史学观念和政治意志。他们的这种做法，在理学式微的清代，显得特别引人注目。

康熙皇帝一生都非常注重经史的学习，并且把经学的原理与史学的致用结合起来。他对司马光的《资治通鉴》和朱熹的《通鉴纲目》非常感兴趣，在倡导经筵日讲的同时，要求经筵讲官进讲该书，"经书屡经讲读，朕心业已熟晓。《通鉴》一书事关前代得失，甚有裨于治道，作何撰拟讲章进讲，尔等奏议"③，结果议定进讲朱熹的《通鉴纲目》。在康熙看来，经史同等重要，"经史俱关治理，自宜进讲"④，于是把讲解经书与讲解《通鉴》结合起来。对于经史关系，康熙皇帝这样看待："朕惟治天下之道莫详于经，治天下之事莫备于史。人主总揽万

---

① 萧一山：《清代史》，辽宁教育出版社1997年版，第52页。
② 何兆武：《中西文化交流史论》，中国青年出版社2001年版，第134页。
③ 《圣祖仁皇帝圣训》卷5，康熙十五年丙辰十月癸酉。
④ 《清圣祖实录》卷89，康熙十九年四月己巳。

机，考证得失，则经以明道，史以征事，二者相为表里，而后郅隆可期。"① 还说："自古经史书籍，所重发明心性，裨益政治，必精览详求，始成内圣外王之学……经学、史乘，实有关系修齐治平，助成德化者，乃为有用。"② 由于康熙皇帝认识到经史之学在治理天下中所起的重要作用，故而加紧研习，亲手点定朱熹《通鉴纲目》，"《资治通鉴》、《纲目大全》诸书皆以朱书手自点定"③，并发表心得评论。此后"通鉴纲目"馆即据此编辑成《御批通鉴纲目》"前编"和"续编"。由于重视《资治通鉴》和《通鉴纲目》，康熙皇帝还要求以解经的方式讲解《通鉴》，"仿胡安国之体，法《春秋》之义，撰次为文，依日进讲"④。对于朱熹《通鉴纲目》，谕令翻译成满文，颁赐给满洲大臣，并在序言中自称"于《纲目》一书，朝夕起居之时，循环披览，手未释卷。爰于内廷设立书局，命翻译呈览，朕躬亲裁定，为之疏解，务期晓畅无遗，归于至当而后止……朕念是编所记述，皆有关治天下国家之务，非等于寻常记载之书，法戒昭然，永为金鉴。凡我臣工，其各殚心观摩，以体朕黾勉法古之意"⑤。对于《通鉴》及《纲目》在史学上的地位与特点，康熙这样认为："史之有传，其体有二，纪事编辞，发凡起例，而褒贬之意寓于言外，俟观者深思而自得，此左氏之传也，涑水之《资治通鉴》宗之。据事以断是非，原心以定功罪，予夺之不可假，如折狱然，此公、谷之传也，崇安之《春秋传》宗之。二者缺其一，则史学不备。朱子作《通鉴纲目》，纲仿《春秋》，目仿丘明，罗十七代记载之文，治以二百四十年褒贬之法，论者谓接统《春秋》，不虚也。"⑥ 给《通鉴纲目》以很高的评价。康熙推崇宋学，在当时学术界反响很大，昭梿云："仁皇夙好程朱，深谈性理，所著《几暇余编》，其穷理尽性处，虽宿儒耆学，莫能窥测。所任李文贞光地、汤文正斌等皆理学耆儒。尝出《理学真伪论》以试词林，又刊定《性理大全》、《朱子全书》等书，特令朱子配祠十哲之列。故当时宋学昌明，世多醇儒耆学，风俗醇厚，非后世所能及也。"⑦

---

① 《圣祖仁皇帝御制文集》卷 19《文献通考序》。
② 《圣祖仁皇帝圣训》卷 12，康熙二十五年丙寅闰四月庚申。
③ 《清圣祖实录》卷 121，康熙二十四年六月己酉。
④ 《国朝宫史》，第 581 页。
⑤ 《清圣祖实录》卷 150，康熙三十年三月三月戊子。
⑥ 《国朝宫史》，第 581 页。
⑦ 昭梿：《啸亭杂录》卷 1《崇理学》。

正因为注重学习经史，康熙朝设馆编纂了很多经书和史籍①，使官方史学发展到一个新阶段。其中《御批通鉴纲目》及前编、续编和《鉴古辑览》的编纂，则直接承袭了程朱理学的思想。对于《御批通鉴纲目》的编纂目的，康熙帝说："千百年来，微言大义，昭揭天壤，必以尼山笔削为断，所从来尚矣。粤自龙门而降，累朝国乘，体制略同。涑水司马氏易分类为合编，盖尤左氏法也。紫阳朱子特起而振举之，纲以提要，目以备详。岁时列于上而天统明，章程系于下而人纪立。增损精切，予夺谨严，庶几《春秋》大居正之宗旨与……朕几务之暇，留神披阅，博稽详考，纤悉靡遗。取义必抉其精，征辞必搜其奥，析疑正陋，厘疑阐幽，务期法戒昭彰，质文融贯……不特天人理欲之微，古今治忽之故，一一胪如指掌，即子朱子祖述宣尼维持世教之苦衷，并可潜孚默契于数千载之下。是则朕敦崇古学、作烝新民之至意也。"② 《鉴古辑览》一书，由陈廷敬等人奉敕编纂，内容为"古昔圣贤、忠臣、孝子、义士、大儒、隐逸，凡经史所记载，卓然有关于世运者，详察里居、名字、谥号、官爵及所著作，纂成一书，历代奸邪亦附于后，以备稽考"③。对这些历史人物的评判，执行的也是理学的标准。

由此可见，康熙皇帝由推崇程朱理学而广而大之，将理学的思想渗透到历史学领域，强调经史合一，"体之身心，验之政事"④，并将这些书籍"颁布宇内，俾士子流传诵习，开卷瞭然"⑤，把自己对经书与历史的理解用官修图书的方式，颁示天下，与学术界理学潮流会合，对当时学术文化的演进起了导向作用。

和康熙皇帝一样，乾隆皇帝对宋学也情有独钟，他依据《通鉴纲目》谕令编纂的史籍又远远超过康熙。乾隆喜欢评点历史，对于褒贬史学的一套法则极为谙熟。他在没有即位时，就推崇朱熹的《通鉴纲目》，认为该书"祖《春秋》之笔削"，"善善恶恶，是是非非，具于一篇之中，而无不备矣……彰善瘅恶，比事属辞，虽不足以尽《春秋》之义，抑其大略则可谓同揆矣……忠奸贤佞，褒嘉贬

① 除史籍外，康熙皇帝曾命儒臣编纂了一批日讲解义类的书籍，诸如《御纂周易折中》、《日讲易经解义》、《御纂周易述义》、《钦定书传说汇纂》、《日讲书经解义》、《钦定诗经传说汇纂》、《日讲诗经解义》、《钦定春秋传说汇纂》、《日讲春秋解义》、《日讲礼记解义》、《日讲四书解义》、《御纂性理精义》等，阐发微言大义，倡导学习程朱理学，其中有不少也是论述历史内容的，如其中对《尚书》和《春秋》的解释。见《国朝宫史》卷27，北京古籍出版社1987年版。

② 《国朝宫史》，第580页。

③ 陈廷敬：《午亭文编》卷32《进鉴古辑览表》。

④ 《国朝宫史》，第576页。

⑤ 《国朝宫史》，第580页。

斥，凛若衮钺，人知有所惩劝，惧见诛于后世也。如是而谓之《纲目》修而乱臣
贼子惧，其谁曰不然"①？即位以后，乾隆帝称道《通鉴纲目》尤力，认为"纂
述相承，莫精于《纲目》"②。乾隆帝重视《通鉴纲目》，主要在两个方面：其一，
体裁方面。虽然编年体始自《春秋》，但是"编年之善，则自司马光《通鉴》
始，《通鉴》本《春秋》之法，至朱子则纲仿《春秋》，目仿左氏"③，创造出一
种新的史书体例，从而为后人继承。其二，书法方面。本来，《资治通鉴》一书
"年经月纬，事实详明"，朱熹无非"因之成《通鉴纲目》"④。但在乾隆皇帝看
来，《通鉴纲目》"书法谨严，得圣人褒贬是非之义"，是"编年正轨"⑤。《通
鉴》所载只不过"关于前代治乱兴衰之迹"，而"《纲目》祖述麟经，笔削惟严，
为万世公道所在"。⑥《纲目》的书法是乾隆皇帝最感兴趣的，他说："编年之书，
奚啻数十百家，而必以朱子《通鉴纲目》为准。《通鉴纲目》盖祖述《春秋》之
义，虽取裁于司马氏之书，而明天统、正人纪、昭鉴戒、著几微，得《春秋》大
居正之意，虽司马氏有不能窥其樊篱者，其他盖不必指数矣。"⑦ 可见，乾隆帝
特别重视《纲目》在彰善瘅恶方面的示范作用。他数次言及这一点："编年事例
自涑水，正纪褒贬推紫阳；列眉指掌示法戒，四千余年治乱彰"⑧，"涑水创为开
义例，紫阳述订益精微；直传一贯天人学，兼揭千秋兴废机；敬胜治兮怠胜乱，
念兹是耳释兹非；《三编》⑨ 惟此遵纲纪，《辑览》⑩ 曾无越范围；镂出新安留面
目，弄增天禄有光辉；外王内圣斯诚备，勿失服膺永敕几"⑪。

　　由于乾隆帝看重《通鉴纲目》在褒贬史事和应用现实方面的重要作用，所以
在乾隆四年（1739）《明史》尚未完全刊刻告成的情况下，就谕令"仿朱子义

---

① 《御制乐善堂全集定本》卷7《朱子资治通鉴纲目序》。
② 汪由敦：《松泉文集》卷5《恭进通鉴纲目三编表》。
③ 《御制文初集》卷14《史论问》。
④ 《清高宗实录》卷98，乾隆四年八月辛巳。
⑤ 《清高宗实录》卷685，乾隆二十八年四月戊申。
⑥ 《御制文二集》卷9《命皇子及军机大臣订正通鉴纲目续编谕》。
⑦ 《国朝宫史》，第582页。
⑧ 《钦定南巡盛典》卷2《天章·诗·读通鉴纲目》。
⑨ 即《通鉴纲目三编》，体例一准朱熹《通鉴纲目》，乾隆皇帝亲为裁定。
⑩ 即《御批历代通鉴辑览》，所纂上自唐虞，下迄明末，凡有关政治得失者，巨细咸载。其中书法
大旨亦仿朱熹《通鉴纲目》之例。
⑪ 《御制诗四集》卷26《题宋版朱子资治通鉴纲目》。

例，编纂《明纪纲目》，传示来兹"，以与《明史》"相为表里"①，组成以鄂尔泰、张廷玉为总裁官的《明史纲目》馆。乾隆皇帝编纂《明史纲目》，目的是仿朱熹"褒贬是非之义"，运用春秋笔法，进一步对明代历史予以评定。总裁官对这种意图心领神会，在义例、书法、编排上颇费心机，而史事则一仍《明史》。乾隆七年五月，《明史纲目》即将告成，但副总裁周学健又提出该书的起始问题，指出该书记事起于洪武元年（1368），但"明祖起兵濠梁，定鼎江东，颁定官制，设科取士，详考律令诸政，皆在未即位以前，而《续纲目》（即《续资治通鉴纲目》）所修元顺帝纪，于明兴诸事，不核不白。今《明纪纲目》，既始自洪武元年，若于分注之下补叙前事，不特累幅难尽，且目之所载，与纲不符。与编年之体未协。若竟略而不叙，则故明开国创垂之制缺然，而自洪武元年以后，一切治政事迹，皆突出无根，亦大非《春秋》先事起例之义"②。经总裁官们议定，乾隆皇帝批准，将元朝至正十五年（1355）明祖起兵以后至至正二十八年元顺帝始奔沙漠止，编为"前纪"，列于《明史纲目》洪武元年八月以前，仍用元朝纪年，在书法上体现"明虽兴王，何逃名分"的原则，或称朱元璋名讳，或称吴王，或称吴国公，皆仿朱熹《通鉴纲目》书汉高祖未即位以前之例。这样，"一代开基之事实既详，千古君臣之名义亦正，似传世立教之意，更为慎重"③。《明史纲目》正文的编纂宗旨与前纪有所不同，"自洪武元年以后纲目正文，事关胜国遗踪，盛朝殷鉴，凡主德之隆替、国是之善政、物力之衰旺、民风士习之淳漓，记载并务详明，褒贬尤宜矜重"④。乾隆皇帝对《明史纲目》这种重视书法的做法非常满意，云："盖大君臣子，名分不可逃于天地间。僭号兴王，予夺严乎辞语内，敢曰继《春秋》之翼道，以此昭来兹之鉴观，我君臣其共勉之。"⑤乾隆十一年（1746）三月，全书告成，共20卷，乾隆皇帝写诗表达自己的心情："直道惟凭信史留，斯民三代理无偷，学探司马治平要，书慕文公体例优，亦曰此心无予夺，敢云我志在《春秋》……义例纤毫毋或爽，劝惩一字必期安。"⑥

---

① 《清高宗实录》卷98，乾隆四年八月辛巳。在清代各类文献中，对《明纪纲目》的叫法颇不一致，有《明纪纲目》、《明史纲目》、《明鉴纲目》、《明通鉴纲目》、《御撰资治通鉴纲目三编》等，实则为一书。

② 《清高宗实录》卷170，乾隆七年七月庚申。

③ 齐召南：《宝纶堂文钞》卷6《纲目馆议》；《清高宗实录》卷170，乾隆七年七月庚申。

④ 《清高宗实录》卷178，乾隆七年十一月丙辰。

⑤ 《清高宗实录》卷178，乾隆七年十一月丙辰。

⑥ 《御制诗初集》卷31《明史纲目书成有述并序》。

由于此次所修书籍内容非常简略，到乾隆四十年（1775），又命大学士舒赫德等重修，五十六年修成，为40卷。这次内容增加许多，在体例上又增加"发明"，"以阐衮钺之义"，增"质实"，"以资考证之功"。修改后的《明史纲目》定名为《通鉴纲目三编》，重点仍然在于褒贬史事，并且成为当时士子应试的必读之书。

有清一代，特别是康乾时期，朱熹学说被确定为官方哲学，既然是官方哲学，就需要渗透到各个领域，影响、引导人们按照统治者所确立的意识形态行事。清廷取法朱熹《通鉴纲目》修纂纲目体史籍，是与自身所提倡的程朱理学这一官方学术形态相适应的，是清廷文化政策的重要组成部分，是清代"崇儒重道"基本国策的具体体现。康熙皇帝曾明确指出："朱子注释群经，阐发道理，凡所著作及编纂之书，皆明白精确，归于大中至正。经今五百余年，学者无敢疵议。朕以为孔孟之后，有裨斯文者，朱子之功最为弘巨。"① 清廷借《纲目》把虚幻的性理之说具体化为历史的论说，借具体史事阐发统治者对历史及现实的看法，裁量人物，评判史事，为自身各项政策的实施寻找历史的和理论的依据。在编纂纲目体史籍的过程中，官方对史实的叙述并不太在意，他们在意的是书法和评论。因为这两者最有利于表达统治者的意愿。由于肩负这样的重要任务，除上面提到的《明史纲目》外，乾隆时期还编纂有《御批历代通鉴辑览》，嘉庆时期编纂有《明鉴》。前者为纲目体通史，清高宗在许多重要事件和人物下撰写"御批"，对史事进行裁断，特别是对南明正统地位的论述，影响官私史学甚巨，成为此后官私明史著作论断明清之际正统归属问题的理论依据。后者在体例上仿宋代范祖禹的《唐鉴》，依时代顺序，摘取明代有关政治得失的事迹加以评论，内容和观点均取材于《御批历代通鉴辑览》等官方史书。《明鉴》曾编纂两次，嘉庆十八年（1813）命曹振镛为总裁官，设馆修纂，二十三年全书修成御览，清仁宗非常不满，认为没有按自己的意旨修纂，把清朝开国事迹编入、按语议论极为荒谬等②。于是任命托津为总裁重新进行修纂，只重议论，不重史实，一准理学标准对明史进行评断，持平之论甚少，价值不高。

清廷设馆修纂纲目体史籍，大肆利用春秋笔法，把理学作为评断一切的标准，议论纵横，无形中又加强了理学在文化领域的影响。可以说，官方纲目体史

---

① 《清圣祖实录》卷249，康熙五十一年正月丁巳。
② 《清仁宗实录》卷342，嘉庆二十三年五月戊戌。

籍的编纂因清廷提倡理学而兴起，这种编纂同时又对理学的宣扬推波助澜。这大概是尽管乾嘉汉学兴盛，但理学仍然不绝如缕的一个重要原因，也是乾嘉时期汉、宋学术门户相争但又能有一些持平之见的一个重要原因。四库馆臣在评论汉、宋学术时说："夫汉学具有根柢，讲学者以浅陋轻之，不足服汉儒也。宋学具有精微，读书者以空疏薄之，亦不足服宋儒也。消融门户之见，而各取所长，则私心祛而公理出，公理出而经义明矣。盖经者非他，即天下之公理而已。"① 他们在评论刁包的《易酌》时这样说："（刁包）著书一本于义理，惟以明道为主，绝不为程式之计。是书推阐易理，亦大抵明白正大，足以羽翼程朱，于宋学之中实深有所得。"② 承认宋学具有自身的长处，而且认为"经者乃天下之公理"。在专制社会中，朝廷的"公理"就是天下的"公理"，朝廷提倡理学，学界就会有附和之声，尽管"自四库馆启之后，当朝大老，皆以考博为事，无复有潜心理学者，至有称诵宋、元、明以来儒者，则相与诽笑"③，但理学一直没有完全退出历史舞台。四库馆是汉学的大本营，但仍然不能完全否定理学，原因就在于朝廷的提倡。论乾嘉时期汉、宋学术的关系，不考虑官方的立场，是不全面的。

（二）史馆修史与汉学

清朝虽然一直把以程朱理学为代表的宋学定为官方哲学，但他们对汉学也不排斥，相反，由于汉学注重考订，不轻易议论，更有利于清朝的统治，故而清廷还逐渐提高汉学的地位。何兆武先生指出："清初文化政策……一方面表彰理学，一方面又崇尚所谓实学。"④ 所言为清代文化政策的实情。

按皮锡瑞的说法，清初学术是汉、宋兼采之学，并没有明显的门户之争，所谓"国初，汉学方萌芽，皆以宋学为根柢，不分门户，各取所长，是为汉、宋兼采之学"⑤。顾炎武、胡渭、阎若璩等人都有这样的特点，尽管他们批判理学，表现出汉学的倾向，但并未完全脱离宋学的影响。这一阶段的史学，受汉、宋二学的共同影响，一方面表现为重史料考订，言必有据，理必切实。另一方面又重

① 《四库全书总目》卷1《经部总叙》。
② 《四库全书总目》卷6《易酌》条。
③ 姚莹：《中复堂全集·东溟文外集》卷1《复黄又园书》。
④ 何兆武：《中西文化交流史论》，第135页。
⑤ 皮锡瑞：《经学历史》，中华书局1959年版，第341页。

视理论发挥，夷夏之防的正统观念强烈，经世致用思想高扬。清初史学给人的感觉是功力扎实、思想深邃，极少主观臆断，这正是考据与义理相结合的产物。雍、乾时期，汉学地位逐渐上升，并达于鼎盛。但义理阐发并未由此断绝。之所以出现这样的局面，除了学术自身内在的发展理路外，又是与清统治者既倡导理学之义理发挥，又重视汉学之严谨考证分不开的。

清廷设馆修史，一切仰承圣裁，因此，研究清代官方史学与汉学的关系，首先要考察帝王在这方面的见解。而要考察帝王的见解，不能不考察当时学界运用汉学治经的方法以治史的情况。清代学者，尤其是康、乾时期的学者，绝大多数都精通汉学考证，同时又精熟史事，故而很容易将汉学考证的方法运用到历史研究中去。汉学治经，注重文字训诂，提倡考究典制名物，这种正文字、辨音读、释训诂、通传注的汉学治经方法被运用到史学上，就是究版本、校文字、阐释字句、洞察事迹，考证天文、地理、职官、名物、史事等问题，在专门和精深上做学问。这种学术风气对清代帝王，特别是康、雍、乾三帝的学术思想有直接的影响，他们顺应潮流，不仅做考证文章，而且将这种方法运用到官方史籍的修纂中，取得了很大的成绩。

康熙皇帝认为"凡纂核史书，务宜考核精详，不可疏漏"①，把记载是否真实、考证是否精确当作评价史书的一个重要标准。他非常关心《明史》的修纂，多次指出明代史籍存在的问题，比如《明实录》，康熙帝曾"详悉披览"，指出"宣德以前，尚觉可观，至宣德后，颇多讹谬，不可不察"②。"朕自冲龄即在宫中，披览经史，《明实录》曾阅数过，见其间立言过当，记载失实者甚多。纂修《明史》，宜加详酌"③。不仅是《明实录》，很多史书，包括《史记》、《汉书》等千古名作，错误也在所难免，在运用时要小心甄别，"朕遍览明代《实录》，未录实事。即如永乐修京城之处，未记一字。史臣但看野史，记录错误甚多。朕又览《史记》、《汉书》，亦仅文词之工，记事亦有不实处。即如所载项羽坑秦卒二十万，夫二十万卒，岂有束手待毙之理乎"④。明末史事，距清初不远，很多传闻都需要考订甄别，清圣祖曾举例说："传闻李自成兵到，京师之人，即以城献。又闻李自成麾下之将李定国，在西便门援城而上，由此观之，仍是攻取，岂

---

① 《清圣祖实录》卷144，康熙二十九年二月乙丑。
② 《清圣祖实录》卷144，康熙二十九年二月乙丑。
③ 《清圣祖实录》卷154，康熙三十一年正月己卯。
④ 《清圣祖实录》卷273，康熙五十六年八月乙酉。

云献乎?"所以"此等载入史书,甚有关系,必得其实方善",指示《明史》馆馆臣"纂修《明史》,其万历、天启、崇祯之间之事,应详加参考,不可忽略"①。诸如此类的内容,都需要严密考订,方能修出信史。正是因为看到史书修纂中可能存在谬误,康熙提出在《明史》修成后还要保存《明实录》等资料,不能销毁,要使后人有所考证,"俟《明史》修成之日,应将《实录》并存,令后世有所考据"②,"明代《实录》及纪载事迹诸书,皆当搜罗藏弆,异日《明史》告成之后,新史与诸书俾得并观,以俟天下后世之公论焉"③。和康熙一样,乾隆对史书记载失实之处也多有指摘。他在《御批通鉴辑览》的批语中,有大量指摘史书记事失实的论断。例如,对于楚国欲以地七百里封孔子的记载④,对于齐国田单运用火牛阵破燕军的记载⑤,对于南宋岳飞大破金兵"拐子马"的记载⑥,对于诸葛亮征孟获七擒七纵的记载⑦,对于唐太宗怀鹞的记载⑧,乾隆皇帝都有相当中肯的辨疑,指出史书记载的不足征信。另外,乾隆帝在《读严光传》、《读后汉书明德马后传》、《读刘琨传》⑨ 等文章中,也指摘了史籍的夸张失实之弊⑩。乾隆对考证情有独钟,经常撰写一些考证文章,对史事进行考证,如《春秋》三传记述"晋假道伐虢"多有歧异,乾隆帝撰写《三传晋假道伐虢辨》一文,通过考察晋国与虢国的位置,指出晋伐虢没有假道之必要⑪。再如《三韩订谬》一文,考证《后汉书》中记载"辰韩"生儿令其头扁,皆压之以石之说荒谬,并考证"马韩"、"辰韩"、"弁韩"所以称韩之义⑫。其他如《广陵涛疆域辨》⑬、《翻译名义集正讹》⑭、《夫余国传订讹》⑮ 等文,都对历史记载的讹误进

---

① 《清圣祖实录》卷254,康熙五十二年四月丁卯。
② 《清圣祖实录》卷130,康熙二十六年四月己未。
③ 《清圣祖实录》卷154,康熙三十一年正月丁丑。
④ 《御批历代通鉴辑览》卷8,周敬王三十一年,楚子将以书社地七百里封孔子事批语。
⑤ 《御批历代通鉴辑览》卷10,周赧王三十六年,田单用火牛阵事批语。
⑥ 《御批历代通鉴辑览》卷86,宋高宗绍兴十年,岳飞战金兵于郾城破拐子马事批语。
⑦ 《御制文二集》卷31《书蜀志诸葛亮传七擒七纵事》。
⑧ 《御制文初集》卷13《书唐太宗怀鹞事后》。
⑨ 见《御制文二集》卷34。
⑩ 乔治忠:《论清高宗的史学思想》,《中国史研究》1992年第1期。
⑪ 《御制文二集》卷24《三传晋假道伐虢辨》。
⑫ 《御制文二集》卷24《三韩订谬》。
⑬ 《南巡盛典》卷24《广陵涛疆域辨》。
⑭ 《御制文二集》卷24《翻译名义集正讹》。
⑮ 《御制文二集》卷25《夫余国传订讹》。

行了细密考证。其他如《阳关考》、《热河考》、《济水考》、《滦河濡水源考证》①
等，都是乾隆皇帝精于考证的佳作，严谨而认真，颇见功力。

清代帝王对史书纪实传信、严密考订的充分肯定，以及亲自撰文进行考证的
活动，对史馆修史重视考证产生了直接的影响。比如乾隆四十七年（1782）完成
的《西域图志》一书，早在乾隆二十一年（1756）二月用兵西北的战争尚未结
束，乾隆皇帝就命令官员考察西北山川地理、历史渊源、风土民情等，积累资
料，严密考证，经过20余年的编纂，方才成书。《西域图志》一书，将实地勘测
考察与历史文献中的记载相互参证，对以往史籍中有关西域的记载勘正考实、辨
误订讹，"足以补前朝舆记之遗，而正历代史书之误"②。如碎叶城，《新唐书·
地理志》记于焉耆都督府下，《西域图志》经过考辨，指出"唐碎叶水为今之图
斯库勒，所谓碎叶城当在今图斯库勒南水丰草饶之地"，考出准确地点③。对于
本朝官修的其他史书中的错误，比如《大清一统志》等，《西域图志》也予以纠
正。书中考辨随处可见，显示了精于考证的扎实学风。此后官方编纂的《日下旧
闻考》、《热河志》、《满洲源流考》、《河源纪略》等书，与《西域图志》一样，
都贯彻了考证辨伪的精神。《日下旧闻考》"因朱彝尊《日下旧闻》原本，删繁
补缺，援古证今，一一详为考核，定为此本"，"原本所列古迹皆引旧文，夸多务
博，不能实验其有无，不免传闻讹舛，彼此互歧，亦皆一一履勘遗踪，订妄以存
真，阙疑以传信，所引艺文或益其所未备，或删其所可省，务使有关考证，不漏
不支"④。乾隆皇帝在为《日下旧闻考》题词时，也强调该书的考证价值，所谓
"罣漏岂无补所阙，淆讹时有校从精"⑤。《热河志》也重视考证，"爰披志籍以研
搜，更集图经而校勘"⑥，"并考古证今，辨疑传信，既精且博，蔚为舆记之大
观"⑦。《满洲源流考》同样重视考据，因为满洲"年祀绵长，道途修阻，传闻不
免失真。又文字互殊，声音屡译，记载亦不能无误。故历代考地理者多莫得其源
流。是编仰禀圣裁，参考史籍，证以地形之方位，验以旧俗之流传，博征详校，

①　分别见《御制文二集》卷21、卷21、卷23、卷22。
②　《四库全书总目》卷68《钦定皇舆西域图志》条。
③　《皇舆西域图志》卷13《疆域六》。
④　《日下旧闻考》卷首，目录后案语。
⑤　《日下旧闻考》卷首，御制日下旧闻考题词二首。
⑥　《热河志》卷首，进表。
⑦　《热河志》卷首，目录后案语。

列为四门"，部落一门，"并一一考订异同，存真辨妄"，疆域一门，"并考验道里，辨正方位"，山川一门，"今古异名者，皆详为辩证"，国俗一门，"妄诞无稽者，则订证其谬"。①《河源纪略》同样贯彻了考证的思想，因为"从来叙述河源，率多失实"②，所以专门设立"证古"、"辨讹"两门，考证史书讹误，精到之处甚多。这和乾隆帝所一再强调的重视考证的史学思想是一致的，所谓"事不再三精核，率具耳食以为实，君子否为也；言不求于至是，已觉其失，护己短而莫之改易，君子弗为也。必知斯二者，然后可以秉史笔，以记千载之公是公非"③。这成了官修史书的指导思想。可以看到，由于皇帝的提倡和社会上考据学风的影响，在官修史书中，重视考证是非常值得注意的方面，这使得官修史书增强了学术性，保存了大量可靠的资料。

官方史学对考据求实的倡导与当时民间兴盛的历史考据学风相汇合，相互影响，互相促进，共同促成了一代学术潮流的转换。黄爱平认为，"清廷开展的大规模的修书活动，不仅使诸多汉学家有了充分施展才干的用武之地，而且使汉学也上升为统治阶级认可的官方学术"④。揆诸汉学与官修史书的关系，洵非虚言。

（三）汉、宋学术和官、私史学

官方修史是一种自上而下的政治与学术相结合的活动，帝王为了某种政治目的，为了维护自身的政治统治，往往倡导对自身统治有利的思想观念，而这种思想观念往往要借助史馆修史给予历史的解释，并由此推广开来，形成学术潮流。总之，统治者不仅要借设馆修史表达自己的政治意志，把修史当作政治斗争的工具，而且要借修史影响学术的发展，将学术潮流也纳入到自己的掌控之中。

就清代来讲，康熙、雍正、乾隆等帝王，有较高的学术修养，他们深知学术研究对政治、文化、人心、世风所产生的潜移默化的作用和影响，故而他们在关乎治国平天下的经学——尤其是宋学和汉学领域都发表自己的看法，同时打通经史，利用史馆修史这一方便条件，通过具体史籍的编修，在义理发挥和严密考证两个方面占尽先机，既垄断了对历史的解释权，又披上了一层学术的外衣。

对于宋学、汉学，清代帝王尤其是康、雍、乾三帝都是重视的，他们一直在

---

① 《满洲源流考》卷首，目录后案语。
② 《河源纪略》凡例。
③ 《皇舆西域图志》卷37《御制土尔扈特部纪略》。
④ 黄爱平：《朴学与清代社会》，河北人民出版社2003年版，第205页。

汉学和宋学之间参酌互取，持平解说。他们重视以阐发义理见长的宋学，是因为宋学提倡正纲常之道、严君臣之别；他们重视以考据见长的汉学，是因为汉学言必有据、求真务实。二者在政治统治的筹码上具有同样的重量，不可偏废。乾隆帝曾说："夫典章制度，汉唐诸儒有所传述考据，固不可废；而经术之精微，必得宋儒参考而阐发之，然后圣人之微言大义，如揭日月而行。"[1] 他还说："夫政事与学问非二途，稽古与通今乃一致。"[2] 在乾隆看来，汉、宋学术各有短长，不可偏废，"稽古"乃汉学所长，"通今"乃宋学所长，二者最好能够统一起来。这也就是为什么康、乾时期既设馆编纂纲目体史籍，阐发君臣大义，又在修纂其他史籍时进行严密考证的原因。同时，由于清代帝王对于汉、宋学术的持平看法通过设馆修史进行了历史的论证，故而在当时及后世学术领域产生了很大影响，很多学者能够客观公允看待汉、宋学术的优劣短长。诸如惠士奇、江永、程晋芳、程瑶田、纪昀、戴震、刘台拱、钱馥、胡培翚、崔述、翁方纲、丁晏、阮元、焦循、许宗彦、黄式三等学者，或不以汉、宋论是非，或治学兼采汉、宋，或为学尊汉、修身尊宋，或反对汉、宋门户[3]，其实在很大程度上都是受了上述官方学术立场的影响。

有一种现象应引起注意，那就是清廷着力编纂了一些纲目体史籍，发挥朱熹等人的思想，但在民间却极少有纲目体史籍的编纂。这主要是因为清廷以宋学为依据对历史的评判，只能由官方做出，私人的议论是不允许的。清廷借这种最能发挥官方思想的纲目体，对历史上的正统问题、历代善恶是非问题单方面做出裁定，以利于自己的统治。乾隆年间，清廷还将帝王讨论历史的言论编纂成《评鉴阐要》一书，认为"千古之是非，系于史氏之褒贬，史氏之是非则待于圣人之折衷……编辑史评，敬录是编，不特唐、宋以来偏私曲袒之徒无所容其喙，即千古帝王致治之大法，实已包括无余"[4]。这里的"圣人"，显然是暗指乾隆皇帝，所谓"我皇上综括古今，折衷众论，钦定《评鉴阐要》……昭示来兹，日月著明，爝火可息，百家谰言，原可无存"[5]。很清楚，清廷要垄断对历史的评论，不容那些"偏私曲袒之徒"置喙，一切由皇帝来"折衷"，此其一；否定历史上不利

---

① 中国第一历史档案馆：《乾隆朝上谕档》（第一册），档案出版社1991年版，第648页。
② 《清高宗实录》卷239，乾隆十年四月戊辰。
③ 周积明：《乾嘉时期的汉宋之"不争"与"相争"》，《清史研究》2004年第4期。
④ 《四库全书总目》卷88《御制评鉴阐要》条。
⑤ 《四库全书总目》卷88，"史评类"小序。

于专制统治的史评，通过钦定的方式，把帝王的历史观上升到意识形态，使之与日月齐明，从而使那些"百家谰言"自行消失，此其二。在这样的思想指导下，再加上大开文字狱，对私家治史触及时讳者给予严厉打击，私家只能在修纂纲目体史籍前止步，别无选择。这实际上就是清廷设馆修史所要达到的根本目的。

还有一种现象也要引起注意，那就是在汉、宋学术与史学的关系方面，官方与私家的态度有微妙的差别。前面已经说过，清廷试图通过设馆修史，在褒贬议论与考证求实两方面取得绝对发言权，事实上它已经做到了这一点，尤其通过纲目体史籍的修纂，褒贬议论，压制了民间的历史言论。但是，私家对官方修史的种种行径还是表现了极大的不满。其一，私家对受理学影响的注重发挥义理而不甚关注史实的著史方法提出委婉批评。所谓"大抵史家所记典制，有得有失，读史者不必横生意见，驰骋议论，以明法戒也。但当考其典制之实，俾数千百年建置沿革，了如指掌。而或宜法，或宜戒，待人之自择焉可矣。其事迹则有美有恶，读史者亦不必强立文法，擅加与夺，以为褒贬也。但当考其事迹之实，俾年经月纬、部居州次，纪载之异同，见闻之离合，一一条析无疑，而若者可褒，若者可贬，听之天下之公论焉可矣"①。在清代文字狱高压政策下，私家不敢点名直接批评官方"著史者"，而是通过批评"读史者"来批评"著史者"，指出他们通过"驰骋议论"、"强立文法"所进行的"明法戒"、"别善恶"的做法不可取。并指出，对历史的褒贬，并不是官方所能垄断的，要"听之天下之公论"。其二，对《通鉴纲目》中的"春秋笔法"提出严厉批评。钱大昕批评朱熹编纂《紫阳纲目》使用《春秋》笔法的做法，认为既掩盖了历史的真实，又褒贬不当，给读史者造成极大困难，提出"史家纪事，唯在不虚美，不掩恶，据事直书，是非自见，若各出新意，掉弄一、两字以为褒贬，是治丝而棼之也"②。与钱大昕一样，王鸣盛也批评《通鉴纲目》意主褒贬的著史宗旨，认为记载事实乃史之天职，妄加予夺，实不可取。钱大昕更对朱熹在《通鉴纲目》中虚引中宗年号以记载武氏事迹，以明正统归李唐的写史方法表示不满，指出"史者，纪实之书也。当时称之，吾从而夺之，非实也。当时无之，吾强而名之，亦非实也"③。从史以记实的角度否定正闰之争的不合理。这实际上就是借批评朱熹来批评官方

---

① 王鸣盛：《十七史商榷》自序，中国书店 1987 年版。
② 钱大昕：《十驾斋养新录》，见《嘉定钱大昕全集》（七），江苏古籍出版社 1997 年版，第 350 页。
③ 钱大昕：《潜研堂文集》，见《嘉定钱大昕全集》（九），第 20 页。

纲目体史籍中的正统之辨和君臣之义。私家无法在"褒贬议论"这一史学话语权上与官方争锋，于是就只有采取迂回的方式表达自己的思想。清廷有意提倡的某些观念，恰恰可能是一些在野学者有意抵抗的东西。

二、史馆修史与清代西学

考察清代史馆修史在清代学术发展中的地位和作用，既要看到它与宋学、汉学的关系，又要看到它与西学的关系。汉学、宋学是本土学术，自然与史学纠结在一起，共同形成了清代学术丰富多彩的画面。西学是从西方传入中国的异质文化，它对官方史学的影响也不容忽视。中国本土文化与外来文化的交流，古已有之。但是，16世纪以降，随着西方资本主义的形成与发展，西欧国家率先跨洋过海，通过探险、殖民、传教、贸易等各种方式，打破了国家、民族之间的隔阂，把整个世界都纳入到资本主义的扩张体系之中，中国也不可避免地被卷进这一历史潮流。明清时期大量西方传教士的来华，成为"中西关系史上一段最令人陶醉的时期：这是中国和文艺复兴之后的欧洲高层知识界的第一次接触和对话"①。自此以后，西方文化就不断传入中国，与中国本土文化碰撞、摩擦，给长期以来相对独立发展的中国传统文化带来了深刻的影响，同时也与独立发展的中国传统史学（包括官方史学）遭遇，其间的相容与相斥，颇能让人看出官方史学的一些特征。

（一）西学与史馆修史的史学思想

明末清初西方传教士的来华，给中国带来了西方的科学技术和文化知识，在崇奉人伦道德的中国知识界引起了很大的反响，特别是天文学、数学、地理学等，对传统儒学产生了冲击。由于康熙皇帝对西学充满了兴趣，故而不少儒士开始学习西方的科学技术，并成就了自己的事业，如薛凤祚、王锡阐、梅文鼎等人，都成为当时著名的自然科学家。康熙末年，还谕令设馆修纂了《律历渊源》、《律吕正义》、《数理精蕴》、《历象考成》等书籍，融会西法、中法，代表了清代

---

① ［荷］许理和：《17—18世纪耶稣会研究》，《国际汉学》第4期，大象出版社1999年版，第429页。

天文算学研究的新水平。其他如医学、解剖学、化学、光学、力学、水利、机械制造等，都不同程度地影响了当时的中国知识界。总之，传教士以特殊的方式为中国士大夫打开了一扇了解世界的窗口，为当时学术界带来了一股清新的气息。

然而，西方文化的东来必然要和东方文化产生摩擦，加上传教士的本意是传教而不是传播科学知识，西学与中学的冲突与矛盾在所难免。康熙末年以后，传教士传教活动开始令人反感，于是康熙改变以前优容传教士的做法，开始禁止传教士传教，雍正、乾隆都坚持禁教，传教士在中国的活动受到沉重打击。与此相适应，在知识界，"西学中源"说逐渐形成，即认为西学出于中国，中国文化是西方文化之源。到晚清，随着西方资本主义的入侵，西方文化更大规模地进入中国，面对强大的西方帝国主义及其文化，士大夫们反应不一，围绕中学、西学所展开的讨论也日甚一日。简言之，西方传教士的东来以及帝国主义的入侵和伴随而来的西方异质文化对中国各个方面的影响都是巨大的。

对于西学在中国的传播，官方修史也做出了自己的反应。很可惜，这种反应不是积极开放的，而是保守落后的。它代表的实际上就是当时官方对西学的看法。官方史学这种保守落后的史学思想主要表现在两个方面：

其一，西学中源说。本来，中西文化各有其源，世界文化的发展是多样的。可是，由于长期以来的自我封闭以及自身文化的发达，当受到异质文化冲击时，多数人的反应是不加分析地拒斥。清代官方组织编纂的自然科学书籍，在中西文化的看法上就持"西学本于中学"的观点。《数理精蕴》云："粤稽古圣，尧之钦明，舜之浚哲，历象授时，闰余定岁，璇玑玉衡，以齐七政，推步之学，孰大于是？至于三代盛时，声教四讫，重译向风，则书籍流传于海外者，殆不一矣。周末，畴人子弟失官分散，嗣经秦火，中原之典章既多缺佚，而海外之支流反得真传，此西学之所以有本也。"① 这样的看法在当时得到大多数知识分子的认同。在论述这一问题时，官方史学又从历史发展的角度进行"考察"，以历史学所特有的求实求真的品性，进一步加强人们的这种看法。清代官修的《明史》，其修纂历时近百年，参与编纂者都是顺、康、雍时期的学界精英，书中对徐光启和利玛窦的交往以及西学的传播有所记载，但是在谈到西方科技时却这样说："西洋人之来中土者，皆自称欧罗巴人。其历法与回回同而加精密。尝考前代，远国之人言历法者，多在西域，而东、南、北无闻。盖尧命羲、和仲叔分宅四方，羲

_____

① 《数理精蕴》上编卷1《周髀经解》。

仲、羲叔、和叔则以嵎夷、南交、朔方为限，独和仲但曰宅西二不限以地，岂非当时声教之西被者远哉？至于周末，畴人子弟分散。西域天方诸国，接壤西陲，非若东南有大海之阻，又无极北严寒之畏，则抱书器而西征，势固便也。欧罗巴在回回西，其风俗相类，而好奇喜新竞胜之习过之。故其历法与回回同源，而世世增修，遂非回回所及，亦其好胜之俗为之也。羲、和既失其守，古籍之可见者，仅有《周髀》。而西人浑盖通宪之器，寒热五带之说，地圆之理，正方之法，皆不能出《周髀》范围，亦可知其源流之所自矣。"① 这段看似严密谨慎的论述，实际上把上古历史上的一些传说或并没有多少文献支持的说法当作信史来看待，极尽绵密曲折，彰显出官方修史在对待西学问题上的无知与虚妄。

乾嘉时期，考据之学发达，人们又通过绵密的考证，反复"证明"西学源于中国的观点是正确的。官修的《四库全书总目》在多处肯定西学中源说的正确，比如关于西方数学的"借根方"与中国数学中的"天元术"的关系，《总目》经过苦心考证，指出中国的"天元术"出自宋朝秦九韶的《数学九章》，后来元朝的郭守敬将其用之于弧矢，李冶将其用之于勾股方圆，而"欧逻巴新法易其名曰借根方，用之于九章八线，其源实开自九韶"②。再如《周髀算经》，《总目》认为"其本文之广大精微者，皆足以存古法之意，开西法之源"③。实际上，这样的看法不仅来源于官方，私家持此种说法者亦不乏其人，像戴震、阮元等都有此论④。可以看到，自康熙以后，在清廷实施的禁教政策的影响下，西方传教士惨遭贬逐，传教活动也被迫停止，与之共生的中西文化交流活动也受到沉重打击。在这种政治文化形势之下，儒家正统地位借助于政治的力量更加巩固，异质文化受到批判和质疑，传统文化中的虚骄心理使得官私学术领域对西学产生各种不正确的看法。这些看法经过人们的苦心论证，被官方史学以钦定的姿态写进《明史》等被人们认为昭垂后世的史书之中，并得到知识界的认同，成为风靡一时的主流观点。

明清以来西学的传入，乾隆以前见之于中国官方记载的较少。到晚清，这方面的官方记载渐渐增多，但这时中西文化的碰撞已经被置于侵略者的炮火之下。人们所关注的问题更加广泛。就史学领域来讲，由于中国惨遭帝国主义的入侵，

---

① 《明史》卷31《历志》。

② 《四库全书总目》卷107《数学九章》条。

③ 《四库全书总目》卷106《周髀算经》条。

④ 见《戴震文集》卷9《与是仲明论学书》，中华书局1980年版；《畴人传》卷45《汤若望》。

天朝大国的美梦破灭,专制国家内忧频仍,外患日逼,刺激了史学研究主题的变更。在史学思想上,传统历史观中进步的变易观为一些人所重视;在历史研究内容上,一些与现实政治、经济、军事密切相关的历史课题成了人们注目的中心,不少进步史家走上了究当务之急的史学道路,特别是与当时边防及国势盛衰直接有关的西北史地、世界史地、当代史研究蔚然成风。但是,这样的史学研究转向主要表现在私家治史领域,官方史学虽然对西方帝国主义的入侵给予了注意,设馆编纂了《筹办夷务始末》等关涉中外交涉的史书,但是,在思想上,这些官方修纂的史书依然停留在虚骄的唯我独尊的层面上,一点也看不出变革社会的迹象。道光朝《筹办夷务始末》卷首说明编纂该书的目的时云:"我宣宗成皇帝,如天之度,丕昌海隅,犯顺则赫濯有加,乞抚则羁縻弗绝,雷霆雨露,无非爱育黎元,终至化被重洋,苍生胥登衽席,德威之盛,周浃寰区,而宵旰忧勤,柔远保民之念,洵足以昭垂万古矣。"① 道光以后,国家危机,面对时艰,在野学者高呼变法,痛心疾首,而官修史书还在宣扬皇帝的恩德,甚至要化被重洋苍生,岂不好笑? 官修史书思想的贫乏和对社会变更反应的迟钝,由此可见一斑。

其二,华夏中心观。从文明发展的角度看,在远古社会,各文明国家都相对隔绝、独立的发展,并都把自己活动的区域看作世界的中心,古希腊、罗马、阿拉伯以及中国,都是如此。中国在长期的发展过程中,产生了自身先进的文明,并把自己生活的中原地区视之为世界的中心,即"夏",把周边文化落后的诸族称之为"夷"。中原地区声乐礼教、典章制度独具,而周边诸族则缺乏教化礼仪,这就是早期的"华夏中心论"和"华夷之辨"的观念。但是随着世界交往的频繁,自我中心主义的思想在很多文明区域内大都有所淡化,唯有中国,这一思想还在不断加强。这其中的原因颇为复杂,强盛的国家政权、辽阔的疆域国土、丰饶的物产、先进的文化、灿烂的文明等,都使中国特出于周围各国之上,长期以来周边没有第二个文明可以与之抗衡,很容易养成天朝上国的优越感和封闭自大的心理,始终把其他国家和民族看作落后野蛮的夷狄。这样的民族心理体现在方方面面,包括史学在内,尊夏贬夷成了论述历史问题时时被提起的概念。由于有这样的思想基础,当西学传入中国,向中国人打开一个观察世界的窗口时,官方史学对此的反应不是积极迎接、分析这些学说,更不是积极地去认识外部世界,而是固守传统史学思想中"华夷之辨"的观念。虚骄的文化优越感显露无

---

① 《筹办夷务始末(道光朝)》卷首,筹办夷务始末(道光朝)进书表。

遗。

最明显的，就是史馆修史缺乏应有的世界观念。据利玛窦讲述，明朝人的世界观念"仅限于他们的十五个省，在它四周所绘出的海中，他们放置上几个小岛，取的是他们所曾听说的各个国家的名字。所有的这些岛屿都加在一起还不如一个最小的中国省大。因为知识有限，所以他们把自己的国家夸耀成整个世界，并把它叫作天下，意思是天底下的一切"①。这样的观念在清代并没有多少改变，特别是在官修史书中，表现特别明显。三通馆所修《清朝文献通考》在谈到中国与世界的关系时说："大地东西七万二千里，南北如之。中土居大地之中，瀛海四环，其缘边滨海而居者，是谓之裔，海外诸国亦谓之裔。裔之为言边也。"②对于当时的世界地理知识以及各国情势，《清朝文献通考》认为："所称天下为五大洲，盖沿于战国邹衍裨海之说。第敢以中土为五洲之一，又名之曰亚细（亚）洲，而据其所称第五洲曰墨瓦蜡泥加洲者，乃以其臣墨瓦兰辗转经年，忽得海峡亘千余里，因首开此区，故名之曰墨瓦蜡泥加洲。夫以千余里之地名之为一洲，而以中国数万里之地为一洲，以矛刺盾，妄谬不攻自破矣。又其所自述彼国风土物情政教，反有非中华所及者，虽荒远犷獉，水土奇异，人性质朴，似或有之，而即彼所称五洲之说，语涉诞诡，则诸如此类，亦疑为剿说謷言，故其语之太过者，今俱刊而不纪云。"③这样的世界观念和历史观念，与 18 世纪西方学术界的认知水平相比，其落后程度无须多言。就连当时聚集了一大批学界精英的四库馆，对南怀仁《坤舆图说》中所讲的世界地理知识，也疑信参半，所谓"疑其东来以后，得见中国古书，因依仿而变幻其说，不必皆有实迹，然核以诸书所记，贾舶之所传闻，亦有历历不诬者，盖虽有所粉饰，而不尽虚构，存广异闻，固亦无不可也"④。对待西学的态度不是认真研究和虚心接纳，而是以"存广异闻"的探奇心态来对待，这种官方世界地理、历史知识的匮乏和史学思想的偏颇，必然要在其后的历史进程中付出沉重的代价。

到了晚清，随着中外交往的加深。中西双方的了解也在加深。但是，就是在这样的情况下，官方修史在史学思想上依然故我，表现出极其保守落后的一面。《筹办夷务始末》对中外交涉进行了记载，但在史学思想上却不知变通，依然认

---

① 利玛窦著，何高济译：《利玛窦中国札记》（上册），中华书局 1983 年版，第 179 页。
② 《清朝文献通考》卷 293《四裔考一》。
③ 《清朝文献通考》卷 298《四裔考六》。
④ 《四库全书总目》卷 71《坤舆图说》条。

为清廷乃天朝上国，把清廷与西方各国的外交说成是万国来朝，对积贫积弱、亡国在即的现实视而不见。所谓清廷"仁义兼施，恩威并用，体天地好生之德，扩乾坤无外之模，率俾遍于苍生，闿泽流于华裔。较之汉家盛德，呼韩向化而款关；唐室中兴，回纥输诚而助顺，有其过之，无不及焉"①。在晚清国破家亡的时代，官修史书还沉浸在"华夏中心观"的美梦之中，并毫无愧色地与汉、唐鼎盛王朝相比，以这样的思想和心态应对西方帝国主义的侵略，岂能有正确的策略？

好在并不是所有的知识分子都这样认识中国和世界，私家治史的表现令人欣喜。林则徐主持翻译的《四洲志》、姚莹的《康𫐐纪行》、魏源的《海国图志》、梁廷楠的《海国四说》、徐继畬的《瀛环志略》等，都是迎接社会变局的史学著作。可以说，晚清历史的变局，特别是鸦片战争的失败，彻底暴露了清廷统治的腐败，强烈震撼了知识界，"赫赫天朝"竟大挫于"区区岛夷"。这一方面使人们深感奇耻大辱，另一方面也刺激了触觉敏锐的一批士人，激起他们探讨外部世界的决心。在这样的社会政治背景之下，私家修史的敏感和官方修史的迟钝形成鲜明对比，颟顸而又迟钝的官方修史机构在社会大变动的潮流中面临被淘汰的可能，自此以后，史学潮流已完全被私家治史者引领。

（二）西学与史馆修史的治史方法

如果说史馆修史在思想上对西学拒斥，表现出不知变通的僵化的特点的话，在治史方法上却有得益于西学的地方。

中国传统的治史方法，主要是利用历史文献，进行比勘、分析、考证等，然后编纂成书，多数走的是从文献到文献的路子。至于亲身的调查、寻访等方法，虽有应用者，一则用者不多，二则多属随机调查和零星寻访，缺乏系统性。但是，在清代的官修史书中，由于受到西学的影响，在治史方法上运用了新的科学技术手段，体现出科学的方法与态度。

明末清初西方传教士东来，带来了近代的地理学知识，特别是新的科学的测绘地图的方法以及先进的测量工具，引起了清廷极大的兴趣，并导致了清廷大规模测绘全国疆域地理工作的展开。康熙年间，组织传教士以及中国学者分赴全国各地实地勘测疆域地理等各地情形，白晋、雷孝思、杜德美、费隐、麦大成、潘

---

① 《筹办夷务始末（咸丰朝）》卷首，筹办夷务始末（咸丰朝）进书表，中华书局1979年版。

如、汤尚贤等传教士与中国学者何国宗、明安图等都先后参与其事。康熙五十六年（1717），将各地测量结果制成地图，五十七年进呈，是为《皇舆全览图》。这是我国首次利用近代科学方法，即以三角测量为主，辅以天文测量而制成的地图①。其后，雍正朝绘制了十排《皇舆图》，乾隆朝绘制了《乾隆内府舆图》，运用的都是西方传教士传入的西方近代测量、绘图的方法。这种绘制地图的近代的测量、勘察方法，被运用到官方修史中，成为官方史学治史方法的一个重要组成部分。

　　乾隆年间修纂《皇舆西域图志》，在官修史地著作中率先运用了这种科学的测量、考察的方法。乾隆二十年（1755）至二十四年，清高宗数次对西北地区叛乱分子用兵，在平叛的过程中，清高宗两次派人进入西北地区进行疆域测绘，为修纂《皇舆西域图志》作准备。乾隆二十年，谕令何国宗、明安图带领两名西洋人进入西北地区进行地理测绘②。何国宗率领钦天监西洋人傅作霖、高慎思等进入新疆，与驻守巴里坤军营的刘统勋会合，踏遍天山以北各地，足迹远至巴尔喀什湖以西的塔拉斯河，获得了大量的第一手的系统的实地考察资料。乾隆二十四年，清高宗再次派员进入新疆测绘地理，人员有明安图、傅作霖、高慎思、刘松龄等，这次不仅对前次测量进行校对，而且测绘了天山以南地区。这两次测绘，采用了西方先进的仪器和技术，掌握了相对准确的地理状况，使《皇舆西域图志》的纂修有了一个较为科学的方法基础。

　　编纂《皇舆西域图志》所进行的实地勘察，有着明确的目的、严密的组织和先进的仪器，这和以前史地著作编纂主要依靠文献而甚少实地考察的情况很不相同，显示出一种严密的科学精神。诚如乾隆皇帝所言："所有山川、地名，按其疆域、方隅，考古验今，汇为一集。咨询睹记，得自身所亲历，自非沿袭故纸者可比，数千年来疑误，悉为是正，良称快事，比当成于此时，亦千载会也"③。显然，在史地著作的编纂中，历史记载和实地勘察都不能忽视，而实地勘察更值得重视。这样的治史方法，是非常值得肯定的。

　　这种由西方传入中国的实地勘察方法，还对中国传统的"分野"的史地观念产生了冲击。所谓"分野"之说，始于《周礼》，即以天空的星区比附各个地

　　①　关于测量方法等，可参见方豪著《中西交通史》下册，岳麓书社1987年重印本。
　　②　《清高宗实录》卷490，乾隆二十年六月癸丑。
　　③　《皇舆西域图志》卷首，乾隆二十一年二月十三日上谕。

区，包含统合天地、宇宙一体、天人相应的思想意识。但是，近代地理测量重视的是"晷度"，何国宗等人在新疆实地勘察时，就已经得出各地方位、北极高度、东西偏度、距京师的里程、夏至、冬至的昼夜长短等数据，精确而严谨，有极为清晰的地理概念。正因为此，当《皇舆西域图志》被写进《四库全书》时，进行了修订，摒弃"分野"，设立"晷度"二卷，使之更为科学。对此，史官有言："若分野之法，始于《周礼》，以星分辨九州之地，而不及九州以外。其在四裔外藩，即以附近分野之星牵连统属……今西域拓地二万余里，欲以秦属井鬼之说统之，则井鬼之次，晰之至于无可晰，非通论也……因灼然于古来分野之说之不可信，既数有所穷，亦理原难据，未敢因仍傅会，致滋岐误。爰举极度、晷景、高卑、赢缩之数著于篇。"① 又说："惟测晷影，定北极高度，距京师定偏西度，斯为准确，兹编所载高、偏度，皆命使遄往，随处测量，高下远近，略无爽漏……至分野之说，空虚揣测，依据为难，故不赘及。"② 这种由"分野"向"晷度"的转变，是清代官方史学科学态度的一次闪光，值得格外关注。

这种源于西学的实地勘测方法，在清代官方史学中被屡次使用。比如设馆修纂《河源纪略》，即组织实地考察，然后将"所有两汉迄今，自正史以及各家河源辩证诸书"，"通行校阅，订是正讹"，③ 把实地调查与文献记载结合起来。其他如官修的《热河志》、《日下旧闻考》等，都采取了立足实地调查，参订历代记载的治史方法，究其所自，与西学的传入关系密切。

光绪年间修纂《大清会典》，为使图例准确，命令各省重新绘制舆图，限期呈交会典馆，以备修史之用，进行了更大规模的勘察测量。由于这次实地勘测的任务巨大，各省又缺乏掌握近代测量技术的人才，所谓"非平日留心舆地、谙悉中西算法之人，不能措手"④。故而会典馆不得不从接受新式教育的人中调取修史之人，如从同文馆、天津水师学堂、广方言馆等新式学堂中调取教习、学生等，并给予相应待遇⑤。这些新式人才，很多接受的都是西学的教育，他们被征调为史官参与史馆修史，必然会把西方近代科学、严谨的治史方法带入史馆，从而影响史馆修史的面貌。

---

① 《皇舆西域图志》卷6《晷度·按语》。
② 《皇舆西域图志》凡例。
③ 《国朝宫史续编》，第895页。
④ 《光绪朝东华录》（三），总第3252页。
⑤ 《会典馆行移档》。

总之，西学的传入对官方史学产生了很大的影响。在思想层面上，官方史学表现出极其保守落后的一面，固守传统史学中的一些糟粕而不知变通，在与西方文化的碰撞中缺乏对对方的深入考察与分析。这是在中西文化汇合的大背景下官方史学必然衰落的一个重要因素。在方法层面上，史官修史受西方科学技术影响较大，官方史学在治史方法上增添了新的因素，使不少官修史书的科学性加强，并影响到私家修史。从史馆修史与西学的关系，我们还可以看出，清人在接受外来异质文化时，排斥其思想而能接受其技术，其间的种种原因，值得深入思考。

（三）　史馆修史、西学与清代学术

上面讨论了清代官方史学与西学的关系，下面就要把这一问题放在清代整体学术状况中进行剖析，从清代官方史学的角度分析一下西学到底在多大程度上影响了清代学术。

其一，有清一代，官方修史活动都要仰承"圣裁"、"钦定"，举凡修史的各个环节，大到修史项目的确定、修史指导思想的确立，小到史书体例的安排、字词的推敲，再到史馆的管理，都要听从皇帝的安排，所谓"夫章程一秉夫鉴裁，即字体一遵夫指示"[①]。在这种情况下，帝王对待西学的看法和态度势必会影响着官方史学对西学的看法和态度。不仅如此，在皇权至上、君主支配一切的东方社会里，皇帝的西学观实际上就决定了某一时期西学传播的取向。因此，考察西学对清代学术的影响，不能忽视帝王的作用。

在清代，康熙皇帝的西学观是最有代表性的，影响了康、雍、乾、嘉四朝官方和私家对西学的看法。康熙的西学观，是在治理国家的实践中，在学习、反思和批判地吸收西学的过程中形成的，因此，康熙的西学观有两个特点。其一，康熙始终把西学作为有用的器物来看待，他对西学的价值取向首先是实用。其二，康熙提倡"西学中源"。在康熙看来，西学的实用性可以"补益王化"，有利于政治统治和推动中国社会的发展。但是，西学在意义层面上的内容，诸如天主教教义、哲学思想、世界观念等，与中国道统国体不合，必须反对[②]。他的这一思想对官方修史活动影响很大，前面我们提到的官修史书注重吸收西方实地测量的方法，实际上就来源于康熙的提倡。比如关于长江源头问题，康熙在征讨噶尔丹

---

① 《清仁宗实录》卷首，进实录表。
② 阎大伟：《论康熙的西学观》，《江海学刊》2006 年第 6 期。

进军西藏时，就注意作实地考察，证明长江发源于巴颜哈拉岭东南麓，纠正了中国传统的"岷山导江"之说，并且指出之所以有"岷山导江"之说，是因为"未得其真，惑于载籍，以意悬揣而失之"①。皇帝的倡导使得官修史书纷纷采用西方实测技术来确定山川河流之位置。西学实用性的一面在官方史学中屡被应用，取得很好的效果。与之相应，官方史学对于西学著述中具有思想意义的一面，持完全否定的态度，认为它们"剽窃释氏"②，"尊信天主"③，所谓"西学所长在于测算，其短则在于崇奉天主以炫惑人心，所谓自天地之大以至蠕动之细，无一非天主所手造，悠谬姑不深辨，即欲人舍其父母，而以天主为至亲；后其君长，而以传天主之教者执国命。悖乱纲常，莫斯为甚，岂可行于中国哉"④！这些思想"悖乱纲常"，必须完全摒弃。所谓"欧逻巴人天文推算之密，工匠制作之巧，实逾前古。其议论夸诈迂怪，亦为异端之尤"⑤。要取其长而弃其短，最好的做法就是"节取其技能，而禁传其学术"⑥。事实也正是如此，道咸以前的官方史学和私家史学都是在这样的思想观念支配下看待西学，并从事史书修纂的。

其次，晚清，官方史学与私家史学对待西学的态度发生了变化，西学在官私学术领域有不同的影响，反映了历史大变革下官方史学的保守和私家史学的敏感。

晚清国门洞开，一大批触觉灵敏的中国先进知识分子在国家危难、西学盛行的社会和学术背景下开始反思王朝危机，研究边疆史地和域外史地。而这一时期的官方史学，依然沿着旧的道路往下走，迎接新的政治变局和史学更新的能力不足。官方史学的纂修官主要来源于翰林院，而就整个翰林院群体而言，正统思想的长期灌输，决定了他们中的大多数必然是保守的官僚。光绪年间，光绪帝曾针对翰林官思想保守的状况，要求他们"于古今政治，中西艺学，均应切实讲求，务令体用兼赅，通知时事而无习气"⑦。可是，就叶昌炽所看到的情况，翰林官

① 《圣祖仁皇帝御制文集（第四集）》卷31《江源》。
② 《四库全书总目》卷125《二十五言》条。
③ 《四库全书总目》卷125《天主实义》条。
④ 《四库全书总目》卷134《天学初函》条。
⑤ 《四库全书总目》卷125，案语。
⑥ 《四库全书总目》卷125，案语。
⑦ 叶昌炽：《缘督庐日记》卷9，光绪辛丑年十二月初一日，上虞罗氏蟫隐庐1934年刊本。

中除少数人之外，"大半皆腐头巾"①，对中西政治、军事、文化碰撞下中国的变局反应冷淡，再加上官方修史中帝王的干涉和陈陈相因的修史内容和手段，必然造成多数纂修官在政治上的保守和对待西学的迟钝。这一时期，西学影响最大的是私家史学和民间学术。随着晚清西方史学日益传入中国，私家纷纷响应，在西学影响下撰写了大批有真知灼见的史学著作，显示出具有晚清社会特点的史学发展新趋势。可是，官方史学对此没有反应，晚清关系清廷前途命运的重大历史事件，除了镇压农民起义的"方略"外，官方史学都很少进行记载，对中西交涉和西方史事的记载就更少。《筹办夷务始末》和《各国政艺通考》是当时仅见的最能体现晚清中西政治文化冲突的两部官方史学著作。前者按时间顺序汇集与西方各国外交事务的有关谕旨、奏议等资料，藏于宫禁，供皇帝等阅看。后者始纂于光绪二十八年（1902），宣统元年（1909）告成，该书以国内已有译著为依据，将世界各主要国家政治、制度、技艺等分农学、化学、法律、官制、地理、学校、兵政、财政、各国历史本末等九类汇纂，共775卷②。这些抄纂而成的官修史籍虽然也注意到西方列国历史内容，但为时已属于过于迟慢。可以说，晚清官方史学已远远落后于时代，无法有效地作用于社会，只能被时代所遗弃。

可见，明末清初西学的传入，确实对清代学术产生了影响，这从官方史学的发展上看得非常明显。那种认为西学对清代学术影响不大，甚至认为西学对中学没有什么启发作用的观点，显然是站不住脚的。但同时，那种认为西学在学术范围、知识结构、方法论甚至世界观层面上都对清代学术产生了重大影响的观点，也不免有夸大之嫌。就官方史学而言，在西学的刺激之下，接受西学的"用"，摒弃其意义层面的内容，将西学之"用"用之于修史，取得了很大成就。但是，由于帝王的立场和史官的保守，决定了西学对官方史学的影响是有限的。至少在道咸以前，西学并没有动摇和改变整个中国社会的意识形态，西学的传入并未影响到包括官方史学以及私家史学在内的清代学术所固有的传统文化品格和治学格调，其核心价值体系依然是"中式"的。就像英国学者李约瑟所指出的，西学东渐虽然使中国接触到西学，但"这种接触从来没有多到足以影响它所特有的文化及科学的格调"③。法国汉学家谢和耐在谈到西方数学对中国的影响时也说："西

① 叶昌炽：《缘督庐日记》卷9，光绪辛丑年十二月初一日。
② 刘锦藻：《清朝续文献通考》卷265，浙江古籍出版社2000年版。
③ 李约瑟：《中国科学技术史》（第二分册），科学出版社1978年版，第337页。

方的数学知识甚至在两个世纪中导致了有关中国数学史上的一场大运动，这些新鲜事物并没有动摇实质性的内容，即他们自己的世界观。"① 通过前面的考察，笔者认为这样的估价庶几符合历史事实。

　　然而，这种情况到晚清发生了变化。中国人真正重视西学、认识到西学的先进性并主动向西方学习，是在鸦片战争后国家面临亡国灭种的情况下出现的。在这样的社会背景下，私家史学纷纷把目光投向域外，出现了一大批研究外国史的著作。不幸的是，官方史学由于自身的保守和迟钝，对当时的社会变化不能及时做出反应，依然走着"节取其技能，而禁传其学术"的老路，最终不得不衰败下去，让位于私家史学。从此，中国史学开始了近代化的历程。

---

① 安田朴、谢和耐：《明清间入华耶稣会士和中西文化交流》，巴蜀书社1993年版，第84—85页。

结　　语

　　本课题立足于探讨清代史馆与清代政治的互动，自始至终把史馆这一修史机构及其活动置于政治文化的背景下进行考察。史馆是中国古代史学活动的主体之一，史馆的组建、史官的调用、修史体例与内容的确定、史馆修史与私家治史之间的关系等，无不渗透着专制皇朝的政治意图和文化理念。笔者一向认为，中国古代史学有着泛政治化和泛伦理化的特征，这种特征在官方组织的史书修纂中表现的最为充分。就清代来讲，史馆与政治关系的特点主要表现如下：其一，由于受清廷政治演变、经济繁荣、文化政策等方面的影响，清代史馆的发展具有阶段性，顺康时期史馆格局形成，雍乾时期达到繁盛，晚清时期极度衰落。其二，国家政权为史馆修史提供人力、物力保证，对修史进程、修史内容实行有效的控制和管理。由于政府的大力扶持，清代史馆修史成就斐然，为以往各朝所不及。其三，史馆的设立受政治、经济以及民族文化等多种因素的制约。清廷设立史馆，虽主要出于政治的考虑，但也渗透着学术的因素，这种学术的因素主要体现在严谨的考证辨伪方面。其四，官方修纂的史书有着鲜明的帝王立场，多数是为了配合某种政治活动。官方试图通过史馆修史，彻底垄断史学，把对历史的解释权和对现实的评判权完全掌握在朝廷手里。在这一过程中，皇帝往往充当历史判官的角色。官方史学充斥的多是歌颂和赞扬，表现的是大清王朝赫赫的文治武功，缺乏批判意识和批判精神。其五，清代史馆修史与私家治史之间既存在矛盾，又互相影响。无论是矛盾还是影响，又都与社会政治因素密不可分。官方史学借助于朝廷的力量，对私家不利于政治统治的修史倾向和史学思想进行引导、抑制和打压，对私家所提出的有利于自身统治的史学思想和修史项目，则予以采纳，并设法纳入到官方修史体系之中。官方史学的发达及其在清代史学中的作用，使史学与政治结成牢固的联盟。

　　第一，清代史馆的兴衰与清皇朝的兴衰密切相关，表现为阶段性发展的特征。到晚清，史馆已完全不能适应政治的变化，丧失了应有的社会功能。

　　清代史馆的形成、发展以及衰退，与清代政治的变化和制度建设紧密相连。顺康时期，随着清廷政治的稳固，满汉文化的不断融合，以及"崇儒重道"基本国策的确立，总结历史经验，寻求治天下之道，开史馆、修史书，成为统治者极为关心的大事，史馆格局基本形成。到雍乾时期，国力强盛、经济繁荣，史馆制度得以完善，并在政治生活中发挥了重要作用。可是，到了晚清，随着清廷政治的衰微，内忧外患，灾难频仍，统治者应对无方，自顾不暇，狼狈不堪。在这样的政治背景下，史馆建设更是无人问津，明显萎缩。除常开的国史馆、起居注馆、实录馆、方略馆尚能苟延残喘外，其他紧密配合政治的特开史馆已很少开设了。史馆修史对鸦片战争以后出现的新的社会情况，缺乏足够的应变能力，已无法在政治生活中发挥自己的作用，更不能为统治者提供足以解决现实问题的历史经验。

　　晚清，外有列强入侵，内有农民起义，内外交困，使得与社会现实联系密切的史学研究出现了新的情况，瞩目点开始转移到以下几个方面：边疆史、域外史、当代史、中兴史、外交史、科技史等。在这些领域，取得重要成就的都是私家史书，史馆修史几乎没有什么成就可言。比如边疆史地，系统的研究本来是由官方设馆修史开始的，乾隆时期官修的《盛京通志》、《皇舆西域图志》等都是这方面的重要著作。但是到了晚清，边疆危机加重，按说清廷更应注重这方面的研究，但是非常不幸，官方对此几乎没有任何反应，而私家修史成就斐然。祁韵士的《皇朝藩部要略》、《西域释地》、《西陲要略》，徐松的《新疆赋》、《西域水道记》，龚自珍的《蒙古图志》，沈垚的《新疆私议》，张穆的《蒙古游牧记》，何秋涛的《朔方备乘》等，前后呼应，关注边疆，形成热潮。再如域外史地，随着晚清"睁眼看世界"风气的形成，有见识的中国人开始研究外国史地，谢清高的《海录》、萧令裕的《记英吉利》、叶钟进的《英吉利国夷情纪略》、魏源的《海国图志》、梁廷楠的《海国四说》、徐继畲的《瀛环志略》等，都是私家史著，史馆在这方面也几乎没有任何作为。对于鸦片战争这样影响中国历史的大事，清廷也没有专设史馆进行记载，及时反映晚清社会中华民族与外国列强之间的矛盾。倒是私家的《道光洋艘征抚记》（魏源）、《夷氛闻记》（梁廷楠）、《中西纪事》（夏燮）等，及时回应现实，在当时外患日亟的形势下，起到了促进反侵略战争的积极作用。晚清西方列强来华，中外交涉不断，官方和私家都对这些活动进行了记载。私家如王彦威、王亮父子以私人之力抄辑军机处档案，编成《清季外交史料》，王之春编纂《国朝柔远记》。另外还有众多的使西日记，诸如郭嵩焘的《使西纪程》、陈兰彬的《使美述略》、何如璋的《使东述略》、张德彝的《随使法国记》、黎庶昌的《西洋杂志》、曾纪泽的《使西日记》、薛福成的

《出使四国日记》等，记载了清廷的外交活动，反映了清代官僚对世界各国的认识。同时，官方也设馆修纂了道光、咸丰、同治三朝《筹办夷务始末》，汇集了大量外交史料，"凡内阁、军机大臣所奉谕旨、内外臣工折奏，下至外国夷书、义民信札，凡有关于夷务者，编年纪月，以次备书"①，但是，私家与官方对待外交的态度却极其不同。编纂外交史的目的本应是总结对外交涉中的经验教训，以便更好的为当时的外交服务，然而官方却将其目的宣扬为清廷"犯顺则赫濯有加，乞抚则羁縻弗绝"②的"大度"，完全是天朝上国的传统心态，丝毫不见新的思想因素。思想与记事极度错位，无法真正吸取历史教训。私家著述的外交思想虽比较复杂，但毕竟突破了狭隘的以一朝一代帝王为中心的格局，显示出具有晚清社会特点的史学发展新趋势。另外，晚清传教士大量翻译西书，影响晚清思想界，西方史学日益传入中国，私家纷纷响应，但史馆修史对此视而不见。晚清时期关系清廷前途命运的重大历史事件，除了镇压农民起义的方略外，史馆都没有进行记载。可见，晚清史馆修史已远远落后于时代，无法有效地作用于社会，只能被时代所遗弃。

第二，清代依靠朝廷力量，建立了严密的史馆制度，在史馆组建、史官调用方面有一套成熟的运行机制。

中国是一个富有修史传统的国家，自进入文明社会以来，人们就把记载历史、彰善贬恶、总结经验、昭垂后世当作一件大事来看待。正因为史学在现实社会生活、政治生活和文化生活中发挥着重要的作用，故而历代统治者都重视修纂史书、研究历史。在中国，有意识地记载历史，首先是从官方开始的。早在先秦时期，我国就有了较为完备的史官制度。从那时候开始，官方始终把修史、治史当作国家政治生活当中的一件大事来看，并逐步成立专门的修史机构——史馆，组织人员进行修纂，日益呈现为制度化、规范化的特点。经过历朝历代的发展完善，到清代，史馆在组织、分工、管理、运作等方面都达到了中国古代史馆制度的顶峰。

清代史馆类型多样，有常开、例开、阅时而开和特开四种，这四种类型的史馆满足了清廷修纂不同史书的需要，很好地配合了清廷的各项政治活动。从记述帝王言行的起居注、实录到其他各种类型的史书，都被清廷纳入到史馆修史的范

---

① 《筹办夷务始末（道光朝）》凡例。
② 《筹办夷务始末（道光朝）》卷首，筹办夷务始末（道光朝）进书表。

围之内，覆盖了清代史学的方方面面。四种类型的史馆集常规性与灵活性于一体，形成互相补益的协调关系。常开、例开的史馆保证了清代官方史书修纂的稳定与持续，使一些重要的史籍，诸如起居注、实录、国史等能够持之以恒地编纂，为后人留下了丰富的史料。阅时而开、特开的史馆则往往根据清廷的政治、文化以及各种需要而开设，灵活而富有变通，所修史籍在现实政治中发挥了应有的作用，诸如《御批历代通鉴辑览》、《胜朝殉节诸臣录》、《贰臣传》、《古今储贰金鉴》、《开国方略》、《满洲源流考》、《皇舆西域图志》等史籍的修纂，都及时地配合了当时的政治形势，在维护王朝正统、风励臣节、教化臣民、彰扬盛世等方面发挥了重要作用，满足了政治需要。

　　清代史馆组织严密，在管理、调度等方面有一套较为成熟的运作方式，明显地吸收了前代设馆修史的经验，并在清代社会现实的基础上进行变通而成。有清一代，尽管史馆类型不一，设馆众多，但在组织上却能够相互参照，史馆众多而管理不乱。就史馆内部来讲，纂修人员被分为四大部分，即管理人员、纂修人员、佐修人员和勤杂人员，管理人员包括监修总裁、总裁、副总裁、提调，总裁、副总裁由皇帝任命，对皇帝负责。一般从内阁大学士、学士、翰林院掌院学士以及各部尚书、侍郎等人员中派充，方略馆总裁由军机大臣兼充，玉牒馆总裁由宗人府宗令兼充，组织史书修纂及各方面关系的协调；纂修人员是史馆修史的直接承担者，由总纂、纂修、协修等组成；佐修人员包括校对、翻译、誊录等，他们并不直接编纂史书，但对史书的善后工作起到了重要的作用；勤杂人员包括收掌、供事等，他们为史书的顺利修成提供后勤保障。这样严密的分工协作，标志着中国古代史馆制度的成熟。就史馆的管理来讲，有行之有效的管理办法。清代史无专官，史官从各个部门派充，史馆也没有人事权，基于这样的状况，清代史馆建立了一套较为严格的管理制度，制定"馆规"，建立考勤考绩制度，引入奖惩机制，从而保证了史书修纂的顺利完成。就资料征集来讲，由于修史常常是在"钦定"的情况下进行，故资料征集的渠道较为畅通，调取档案资料，中央各衙门咨取，地方各衙门呈送，实地调查，向民间征集，纂修官自行采集等多种形式并用，最大限度地调动各方面的积极因素，在聚集史料方面具有私家治史所难以企及的优势。总之，官方对史馆修史的控制和管理，在各个方面都发展到最为严密的程度。

　　史官是史馆修史的承担者，有清一代，史无专官，史官具有很大的流动性。史官的来源渠道多样，总的特征是以翰林院、内阁以及各部院衙门调取为主，以从民间荐举、延请以及招考录用和向各机构征用专门人才为辅。史官是官僚政治体制中的一分子，他随时会因各种需要而离馆他任，其来与去、走与留，都要视官僚政治的需要而定。史官在馆内修史，无论是惨遭横祸还是受到褒奖，都是出于政治因素。一般而言，史馆中每一位史官都不是以他个人的独立意愿、独立方式来完成修史工作的。史馆制度越成熟，修史越会贯彻官方整体的意志而不是个别史家的观点。清代史馆制度是中国古代史馆发展的顶峰，史馆修史更是一律仰承"圣裁"，体例、内容必须"钦定"。乾隆年间清高宗命国史馆修纂《贰臣传》，"以贰臣别为列传，新出圣裁，于旌别淑慝之中寓扶植纲常之意，允昭褒贬之至公，实为古今之通义"①，所有的官修史书，"虽编摩于众手，实禀受于圣裁"②。尽管如此，史官在史馆内仍然能够发表自己对修史的看法，提出自己的建议。史官出入史馆，也为私家治史提供了方便。由于不断出入史馆，史官往往备尝人格分裂之苦。史馆之内，必须按帝王意志修史，史馆之外，则可以秉笔批判现实，而这些，都是由专制政治的社会现实所决定的。

第三，清代史馆受清代政治、经济以及民族文化的影响，形成了自己的特色。

和前代相比，清代史馆制度的创设还带有民族的特点，它是满汉文化结合的产物，是满族文化逐步融入儒家文化的结果。

清代的史馆，最初并不是直接从传统史学中因袭而来，而是首先产生于满族文化自身。早在努尔哈赤时期，满族人就创造了本民族的文字——满文，用以记述本民族的历史和文化，编纂和汇抄文书档案，形成内容丰富的满文档册。这些满文档册实际上就是具有满族特色的史学的最初萌芽，它完全是在满族文化土壤中产生的，最初与汉民族的史学传统并无必然的联系。但是，随着后金政权不断对汉族地区的武力征服，他们也不断接触汉族先进文化，并最终被汉族文化所征服。在清入关前后，满洲人在制度上便开始由满洲旧制向仿从明制发展，在这一过程中，汉族史学传统亦开始影响其官方修史的品格。满清统治者开始将自唐代以来形成的史馆修史的制度与本民族的修史传统相结合，逐步形成自己的史学特色。这从顺康时期史馆建置的兴兴废废以及修史义例的变化也可以看出两种修史形式之间的磨合过程，国史馆、实录馆、起居注馆等重要史馆，在顺康时期一直

①　《四库全书总目》卷50《钦定续通志》条。
②　《四库全书总目》卷6《易经通注》条。

未能稳定发展，实际上就是满洲修史传统与汉族修史传统融合过程中必然出现的情况。到雍乾时期，二者才完全汇合，融入到传统史学的主流之中，使史馆修史迸发出旺盛的生命力。这是与唐、宋时期史馆制度的发展极不相同的地方。

另外，由于满汉文化的冲突和融合，清代史馆自始至终都烙上了这种文化印痕。就各个史馆的总裁、副总裁、纂修、协修等等职衔来看，都是满人、汉人各有比例，并严格规定下来的。所编纂的诸多史籍，诸如实录、起居注等等，也都是用汉、满、蒙三种文字缮写而成，至少是用满、汉两种文字缮写而成。在接受汉族传统史学的过程中，满族最初注重档册编纂的传统亦潜在地融入到整个史馆体制中，形成了大规模汇抄档案的传统，为史馆修史提供了极大的资料上的便利，从而导致有清一代史馆修史的繁荣。这些都说明在整个清代史馆制度发展的过程中，依然保留了满族文化的合理的内核。

清代史馆的兴盛衰亡与清代社会发展、政治变化密切相关。早在入关以前，清太祖、清太宗就十分重视把历史知识当作军政活动的指南，清太宗曾对女真人建立的金朝作了系统研究，总结历史经验，希望自己的文臣武将能像金太宗君臣一样，同心协力，共创天下。他还利用先秦名将吴起体恤士卒，以嘴为士兵吮脓的故事教育自己的将帅向吴起学习。这种动辄把历史经验与现实军政活动联系在一起的做法，在入关以后又得到进一步发展，并直接推动了史馆修史的发展。康熙、雍正、乾隆、嘉庆等帝王，每让史馆修纂一书，都有明确的政治目的，都有着强烈的以史辅政、以史教化的取向，都是应了某种政治的需要而编纂，是为了维护清朝的万载基业。可以说，在整个清代，政治上的需要总是促进史馆修史创新义例、开拓项目的最直接的因素。政治因素之外，社会经济等也是影响史馆修史发展的重要因素。顺康时期，除了政治上尚不稳定，经济上也还没有发展到最盛，虽然各类史馆都已设立，但修书的成就尚不是很大。到雍乾时期，政治稳定、经济发展，社会的富庶能够为史馆的发展提供经济的支持，故而修史成就明显超过前代。嘉庆以后，社会发生前所未有的变局，虽然政治上有强烈的修史的需求，但经济的衰败已无法支持史馆的各项开支，史馆修史逐步萎缩，总结历史经验、关注现实变动的任务，也不得不逐渐让位于私家修史。可见，作为官方控制的史馆，其盛衰也从一个方面折射了清王朝的盛衰。

第四，清代史馆是清代官方史学与社会政治之间互动的中间环节，它受政治影响而又作用于政治。

在清代，史馆是官方史学与社会政治之间互动关系的重要环节。清廷设立史馆修史，或多或少都带有某种政治目的，有着明显的政治化倾向。从清代设馆修史与政治活动的相互作用来看，存在显性和隐性两种情况。显性的情况是指清廷直接借修史进行政治对决，修纂史书成了统治者内部政治斗争的工具，这种情况在顺、康、雍时期都出现过，诸如顺治朝刚林之狱、康熙朝《清世祖实录》的纂修、雍正朝隆科多之狱等，都和史馆修史纠结在一起。和显性的情况相比，隐性的情况更为常见，统治者把修史当作政治教化的工具，垂训、鉴戒、惩劝、教化、资治、明道等经世致用的作用，在官方史学中体现的最为直接。

　　清代史馆受制于皇帝，和内阁、军机处、翰林院等中央中枢机构和文教机构都有密切联系，故而在修史时融入了更多的帝王立场和朝廷意志。总起来讲，清代史馆修史在主体和实质上并未超出以往传统史学所具备的内容范围，又常常把皇帝的见解用之于史馆修史，使之成为官方史学的历史观和史学思想，从而形成了重视纲常名教、伦理道德、政治说教等思想特点。其他诸如对以史为鉴、以史资治的论述，对彰善瘅恶、信今传后史学标准的论述，也蕴含着帝王立场和眼光，往往是从帝王统驭天下、巩固其亿万年基业的角度看问题。比如雍正、乾隆皇帝，一再指示史馆修史要信今传后，标榜作史要大公至正、公是公非，所谓"史书务纪其真"①，"作史乃千秋万世之定论，而非一人一时之私言"②，但是，由于帝王立场在作祟，史馆又不断修改实录，修改史书文句，不惜削足适履以符合当权者的立场，所谓的信史观念在政治要求下不能不大打折扣。

　　史馆修史还存在对史学予以垄断的意识。史馆既然依靠专制政权，必然要充当帝王代言人。乾隆皇帝云："朕每览历代史册，褒讥率无定评，即良史如司马迁，尚不免逞其私意，非阿好而过于铺张，即怨嫉而妄为指摘，其他更可知矣……今悉据事核实，立为表传，总裁大臣公同商榷，朕复亲为裁定，传之万世，使淑慝并昭，而衮钺不爽，不更愈于自来秉史笔者之传闻异词，而任爱憎为毁誉者耶。"③ 明确地表达了本朝国史不容私撰的观念。这样的观念被贯彻到史馆修史之中，就是要通过官方修史，由朝廷垄断历史的解释权。清代史馆修史的体例、内容等等皆由帝王做出裁决和审定，帝王又常常利用官方的人力、物力、财力等条件，广开修史项目，甚至把以前为私家修纂的史书——比如"三通"、

"纲目"等史籍——转变为由官方修纂，被纳入到史馆修史的体系中。在大兴文字狱的配合下，一定程度上形成皇帝主宰官方修史，官方修史占据修史要津的局面。

史馆修史在思想上鲜有实质性的创新，保守色彩浓重，这主要还是由政治对史学的要求和控制所决定的。清代官方修史热衷于将纲常名教贯彻于史学，钟情于宣扬皇朝的文治武功。鼎盛时期是如此，衰败时期还是如此。乾隆年间官修《皇清职贡图》，载有朝鲜、英国、法国、日本、荷兰、俄罗斯等 20 余国以及西藏、新疆、东北、福建、湖南、广东、广西、甘肃、四川、云南、贵州等地各民族的情况，绘有 300 余种外国和国内各民族、部落男女的图像，并附有图说，记载了各族的族源、居地、历史、姓氏、婚姻、服饰、习俗等，按说，这是一部清廷了解外部世界的很重要的史书，但清廷这样阐释该书的修纂目的："此书及《西域图志》皆以纪盛德昭宣无远弗届，为亘古之所未有。《西域图志》恭录于都会郡县类中，此则恭录于外纪者，西域虽本外国，而列戍开屯，筑城建邑，已同内地一省，入于都会郡县，所以著辟地之广，彰圣武也。职贡诸方，多古来声教所不及，重译所未通，入于外纪，所以著格被之远，表圣化也。"① 如果说乾隆鼎盛时期还可以"彰圣武"、"表圣化"的话，到咸丰、同治时期，外国帝国主义东来，割地赔款，奇耻大辱，但官方修纂的《筹办夷务始末》却把这种情况比拟成汉朝的"呼韩向化"和唐朝的"回纥输诚"②。官方史学中这种不知变通的史学思想必然影响到官修史籍的思想价值。其他像以史为鉴、以史资治和史学传信的观点，也均不出传统史学已有的思想内容。所可肯定者，在于官修史书在维系"大一统"政局、宣扬国家一统、中外一家方面起到了凝固人心的作用。

史学与政治的交互作用，有消极的一面，也有积极的一面。消极的一面，如上所述，官方从某种政治立场出发干预史学、利用史学。积极的一面，就是有效地发挥了史学在治国安邦方面的重要作用，真正实现了"史籍为用"的社会价值。

第五，清代史馆修史、幕府修史与私家治史之间既存在矛盾，又互相影响，都与政治的因素密不可分。

在中国古代，长期以来一直存在官方修史和私家修史两种修史形式，到清

---

① 《四库全书总目》卷 71《皇清职贡图》条。
② 《筹办夷务始末（咸丰朝）》卷首，筹办夷务始末（咸丰朝）进书表。

代，由于幕府开始重视文化事业，又出现了幕府修史的情况。这也是清代史学不同于前代的一个很重要的方面。就清代来讲，史馆修史与私家治史、幕府修史是相互影响的。它们之间既相互斗争，又相互补益。由于史馆修史有专制政权做后盾，故而一直居于清代史学的要津地位，长期占据当代史的编纂，私家及幕府往往被逼到研治古代史的领域。具体到某一修史领域，凡不利于清廷统治的私家治史，都会受到史馆修史的抑制与打压，最明显的就是在明史研究领域，官方设《明史》馆修撰《明史》，就是要把对明代历史的解释权收归官方，打击清初私家修纂明史的兴盛局面，尤其是打击借修纂明史抒发故国之情，表达对清朝的不满的思想倾向。设立《明史》馆，拉拢明末遗民，再辅以文字狱，两面夹击，最终是官方彻底垄断了对明代历史的解释，私家治明史之风消沉下去。但是，对于有利于自身统治的私家治史倾向，清廷则网开一面，甚至鼓励这种倾向的发展，比如官方修纂《大清一通志》，就直接刺激了私家、幕府的方志修纂，刺激了方志学理论的发展。在一些研究方法上，史馆修史也往往影响私家治史，比如官方修纂《皇舆西域图志》利用实地勘测的方法，就被嘉庆间学者祁韵士、徐松等人所祖述。徐松在遣戍伊犁的几年时间里，广为考察新疆南北路之舆地，"自出关以来，于南北两路壮游殆遍。每有所适，携开方小册，置指南针，记其山川曲折，下马录之。至邮舍则进仆夫、驿卒、台弁、通事，一一与之讲求。积之既久，绘为全图，乃编稽旧史、方略及案牍之关地理者笔之"①。这正是《皇舆西域图志》所倡导的治史方法。与此同时，私家治史并不是完全被动地受制于官方修史，私家学者的思想得到官方的推崇，可以转化为官方长久推行的思想原则，董仲舒的"大一统"的政治历史观，朱熹的系统化的历史正统的理论，都成为后世官方的历史哲学。就是在官方比较重视的明史研究领域，乾隆时期修纂《胜朝殉节诸臣录》表彰明末忠节之士，重新论定明朝正统结束于南明福王灭亡，这些看法最早也是由清初私家治史者率先提出来的。另外，史学发展积累成的一些史学传统，诸如惩恶劝善、鉴戒垂训、经世致用等史学宗旨，直书实录、信今传后的治史态度等等，成为官方和私家共同遵循的原则，为二者共同信奉。

就整个清代史学的发展演化来看，史馆修史在其中确实起到了很重要的作用，但是，由于时代的变迁和社会政治形势的变化，史馆修史并不能完全掌控整个史学思想的发展大势。这主要有两个方面的原因，其一，就清代来讲，很多史

---

① 《清史列传》卷73《徐松传》。

书，特别是常开、例开史馆修纂的史书，比如国史、起居注、实录、玉牒等，仅作翻检查考之用，而非普通的阅读书籍。从某种意义上说，属于国家的机密档案，未经特许，不得查阅。翻检《清实录》可知，除了皇帝不断阅读前朝实录，以取得治国经验以外，外间很难看到。即便有些史书，如圣训、方略等，皇帝时常颁赐大臣，也只是在官僚集团中流传，民间也不易看到。只有那些特开史馆的史书，才在社会上流传，影响清代史学的走向。可以说，由于官方史书流传不广，限制了它们在社会上的影响力。其二，中国史学所形成的一套理论与方法，尽管受官方学术影响，但其发展已经有了自身的内在理路，可能在某些时期会出现一些曲折，但大的发展趋势是不以官方的意志为转移的。在中国古代，史家的独立性一直被看作是中国史学的优良传统之一，表面上看，官方似乎牢牢控制着修史大权，而实际上，私家史学思想对官方的游离是明显的，它时而隐蔽，时而显露，顽强的发展着。社会和时代的变迁在官方修史和私家撰史两个方面都会起作用，但由于私家治史受统治者的直接控制较少，历来是中国史学发展史中最活跃的因素，他们对时代变迁更为敏感，往往是时代思潮的引领者，而官方史学由于过于保守，以及明显的政治利益的作用，对外部世界的变化反应迟滞。这就是为什么晚清私家治史反超史馆修史之前，引领史学发展的新潮流，而史馆修史却僵化至死的主要原因。

附录：清代史馆所修史籍表

说明：①此表根据《国朝宫史》、《国朝宫史续编》、《啸亭杂录》、《养吉斋丛录》、《清史稿艺文志》、《清史稿艺文志补编》、《清史稿艺文志拾遗》的著录以及其他一些文献记载加以补充制成。

②此表所列仅为见之于文献著录者，起居注馆编纂的历朝帝王起居注，玉牒馆编纂的皇室玉牒，国史馆编纂的本朝国史以及十年编纂一次的《皇清奏议》，则例馆编纂的历朝各种则例以及各种各样的谕旨、奏折等，因未经全面整理，均没有著录或著录不全。清代官修史书的实际数量要远远超过本表所列。

③对于各书著录的差异，凡笔者看出错误者，均略加考证，以备参稽。

正史类：

《明史》332 卷，顺治二年敕修，康熙十八年大规模修纂，乾隆四年书成表进①。

《辽金元三史国语解》46 卷，乾隆三十六年敕撰②。

《太祖高皇帝本纪》2 卷。

《太宗文皇帝本纪》4 卷。

《世祖章皇帝本纪》8 卷。

《圣祖仁皇帝本纪》24 卷。

《世宗宪皇帝本纪》8 卷。

---

① 《明史》卷数，《国朝宫史》著录为三百三十二卷，《四库全书总目》、《清史稿艺文志》均著录为三百三十六卷。考诸《明史》，其目录原分四卷，正文三百三十二卷。以三百三十二卷言之者，盖言正文也。以三百三十六卷言之者，盖合目录与正文统言之。《啸亭杂录》言《明史》为三百六十卷，误。

② 《辽金元三史国语解》的敕撰年代，《四库全书总目》、《清史稿艺文志》均著录为"乾隆四十六年敕撰"。《国朝宫史续编》著录为"乾隆三十六年奉敕校正"。考《清高宗实录》卷 898 "乾隆三十六年十二月戊寅"，乾隆谕云："前以批阅《通鉴辑览》，见前史所载辽、金、元人、地、官名率多承讹袭谬……命馆臣就辽、金、元史《国语解》内人地、职官、氏族及一切名物象数，详细厘正。……今金《国语解》业已订正藏事。"由此，参考《国朝宫史续编》的记载，可断定《辽金元三史国语解》敕撰年代为乾隆三十六年，四十六年之说为误。

《钦定国史列传》1142 篇，天命元年起至乾隆年止①。

《钦定国史年表》24 册。

《钦定国史忠义传》392 篇②。

《钦定国史循吏传》4 卷，清国史馆抄本。

《钦定国史贰臣传》30 卷，分甲乙编③。

《钦定国史逆臣传》2 卷。

《宗室王公功绩表传》12 卷，乾隆四十六年敕撰，嘉庆二年校刊。

《钦定蒙古回部王公表传》120 卷，乾隆四十四年敕撰，嘉庆七年校刊④。

《钦定恩封宗室王公表传》不分卷，乾隆四十一年敕修，四十九年校刊。

编年类：

《满洲实录》8 卷，（又题《太祖实录战图》），太宗天聪九年修成。

《清太祖实录》10 卷，首卷 3 卷，崇德元年敕纂，康熙二十一年圣祖重修，雍正十二年敕加校订⑤。

《清太宗实录》65 卷，首卷 3 卷，顺治九年敕纂，康熙十二年圣祖重修，雍正十二年敕加校订⑥。

《清世祖实录》144 卷，首卷 3 卷，康熙六年敕纂，雍正十二年敕加校订⑦。

《清圣祖实录》300 卷，首卷 3 卷，康熙六十一年十二月，世宗敕纂⑧。

---

① 王绍曾《清史稿艺文志拾遗·史部·正史类》云"《钦定国史大臣列传》存十卷，清国史馆抄本"。

② 王绍曾《清史稿艺文志拾遗·史部·正史类》云"《钦定国史忠义传》四十八卷，清内府抄本"。

③ 王绍曾《清史稿艺文志拾遗·史部·正史类》云"《钦定国史贰臣传》二十卷，乾隆抄本。《钦定国史贰臣传甲编》四卷，国史馆撰，乾隆内府抄本"。

④ 《四库全书总目》著录有"《钦定蒙古王公功绩表传》十二卷，乾隆四十四年敕撰"。不知是否与此书为一书。另，王绍曾《清史稿艺文志拾遗·史部·正史类》云："《钦定外藩蒙古回部王公表传》一百二十卷，清国史馆撰，乾隆四十四年内府抄本。又清抄本王公以下有'功绩'二字。"

⑤ 《国朝宫史》著录为十卷。《国朝宫史续编》、《清史稿艺文志》均著录为十三卷，盖以正文与首卷卷数合言之。

⑥ 《国朝宫史》著录为六十五卷。《国朝宫史续编》、《清史稿艺文志》均著录为六十八卷，盖以正文与首卷卷数合言之。

⑦ 《国朝宫史》著录为一百四十六卷。《国朝宫史续编》、《清史稿艺文志》均著录为一百四十七卷，盖以正文与首卷卷数合言之。《国朝宫史》以为一百四十六卷，不知何据。

⑧ 《国朝宫史》著录为三百卷。《国朝宫史续编》、《清史稿艺文志》均著录为三百三卷，盖以正文与首卷卷数合言之。

《清世宗实录》159 卷，首卷 3 卷，雍正十三年敕纂。

《清高宗实录》1500 卷，首卷 5 卷，嘉庆四年敕纂。

《清仁宗实录》374 卷，首卷 4 卷，道光四年敕纂。

《清宣宗实录》476 卷，首卷 5 卷，道光三十年敕纂①。

《清文宗实录》356 卷，首卷 4 卷，同治元年敕纂。

《清穆宗实录》374 卷，首卷 4 卷，光绪五年敕纂②。

《清德宗实录》597 卷，首卷 4 卷，宣统时敕纂③，民国十年成书。

《宣统政纪》70 卷，首卷 1 卷，修于民国十七年。

《御批历代通鉴辑览》116 卷，附《明唐桂二王本末》3 卷，乾隆三十二年奉敕撰④。

《御定通鉴纲目三编》40 卷，乾隆四十年敕撰⑤。

《开国方略》32 卷，乾隆三十八年敕撰。

《钦定明鉴》24 卷，托津等奉敕撰，嘉庆间内府刻本。

纪事本末类：

《平定三逆方略》60 卷，康熙二十一年，勒德洪等奉敕撰。

《平定察哈尔方略》2 卷，康熙二十一年前后，勒德洪等奉敕撰。

《平定海寇方略》4 卷，撰者不详，约撰成于康熙二十二年平定台湾之后。

《平定罗刹方略》4 卷，撰者不详，约撰成于康熙二十四年。

---

① 《清宣宗实录》的敕撰年代，《清史稿艺文志》著录为咸丰二年，误。考《清文宗实录》，道光三十年二月癸未，"恭修宣宗成皇帝实录，命大学士穆彰阿为监修总裁官，协办大学士、户部尚书祁寯藻、吏部尚书文庆、户部尚书赛尚阿、工部尚书杜受田为总裁官……"，由此，《宣宗实录》的敕撰年代为道光三十年二月。

② 《清穆宗实录》的敕撰年代，《清史稿艺文志》著录为光绪五年，误。考《清德宗实录》，光绪五年十一月甲午，"本日，穆宗毅皇帝《圣训》、《实录》告成，朕于卯刻吉时，御殿受书"，可知光绪五年为撰成之年，而非敕撰之年。

③ 《清史稿艺文志》著录为五百六十一卷，误。

④ 关于《御批历代通鉴辑览》的修纂，《四库全书总目》、《清史稿艺文志》均著录为"乾隆三十二年奉敕撰"，乔治忠曾考证其误，见《清朝官方史学研究》，台北文津出版社 1994 年版。笔者在翻阅资料时，发现最迟在乾隆二十四年，《通鉴辑览》已开始编修，《清史列传》卷 71《文苑传二·杨述曾传》载杨述曾"（乾隆）二十四年，充《通鉴辑览》馆纂修官"。足以说明史馆已开。

⑤ 《国朝宫史》云："《御撰通鉴纲目三编》一部，皇上命明史馆诸臣仿朱子《通鉴纲目》义例，编纂明事为《通鉴纲目三编》，亲定成书。凡二十卷，乾隆十一年校刊。"

《亲征平定朔漠方略》48 卷，康熙三十六年奉敕撰①。

《平定金川方略》32 卷，乾隆十四年，来保等奉敕撰②。

《平定准噶尔方略前编》54 卷，《正编》85 卷，《续编》33 卷，共 172 卷，乾隆二十年，傅恒等奉敕撰③。

《临清纪略》16 卷，乾隆三十九年敕撰④。

《平定两金川方略》152 卷，乾隆四十一年，阿桂等奉敕撰，四十六年成书奏进。

《兰州纪略》20 卷，乾隆四十六年敕撰⑤。

《石峰堡纪略》20 卷，乾隆四十九年敕撰。

《台湾纪略》70 卷，乾隆五十三年敕撰。

《安南纪略》32 卷，乾隆五十六年敕撰。

《廓尔喀纪略》54 卷，卷首 4 卷，乾隆六十年撰成。

《巴布勒纪略》26 卷，约乾隆六十年撰成。

《平苗纪略》52 卷，卷首 4 卷，嘉庆元年，鄂辉等奉敕撰⑥。

《剿平三省邪匪方略前编》361 卷，《续编》36 卷，《附编》12 卷，共 409

---

① 《清史稿艺文志》著录该书"康熙四十七年，温达等奉敕撰"，误将撰进之年当作敕撰之年。据《清圣祖实录》卷 174，康熙三十五年七月丙辰，动议编纂事宜。康熙三十六年六月丁丑，才组成纂写班子，以大学士伊桑阿等人为总裁官，开始编纂（《清圣祖实录》卷 184）。另，《四库全书总目》误将该书著录为四十卷。

② 《四库全书总目》、《清史稿艺文志》均著录该书为"乾隆十三年，来保等奉敕撰"，误。考《清高宗实录》卷 338，乾隆十四年四月甲申，"大学士等奏请编辑《平定金川方略》，酌拟十有五条。……张廷玉、来保著充正总裁官"。可知该书于乾隆十四年四月始撰。另，《国朝宫史》著录为二十六卷，此未将附载的御制诗文一卷、诸臣纪功诗文五卷计算在内。

③ 《四库全书总目》、《清史稿艺文志》著录该书为"乾隆三十七年撰"，误。《清高宗实录》卷 492，乾隆二十年七月甲戌，"大学士公傅恒等奏，平定准噶尔大功告成，请编方略，以垂永久"。再据《清史列传》卷 20《傅恒传》载傅恒"（乾隆）二十年……七月，充《平定准噶尔方略》正总裁"。卷 19《汪由敦传》也记载汪由敦"（乾隆）二十年……七月，充《平定准噶尔方略》正总裁"。有力说明乾隆二十年为《平定准噶尔方略》始撰之年。

④ 《清史稿艺文志》著录该书为"乾隆四十二年撰"，误将撰进之年当作始撰之年。

⑤ 《国朝宫史续编》作二十四卷。

⑥ 关于该书卷数，《国朝宫史续编》著录为五十六卷，《清史稿艺文志》作五十二卷，实际是正文五十二卷，卷首四卷。另，《清史稿艺文志》认为该书嘉庆二年始撰，误。据《国朝宫史续编》卷 85《书籍·方略》，始撰之年当为嘉庆元年，嘉庆二年为撰成之年。

卷，嘉庆七年，庆桂等奉敕撰①。

《平定教匪纪略》42 卷，卷首 1 卷，嘉庆二十一年，托津等奉敕撰。

《平定回疆剿捦逆裔方略》80 卷，道光八年，曹振镛等奉敕撰。

《剿平粤匪方略》420 卷，同治七年始撰，十一年告成②。

《剿平捻匪方略》320 卷，同治七年始撰，十一年告成③。

《平定陕甘新疆回匪方略》320 卷，卷首 1 卷，光绪十四年始撰，二十二年成书④。

《平定云南回匪方略》50 卷，光绪二十二年成书。

《平定贵州苗匪纪略》40 卷，光绪二十二年成书。

《筹办夷务始末（道光朝）》80 卷，咸丰元年，文庆等奉敕撰，六年九月进呈。

《筹办夷务始末（咸丰朝）》80 卷，同治元年，贾桢等奉敕撰，六年四月进呈。

《筹办夷务始末（同治朝）》100 卷，宝鋆奉敕撰，光绪六年进呈。

别史类：

《历代纪事年表》100 卷，康熙五十一年，王之枢等奉敕撰。

诏令奏议类：

《太祖高皇帝圣训》4 卷，康熙十年令儒臣恭辑，二十一年重修⑤。

《太宗文皇帝圣训》6 卷，顺治时敕编，未及成书，康熙十四年续辑，二十一年重修。

《世祖章皇帝圣训》6 卷，康熙二十一年敕编。

《圣祖仁皇帝圣训》60 卷，雍正九年敕编。

《世宗宪皇帝圣训》36 卷，乾隆五年敕编。

《高宗纯皇帝圣训》300 卷，嘉庆四年敕编。

《仁宗睿皇帝圣训》110 卷，道光四年敕编。

---

① 《清史稿艺文志》著录为"嘉庆十五年，庆桂等奉敕撰"，误。据《国朝宫史续编》，始撰之年为嘉庆七年。又据梁章矩《枢垣纪略》卷 8《恩叙三》，嘉庆十五年为该书告成之年。

② 《清史稿艺文志》只著录成书之年。

③ 《清史稿艺文志》只著录成书之年。

④ 《清史稿艺文志》只著录成书之年。

⑤ 《清史稿艺文志》著录为"康熙二十五年敕编"，误。

《宣宗成皇帝圣训》130 卷，咸丰六年敕编。

《文宗显皇帝圣训》110 卷，同治五年敕编。

《穆宗毅皇帝圣训》160 卷，光绪五年敕编。

《亲政纶音》不分卷，顺治时敕编。

《康熙诏书》1 卷，康熙间敕撰。

《上谕内阁》159 卷，雍正七年敕刊，乾隆时续刊①。

《硃批谕旨》360 卷，雍正十年敕编，乾隆三年告成②。

《上谕八旗》13 卷，《上谕旗务议覆》12 卷，《谕行旗务奏议》13 卷，雍正九年敕编③。

《训饬州县条规》20 卷，雍正八年敕刊。

《钦定明臣奏议》40 卷，乾隆四十六年奉敕编④。

传记类：

《八旗满洲氏族通谱》80 卷，乾隆九年校刊。

《圣朝殉节诸臣录》12 卷，乾隆四十一年敕撰。

《满汉名臣传》80 卷，乾隆时敕撰。

《功臣传初集》86 卷，天命元年至雍正十三年。

《功臣传二集》28 卷，乾隆元年至二十五年。

《钦定功臣传三集》65 卷，乾隆四十四年敕纂。

《钦定功臣传四集》12 卷，乾隆五十三年敕纂。

《钦定功臣传续集》66 卷，乾隆五十九年敕纂。

《钦定功臣传续集》23 卷，乾隆六十年敕纂。

《钦定功臣传续集》72 卷，嘉庆三年敕纂。

《钦定功臣传续集》96 卷，嘉庆八年敕纂。

---

① 《国朝宫史》只标明雍正七年所编"凡二十四册"，乾隆续编"凡八册"，未注明卷数。

② 《国朝宫史》只标明雍"共一百一十二册"，未注明卷数。

③ 《国朝宫史》著录为"《世宗宪皇帝上谕八旗》一部，《上谕旗务议覆》一部，《谕行旗务奏议》一部，世宗宪皇帝命编次旗务谕奏，依编年体，初编自康熙六十一年十一月至雍正五年十二月，各五卷。续编自雍正六年正月至十年十二月，卷数如前，统为三十卷"。

④ 《清史稿艺文志》著录为"二十卷"。

时令类：

《月令辑要》24 卷，《图说》1 卷，康熙五十四年，李光地等奉敕撰。

《钦定授时通考》78 卷，乾隆七年校刊。

地理类

《皇舆表》16 卷，康熙十八年命纂，四十三年，复命增辑朝贡属国①。

《方舆路程考略》不分卷，康熙时，汪士鋐等奉敕撰。

《（康熙）大清一统志》356 卷，康熙二十五年始撰，乾隆八年成书②。

《（乾隆）大清一统志》424 卷，乾隆二十九年敕撰，乾隆四十九年成书③。

《嘉庆重修一统志》560 卷，嘉庆十六年敕撰，道光二十二年成书。

《皇朝职贡图》9 卷，乾隆十六年，傅恒等奉敕撰。

《钦定满洲源流考》20 卷，乾隆四十二年，阿桂等奉敕撰。

《钦定热河志》120 卷，乾隆四十五年奉敕撰④。

《钦定日下旧闻考》160 卷，乾隆三十九年敕撰⑤。

《钦定盛京通志》130 卷，乾隆四十四年，阿桂等奉敕撰⑥。

《新疆识略》13 卷，道光元年，汪廷珍等奉敕撰。

《盘山志》21 卷，乾隆十九年，蒋溥等奉敕撰⑦。

《清凉山新志》10 卷，康熙间敕撰。

《钦定清凉山志》22 卷，乾隆五十年奉敕重修。

《钦定皇舆西域图志》48 卷，卷首 4 卷，乾隆二十一年，刘统勋等奉敕撰⑧。

《钦定河源纪略》35 卷，乾隆四十七年敕撰。

---

① 《清史稿艺文志》云："康熙四十三年，喇沙里等奉敕撰。"语焉不详。

② 《清史稿艺文志》云："三百四十卷，乾隆八年敕撰"，误。

③ 《四库全书总目》、《清史稿艺文志》均著录为"五百卷"，因袭者众多。张元济谓《总目》"强析原卷以为厥数"，见《嘉庆重修一统志》张元济跋。

④ 《四库全书总目》及《清史稿艺文志》著录为"八十卷"，误。

⑤ 《四库全书总目》及《清史稿艺文志》均著录为"一百二十卷"，误。

⑥ 《四库全书总目》及《清史稿艺文志》均著录为"一百二十卷"，误。另，《国朝宫史》著录有"《钦定盛京通志》一部，乾隆九年，皇上驾幸盛京，敬瞻列祖开创之绩，陪京宏盛之规，而旧纂通志一书，未为精核，特命重修，三十二卷，乾隆十二年校刊"。这是第一次重修《盛京通志》。

⑦ 《国朝宫史》著录为"十六卷"。

⑧ 《国朝宫史》著录为"四十六卷"。

《西湖志纂》12 卷，乾隆十六年，梁诗正奉敕撰。

职官类：

《词林典故》8 卷，乾隆九年，鄂尔泰等奉敕撰。

《皇朝词林典故》64 卷，嘉庆十年，朱珪等奉敕撰。

《国子监志》62 卷，乾隆四十三年，梁国治等奉敕撰。

《钦定历代职官表》72 卷，乾隆四十五年敕撰①。

政书类：

《康熙大清会典》162 卷，康熙二十三年敕修。

《雍正大清会典》250 卷，雍正二年敕撰。

《乾隆大清会典》100 卷，《会典则例》180 卷，乾隆十二年，履亲王允祹奉敕撰。

《嘉庆大清会典》80 卷，《图》132 卷，《事例》920 卷，嘉庆六年始撰。

《光绪大清会典》100 卷，《图》270 卷，《事例》1220 卷，光绪十二年始撰。

《续通志》640 卷，乾隆三十二年敕撰。

《续通典》150 卷，乾隆三十二年敕撰②。

《续文献通考》252 卷，乾隆十二年敕撰。

《皇朝通典》100 卷，乾隆三十二年敕撰。

《皇朝通志》126 卷，乾隆三十二年敕撰③。

《皇朝文献通考》300 卷，乾隆十二年敕撰，二十年命自开国后自为一书④。

《幸鲁盛典》40 卷，康熙二十三年，孔毓圻编。

《万寿盛典》120 卷，康熙五十二年，王原祁等编。

《南巡盛典》120 卷，乾隆三十一年，高晋等编。

《八旬万寿盛典》120 卷，乾隆五十四年，阿桂等编。

《西巡盛典》24 卷，嘉庆十六年，董诰等编。

《大清通典》40 卷，乾隆元年敕撰。

---

① 《清史稿艺文志》著录为"六十三卷"。
② 《国朝宫史续编》及《四库全书总目》著录为"一百四十四卷"，误。
③ 此为《清通志》实际卷数，《四库全书总目》著录为"二百卷"，误。
④ 《四库全书总目》及《清史稿艺文志》均著录为"二百六十六卷"，误。

《皇朝礼器图式》18 卷，乾隆二十四年敕撰①。

《满洲祭神祭天典礼》6 卷，乾隆四十二年敕撰。

《国朝宫史》36 卷，乾隆七年，鄂尔泰、张廷玉等奉敕撰。

《国朝宫史续编》100 卷，嘉庆五年，庆桂、王杰、董诰等奉敕撰。

《钦定大清通礼》50 卷，乾隆元年奉敕撰。

《大清通礼》54 卷，道光四年敕撰。

《学政全书》80 卷，乾隆三十九年，素尔纳等奉敕撰②。

《磨勘简明条例》2 卷，《续》2 卷，乾隆时奉敕撰③。

《科场条例》60 卷，光绪十四年奉敕撰④。

《奏定学堂章程》不分卷，光绪二十九年，管学大臣奉敕撰。

《吏部铨选则例》17 卷，嘉庆十年敕撰。

《吏部处分则例》52 卷，《验封司则例》6 卷，《稽勋司则例》8 卷，道光十年敕编，光绪十三年重修。

《赋役全书》100 卷，顺治间敕撰。

《孚惠全书》64 卷，乾隆六十年，彭元瑞奉敕撰。

《辛酉工赈纪事》38 卷，嘉庆六年敕撰。

《户部漕运全书》96 卷，光绪二年敕撰。

《八旗通志初集》250 卷，雍正五年，鄂尔泰奉敕撰。

《八旗通志》354 卷，乾隆三十七年，福隆安等奉敕撰。

《八旗则例》12 卷，乾隆三十七年，福隆安等撰⑤。

《钦定宫中现行则例》不分卷，乾隆七年校刊。

《刑部则例》2 卷，康熙十八年敕撰。

---

① 《四库全书总目》及《清史稿艺文志》均著录为"二十八卷"。

② 《国朝宫史》云："《钦定学政全书》一部，乾隆五年，皇上特命礼部纂成《学政全书》，以便遵守。钦定成书，凡八卷。嗣后积年续增，凡四卷，俱校刊颁行。"可知这类书籍是不断续增的。符合邓之诚在《中华两千年史》中"则例必五年一小修，十年一大修"的说法。

③ 《国朝宫史》云："《钦定磨勘简明条例》一部，乾隆二十五年，礼部编纂《磨勘简明条例》进呈，钦定成书，以昭遵守，凡二卷，又续增二卷，嗣后随时续纂，俱校刊颁行。"

④ 《国朝宫史》云："《钦定科场条例》一部，乾隆六年，礼部编纂科场条例进呈，钦定成书，以昭遵守。凡四卷，又续增四卷，又续增上下二卷，嗣后随时续纂，俱校刊颁行。"

⑤ 《国朝宫史》云："《八旗则例》一部，乾隆六年，兵部遵旨将八旗都统所奏八旗则例归并兵部纂修告成，为四卷，乾隆二十六年增修，校刊颁行。"

《工部则例》50 卷，乾隆十四年，史贻直等奉敕撰。

《工部续增则例》95 卷，乾隆二十四年，史贻直奉敕撰。

《钦定吏部则例》66 卷，张廷玉等纂修，乾隆七年武英殿刻本。

《钦定吏部则例》66 卷，乾隆二十六年增修，校刊颁行。

《钦定吏部则例》66 卷，乾隆三十七年，傅恒等奉敕撰。

《钦定吏部则例》68 卷，阿桂等纂修，乾隆四十八年武英殿刻本。

《钦定吏部则例》68 卷，保守等撰，乾隆六十年武英殿聚珍本。

《户部则例》120 卷，乾隆四十一年，于敏中等奉敕撰。

《户部则例》100 卷，同治十二年，潘祖荫等奉敕撰。

《礼部则例》194 卷，乾隆四十九年，德保等奉敕撰。

《兵部处分则例》39 卷，道光五年，明亮等奉敕撰。

《金吾事例》10 卷，咸丰三年，步军统领衙门奉敕撰。

《内务府则例》4 卷，光绪十年，福锟等奉敕撰。

《钦定宗人府则例》32 卷，戴铨等奉敕撰，道光刻本。

《宗人府则例》20 卷，光绪十四年，世铎等奉敕撰。

《钦定理藩院则例》63 卷，《通例》2 卷，赛尚阿等奉敕撰，道光二十三年刻本。

《理藩院则例》64 卷，光绪十七年，松森等奉敕撰。

《钦定河工实价则例章程》不分卷，工部奉敕撰。

《钦定户部则例》126 卷，《礼部则例》202 卷，于敏中编。

《工部则例》116 卷，文煜编。

《兵部处分则例》76 卷，伯麟等奉敕撰。

《光禄寺则例》104 卷，松峻等奉敕修。

《续修中枢政考》72 卷，明亮等奉敕撰。

《内务府续纂现行则例》4 卷，奎俊等奉敕撰。

《钦定兵部督捕现行则例》1 卷，索额图等奉敕撰。

《工部续增则例》136 卷，曹振镛奉敕纂。

《中枢政考》31 卷，《八旗则例》12 卷，鄂尔泰等奉敕撰。

《户部则例》100 卷，载龄等奉敕修。

《吏部铨选则例》21 卷，锡珍等奉敕修。

《钦定中枢政考》168 卷（包括《绿营中枢政考》76 卷、《八旗中枢政考》60 卷、《八旗则例》32 卷），乾隆五十年敕修。

《中枢政考》32 卷，嘉庆二十年，明亮等奉敕撰。

《中枢政考续纂》72 卷，道光九年，长龄等奉敕撰。

《钦定户部鼓铸则例》10 卷，乾隆三十一年敕修，三十四年校刊。

《钦定太常寺则例》120 卷，乾隆三十四年敕修。

《钦定宫中现行则例》4 卷，嘉庆十年重修。

《督捕则例》2 卷，乾隆二年，徐本等奉敕撰。

《大清律例》47 卷，乾隆五年，三泰等奉敕撰。

《大清律续纂条例》2 卷，乾隆二十五年刑部奏请续纂。

《大清律续纂条例总类》2 卷，乾隆二十五年敕撰。

《五军道里表》4 卷，乾隆四十四年，福隆安等奉敕撰。

《五军道里表》18 卷，明亮等奉敕撰，嘉庆刻本。

《三流道里表》4 卷，乾隆四十九年，阿桂等奉敕撰①。

《清现行刑律》36 卷，《秋审条款》1 卷，光绪时，沈家本等奉敕撰。

《禁烟条例》1 卷，光绪时，耆善等奉敕撰。

《物料价值则例》220 卷，乾隆三十三年，陈宏谋等奉敕撰。

《武英殿聚珍板程式》1 卷，乾隆三十八年，金简等奉敕撰。

《工部军器则例》60 卷，嘉庆十六年，刘权之等奉敕撰。

《钦定军器则例》36 卷，乾隆十六年纂辑，二十一年校刊颁行②。

《军器则例》24 卷，嘉庆十九年敕撰。

目录类

《天禄琳琅书目》10 卷，乾隆四十年敕撰。

《天禄琳琅书目后编》20 卷，嘉庆二年敕撰。

《四库全书总目提要》200 卷，乾隆三十七年，纪昀等奉敕撰。

《四库全书简明目录》20 卷，乾隆三十九年，纪昀等奉敕撰。

---

① 《国朝宫史》云："《三流道里表》一部，雍正十年，世祖宪皇帝特命纂成三流道里表，乾隆八年，刑部奏请重修刊行，四卷。"

② 王绍曾《清史稿艺文志拾遗·史部·政书类》著录为"二十卷"。

金石类：

《西清古鉴》40 卷，乾隆十四年，梁诗正等奉敕编。

《西清续鉴甲编》20 卷，《附录》1 卷，乾隆五十九年集成。

《校正淳化阁帖释文》10 卷，乾隆三十四年，金简奉敕编。

史评类：

《御批通鉴纲目》59 卷，《通鉴纲目前编》1 卷，《外纪》1 卷，《举要》3 卷，《通鉴纲目续编》27 卷，康熙四十六年御撰①。

《评鉴阐要》12 卷，乾隆三十六年，刘统勋等奉敕撰。

《古今储贰金鉴》6 卷，乾隆四十六年敕撰。

---

① 《国朝宫史》著录云："《御批资治通鉴纲目》一部，一百四卷，康熙四十六年校刊。"

主要参考文献

一、档案及资料汇编：

《内阁档案》，中国第一历史档案馆藏。

《国史馆档案》，中国第一历史档案馆藏。

《翰林院档案》，中国第一历史档案馆藏。

《军机处录副奏折》，中国第一历史档案馆藏。

《清会典馆奏议》，国家图书馆分馆藏。

《清会典馆奏议》，全国图书馆文献缩微复制中心 2004 年版。

《会典馆行移档》，国家图书馆分馆藏。

《会典馆来付档》，国家图书馆分馆藏。

谢小华编选：《光绪朝各省绘呈〈会典·舆图〉史料》，《历史档案》2003 年第 2 期。

《玉牒馆点单簿》，国家图书馆分馆藏。

《清礼部玉牒事宜堂片稿簿》，国家图书馆分馆藏。

《国史馆移札》，国家图书馆分馆藏。

《清国史馆奏稿》，全国图书馆文献缩微复制中心 2004 年版。

《清三朝国史馆题稿档》，《文献丛编》第 2 辑，1937 年。

《实录馆新定规条》，国家图书馆分馆藏。

《三朝实录馆馆员功过等第册》，《史料丛编》二集，康德二年秋库籍整理处编印。

《各衙门交收天启、崇祯事迹清单》，《国学季刊》第 2 卷第 2 号，1929 年 12 月。

潘喆等：《清入关前史料选辑》（一），中国人民大学出版社 1984 年版。

潘喆等：《清入关前史料选辑》（二），中国人民大学出版社 1989 年版。

中国第一历史档案馆：《康熙起居注》，中华书局 1984 年版。

《康熙朝议修实录、圣训等题稿档》（一），《文献丛编》第 5 辑，1937 年。

中国第一历史档案馆：《雍正朝汉文谕旨汇编》，广西师范大学出版社 1999

年版。

中国第一历史档案馆：《雍正朝起居注册》，中华书局 1993 年版。

中国第一历史档案馆：《乾隆帝起居注》，广西师范大学出版社 2002 年版。

中国第一历史档案馆：《乾隆朝上谕档》（第一册），档案出版社 1991 年版。

《嘉庆起居注》，中国第一历史档案馆藏。

中国第一历史档案馆：《嘉庆道光两朝上谕档》，广西师范大学出版社 2000 年版。

中国第一历史档案馆：《咸丰同治两朝上谕档》，广西师范大学出版社 1998 年版。

《清代起居注册（光绪）》，台北联经出版事业公司 1987 年版。

中国第一历史档案馆：《光绪朝硃批奏摺》，中华书局 1995 年版。

故宫博物院明清档案部：《明清档案史料丛编》第一辑，中华书局 1978 年版。

张伟仁主编：《明清档案》，台北中央研究院历史语言研究所 1995 年版。

故宫博物院明清档案部：《义和团档案史料》，中华书局 1959 年版。

中国人民大学历史档案系档案教研室：《中国档案史参考资料》，中国人民大学出版社 1962 年版。

《满文老档》，中华书局 1990 年版。

宋文蔚：《皇朝掌故汇编》，光绪二十八年刊本。

铁玉钦主编：《清实录教育科学文化史料辑要》，辽沈书社 1991 年版。

蒋良骐：《东华录》，中华书局 1980 年版。

王先谦：《十一朝东华录》，中国言实出版社 1999 年版。

朱寿朋：《光绪朝东华录》，中华书局 1958 年版。

二、古籍：

《清实录》，中华书局 1985—1986 年版。

《清史列传》，中华书局 1987 年版。

《清国史》，中华书局 1993 年影印嘉业堂钞本。

赵尔巽：《清史稿》，中华书局 1977 年版。

《清代碑传全集》（包括钱仪吉《碑传集》、缪荃孙《续碑传集》、闵尔昌《碑传集补》、汪兆镛《碑传集三编》），上海古籍出版社 1987 年版。

钱仪吉：《碑传集》，中华书局 1993 年版。

《清会典事例》，中华书局 1991 年版。

《乾隆大清会典则例》，文渊阁四库全书本。

《乾隆大清会典》，文渊阁四库全书本。

《光绪大清会典》，台北新文丰出版股份有限公司 1976 年版。

《光绪大清会典事例》，台北新文丰出版股份有限公司 1976 年版。

《大清会典（康熙、雍正、乾隆、嘉庆、光绪)》，台北文海出版社 1992 年版。

嵇璜等：《清文献通考》，文渊阁四库全书本。

嵇璜等：《清通典》，文渊阁四库全书本。

嵇璜等：《清通志》，文渊阁四库全书本。

嵇璜等：《续通典》，贯吾斋缩印本。

嵇璜等：《续通志》，光绪二十八年石印本。

清世宗：《大义觉迷录》，《清史资料》第 4 辑，中华书局 1983 年版。

傅恒等：《御批历代通鉴辑览》，文渊阁四库全书本。

舒赫德、于敏中等：《胜朝殉节诸臣录》，文渊阁四库全书本。

张廷玉等：《御定资治通鉴纲目三编》，文渊阁四库全书本。

刘统勋等：《皇舆西域图志》，文渊阁四库全书本。

永瑢等：《四库全书总目》，中华书局 1965 年版。

勒德洪等：《平定三逆方略》，文渊阁四库全书本。

温达等：《平定朔漠方略》，文渊阁四库全书本。

阿桂等：《平定两金川方略》，文渊阁四库全书本。

傅恒等：《平定准噶尔方略》，文渊阁四库全书本。

阿桂等：《开国方略》，文渊阁四库全书本。

来保等：《平定金川方略》，文渊阁四库全书本。

傅恒等：《皇清职贡图》，文渊阁四库全书本。

《平定罗刹方略》，光绪年间吴县潘氏刻本。

《廓尔喀纪略》，《西藏学汉文文献汇刊》，西藏社会科学院、中央民族学院 1991 年影印本。

《石峰堡纪略》，文渊阁四库全书本。

奕䜣等：《平定云南回匪方略》，《中国方略丛书》，台北成文出版社 1968 年版。

奕䜣等：《平定陕甘新疆回匪方略》，《中国方略丛书》，台北成文出版社1968年版。

奕䜣等：《钦定剿平粤匪方略》，《中国方略丛书》，台北成文出版社1968年版。

纪昀等：《钦定河源纪略》，文渊阁四库全书本。

雍正《畿辅通志》，文渊阁四库全书本。

乾隆《大清一统志》，文渊阁四库全书本。

嘉庆《重修一统志》，中华书局1986年版。

阿桂、于敏中等：《满洲源流考》，文渊阁四库全书本。

《八旗满洲氏族通谱》，文渊阁四库全书本。

和珅、梁国治等：《热河志》，文渊阁四库全书本。

清圣祖：《圣祖仁皇帝御制文集》，文渊阁四库全书本。

清高宗：《御制文初集》，文渊阁四库全书本。

清高宗：《御制文二集》，文渊阁四库全书本。

清高宗：《御制诗初集》，文渊阁四库全书本。

清高宗：《御制诗四集》，文渊阁四库全书本。

清高宗：《御制乐善堂全集定本》，文渊阁四库全书本。

刘统勋等：《评鉴阐要》，文渊阁四库全书本。

《外藩蒙古回部王公表传》，文渊阁四库全书本。

袁大化、王树楠：《新疆图志》，台北文海出版社1965年版。

《圣祖仁皇帝圣训》，文渊阁四库全书本。

于敏中等：《日下旧闻考》，北京古籍出版社1983年版。

鄂尔泰、张廷玉等：《国朝宫史》，北京古籍出版社1987年版。

庆桂等：《国朝宫史续编》，北京古籍出版社1994年版。

李桓：《国朝耆献类征初编》，光绪甲申湘阴李氏刻本。

文庆等：《筹办夷务始末（道光朝）》，中华书局1964年版。

贾桢等：《筹办夷务始末（咸丰朝）》，中华书局1979年版。

《清代文字狱档》，上海书店1986年影印本。

《清朝野史大观》，江苏广陵古籍刻印社1998年影印本。

《清代野史》，巴蜀书社1987年版。

班固：《汉书》，中华书局 1962 年版。

魏收：《魏书》，中华书局 1974 年版。

李百药：《北齐书》，中华书局 1972 年版。

李延寿：《北史》，中华书局 1974 年版。

令狐德棻：《周书》，中华书局 1971 年版。

王钦若等：《册府元龟》，中华书局 1960 年版。

刘昫：《旧唐书》，中华书局 1975 年版。

王溥：《唐会要》，中华书局 1955 年版。

张廷玉：《明史》，中华书局 1974 年版。

李林甫等：《唐六典》，中华书局 1992 年版。

刘知几著，张振珮笺注：《史通笺注》，贵州人民出版社 1985 年版。

徐坚：《初学记》，中华书局 1962 年版。

欧阳修：《欧阳修全集》，中国书店 1986 年版。

顾炎武著，黄汝成集释：《日知录集释》，岳麓书社 1994 年版。

顾炎武：《顾亭林诗文集》，中华书局 1983 年版。

王夫之：《读通鉴论》，《船山全书》第 10 册，岳麓书社 1988 年版。

黄宗羲：《黄宗羲全集》，浙江古籍出版社 1985—1994 年版。

梁章钜、朱智撰：《枢垣记略》，中华书局 1984 年版。

王士禛：《池北偶谈》，中华书局 1982 年版。

王士禛：《分甘余话》，中华书局 1989 年版。

昭梿：《啸亭杂录》，中华书局 1980 年版。

章梫：《康熙政要》，中共中央党校出版社 1994 年版。

章乃炜、王霭人：《清宫述闻（初、续编合编本）》，紫禁城出版社 1990 年版。

吴振棫：《养吉斋丛录》，浙江古籍出版社 1985 年版。

余金：《熙朝新语》，上海古籍书店 1983 年版。

徐乾学：《憺园文集》，续修四库全书本。

徐元文：《含经堂集》，续修四库全书本。

叶方蔼：《叶文敏公集》，续修四库全书本。

刘凤诰：《存悔斋集》，道光庚寅本。

刘承幹：《明史例案》，吴兴刘氏嘉业堂刊本。

翁同龢：《翁同龢日记》，中华书局 1997 年版。

叶昌炽：《缘督庐日记》，上虞罗氏蟫隐庐 1934 年刊本。

戴名世：《戴名世集》，中华书局 1986 年版。

申涵盼：《忠裕堂集》，畿辅丛书本。

毛奇龄：《西河集》，文渊阁四库全书补遗本，北京图书馆出版社 1997 年版。

张廷玉：《澄怀园文存》，光绪张氏家刻本。

熊赐履：《澡修堂集》，四库全书存目丛书本。

韩菼：《有怀堂文稿》，四库全书存目丛书本。

徐倬：《修吉堂文稿》，四库全书存目丛书本。

陈廷敬：《午亭文编》，文渊阁四库全书本。

裘琏：《横山文集》，1914 年排印本。

张穆：《阎若璩年谱》，中华书局 1994 年版。

吕培：《洪北江先生年谱》，四部丛刊本。

方象瑛：《健松斋集》，康熙世美堂刻本。

王昶：《春融堂集》，续修四库全书本。

翁方纲：《复初斋文集》，续修四库全书本。

王源：《居业堂文集》，丛书集成初编本。

齐召南：《宝纶堂文钞》，翠琅玕馆丛书本，1916 年刻本。

姚莹：《中复堂全集》，清同治六年刻本。

朱彝尊：《曝书亭集》，四部丛刊本。

方苞：《方望溪文集》，四部丛刊本。

汪由敦：《松泉文集》，四库全书本。

钱大昕：《潜研堂文集》，江苏古籍出版社 1997 年版。

万斯同：《石园文集》，四明丛书本。

汤斌：《汤子遗书》，文渊阁四库全书本。

施闰章：《学余堂文集》，文渊阁四库全书本。

刘献廷：《广阳杂记》，中华书局 1957 年版。

赵翼：《皇朝武功纪盛》，丛书集成本。

吴庆坻：《蕉廊脞录》，中华书局 1990 年版。

奕赓：《佳梦轩丛著》，北京古籍出版社 1994 年版。

金梁：《光宣小记》，上海书店出版社 1998 年版。

阮葵生：《茶余客话》，《清代笔记丛刊》第二册，齐鲁书社 2001 年版。

王鸣盛：《十七史商榷》，中国书店1987年版。

章学诚：《章学诚遗书》，文物出版社1985年版。

戴震：《戴震文集》，中华书局1980年版。

邵晋涵：《南江文钞》，南江邵氏遗书本。

赵翼：《皇朝武功纪盛》，丛书集成本。

江藩：《汉学师承记（外二种）》，三联书店1998年版。

龚自珍：《龚自珍全集》，中华书局1959年版。

贺长龄、魏源：《清经世文编》，中华书局1992年版。

刘锦藻：《清朝续文献通考》，浙江古籍出版社2000年版。

张之洞：《张之洞全集》，河北人民出版社1998年版。

胡思敬：《国闻备乘》，南昌退庐1924年刊本。

朱师辙：《清史述闻》，三联书店1957年版。

三、近今人著述：

李晋华：《明史纂修考》，哈佛燕京学社1933年排印本。

商衍鎏：《清代科举考试述录》，三联书店1958年版。

孟森：《明清史论著集刊》，中华书局1959年版。

皮锡瑞：《经学历史》，中华书局1959年版。

王云五：《清代政治思想》，台湾商务印书馆1970年版。

凌林煌：《清代内阁制度》，台湾商务印书馆1977年版。

罗炳绵：《清代学术论集》，台北食货出版社1978年版。

陈寅恪：《金明馆丛稿二编》，上海古籍出版社1978年版。

黄云眉：《史学杂稿订存》，齐鲁书社1980年版。

刘节：《中国史学史稿》，中州书画社1982年版。

席涵静：《周代史官研究》，台北市福记文化图书有限公司1983年版。

庄吉发：《故宫档案述要》，台湾故宫博物院1983年版。

孙文良、李治亭：《清太宗全传》，吉林人民出版社1983年版。

利玛窦著、何高济译：《利玛窦中国札记》，中华书局1983年版。

戴逸：《简明清史》，人民出版社1984年版。

李宗侗：《中国史学史》，中国友谊出版公司1984年版。

张荣芳：《唐代的史馆与史官》，台北市私立东吴大学中国学术著作奖助委员会 1984 年版。

杜文凯：《清代西人见闻录》，中国人民大学出版社 1985 年版。

中国第一历史档案馆：《中国第一历史档案馆馆藏档案概述》，档案出版社 1985 年版。

《清史编年》编委会：《清史编年》，中国人民大学出版社 1985—1999 年版。

萧一山：《清代通史》，中华书局 1986 年版。

王树卿、李鹏年：《清宫史事》，紫禁城出版社 1986 年版。

陈炳光：《清代边政通考》，台北南天书局 1987 年版。

方豪：《中西交通史》，岳麓书社 1987 年重印本。

孟昭信：《康熙大帝全传》，吉林文史出版社 1987 年版。

庄吉发：《清高宗十全武功研究》，中华书局 1987 年版。

杜维运：《清代史家与史学》，中华书局 1988 年版。

李鹏年等：《清代中央国家机关概述》，紫禁城出版社 1989 年版。

阎崇年：《燕步集》，北京燕山出版社 1989 年版。

黄爱平：《四库全书纂修研究》，中国人民大学出版社 1989 年版。

王锺翰：《清史新考》，辽宁大学出版社 1990 年版。

郭成康、林铁钧：《清朝文字狱》，群众出版社 1990 年版。

单士元：《故宫札记》，紫禁城出版社 1990 年版。

宋德宣：《康熙思想研究》，中国社会科学出版社 1990 年版。

蔡崇榜：《宋代修史制度研究》，台北市文津出版社 1991 年版。

戴逸：《乾隆帝及其时代》，中国人民大学出版社 1992 年版。

赵秉忠、白新良：《清史新论》，辽宁教育出版社 1992 年版。

白寿彝：《白寿彝民族宗教论集》，北京师范大学出版社 1992 年版。

王戎笙：《清代全史》，辽宁人民出版社 1993 年版。

秦国经：《中华明清珍档指南》，人民出版社 1994 年版。

乔治忠：《清朝官方史学研究》，台北文津出版社 1994 年版。

瞿林东：《中国古代史学批评纵横》，中华书局 1994 年版。

白寿彝：《白寿彝史学论集》，北京师范大学出版社 1994 年版。

胡楚生：《清代学术史研究》，台湾学生书局 1994 年版。

高翔：《康雍乾三帝统治思想研究》，中国人民大学出版社 1995 年版。

〔美〕艾尔曼著，赵刚译：《从理学到朴学》，江苏人民出版社 1995 年版。

周少川：《中华典籍与传统文化》，广西师范大学出版社 1996 年版。

梁启超：《清代学术概论》，东方出版社 1996 年版。

梁启超：《中国近三百年学术史》，东方出版社 1996 年版。

〔日〕木下铁矢：《清朝考证学とその时代——清代の思想》，创文社 1996
年版。

饶宗颐：《中国史学上之正统论》，上海远东出版社 1996 年版。

杨学琛：《清代民族史》，四川人民出版社 1996 年版。

庄吉发：《清高宗十全武功研究》，中华书局 1996 年版。

吴铁峰：《清末大事编年》，湖南大学出版社 1996 年版。

白寿彝总主编，周远廉、孙文良主编：《中国通史（清时期)》，上海人民出
版社 1996 年版。

吴怀祺：《中国史学思想史》，安徽人民出版社 1996 年版。

陈捷先：《清史论集》，台北东大图书公司 1997 年版。

萧一山：《清代史》，辽宁教育出版社 1997 年版。

姜胜利：《清人明史学探研》，南开大学出版社 1997 年版。

单士元：《我在故宫七十年》，北京师范大学出版社 1997 年版。

〔美〕艾尔曼著，赵刚译：《经学、政治和宗族——中华帝国晚期常州今文
学派研究》，江苏人民出版社 1998 年版。

刘潞：《清代皇权与中外文化》，香港商务印书馆 1998 年版。

支伟成：《清代朴学大师列传》，岳麓书社 1998 年版。

漆永祥：《乾嘉考据学研究》，中国社会科学出版社 1998 年版。

郑天挺：《清史探微》，北京大学出版社 1999 年版。

牛润珍：《汉至唐初史官制度的演变》，河北教育出版社 1999 年版。

宋立民：《宋代史官制度研究》，吉林人民出版社 1999 年版。

戴逸主编：《18 世纪的中国与世界》，辽海出版社 1999 年版。

尚小明：《学人游幕与清代学术》，社会科学文献出版社 1999 年版。

冯尔康：《清代人物传记史料研究》，商务印书馆 2000 年版。

戴逸、李文海：《清通鉴》，山西人民出版社 2000 年版。

章开沅：《清通鉴》，岳麓书社 2000 年版。

王绍曾：《清史稿艺文志拾遗》，中华书局 2000 年版。

金毓黻：《中国史学史》，河北教育出版社 2000 年版。

罗炳良：《十八世纪中国史学的理论成就》，北京师范大学出版社 2000 年版。

张德泽：《清代国家机关考略》，学苑出版社 2001 年版。

郭松义、李新达、李尚英：《清朝典章制度》，吉林文史出版社 2001 年版。

周少川：《元代史学思想研究》，社会科学文献出版社 2001 年版。

马如珩：《清代西部历史论衡》，山西人民出版社 2001 年版。

何兆武：《中西文化交流史论》，中国青年出版社 2001 年版。

许兆昌：《周代史官文化——前轴心期核心文化形态研究》，吉林大学出版社 2001 年版。

钱穆：《中国历史研究法》，三联书店 2001 年版。

任继愈：《中国藏书楼》，辽宁人民出版社 2001 年版。

陈祖武：《清儒学术拾零》，湖南人民出版社 2002 年版。

周少川：《中国史学思想通史·元代卷》，黄山书社 2002 年版。

王记录：《中国史学思想通史·清代卷》，黄山书社 2002 年版。

邸永君：《清代翰林院制度》，社会科学文献出版社 2002 年版。

王俊义：《清代学术探研录》，中国社会科学出版社 2002 年版。

黄爱平：《朴学与清代社会》，河北人民出版社 2003 年版。

岳纯之：《唐代官方史学研究》，天津人民出版社 2003 年版。

艾永明：《清代文官制度》，商务印书馆 2003 年版。

孙喆：《康雍乾时期舆图绘制与疆域形成研究》，中国人民大学出版社 2003 年版。

朱端强：《万斯同与〈明史〉修纂纪年》，中华书局 2004 年版。

王记录：《钱大昕的史学思想》，社会科学文献出版社 2004 年版。

王锺翰：《清史补考》，辽宁大学出版社 2004 年版。

冯尔康：《清史史料学》，沈阳出版社 2004 年版。

陈祖武、朱彤窗：《乾嘉学术编年》，河北人民出版社 2005 年版。

［英］E. H. 卡尔：《历史是什么》，商务印书馆 2007 年版。

四、相关论文：

王锺翰：《清三通之研究》，《史学年报》第 2 卷第 5 期，1938 年 12 月。

方甦生：《〈清太祖实录〉纂修考》，《辅仁学志》第 7 卷第 1、2 期合刊，1938 年 12 月。

方甦生：《清实录修改问题》，《辅仁学志》第 8 卷第 2 期，1939 年 12 月。

孟森：《清康熙重修太祖实录跋》，《图书季刊》新 2 卷第 1 期，1940 年 3 月。

金毓黻：《唐宋时代设馆修史制度考》，《说文月刊》3 卷 8 期，1942 年 9 月。

赵冈：《唐代史馆考》，《文化先锋》8 卷 4 期，1948 年 5 月。

〔日〕神田信夫：《关于清朝的实录》，《历史教育》第 12 卷第 9 号，1964 年。

〔日〕川越泰博：《清代起居注の典处资料について》，《铃木俊先生古稀纪念东洋史论丛》，山川出版社 1975 年 4 月。

陈捷先：《清代起居注馆建置考略》，《清史杂笔》，台北学海出版社 1977 年版。

鞠德源：《清代的编年体档册与官修史书》，《故宫博物院院刊》1979 年第 2 期。

〔日〕松村润：《顺治初纂清太祖实录について》，《日本大学人文科学研究所研究纪要（创立七十周年纪念论文集）》1979 年 3 月。

〔日〕加藤直人：《清代起居注研究》，《中国史研究动态》1979 年第 11 期。

李鹏年：《国史馆及其档案》，《故宫博物院院刊》1981 年第 3 期。

王锺翰：《清国史馆与清史列传》，《社会科学辑刊》1982 年第 3 期。

林树惠：《〈清德宗实录〉和〈拳时上谕〉与〈义和团档案史料〉》，《历史档案》1984 年第 1 期。

屈六生：《清代玉牒》，《历史档案》1984 年第 1 期。

赵俊：《唐初修史机构辨》，《求索》1984 年第 6 期。

商慧明：《唐初史馆略论》，《人文杂志》1985 年第 1 期。

朱桂昌：《历代史官与修史机构》，《中国社会科学院研究生院学报》1985 年第 3 期。

朱金甫：《紫禁城内的清代起居注馆》，《紫禁城》1985 年第 3 期。

郭松义：《清朝的会典和则例》，《清史研究通讯》1985 年第 4 期。

徐中舒：《中央研究院历史语言研究所所藏档案的分析——再述内阁大库档案之由来及其整理》，中国第一历史档案馆编《明清档案论文选编》，档案出版社 1985 年版。

张荣芳：《牛李党争中史官与史学的论争》，《中西史学史研讨会论文集》，台南市久洋出版社 1986 年版。

王政尧：《康熙八年起居注事辨误》，《清史研究通讯》1986 年第 1 期。

牟润孙：《蒋良骐的〈东华录〉与〈清实录〉》，《注史斋丛稿》，中华书局1987 年版。

吴怀祺：《论封建史学的二重性》，《史学理论研究》1987 年第 4 期。

薛虹：《清太祖实录的史料学研究》，《东北师大学报》1988 年第 2 期。

倪道善：《古代史馆述评》，《历史教学》1988 年第 8 期。

房鑫亮：《唐代史馆建制与馆内外修史实况的考察》，《华东师范大学学报》1988 年第 6 期。

冯尔康：《〈雍正朝起居注〉、〈上谕内阁〉、〈清世宗实录〉资料的异同》，中国第一历史档案馆编《明清档案与历史研究》（下册），中华书局 1988 年版。

许沛藻：《宋代修史制度及其对史学的影响》，《上海师范大学学报》1989 年第 1 期。

秦国经、胡启松：《清代的实录》，《历史档案》1989 年第 4 期。

商慧明：《史馆制度初探》，《华东师范大学学报》1990 年第 2 期。

朱子方：《辽朝史官考》，《史学史研究》1990 年第 4 期。

商慧明：《明代史馆考述》，《江淮论坛》1991 年第 1 期。

柳诒徵：《记光绪会典馆之组织》，柳曾符、柳定生选编《柳诒徵史学论文集》，上海古籍出版社 1991 年版。

杨玉良：《武英殿修书处及内府修书各馆》，清代宫史研究会编《清代宫史探微》，紫禁城出版社 1991 年版。

屈春海：《清代方略馆利用档案编纂方略》，《中国档案》1991 年第 12 期。

邱添生：《唐代设馆修史制度探微》，《唐代研究论集》（第二辑），台北新文丰出版公司 1992 年版。

雷家骥：《唐前期国史官修体制的演变》，《唐代研究论集》（第二辑），台北新文丰出版公司 1992 年版。

陆可平、程大琨：《清代玉牒探析》，《满族研究》1993 年第 2 期。

黄爱平：《〈明史〉纂修与清初史学》，《清史研究》1994 年第 2 期。

沈原：《清代宫廷的修书机构》，中国第一历史档案馆编《明清档案与历史研究论文集》（上），国际文化出版公司 1995 年版。

朱金甫：《略论〈大清会典〉的纂修》，《故宫博物院院刊》1995 年第 1 期。

牛润珍：《北齐史馆考》，《南开学报》1995 年第 4 期。

金启综：《自准部逃回被俘马兵蓝生芝口供》，《内蒙古大学学报》1996 年第

3 期。

何宛英：《金代修史制度与史官特点》，《史学史研究》1996 年第 3 期。

夏宏图：《清代起居注的纂修》，《档案学研究》1996 年第 3 期。

夏宏图：《清代方略馆设立时间举正》，《历史档案》1997 年第 2 期。

乔治忠、王鸿雁：《清代官修史书与〈大清会典事例〉》，《史学史研究》1997 年第 3 期。

杨联陞：《官修史学的结构》，《国史探微》，辽宁教育出版社 1998 年版。

覃波：《〈钦定剿平粤匪方略〉编纂研究》，《历史档案》1998 年第 4 期。

王清政：《清代实录馆考述》，《江汉论坛》1999 年第 2 期。

乔治忠：《清代国史馆考述》，《文史》第 39 辑。

何冠彪：《顺治朝〈明史〉编纂考》，《大陆杂志》1999 年第 2 期。

谢贵安：《明代史馆探微》，《史学史研究》2000 年第 2 期。

乔治忠、侯德仁：《〈清世祖实录〉的纂修及康熙初期的政治斗争》，《清史研究》2000 年第 4 期。

姚继荣：《清代方略馆设置年代记载小议》，《北京师范大学学报》2002 年第 1 期。

姚继荣：《清代方略馆与官修方略》，《山西师大学报》2002 年第 2 期。

邹爱莲：《清代的国史馆及其修史制度》，《史学集刊》2002 年第 4 期。

陈其泰：《设馆修史与中华文化的传承》，《清史研究》2003 年第 1 期。

乔治忠、侯德仁：《乾隆官修〈西域图志〉考析》，《清史研究》2005 年第 1 期。

王记录：《明史馆馆臣的史学见解和清初史学思想的特征》，《郑州大学学报》2004 年第 5 期。

王记录：《清代史馆的人员设置与管理机制》，《史学史研究》2005 年第 4 期。

后记（一）

时至今日，终于要为这篇博士学位论文画上最后一个句号了。扭头看看窗外，天空一片昏黄，北京正在遭受今年以来的第三次——也是最大的一次扬沙天气的影响，来自中蒙边界的沙尘暴又一次袭击北京，美丽的首都变得天昏地暗。坐在北京师范大学留学生二公寓 310 室的书桌前，我的心情也像窗外的天空一样，晦暗、阴沉。论文是写完了，但我却没有一点如释重负的感觉。

在论文写作之前，我曾抱有宏愿，准备大干一场，向自己的老师、家人、朋友，也向自己交一份满意的答卷，我的导师周少川先生也对我寄予厚望。然而，闭目而思，我真的有一种辜负自己也辜负老师和家人的感觉。三年来，工作不能完全放弃，研究生还要带，课还不能不上，学习又绝对不能放松！人的精力都是有限的，得于此必失于彼，我也明白这一点，可是，我却没能断然舍弃某些东西，其中的无奈，可以套一句俗语来说，那就是"人在江湖，身不由己"。没有办法，只好加班加点，牺牲休息时间，熬夜苦干，无意间，白发已悄悄爬上双鬓。辛勤备尝，甘苦自知，论文杀青在即，回想三年磕磕绊绊、紧紧张张的学习经历，涌上心头的只有愧疚，对老师、家人、朋友以及所有关心我和激励我的人的愧疚。

论文是在导师周少川先生的具体指导下完成的，周师一向对学生要求严格，善于启发学生思考问题，凡论文写作进入绝境，先生总能循循善诱，拨云见日。如果这篇论文尚有可取之处，那都是老师指导的结果，至于其中的不足，纯然是我学识肤浅所致。周师对我的知遇之情，我将铭记一生。

我硕士时期的导师吴怀祺先生一直关心我的论文写作，论文开题时就给我多方指导，后来又常常问及论文写作情况，督促我抓紧时间，鼓励我刻苦向学。我常常感到自己幸运，总是有很多老师关心我，同时又常常感到惭愧，至今学无所成，无以回报师恩。

我还要感谢在论文开题时给我指导的北京师范大学历史系的曹大为教授、史学所的向燕南教授和古籍所的邓瑞全教授。感谢邵永忠、吴漫、毛瑞方、余敏辉、曹刚华、陈晓华、史丽君等同学在学习、生活上给我的帮助。同时我还要感谢河南师范大学社会发展学院的同事郭培贵、郑学山、阎留义、宋鲁伟等人，他们为我分担了本该属于我的工作，让我能安心读书，完成学业。

感谢兰州大学，她打下了我感知学术的基础。感谢北京师范大学，我为自己有幸在这所百年老校中度过我的硕士、博士生活而感到骄傲。

王记录

2005 年 4 月 28 日 15 时

于北京师范大学二公寓 310 室

后记（二）

这本小书是在我博士学位论文基础上，经过认真增删修改而成的。在即将交付出版社，很快就要呈现在读者面前的时候，总感到有些话要说，但又不知道应该从何说起。

唐代大文豪韩愈云："不教不学，闷然不见己缺。"意思是不通过教别人和自己的学习，就不会发现自己的不足之处。我就是在不断地教书和学习过程中清醒地意识到自身学识修养的不足的，这种不足使我下决心要进一步深造，就这样，我经过一段时间的准备，于2002年考取了北京师范大学古籍所周少川先生的博士生，跟随周师读书。

人生遇良师乃一大快事，对我而言，周师就是我遇到的良师益友。周师指导学生有三大特点，一是要求严格，使学生在学习上只能奋发向上，不敢稍有懈怠；二是眼界开阔，善于启发学生思考，引导学生从宏观上看问题；三是认真负责，对学生撰写的毕业论文，逐字逐句修改，通篇都是密密麻麻的红批。在学风浮躁的今天，遇到这样负责任的老师，当然是自己的幸运。

在我选择博士学位论文题目时，曾和周师进行过多次讨论，在讨论的过程中，我所提出的论文题目被一一推翻，最后才以《清代史馆与清代政治》作为博士论文最终选题。之所以做这样的选择，主要是因为我先前曾在清代私家史学研究方面下过一些功夫，对清代史学发展略知一二，由私家史学研究而进入史馆修史领域，并以史馆为纽结，探讨史学与社会、政治、文化等的互动关系，对于拓展清代史学研究，认识传统史学的本质，无疑会有很大的帮助。

论文写作的过程是艰辛的，但是，喜悦常常和艰辛相伴。当冒着严寒酷暑一头钻进第一历史档案馆和国家图书馆的档案和书堆中穷搜苦爬几近绝望而突然发现一条有用资料时，当冥思苦想痛苦不堪而最后茅塞顿开时，那种狂喜绝非一般人所能体会。

论文于2005年5月顺利通过答辩，并得到很好的评价，我把这些看作是对我的鼓励。实际上，这只是我学术生涯的一个阶段性成果。我深知，清代史学研究的空间还非常之大，仅就清代史馆来讲，许多问题都还有进一步探讨的必要，就是我呈现给读者诸君的这本小书，也存在很多不足，我期望读者诸君对我进行批评。在这里，我要感谢中国社会科学院历史研究所陈祖武先生、施丁先生，北京师范大学史学所吴怀祺先生、向燕南先生、张涛先生，北京师范大学历史系杨燕起先生，是这些先生在我的论文评审及论文答辩会上给我提出了很好的意见和建议，使我能够纠谬补缺，不断完善。这里我要特别提到陈祖武先生和施丁先生，在我1994年硕士论文答辩时，两位先生就分别是我的硕士论文评阅人和答辩主持人，如今两位先生又对我的博士论文进行指导，他们对晚辈后学的提携，让我铭记一生。同时，我还要感谢黄爱平、漆永祥、向燕南、汪高鑫、周文玖、丁鼎、李振宏、程民生、畅引婷、阎现章、陈朝云、孙景峰、余敏辉等师友在学术上给予我的各种各样的帮助，谢谢你们！

最后要特别感谢的是我的同门师弟、人民出版社的邵永忠博士。这部书稿早就列入人民出版社的出版计划，但由于我俗务缠身，迟迟不能将书稿修订完毕，一再拖延出版日期，常常给永忠带来麻烦，但他不厌其烦，从中斡旋，使得本书能够最终出版。兄弟情谊，非一"谢"字所能涵盖。

本书得到河南师范大学学术出版基金资助，河南师范大学在学术研究上的这项善举，必定对学校今后的发展产生重要影响。

王记录

2008 年 11 月 16 日于河南师大弄斧书屋

责任编辑:邵永忠

图书在版编目(CIP)数据

清代史馆与清代政治/王记录 著. -北京:人民出版社,2009.2
ISBN 978-7-01-007621-8

Ⅰ.清… Ⅱ.王… Ⅲ.①中国-古代史-研究-清代②政治-研究-中国-清代
Ⅳ.K249.07 D691

中国版本图书馆 CIP 数据核字(2009)第 001884 号

清代史馆与清代政治
QINGDAI SHIGUAN YU QINGDAI ZHENGZHI

王记录 著

人民出版社 出版发行
(100706 北京朝阳门内大街 166 号)

北京新魏印刷厂印刷 新华书店经销

2009 年 2 月第 1 版 2009 年 2 月北京第 1 次印刷
开本:710 毫米×1000 毫米 1/16 印张:19.5
字数:335 千字 印数:0,001-3,000 册

ISBN 978-7-01-007621-8 定价:45.00 元

邮购地址 100706 北京朝阳门内大街 166 号
人民东方图书销售中心 电话 (010)65250042 65289539